ARM Cortex-M 기반의
아두이노 프로그래밍

사물인터넷과 인공지능을 위한 32비트 아두이노 사용 가이드

ARM Cortex-M 기반의 아두이노 프로그래밍

사물인터넷과 인공지능을 위한 32비트 아두이노 사용 가이드

© 2023. 허경용 All rights reserved.

1쇄 발행 2023년 5월 25일

지은이 허경용
펴낸이 장성두
펴낸곳 주식회사 제이펍

출판신고 2009년 11월 10일 제406-2009-000087호
주소 경기도 파주시 회동길 159 3층 / **전화** 070-8201-9010 / **팩스** 02-6280-0405
홈페이지 www.jpub.kr / **원고투고** submit@jpub.kr / **독자문의** help@jpub.kr / **교재문의** textbook@jpub.kr

소통기획부 김정준, 이상복, 김은미, 송영화, 권유라, 송찬수, 박재인, 배인혜
소통지원부 민지환, 이승환, 김정미, 서세원 / **디자인부** 이민숙, 최병찬

진행 김정준 / **교정·교열** 김경희 / **내지디자인** 이민숙 / **편집·표지디자인** 최병찬
용지 타라유통 / **인쇄** 해외정판사 / **제본** 일진제책사
ISBN 979-11-92987-07-1 (93000)
값 30,000원

제이펍은 독자 여러분의 아이디어와 원고 투고를 기다리고 있습니다. 책으로 펴내고자 하는 아이디어나 원고가 있는
분께서는 책의 간단한 개요와 차례, 구성과 저(역)자 약력 등을 메일(submit@jpub.kr)로 보내주세요.

ARM Cortex-M 기반의
아두이노 프로그래밍

사물인터넷과 인공지능을 위한 32비트 아두이노 사용 가이드

허경용 지음

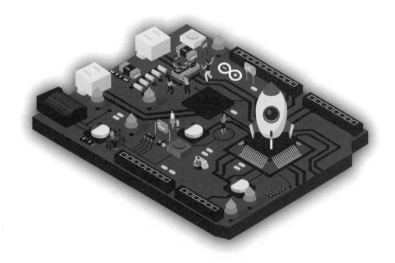

제이펍

차 례

머리말

아두이노가 발표된 지 20년 가까이 흐르면서 아두이노가 교육 현장에서 차지하는 위치는 더욱 공고해지고 있다. 아두이노가 수많은 마이크로컨트롤러 프로젝트 중 하나가 아니라 아두이노라는 이름으로 지금까지 자리를 지킬 수 있었던 이유는 쉽고 빠르게 원하는 것을 만들 수 있다는 점이 크게 작용했다. 하지만 아두이노의 시작이 8비트 마이크로컨트롤러였다는 점 역시 숨은 이유 중 하나가 아닐까 싶다. 8비트 마이크로컨트롤러는 성능이 낮아 많은 계산을 빠르게 할 수는 없지만, 간단한 작품을 만들기에 충분하다. 게다가 아두이노 우노에 사용된 ATmega328은 브레드보드에 꽂아 사용할 수 있어 이 정도면 한번 해볼 만하다는 생각이 들 만큼 어렵지 않아 보인다. 아두이노 우노에서 ATmega328을 선택하는 데 이런 면이 고려된 것인지는 알 수 없지만 탁월한 선택이었다는 점은 분명하다.

아두이노가 처음 발표된 이후 많은 것이 바뀌었다. 특히 사물인터넷과 인공지능의 확산에 따라 많은 데이터를 빠른 속도로 처리해야 할 경우가 늘어남에 따라 고성능 마이크로컨트롤러에 대한 수요 역시 증가하고 있다. 8비트의 AVR 시리즈로 시작한 아두이노 역시 32비트인 ARM Cortex-M 기반 아두이노를 출시하면서 이러한 환경 변화에 대응하고 있다. 32비트 마이크로컨트롤러를 사용하는 아두이노 보드가 아두이노의 설계 철학과는 맞지 않는다는 점도 어느 정도 인정할 수밖에 없지만, 사물인터넷과 인공지능을 생각한다면 8비트 마이크로컨트롤러의 한계 역시 분명하다. 8비트 마이크로컨트롤러와 32비트 마이크로컨트롤러는 정해진 영역이 따로 있으므로, 8비트 영역에서 아두이노가 차지하는 자리를 생각한다면 32비트 영역에서도 그만한 자리를 욕심내는 것은 당연하고 아두이노의 시도는 성공적이라 할 수 있다.

아두이노가 32비트 영역으로 영토를 쉽게 넓힐 수 있었던 이유는 8비트 아두이노와 32비트 아두이노를 위한 스케치가 기본적으로 같아서 이전 환경을 그대로 사용할 수 있기 때문이다. 8비트 아두이노와 32비트 아두이노 사이에 차이가 없다고 하면 무언가 다른 것을 기대한 독자는 실망할지도 모른다. 하지만 어떤 마이크로컨트롤러를 사용하는지와 상관없이 기본적으로 같은 스케치를 사용할 수 있다는 점이 아두이노의 특징이자 장점 중 하나다.

이 책에서는 8비트 아두이노와 32비트 아두이노가 기본적으로 같은 아두이노라는 점을 이야기하고 싶었다. 거기에 더해 겉으로는 사소한 차이로 보이지만 속을 들여다보면 큰 차이라는 것을 설명하고 싶었다. 아두이노를 사용하면서 마이크로컨트롤러의 속까지 알아야 할까 하는 의문이 들 수 있다. 하지만 32비트 아두이노가 8비트 아두이노와 다른 점을 이해한다면 8비트 아두이노로 할 수 없는 것을 시작해 볼 수 있고, 8비트 아두이노로 원하는 결과를 얻기 힘들 경우 32비트 아두이노를 대안으로 생각해 볼 수 있다. 무엇보다 32비트 아두이노는 문제를 해결하는 새로운 방법과 함께, 8비트 아두이노로는 생각지 못했던 방법을 제시할 수 있다는 점에서 매력적이다.

ARM Cortex-M 기반의 32비트 아두이노가 AVR 기반 8비트 아두이노와 기본적으로 같으면서 더 많은 것을 가능하게 해준다면 32비트 아두이노로 아두이노를 시작해도 되지 않을까 하는 생각이 들 수 있다. 하지만 아두이노의 성공에 숨은 공신 중 하나가 28핀의 만만해 보이는 ATmega328이라는 점을 잊어서는 안 된다. 아두이노의 시작은 '1(UNO)'부터라는 생각에는 변함이 없으며, 아두이노라는 플랫폼을 다양하게 사용하고 싶다면 아직은 많은 것을 보여주지 않고 있는 ARM Cortex-M 기반 아두이노를 둘러볼 것을 권한다. 그 여정의 시작에 이 책이 동행할 수 있기를 바라고 이 책에서 아두이노의 숨은 매력을 발견하기를 기대해 본다.

허경용 드림

김호준(한국오픈솔루션)

10년 전 아두이노를 처음 접해 보고 정말 간단하게 임베디드 기기를 다룰 수 있어서 놀랐었던 기억이 있습니다. 지금은 ARM 기반 고성능 칩셋이 탑재된 보드도 출시되는 상황에 어느덧 산업 분야에서 자리를 잡아 가는 모습을 보여주고 있는 것 같아 대단하다고 느낍니다. 이 책은 ARM 기반 아두이노 제로 보드를 다루지만, 기존의 AVR 보드와도 비교하여 친절히 설명해 주며, 보드의 핀맵과 주변 장치와의 연결을 그림으로 알기 쉽게 보여줘서 기존 보드를 다뤄본 분들도 쉽게 응용이 가능하리라 생각합니다.

배인숙(프리랜서)

기존에 나와 있는 아두이노 관련 책에서 보기 힘든 구체적인 정보를 얻을 수 있어 좋았습니다. 아두이노 보드 관련 책이 많이 나왔음에도 불구하고 대부분 간단한 설명으로 끝나는데, 이 책은 세부적으로 잘 비교할 수 있는 정보를 잘 담고 있고, 특히 Native USB 포트, 외부 프로그래머/디버거 연결에 대한 부분은 차후 프로젝트를 구상하는 데 있어 많은 도움이 되었습니다.

안선환(프리랜서 강사)

저자는 ARM 기반 아두이노 보드를 다루는 이유가 AVR 기반 아두이노 보드로는 불가능한 것들을 가능하게 해주기 때문이라고 이 책의 출간 이유를 설명하고 있지만, 책에서 다루는 대부분의 내용은 AVR 기반 보드로도 가능하다고 생각합니다. 다만, ARM 기반과 AVR 기반의 차이가 분명하게 설명되어 있어 ARM 기반 보드를 시작할 때 입문서로 추천합니다.

오상은(드론학교)

ARM 기반의 아두이노 보드에 대한 전반적인 내용이 잘 정리되어 있고, 최근에 출시된 IDE 2.x 버전의 사용법도 잘 설명되어 있습니다. 기초부터 차근차근 시작하여, 다양한 디바이스의 사용까지 이 책 한 권이면 아두이노를 마스터할 수 있겠다고 생각합니다. IDE 2.x 버전의 사용법, 임베디드 개발의 고급 기법 중 하나인 아두이노 제로에서만 가능한 디버깅 기능에 대한 설명과 기초부터 고급까지 다양한 예제들을 통해 아두이노의 전반적인 내용과 각종 디바이스 및 통신을 다루어볼 수 있어서 초보자뿐만 아니라 실무자에게도 유익한 책입니다.

제이펍은 책에 대한 애정과 기술에 대한 열정이 뜨거운 베타리더의 도움으로
출간되는 모든 IT 전문서에 사전 검증을 시행하고 있습니다.

부품 목록

아두이노 우노 × 1
CH. 1

아두이노 제로 × 1
CH. 1~14, 17

아두이노 MKR 제로
CH. 2, 3, 5, 15

스위치 × 1
CH. 11

아두이노 나노 33 IoT
CH. 2, 3, 5, 16, 18, 19

220Ω 저항 × 4
CH. 7, 8

1kΩ 저항 × 2
CH. 11, 18

10kΩ 저항 × 1
CH. 15

USB-UART 변환 장치 × 1
CH. 5

푸시버튼
× 2
CH. 7, 11, 18

10kΩ 가변저항
× 1
CH. 8, 17

SPI 방식 OLED 디스플레이 × 1
CH. 9

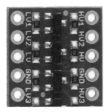
레벨 변환기 × 1
CH. 10

텍스트 LCD × 1
CH. 10

텍스트 LCD I2C 변환 모듈 × 1
CH. 10

DC 모터 × 1
CH. 17

마이크로 SD 카드 × 1
CH. 15

USB 마우스와 키보드 × 1
CH. 12

DS3231 RTC 모듈 × 1
CH. 14

DHT11 온습도 센서 × 1
CH. 15

스테핑 모터 드라이버 모듈 × 1
CH. 17

마이크로 서보 모터 × 1
CH. 17

LED × 4
CH. 7, 8

DC 모터 드라이버 모듈 × 1
CH. 17

28BYJ-48 스테핑 모터 × 1
CH. 17

아두이노

아두이노는 비전공자를 위한 마이크로컨트롤러 플랫폼으로, 하드웨어인 아두이노 보드와 아두이노 보드를 위한 프로그램을 개발할 수 있는 소프트웨어 개발환경을 함께 가리키는 말이다. 이 장에서는 아두이노의 역사와 하드웨어 및 소프트웨어 측면에서의 특징을 통해 아두이노가 무엇인지 알아본다.

이 장에서
사용할 부품

아두이노 우노　× 1

아두이노 제로　× 1

최근 마이크로컨트롤러와 관련하여 가장 많이 이야기되는 것이 아두이노가 아닐까 싶다. 이탈리아의 이브레아Ivrea에서 예술가와 디자이너가 사용할 수 있는 마이크로컨트롤러 플랫폼으로 만들어진 아두이노는 2005년 처음 발표된 이후 쉽고 간단한 사용법으로 수많은 참여자를 끌어들여 독자적인 생태계 구축에 성공했다. 이러한 생태계를 바탕으로 아두이노는 오픈소스 프로젝트 중 참여자가 가장 많은 마이크로컨트롤러 프로젝트로 이야기되고 있다. 아두이노가 '마이크로컨트롤러 플랫폼'이라는 점은 종종 오해를 불러온다. 아두이노는 하드웨어와 소프트웨어가 합해진 플랫폼을 가리키므로 아두이노를 이해하기 위해서는 하드웨어와 소프트웨어를 모두 이해해야 한다. 하지만 아두이노라는 단어는 상황에 따라 아두이노 하드웨어인 아두이노 보드, 아두이노 소프트웨어인 아두이노 통합개발환경Integrated Development Environment, IDE 또는 아두이노 플랫폼 전체를 가리키는 말로 사용되고 있으므로 주의해야 한다.

아두이노는 이탈리아의 IDIIInteraction Design Institute Ivrea에서 학생들이 디자인과 결합하여 상호 작용이 가능한 전자 장치를 쉽고 간편하게 만들 수 있도록 하자는 목적에서 시작되었다. IDII는 예술과 IT를 융합해 가르치는 전문 대학원으로, 2002년 아두이노의 공동 개발자인 마시모 반지Massimo Banzi가 교수로 부임하면서 아두이노가 싹트기 시작했다.

아두이노 탄생에 큰 영향을 미친 것 중 하나가 프로세싱 Processing[1]**이다.** 프로세싱은 벤 프라이Ben Fry와 케이시 리아스Casey Reas가 MITMassachusetts Institute of Technology 미디어랩의 대학원생이던 2001년에 만들기 시작한 프로그래밍 언어로, 이 역시 디자이너를 위한 프로그래밍 언어를 염두에 두고 만들어졌다. 초기 버전의 아두이노 IDE는 프로세싱의 IDE를 거의 그대로 가지고 와서 만들었다. 버전이 바뀌면서 현재 IDE 모습은 차이가 있지만, 프로세싱과 아두이노 IDE는 모두 최소한의 사용자 인터페이스를 통해 꼭 필요한 기능만을 제공한다는 점에서 공통점이 있다. 그림 1.1은 프로세싱과 아두이노 IDE 1.x 버전을 비교한 것으로 비슷한 모양을 확인할 수 있다. 다만 이 책에서 사용하는 아두이노 IDE 2.x 버전은 사용자 인터페이스가 많은 부분 변경되었다. **아두이노를 위한 프로그램을 스케치**sketch**라고 부르는 것 역시 프로세싱에서 따온 것으로, 그림을 그리듯이 프로그램을 쉽게 작성할 수 있다는 의미에서 붙여진 이름이다.**

---

1   https://processing.org

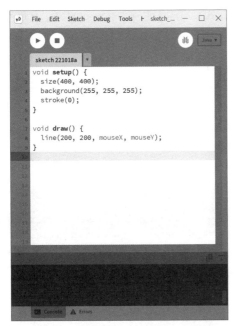
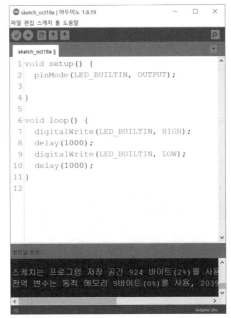

(a) 프로세싱 - 4.0.1   (b) 아두이노 - 1.8.19

그림 1.1 프로세싱과 아두이노 IDE

프로세싱의 개발자 중 한 사람인 케이시 리아스와 마시모 벤지가 함께 IDII에 재직하고 있던 2003년 진행된 프로젝트가 아두이노의 전신인 와이어링Wiring[2]이다. 와이어링 보드는 마이크로칩 Microchip의 **ATmega128** 마이크로컨트롤러를 사용하여 만들어졌다. 와이어링 보드는 이전에 사용하던 보드에 비해 가격이 저렴하고 성능이 뛰어났으며 사용법 역시 쉽다는 등의 장점이 있었다. 이러한 와이어링을 기반으로 만들어진 것이 아두이노로, 현재 사용되고 있는 아두이노 IDE와 기본 라이브러리의 많은 부분이 와이어링 프로젝트에서 만들어진 것이다.

1.2 아두이노 보드

처음 공개된 이후 아두이노 보드는 몇 차례의 수정과 보완이 이루어졌고 다양한 아두이노 보드가 판매되고 있다.[3] 아두이노를 사용하기 위해서는 아두이노 보드와 아두이노 보드용 프로그램

---

2   http://wiring.org.co

3   https://www.arduino.cc/en/Main/Products

을 작성하기 위한 개발환경이 필요하다. 개발환경은 아두이노에서 제공하는 아두이노 IDE를 사용하는 경우가 대부분이지만, 아두이노 보드는 필요에 따라 여러 가지 보드 중에서 선택해서 사용하면 된다.

아두이노를 대표하는 보드이면서 가장 많이 사용되는 보드는 아두이노 우노Arduino UNO다. '우노'는 이탈리아어로 숫자 '1'을 뜻하며, 아두이노 IDE 1.0 정식 버전이 공개되는 시점에 맞추어 공개된 보드로, 지금까지 아두이노의 기본 보드로 남아 있다.

(a) 앞면   (b) 뒷면

그림 1.2 아두이노 우노 R3

아두이노 보드의 특징을 설명하기 전에 구분해야 할 것이 '마이크로컨트롤러'와 '마이크로컨트롤러 보드'다. **하드웨어 측면에서 아두이노는 마이크로컨트롤러가 아니라 마이크로컨트롤러 보드다.** 마이크로컨트롤러microcontroller란 무엇일까? **마이크로컨트롤러는 마이크로프로세서의 일종으로 마이크로프로세서에 비해 성능이 낮지만 사용 편의성을 높여 특수 목적용으로 만든 것이다.** 그렇다면 마이크로프로세서microprocessor는 무엇일까?

먼저 컴퓨터의 구조를 살펴보자. 컴퓨터는 실제로 연산이 이루어지는 중앙 처리 장치central Processing Unit, CPU 데이터 입출력을 위한 입출력 장치, 데이터 저장 및 처리를 위한 주기억 장치와 보조기억 장치 등으로 구성된다.

집적회로 기술의 발달에 힘입어 컴퓨터의 소형화가 가능해졌고 특히 중앙 처리 장치는 하나의 칩으로 구현할 수 있게 되었다. 이처럼 **중앙 처리 장치를 하나의 칩으로 집적해 만든 것을 마이크로프로세서라고 부른다.** 현재 사용되고 있는 중앙 처리 장치 대부분은 마이크로프로세서 형태로 만들어진다. 하지만 마이크로프로세서는 중앙 처리 장치의 여러 형태 중 한 가지일 뿐이라는 점도 기억해야 한다.

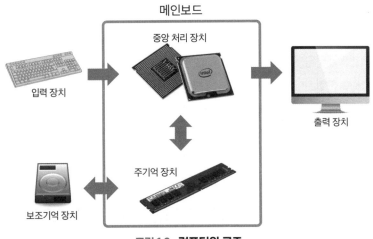

그림 1.3 컴퓨터의 구조

마이크로프로세서 중 **하나의 칩에 중앙 처리 장치뿐만 아니라 일정 용량의 메모리와 입출력 인터페이스까지 내장한 것을 마이크로프로세서와 구별하여 마이크로컨트롤러라고 부른다.** 마이크로컨트롤러는 하나의 칩으로 컴퓨터에서 필요한 기능 대부분을 구현하고 있으므로 '싱글 칩 컴퓨터single chip computer', '마이크로컴퓨터', '마이컴' 등으로도 부른다.

마이크로프로세서가 범용이라면 마이크로컨트롤러는 제어용으로 간편하게 사용할 목적으로 만들어졌다는 점에서도 차이가 있다. 마이크로컨트롤러가 마이크로프로세서에 비해 성능이 낮은 것은 사실이다. 하지만 반도체 기술의 발전은 마이크로컨트롤러 역시 고속 데이터 입출력 기능, 아날로그-디지털 변환 기능, 펄스 폭 변조 신호 출력 기능 등 제어 시스템에서 필요한 다양한 기능을 포함하는 방향으로 진화하고 있다.

마이크로컨트롤러가 컴퓨터 메인보드에 있는 장치 대부분을 하나의 칩으로 구현하고 있으며, 여기에 한 가지 더 포함되는 것이 바로 하드디스크 기능을 하는 플래시 메모리flash memory다. 마이크로컨트롤러에는 컴퓨터의 메인 메모리에 해당하는 SRAMStatic Random Access Memory이 포함되어 있다. 하지만 SRAM은 프로그램이 실행되는 동안에만 데이터를 저장할 수 있는 휘발성 메모리로, 프로그램이 설치되는 공간은 아니다. 데스크톱 컴퓨터에서 프로그램을 설치하는 곳은 보조기억 장치인 하드디스크이며 마이크로컨트롤러에서 하드디스크에 해당하는 것이 바로 비휘발성 메모리인 플래시 메모리다. 이처럼 마이크로컨트롤러에는 성격이 다른 두 종류의 메모리, SRAM과 플래시 메모리가 포함되어 있다.

하드디스크의 데이터 전송 속도가 빨라지기는 했지만, 하드디스크의 대안으로 부상하고 있는 SSDSolid State Drive에 비해 데이터 입출력 속도가 느리고, 모터에 의한 회전으로 소음이 발생하며,

수명이 짧다는 등의 단점이 있다. 무엇보다 하드디스크는 모터가 필요하다는 점에서 작은 크기로 만들기에 한계가 있어 칩 내에 구현하기는 어렵다. SSD는 플래시 메모리를 바탕으로 만들어졌으므로 마이크로컨트롤러의 플래시 메모리와 기본적으로 같다. SSD와 RAM을 포함한 메인보드가 하나의 IC 칩으로 구현된다고 생각하면 매력적이지 않은가? 하지만 마이크로컨트롤러가 마이크로프로세서를 대체할 수는 없다. **마이크로프로세서와 마이크로컨트롤러는 용도에 맞게 선택하여 사용하는 것이지 경쟁 관계에 있는 것은 아니다.** 높은 성능과 손쉬운 확장을 통해 복잡한 작업을 신속하게 처리해야 한다면 마이크로프로세서를 사용해야 한다. 하지만 어두워지면 자동으로 불이 켜지는 가로등과 같이 간단한 장치를 구성하고자 한다면 마이크로컨트롤러로 충분하다.

마이크로컨트롤러는 컴퓨터의 본체에 해당하는 기능을 하나의 칩으로 집약해 놓은 낮은 성능의 컴퓨터다. 즉, 마이크로컨트롤러는 하나의 IC 칩을 가리킨다. 컴퓨터의 본체에 전원만 공급되면 컴퓨터로 동작하는 것처럼, 마이크로컨트롤러 역시 전원만 주어지면 컴퓨터로 동작할 수 있다. 하지만 아두이노 보드에는 마이크로컨트롤러 이외에 많은 것들이 포함되어 있다. 이는 데스크톱 컴퓨터가 220V 전원을 공급하기 위한 전원 공급 장치와 다양한 입출력 장치 연결을 위한 커넥터를 포함하고 있는 것과 마찬가지다.

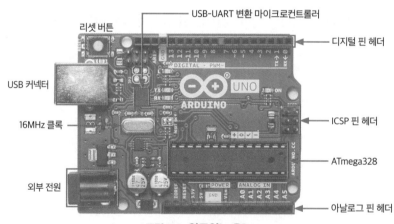

그림 1.4 아두이노 우노

그림 1.4에서 아두이노 우노 보드에는 아두이노 우노의 핵심이라 할 수 있는 ATmega328 마이크로컨트롤러 외에도 많은 부품이 자리하고 있음을 알 수 있다. 아두이노에는 주변 장치 연결을 위한 핀 헤더, 프로그램 개발을 위해 컴퓨터와 연결하기 위한 USB 커넥터, 전원 공급을 위한 커넥터 등 다양한 연결 수단을 제공하고 있다. 즉, 아두이노 우노는 마이크로컨트롤러인 ATmega328과 이를 편리하게 사용할 수 있도록 해주는 다양한 부품들이 포함된 마이크로컨트롤러 보드에 해당한다.

마이크로컨트롤러 보드 = 마이크로컨트롤러 + α

아두이노 우노 = ATmega328 + α

아두이노 보드는 다른 마이크로컨트롤러 보드와는 다른 몇 가지 특징이 있으며 그중 하나가 핀 헤더 배열이다. 언뜻 보기에 다른 마이크로컨트롤러 보드와 다를 것이 없어 보이지만 아두이노 우노와 아두이노 메가2560을 비교해 보면 같은 핀 헤더 배열을 사용하고 있음을 알 수 있다. 아두이노 메가2560에 사용된 ATmega2560은 아두이노 우노의 ATmega328보다 더 많은 데이터 핀을 갖고 있다. 따라서 아두이노 메가2560은 ATmega2560의 많은 데이터 핀을 사용할 수 있도록 아두이노 우노보다 많은 핀 헤더를 제공한다. 그중 아두이노 우노와 공통인 20개의 핀 헤더는 아두이노 메가2560, 아두이노 레오나르도, 아두이노 제로 같은 아두이노 보드의 동일한 위치에서 동일한 기능을 제공한다.

(a) 아두이노 우노　　　　　　　　　　　　　　(b) 아두이노 메가2560

그림 1.5　아두이노 우노와 아두이노 메가2560

핀 헤더 위치가 같다는 것은 아두이노 우노에 연결한 주변 장치를 그대로 아두이노 메가2560으로 옮겨서 연결하면 같은 동작을 확인할 수 있다는 말이다. 또한 아두이노 우노에서 사용한 프로그램은 아두이노 메가2560에서 거의 그대로 사용할 수 있다. 이 책에서 사용하는 Cortex-M 기반의 아두이노 보드 역시 아두이노 우노에서 사용한 프로그램을 거의 그대로 사용할 수 있다. 하지만 아두이노 우노가 5V 기준 전압을 사용하는 것에 비해 Cortex-M 기반 보드들은 3.3V 기준 전압을 사용하므로 회로 구성에서는 차이가 있을 수 있다.

핀 헤더 위치가 표준화되어 있으므로 아두이노 보드들이 공통으로 사용할 수 있는 확장 보드인 실드shield **를 제작하는 것도 가능하다.** 아두이노 홈페이지에도 여러 종류의 실드가 소개되어 있으며 아두이노는 보드 설계가 오픈소스로 공개되어 있으므로 누구나 자유롭게 아두이노에서 사용 가능한 실드를 제작할 수 있다. 그림 1.6은 아두이노에서 판매하고 있는 실드의 예다.

(a) 이더넷 실드 - arduino.cc   (b) 릴레이 실드 - arduino.cc

그림 1.6 **아두이노 실드**

공통의 핀 헤더를 사용하는 것이 아두이노 보드의 특징 중 하나이기는 하지만, 모든 아두이노 보드가 공통의 핀 헤더를 갖고 있는 것은 아니다. 아두이노 우노의 핀 헤더는 아두이노 우노 보드에서 사용할 수 있는 데이터 핀을 쉽게 사용할 수 있도록 해주지만, 그로 인해 보드의 크기가 커진 것도 사실이다. 아두이노 우노에서 핀 헤더만 제거해도 보드 크기를 작게 할 수 있으며 아두이노 나노가 바로 이런 방법으로 아두이노 우노를 작게 만든 보드다. 아두이노 나노 33 IoT는 아두이노 제로보다 많은 기능을 제공하지만, 아두이노 제로와 같은 마이크로컨트롤러를 사용하여 소형으로 만든 보드에 해당한다.

아두이노 우노 : 아두이노 나노 ≈ 아두이노 제로 : 아두이노 나노 33 IoT

(a) 아두이노 우노   (b) 아두이노 제로

(c) 아두이노 나노   (d) 아두이노 나노 33 IoT

그림 1.7 **핀 헤더가 있는 보드와 없는 보드**

그림 1.7(a)에서 가장 큰 칩이 아두이노 보드에서 핵심인 마이크로컨트롤러다. 아두이노 우노와 아두이노 나노의 마이크로컨트롤러는 핀 수는 다르지만 같은 마이크로컨트롤러이며,[4] 아두이노 제로와 아두이노 나노 33 IoT는 핀 수까지 같은 마이크로컨트롤러를 사용하고 있다. 같은 마이크로컨트롤러를 사용하는 서로 다른 보드가 필요한 이유는 무엇일까? 바로 사용 목적의 차이다. 아두이노 우노는 아두이노를 대표하는 보드로 쉬운 사용을 지원하기 위해 주변 장치나 컴퓨터와의 연결을 위한 다양한 부가 장치들이 포함되어 있어 시스템 설계 및 개발 초기 단계에서 사용할 수 있다. 이에 비해 아두이노 나노는 테스트 후 프로토타입을 제작하는 단계에서 쉽게 적용할 수 있도록 아두이노 우노와 같은 기능을 하는 보드를 소형으로 만들어놓은 것이다. 아두이노 제로와 아두이노 나노 33 IoT 역시 이와 비슷하다.

아두이노 보드의 또 다른 특징에는 **아두이노 보드 대부분이 마이크로칩에서 제작한 마이크로컨트롤러를 사용한다**는 점도 포함된다. 아두이노는 마이크로칩의 AVR 시리즈 마이크로컨트롤러를 사용하여 만들어지기 시작했고, 지금도 가장 많이 사용되는 아두이노 보드는 AVR 시리즈 마이크로컨트롤러를 사용한 아두이노 보드다. AVR 시리즈 마이크로컨트롤러를 사용하는 아두이노 보드에는 아두이노 우노/나노, 아두이노 레오나르도/마이크로, 아두이노 메가2560 등이 있다. 이러한 보드는 모두 16MHz의 속도로 동작하므로 성능의 차이는 없다. 다만 아두이노 레오나르도는 USB 연결을 지원하는 ATmega32u4 마이크로컨트롤러를 사용하므로 마우스, 키보드 등과 같이 컴퓨터에 연결하여 사용하는 USB 장치를 쉽게 만들 수 있다. 또한 아두이노 메가2560에서 사용하는 ATmega2560 마이크로컨트롤러는 아두이노 우노의 ATmega328 마이크로컨트롤러보다 3배 이상의 입출력 핀과 8배의 프로그램 메모리를 제공하므로 크고 복잡한 시스템을 만들기에 적합하다는 차이가 있다.

아두이노 보드 중에는 AVR 시리즈 마이크로컨트롤러가 아닌 다른 마이크로컨트롤러를 사용하는 보드도 있다. 애초에 아두이노는 간단한 전자 장치를 만들기 위해 시작되었고 이러한 목적을 위해서는 16MHz의 AVR 시리즈 마이크로컨트롤러로 충분했다. 하지만 **사물인터넷**Internet of Things, IoT **과 인공지능의 보급에 따라 아두이노를 포함한 마이크로컨트롤러의 활용 분야가 넓어지면서 높은 사양의 아두이노 보드에 대한 요구가 증가하고, 이에 따라 ARM의 Cortex-M 시리즈 마이크로컨트롤러를 사용한 아두이노 보드가 출시되었다.** ARM의 Cortex-M 시리즈 마이크로컨트롤러는 여러 반도체 회사에서 제작하고 있지만, 아두이노 보드에서 사용하는 Cortex-M 시리즈 마이크로컨트롤러는 대부분 마이크로칩(https://www.microchip.com/)에서 생산하고 있다.

---

4   아두이노 우노에 사용된 마이크로컨트롤러는 DIP(Dual In-line Package) 타입의 ATmega328P-PU이고 최신 아두이노 나노에 사용된 마이크로컨트롤러는 VQFN(Very Thin Plastic Quad Flat No-Lead) 타입의 ATmega328P-U TH로 패키지(package)에 따라 이름에 약간의 차이가 있다.

Cortex-M 시리즈 마이크로컨트롤러는 32비트 마이크로컨트롤러로, 8비트인 AVR 시리즈 마이크로컨트롤러와 비교하면 처리 능력이 뛰어나다. 최초의 32비트 아두이노 보드인 아두이노 듀에의 동작 속도는 84MHz로, 아두이노 우노에 비해 5배 이상이다. 아두이노 듀에 이후 이보다 낮은 성능의 아두이노 제로가 만들어졌고, 사물인터넷 환경을 겨냥하여 아두이노 제로를 작게 만든 아두이노 MKR 시리즈가 출시되었다. 아두이노 MKR 시리즈는 기본이 되는 아두이노 MKR 제로와 여기에 유선이나 무선 통신 기능이 추가된 MKR 보드가 존재하며 MKR 보드를 위한 전용 실드 역시 다양한 종류가 판매되고 있다.

MKR 시리즈와는 다른 32비트 아두이노 보드에 아두이노 나노 33 시리즈가 있다. 나노 33 시리즈는 기존 아두이노 나노와 호환성을 가지면서 Cortex-M 시리즈 마이크로컨트롤러를 사용하여 만든 보드로 사물인터넷에서 흔히 사용되는 블루투스, 와이파이 등의 무선 통신을 지원한다. 나노 33 시리즈 보드와 같은 기능의 MKR 시리즈 보드 역시 존재하지만 나노 33 시리즈는 최소한의 부가 기능을 가진 작고 저렴한 보드이며 아두이노 나노와의 호환성을 강조한 보드라는 점에서 차이가 있다. 아두이노 나노 33 시리즈 보드 중에는 마이크로칩이 아닌 다른 회사에서 제작한 마이크로컨트롤러를 사용한 보드도 있다는 점도 눈여겨볼 만하다.

표 1.1 아두이노 보드별 마이크로컨트롤러

아두이노	마이크로컨트롤러	아키텍처	클록	CPU 비트
우노	ATmega328	AVR	16MHz	8비트
나노	ATmega328			
레오나르도	ATmega32u4			
메가2560	ATmega2560			
듀에	SAM3X8E	ARM Cortex M3	84MHz	32비트
제로	SAMD21G	ARM Cortex M0+	48MHz	
MKR 시리즈				
나노 33 IoT				

표 1.1은 위에서 언급한 아두이노 보드를 간략히 비교한 것이다. 이 외에도 다양한 보드들이 존재하지만, 흔히 사용되는 보드는 ① AVR 시리즈 마이크로컨트롤러를 사용하는 8비트 아두이노 보드, ② ARM Cortex-M 시리즈 마이크로컨트롤러를 사용하는 MKR 시리즈 아두이노 보드, ③ 작은 크기에 다양한 마이크로컨트롤러가 사용된 나노 시리즈 보드 중 하나인 경우가 대부분이다. 그중에서도 **8비트 AVR 시리즈 마이크로컨트롤러를 사용하는 아두이노 보드는 아두이노가 처음 소**

개된 이후 지금까지 가장 많이 사용되는 아두이노 보드이고, Cortex-M 시리즈 마이크로컨트롤러를 사용한 아두이노 보드는 최근 사용이 증가하고 있는 보드다.

1.3 아두이노 우노

아두이노에 많은 보드가 있지만 가장 많이 사용되는 보드는 아두이노 우노로, 아두이노의 기본 보드로 자리 잡고 있다. 이 책에서는 Cortex-M 시리즈 마이크로컨트롤러를 사용하는 보드를 다루는데 그 중 하나가 아두이노 제로다. 그림 1.7에서 볼 수 있듯이 아두이노 제로에는 아두이노 우노보다 많은 부품이 포함되어 있지만, 주변 장치를 연결하여 사용하는 경우 USB 커넥터의 개수가 다르다는 점을 제외하면 거의 같은 커넥터가 같은 위치에 배치되어 있다. 다만 각 핀의 기능은 약간의 차이가 있을 수 있다.

아두이노 우노는 그림 1.4에서 볼 수 있듯이 ATmega328 마이크로컨트롤러를 기본으로 전원 공급을 위한 부분, 핀 헤더 부분, UART 통신 및 프로그램 업로드를 위한 USB 연결 부분 등을 추가하여 만들어졌다. ATmega328은 5V 전원을 사용하므로 아두이노 우노에는 5V 전원 공급을 위한 레귤레이터가 포함되어 있다. 또한 3.3V 전원을 사용하는 주변 장치를 위해 3.3V 전원을 제공하기 위한 레귤레이터와 핀 헤더도 포함되어 있다.

아두이노 우노는 핀 헤더를 통해 최대 20개의 입출력 핀을 사용할 수 있다. 마이크로컨트롤러의 기본 기능은 디지털 또는 아날로그 데이터를 입출력하는 기능이다. 디지털 데이터의 입출력을 위해 아두이노 우노는 0번에서 19번까지 핀 단위로 번호를 지정하여 사용한다. 아날로그 데이터의 경우에는 마이크로컨트롤러에서 직접 처리할 수 없으므로 디지털 데이터로 변환이 먼저 이루어져야 하며 이를 위해 ADC~Analog-Digital Converter~가 필요하다. **ATmega328에는 10비트 해상도에 6채널의 ADC가 포함되어 있고 각 채널은 A0에서 A5까지의 핀에 연결되어 있다.** 한 가지 주의할 점은 **디지털 입출력을 위한 핀 중 14번부터 19번까지 핀에 A0부터 A5까지 상수가 할당되어 있다**는 점이다. 디지털 입출력 핀은 0번에서 19번까지 20개가 존재한다고 설명했지만, 표 1.2에서는 14개라고 표시되어 있다. 나머지 6개가 바로 아날로그 입력이 가능한 핀이다. 필요하다면 아날로그 입력이 가능한 핀을 디지털 입출력 핀으로 사용할 수 있으므로 사용할 수 있는 디지털 입출력 핀의 개수는 최대 20개가 된다.

아날로그 데이터 출력을 위해서는 ADC와는 반대로 DAC Digital-Analog Converter가 필요하지만, ATmega328에는 DAC가 포함되어 있지 않으므로 아날로그 신호를 직접 출력할 수는 없다. 대신 **PWM** Pulse Width Modulation **신호를 통해 아날로그 신호와 유사한 기능을 하는 디지털 신호를 출력할 수 있다.** PWM 신호는 디지털 신호이지만 모든 디지털 입출력 핀을 통해 출력할 수는 없으며, 아날로그 데이터 입력이 불가능한 14개의 디지털 입출력 핀 중 하드웨어로 지원되는 6개의 핀을 통해서만 출력할 수 있다. 아두이노 우노에서는 핀 번호 앞에 물결무늬(~)를 붙여 PWM 신호 출력이 가능한 핀을 구별하고 있다.

표 1.2 **아두이노 우노**

항목	내용	비고
마이크로컨트롤러	ATmega328	ATmega328P-PU
동작 전압	5V	
입력 전압	7~12V	추천 입력 범위
디지털 입출력 핀	14개	
아날로그 입력 핀	6개	A0~A5까지의 상수로 정의 14번에서 19번까지의 디지털 입출력 핀에 해당
PWM 출력 핀	6개	디지털 입출력 핀 중 3, 5, 6, 9, 10, 11번
플래시 메모리	32KB	부트로더가 0.5KB 차지
SRAM	2KB	
EEPROM	1KB	
클록 주파수	16MHz	

아두이노가 다른 마이크로컨트롤러 보드와 또 다른 점은 프로그램 업로드 방법에 있다. 일반적으로 AVR 시리즈 마이크로컨트롤러에 프로그램을 업로드할 때는 ISP In System Programming 방식을 사용한다. 그림 1.4에서도 ISP 연결 커넥터를 확인할 수 있으며 **아두이노에서도 ISP 방식으로 프로그램을 업로드할 수 있다.** 하지만 **아두이노에서는 일반적으로 부트로더** bootloader**를 통한 시리얼 방식으로 프로그램을 업로드한다.** 부트로더란 플래시 메모리의 특정 위치에 존재하는 작은 크기의 특수 목적용 프로그램으로, 프로그램 업데이트를 위해 주로 사용한다. 표 1.2에서도 알 수 있듯이 32KB의 플래시 메모리 중 부트로더가 0.5KB를 차지하고 있다. 하지만 부트로더만 있다고 프로그램 업로드(또는 업데이트)가 가능한 것은 아니며 하드웨어적인 지원이 필요하다. 그림 1.4에서 USB 시리얼 변환 마이크로컨트롤러가 프로그램 업로드를 지원하기 위해 사용된 전용 하드웨어다. 아두이노의 부트로더는 UART 시리얼 통신을 통해 프로그램을 업로드하며, ATmega16u2 마이크로

컨트롤러는 USB를 통해 컴퓨터에서 전달되는 프로그램을 UART 형식으로 변환하여 ATmega328
로 전달하는 역할을 한다. 프로그램 업로드에 사용되지 않는 경우 ATmega16u2 마이크로컨트롤
러는 컴퓨터와 UART 시리얼 통신을 수행하기 위해 사용될 수 있다. 아두이노를 위한 드라이버가
성공적으로 설치되었다면 장치 관리자에서 가상의 시리얼 통신 포트가 추가된 것을 확인할 수 있
으며, 이 포트가 바로 아두이노 우노에 프로그램을 업로드하고 UART 통신을 통해 컴퓨터와 아
두이노가 데이터를 주고받을 때 사용하는 포트다.

아두이노 우노 보드가 준비되었다면 필요한 것은 아두이노 우노의 USB 커넥터와 컴퓨터의 USB
커넥터를 연결하는 것뿐이며, 이는 아두이노 제로 역시 마찬가지다. 물론 아두이노 IDE를 설치하
고 아두이노를 지원하기 위한 드라이버가 컴퓨터에 설치되어 있어야 한다.

1.4 소프트웨어 개발환경

아두이노의 장점 중 하나는 공통된 핀 헤더 배치와 이를 통해 기능을 추가할 수 있도록 해주는
실드를 사용할 수 있다는 하드웨어 측면에 있으며, 이는 이 책에서 사용하는 Cortex-M 기반 아
두이노 보드 역시 마찬가지다. 하지만 아두이노에 다양한 보드들이 존재한다는 것은 아두이노가
사용하기 쉽다는 점과는 다른 이야기로 보일 수 있다. **아두이노에 다양한 보드가 존재함에도 아두이
노가 쉽다고 인식될 수 있는 것은 서로 다른 아두이노 보드를 위한 프로그램을 같은 방법으로 작성할 수
있다는 소프트웨어 측면에서 찾아야 하며, 이를 가능하게 하는 것이 아두이노 함수와 라이브러리다.**

서로 다른 마이크로컨트롤러에서 같은 기능을 구현하기 위해 만든 프로그램은 서로 다를 수밖에
없다. 이는 같은 AVR 시리즈에 속하는 마이크로컨트롤러 사이에서도 마찬가지이며, Cortex-M
시리즈 마이크로컨트롤러를 사용하는 마이크로컨트롤러를 위한 프로그램은 AVR 시리즈 마이크
로컨트롤러를 위한 프로그램과 전혀 다르다. 아두이노 우노의 13번 핀에는 LED가 연결되어 있어
테스트용으로 사용할 수 있다. 전통적으로 AVR 시리즈 마이크로컨트롤러를 위한 프로그램에는
레지스터를 조작하는 과정이 필요하며, 아두이노 우노의 13번 핀 LED를 켜기 위해서는 DDRB와
PORTB 레지스터를 조작해야 한다.

```
DDRB |= 0x20;          // 포트 B의 6번째 핀을 출력으로 설정
PORTB |= 0x20;         // 포트 B의 6번째 핀으로 HIGH 출력, LED 켜기
```

같은 기능을 아두이노에서는 함수를 사용하여 다음과 같이 구현할 수 있다.

```
pinMode(13, OUTPUT);        // 13번 핀을 출력으로 설정
digitalWrite(13, HIGH);     // 13번 핀으로 HIGH 출력, LED 켜기
```

레지스터를 사용하는 것보다 아두이노 함수를 사용하는 것이 프로그램을 작성하고 이해하기 쉽다는 데는 누구나 동의할 것이다. 이는 생소한 레지스터 이름과 이해하기 어려운 비트 연산자가 아닌 영어 단어로 이루어진 함수를 사용하기 때문이며 이를 추상화_{abstraction}라고 한다. LED를 켜는 것은 1비트 데이터를 사용하는 간단한 작업이지만, 많은 데이터를 사용하여 복잡한 작업을 수행하는 경우라면 아두이노 함수를 사용하는 장점이 더욱 잘 나타날 것이다. 위의 예에서 장점을 정확히 알 수 없다면 아두이노 메가2560에 사용된 ATmega2560 마이크로컨트롤러용 코드와 비교해 보자.

표 1.3 추상화된 아두이노 함수 사용

	ATmega328	ATmega2560
레지스터 사용	DDRB |= 0x20; PORTB |= 0x20;	DDRB |= 0x80; PORTB |= 0x80;
아두이노 함수 사용	pinMode(13, OUTPUT); digitalWrite(13, HIGH);	

표 1.3에서는 같은 AVR 시리즈 마이크로컨트롤러를 사용하므로 같은 이름의 레지스터가 사용되었지만, 레지스터를 설정하는 값에 차이가 있다. 하지만 아두이노 함수를 사용한다면 마이크로컨트롤러의 특정 핀을 13번 핀으로 추상화하고 13번 핀을 제어하는 작업 역시 pinMode와 digitalWrite 함수로 추상화함으로써 같은 코드를 아두이노 우노와 아두이노 메가2560 모두에 사용할 수 있다. 물론 아두이노에서 마이크로컨트롤러의 모든 기능을 추상화된 함수로 제공하는 것은 아니지만, 마이크로컨트롤러의 기본적인 기능에 대해서는 추상화된 함수를 제공하고 있으므로 짧은 시간에 프로토타입을 만들어볼 수 있다. 또한 만들어진 코드는 서로 다른 아두이노 보드에서 그대로 사용하거나 또는 약간만 수정해서 사용할 수 있다.

Cortex-M 시리즈 마이크로컨트롤러용 프로그램에서는 직접 레지스터를 제어하는 경우는 흔하지 않으며 레지스터 조작을 추상화한 함수를 사용하는 경우가 일반적이다. 아두이노는 이 함수를 다시 추싱화하여 AVR 시리즈 마이크로컨트롤러를 위해 사용한 pinMode, digitalWrite 함수를 그대로 사용할 수 있게 해준다. 즉, **아두이노 환경에서 AVR 시리즈 마이크로컨트롤러를 위해 작성한 스케**

치는 Cortex-M 시리즈 마이크로컨트롤러를 위한 스케치로도 사용할 수 있다.

마이크로컨트롤러의 기본 기능을 추상화하여 제공하는 것이 아두이노 함수라면 주변 장치를 제어하는 기능을 추상화하여 C++의 클래스 라이브러리로 제공하는 것이 아두이노 라이브러리다.[5] 아두이노 라이브러리는 아두이노에서 제공되는 기본 라이브러리와 온라인을 통해 공개되고 무료로 내려받아 사용할 수 있는 확장 라이브러리로 나눌 수 있다. 이는 하드웨어 확장을 위해 아두이노는 물론 서드파티에서 실드를 제작하여 판매하는 것과 비슷하다. 라이브러리의 예로 ATmega328에 내장된 EEPROMElectrically Erasable Programmable Read Only Memory을 제어하는 데 사용할 수 있도록 아두이노에서 제공하는 EEPROM 라이브러리가 있다. EEPROM 라이브러리를 사용하여 EEPROM의 100번지에 10의 값을 기록하고 싶다면 다음 한 문장이면 된다.

```
EEPROM.write(100, 10);          // (번지, 1바이트값)
```

간단하지 않은가? 물론 EEPROM 라이브러리의 내부에서는 특정 번지에 값을 기록하기 위해 많은 일이 일어난다. 하지만 아두이노는 모든 번거로운 작업을 추상화된 함수와 라이브러리를 통해 대신해 주고 있으므로 프로그래머가 신경 써야 할 부분은 그리 많지 않다. 더 반가운 소식은 지금도 아두이노의 라이브러리가 늘어나고 있다는 점이다.

이러한 아두이노의 함수와 라이브러리는 오픈소스 툴체인toolchain을 기반으로 하고 있다. **툴체인이란 목적 시스템에서 실행되는 프로그램을 작성하기 위해 개발 시스템에서 필요로 하는 프로그래밍 도구의 집합을 말한다.** 즉, 아두이노 보드에서 실행되는 기계어 파일을 만들기 위해 컴퓨터에서 사용하는 프로그래밍 도구 집합을 말한다. 툴체인에는 컴파일러, 링커, 라이브러리, 디버거 등이 포함되며 한 프로그래밍 툴의 출력은 다른 프로그래밍 툴의 입력으로 사용되는 경우가 많으므로 '체인'이라는 단어를 사용한다. AVR 시리즈 마이크로컨트롤러와 Cortex-M 시리즈 마이크로컨트롤러를 위한 툴체인은 서로 다르므로 필요에 따라 내려받아 사용하면 된다는 점을 제외하면 동작 방식은 같다.

아두이노 함수와 라이브러리를 사용하여 아두이노 보드를 위한 프로그램을 작성하기 위해서는 통합개발환경IDE이 필요하며 아두이노에서 제공하는 '아두이노 IDE'가 주로 사용된다. 아두이노 IDE는 아두이노 홈페이지[6]에서 무료로 내려받을 수 있다. 아두이노 홈페이지는 아두이노와 관련

---

5   모든 아두이노 라이브러리가 C++ 스타일의 클래스 라이브러리 형태로 제공되는 것은 아니며, 함수의 집합으로 이루어진 C 스타일의 라이브러리도 존재한다.

6   https://www.arduino.cc/en/Main/Software

된 최신 내용은 물론, 활발한 사용자 커뮤니티를 통해 아두이노와 관련된 가장 빠르고 정확한 정보를 얻을 수 있는 곳이기도 하다.

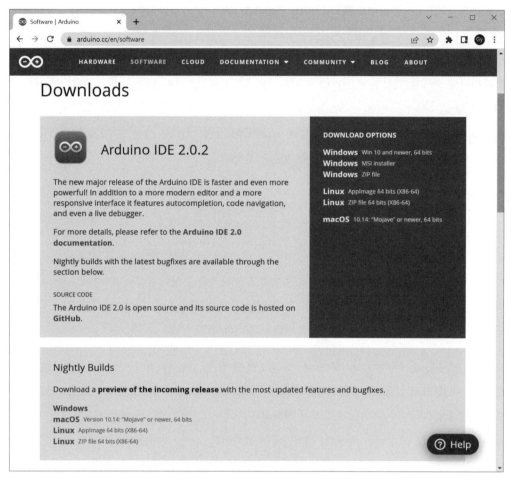

그림 1.8   **아두이노 IDE 다운로드 페이지[7]**

아두이노 IDE는 아두이노 보드와 마찬가지로 오픈소스로 공개되어 있으며 자바Java로 만들어져 윈도우는 물론 맥OS, 리눅스 등 다양한 운영체제를 지원한다. 또한 아두이노 IDE는 비전공자들도 쉽게 사용할 수 있도록 간단하고 직관적인 인터페이스를 갖고 있다. 하지만 비전공자를 우선한 통합개발환경인 만큼 흔히 이야기하는 통합개발환경과 비교했을 때 많은 기능이 생략된 것 또한 사실이다.

아두이노 보드에 사용된 마이크로컨트롤러의 기능을 전부 이용해 보고 싶다면 마이크로칩 스튜

---

7   https://www.arduino.cc/en/software

디오_{Microchip Studio}[8]가 후보 중 하나가 될 것이다. 마이크로칩 스튜디오는 마이크로칩에서 제작하는 AVR 및 Cortex-M 시리즈 마이크로컨트롤러의 모든 기능을 사용할 수 있도록 해주며 아두이노 스케치 작성 역시 지원한다. 그림 1.9는 마이크로칩 스튜디오에서 아두이노 스케치를 작성하는 예를 보여준다.

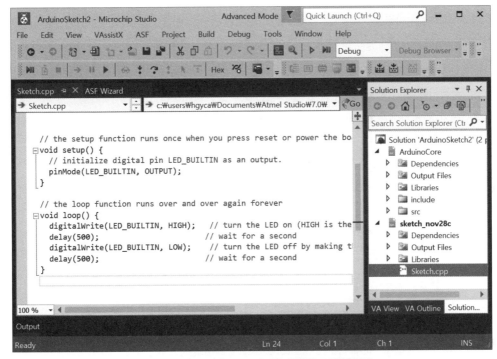

그림 1.9 마이크로칩 스튜디오를 사용한 스케치 작성

마이크로칩 스튜디오가 많은 기능을 제공하는 것은 사실이다. 하지만 마이크로칩 스튜디오는 마이크로컨트롤러 자체를 사용하기 위한 전문가용 통합개발환경인 반면, 아두이노 IDE는 마이크로컨트롤러를 도구로 사용하기 위한 비전문가용 통합개발환경으로 목적이 서로 다르므로 필요에 따라 선택하여 사용하면 된다.

스케치를 작성하기 위해 사용할 수 있는 통합개발환경에는 아두이노 IDE와 마이크로칩 스튜디오 외에도 아두이노에서 제공하는 웹 에디터, 서드파티 통합개발환경 등 여러 가지가 존재한다. 관심이 있는 독자라면 사용을 고려해 볼 수 있지만, 아두이노 IDE만으로도 아두이노를 시작하고 즐기기에 충분할 것이다. 물론 가끔은 마이크로칩 스튜디오를 통해 마이크로컨트롤러의 내부를 들여다볼 수 있다면 더 많은 재미를 발견할 수 있을 것이다.

---

8   https://www.microchip.com/en-us/tools-resources/develop/microchip-studio

아두이노 IDE 설치

아두이노 IDE 설치 프로그램을 아두이노 홈페이지에서 내려받자. 그림 1.8에서 볼 수 있듯이 현재 아두이노 최신 버전은 아두이노 IDE 2.x이며 이 책에서도 이를 기준으로 한다. 아두이노 IDE의 설치는 어렵지 않다. 설치 과정에서는 디폴트 설정을 사용하면 되고, 아두이노 보드를 위한 드라이버 설치를 위한 경고 화면이 나타나면 설치를 선택하면 된다. 설치가 끝나고 아두이노 우노가 있다면 컴퓨터에 연결해 보자. 아두이노 우노를 컴퓨터와 연결하면 아두이노 보드가 자동으로 인식되고 장치 관리자에서 COM 포트로 나타난다. 이 책에서 사용하는 보드 중 하나인 아두이노 제로는 2개의 USB 포트를 갖고 있다. 어댑터를 연결하는 배럴 잭 옆에 있는 USB 포트를 통해 컴퓨터에 연결하면 아두이노 우노와 마찬가지로 COM 포트로 나타난다.

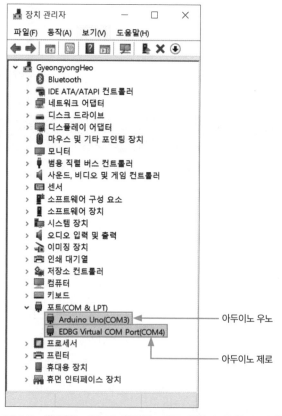

그림 1.10 아두이노 우노와 아두이노 제로 연결 후 장치 관리자[9]

---

[9] 할당되는 COM 포트 번호는 컴퓨터에 따라 달라질 수 있다.

장치 관리자에서 아두이노 우노에 해당하는 COM 포트를 확인할 수 있다면 아두이노 IDE 설치는 끝난 것이다. 간단하지 않은가? 설치된 아두이노 IDE를 실행하면 그림 1.11과 같은 사용자 인터페이스를 확인할 수 있다. 아두이노 IDE는 스케치 작성과 업로드에 필요한 기본 기능만으로 구성된 직관적이고 간단한 인터페이스를 제공한다. 그림 1.11을 그림 1.1의 1.x 버전과 비교해 보면 사용자 인터페이스가 일부 바뀐 것을 알 수 있다. 아두이노 IDE 2.x 버전 역시 다른 통합개발환경과 비교하면 여전히 허전해 보이지만, 아두이노 IDE는 스케치를 작성하기 위한 훌륭한 개발환경인 것은 틀림없다.

그림 1.11 아두이노 IDE 2.x 버전 실행 화면

그림 1.11에서 볼 수 있듯이 아두이노 IDE는 디폴트 상태인 영어로 표시된다. 한글로 번역되지 않거나 잘못된 번역이 몇 가지 있지만, 아두이노 IDE는 메뉴와 도움말 등을 한글로도 제공하고 있다. 'File ➡ Preferences...' 메뉴 항목 또는 'Ctrl + 콤마' 단축키를 선택하면 Preferences(기본 설정) 다이얼로그가 나타난다.

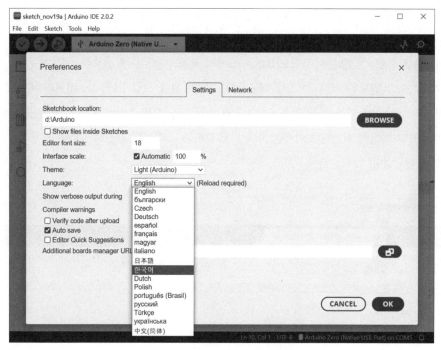

그림 1.12 **Preferences 다이얼로그**

다이얼로그 가운데에 'Language(편집기 언어)' 펼침 메뉴를 열어 '한국어'를 선택하고 'OK(확인)' 버튼을 누르면 메뉴가 한글로 바뀐다.

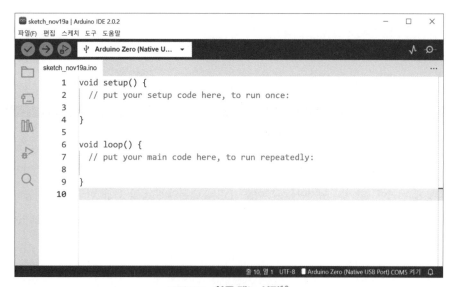

그림 1.13 **한글 메뉴 설정**[10]

10 아두이노 IDE 2.0.2 버전부터 한글 메뉴가 지원되기 시작했다.

아두이노 IDE 1.x 버전에서는 AVR 시리즈 마이크로컨트롤러를 사용하는 아두이노 보드를 위한 지원 파일이 아두이노 IDE와 함께 설치되었다. 따라서 아두이노 IDE를 설치한 후 아두이노 우노를 사용하기 위해 별도의 추가 설치가 필요하지 않았다. 하지만 아두이노 IDE 2.x 버전에서는 보드 지원 파일을 별도로 설치하는 것으로 바뀌었다. 그림 1.13에서 '도구 ➡ 보드 ➡ 보드매니저...' 메뉴 항목, 'Ctrl + Shift + B' 단축키 또는 왼쪽 세로 툴바의 '보드매니저' 버튼(🗔)을 선택하면 보드매니저가 화면 왼쪽에 나타난다.

그림 1.14 보드매니저 패널

'Arduino AVR Boards'의 '설치' 버튼을 눌러 지원 파일을 설치한다. 'Arduino AVR Boards'가 나타나지 않는다면 'Arduino AVR'을 검색창에서 검색하면 된다.

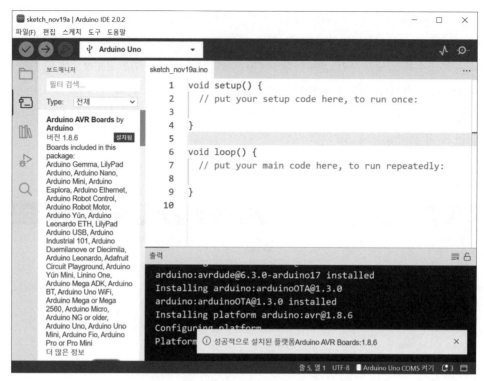

그림 1.15 **'Arduino AVR Boards' 지원 파일 설치**[11]

설치가 완료되면 '도구 ➡ 보드 ➡ Arduino AVR Boards' 메뉴 항목에서 AVR 시리즈 마이크로컨트롤러를 사용한 아두이노 보드를 확인할 수 있다.

---

11 아두이노 보드에 대한 지원 파일은 'C:\Users\사용자_이름\AppData\Local\Arduino15' 아래에 설치된다.

그림 1.16 AVR 시리즈 마이크로컨트롤러를 사용한 아두이노 보드 추가

아두이노 IDE에서 작성하는 스케치는 디폴트로 스케치북 디렉터리에 저장된다. 아두이노 IDE에서 '파일 ➡ 기본 설정...' 메뉴 항목을 선택하거나 'Ctrl + 콤마' 단축키를 누르면 기본 설정 다이얼로그가 나타난다. 다이얼로그의 위쪽에 있는 '스케치북 위치'가 스케치가 저장될 스케치북 디렉터리를 나타낸다. 여기서는 'D:\Arduino'로 스케치북 디렉터리가 설정된 것으로 가정한다. 스케치북 디렉터리에 스케치를 저장할 때는 지정된 이름의 디렉터리가 스케치북 디렉터리 아래에 만들어지고, 그 아래에 같은 이름과 확장자 ino를 갖는 스케치 파일이 만들어진다. 스케치북 디렉터리 아래 'libraries' 디렉터리는 내려받은 확장 라이브러리가 설치되는 디렉터리이기도 하다.

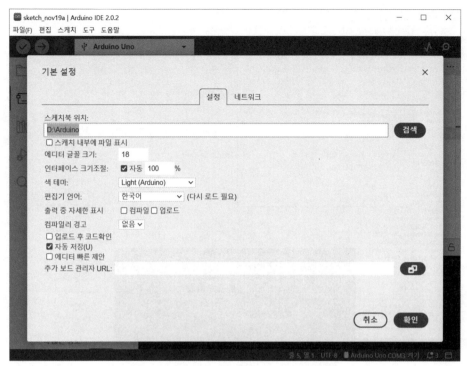

그림 1.17 **기본 설정 다이얼로그 – 스케치북 위치**

아두이노 IDE 사용

아두이노 IDE를 설치했으면 아두이노 우노나 아두이노 제로를 USB 연결선으로 컴퓨터와 연결하는 것으로 아두이노를 시작할 준비가 끝난다. 아두이노 IDE에는 다양한 예제가 포함되어 있다. 아두이노 IDE에서 '파일 ➡ 예제 ➡ 01.Basics ➡ Blink' 메뉴 항목을 선택해 보자. C/C++ 프로그래밍에 'Hello World'가 있다면 아두이노에는 'Blink'가 있다. 블링크 예제는 아두이노 보드에 내장된 LED를 1초 간격으로 점멸하는 스케치로, 아두이노 우노와 아두이노 제로의 경우 13번 핀에 내장 LED가 연결되어 있다.

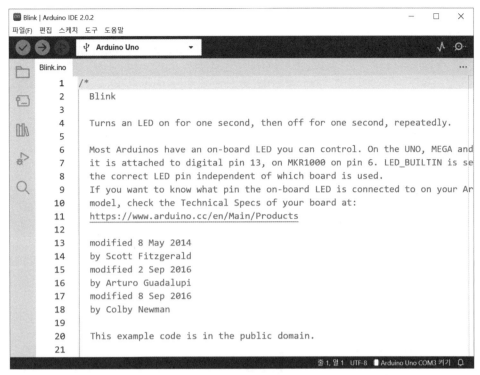

그림 1.18 블링크 예제

아두이노 IDE에서 스케치를 컴파일하여 업로드하기 위해서는 다음의 두 가지 옵션을 선택해야
한다.

- '도구 ➡ 보드' 메뉴에서 사용하고자 하는 아두이노 보드를 선택한다. 보드 선택 메뉴에서 연
  관된 보드들은 다시 그룹으로 묶여 있다. 그림 1.16에서도 AVR 시리즈 마이크로컨트롤러를
  사용한 보드들이 '도구 ➡ 보드 ➡ Arduino AVR Boards' 아래에 나타난다.
- '도구 ➡ 포트' 메뉴에서 사용하고자 하는 보드가 연결된 COM 포트를 선택한다.

아두이노 우노의 경우 '도구 ➡ 보드 ➡ Arduino AVR Boards ➡ Arduino Uno'를 선택하고 '도
구 ➡ 포트' 메뉴에서 그림 1.10에서 할당된 COM3을 선택하면 된다. 하지만 아두이노 제로의 경
우 여전히 '도구 ➡ 보드' 메뉴에 나타나지 않는다. 따라서 그림 1.14와 마찬가지로 보드매니저 패
널에서 'SAMD'를 검색하여 'Arduino SAMD Boards'를 위한 지원 파일을 설치해야 한다.

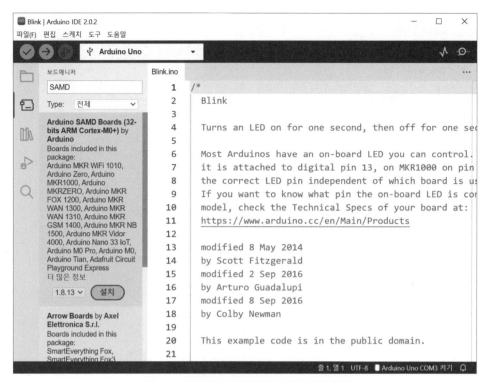

그림 1.19 **아두이노 SAMD 보드 지원 파일 설치**

지원 파일이 설치되면 '도구 ➡ 보드' 메뉴 아래에 'Arduino SAMD Boards' 메뉴가 나타나고 그 아래에 SAMD21 마이크로컨트롤러를 사용한 보드를 확인할 수 있다. 새로 생성된 메뉴 중 '도구 ➡ 보드 ➡ Arduino SAMD Boards ➡ Arduino Zero (Programming Port)'와 '도구 ➡ 보드 ➡ Arduino SAMD Boards ➡ Arduino Zero (Native USB Port)'의 2개 메뉴 항목이 아두이노 제로와 관련된 것으로, 각각 아두이노 제로의 2개 USB 포트에 해당한다. 여기서는 프로그래밍 포트에 연결하여 사용할 것이므로 '도구 ➡ 보드 ➡ Arduino SAMD Boards ➡ Arduino Zero (Programming Port)'를 선택하면 된다.

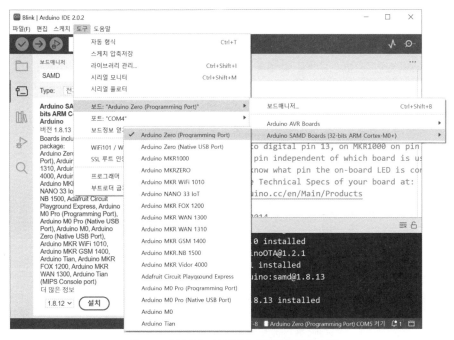

그림 1.20 아두이노 제로(프로그래밍 포트) 선택

'도구 ➡ 포트'는 그림 1.10에서 할당된 포트를 선택하면 된다.

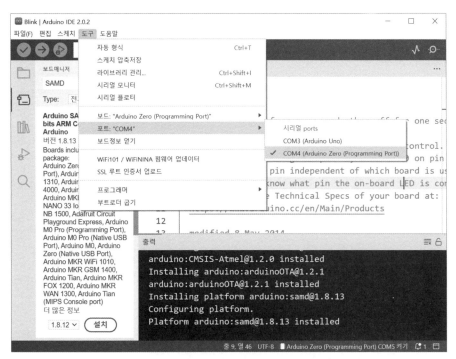

그림 1.21 아두이노 제로(프로그래밍 포트) 연결 포트 선택

보드 종류와 포트 선택이 끝났으면 스케치를 컴파일하고 업로드해 보자. 스케치 작성 과정에서 필요한 기본적인 기능들은 아두이노 IDE의 툴바를 통해 사용할 수 있다. 아두이노 IDE에는 가로 툴바와 세로 툴바가 있고 컴파일 및 업로드와 관련된 툴바는 가로 툴바다.

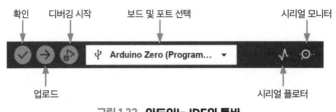

그림 1.22 아두이노 IDE의 툴바

표 1.4는 가로 툴바의 버튼 기능을 요약한 것이다.

표 1.4 아두이노 IDE의 가로 툴바 버튼

아이콘	이름	설명
✓	확인	스케치를 컴파일하고 컴파일 결과를 출력창에 표시한다.
→	업로드	스케치를 컴파일하여 실행 파일을 생성하고 선택된 보드와 포트를 통해 업로드한다.
⊳B	디버깅 시작	디버깅을 시작한다.
–	보드 및 포트 선택	현재 컴퓨터에 연결된 보드 중에서 보드를 선택하거나 목록에서 보드를 선택한다.
∿	시리얼 플로터	시리얼 플로터를 연다.
◉	시리얼 모니터	시리얼 모니터를 연다.

보드 선택 펼침 메뉴에는 현재 컴퓨터에 연결된 보드가 나타나므로 목록에서 선택할 수 있다.

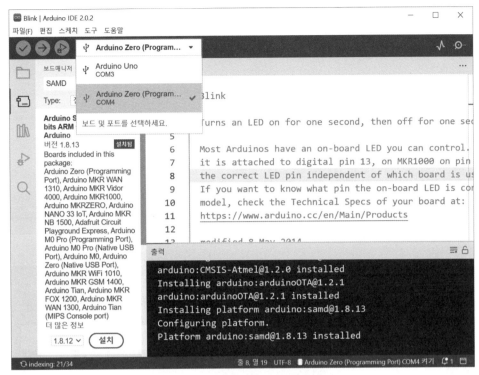

그림 1.23 **보드 및 포트 선택 펼침 메뉴**

세로 툴바의 버튼 기능을 요약하면 표 1.5와 같다. 세로 툴바의 버튼을 누르면 해당 기능이 화면 왼쪽에 패널로 나타난다.

표 1.5 **아두이노 IDE의 세로 툴바 버튼**

아이콘	이름	설명
	스케치북	로컬 컴퓨터에 저장된 스케치와 아두이노 클라우드에 저장된 스케치를 관리할 수 있는 패널을 보여준다.
	보드매니저	아두이노 보드의 지원 파일을 설치할 수 있는 보드매니저를 보여준다.
	라이브러리 매니저	라이브러리를 검색하고 설치할 수 있는 라이브러리 매니저를 보여준다.
	디버그	디버깅 패널을 보여준다.
	검색	검색 패널을 보여준다.

'확인' 버튼을 누르면 스케치를 컴파일하고 오류 발생 여부를 알려준다. 오류 없이 스케치가 컴파일되면 업로드할 실행 파일의 크기와 스케치 실행에 필요한 SRAM의 크기를 알려준다.

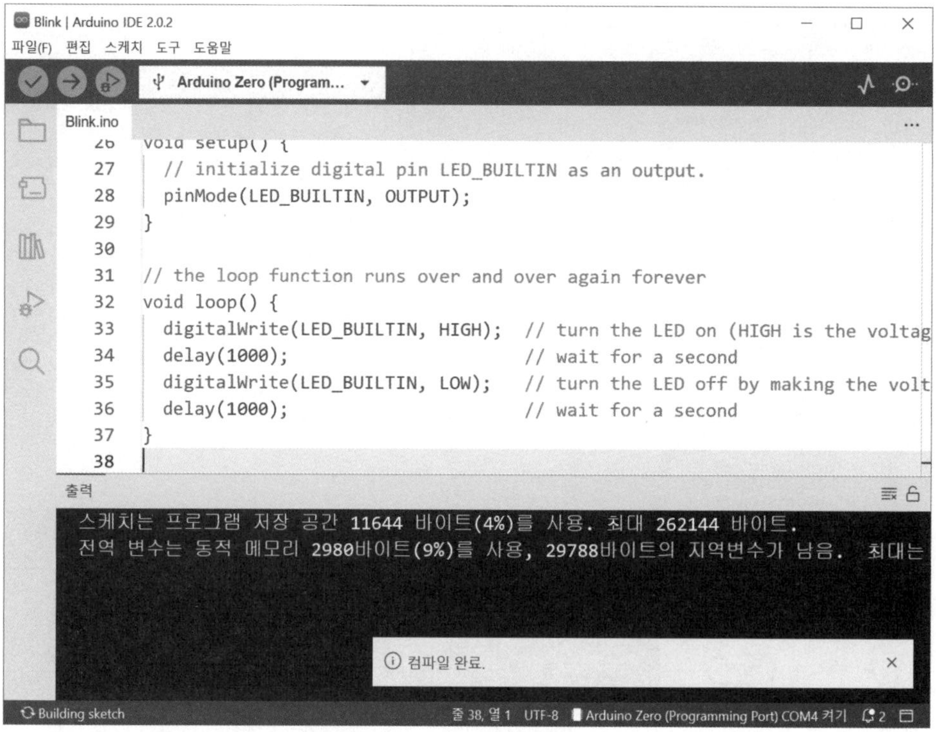

그림 1.24 **스케치 컴파일**

오류 없이 컴파일에 성공했다면 아두이노 제로에 블링크 스케치를 업로드해 보자. '업로드' 버튼을 누르면 실행 파일을 생성하고, 생성된 실행 파일을 아두이노 제로에 할당된 시리얼 포트를 통해 아두이노로 업로드할 수 있다. 업로드에 성공하면 업로드된 파일이 자동으로 실행되고 13번 핀에 연결된 내장 LED가 1초 간격으로 깜빡거리는 것을 확인할 수 있다. '업로드' 버튼을 누르면 스케치를 컴파일하고 업로드가 진행된다. 이때 컴파일 오류가 발생하면 업로드가 진행되지 않는다. 따라서 업로드 전에 '확인' 버튼으로 컴파일 성공 여부를 확인하지 않아도 된다.

스케치 업로드에 사용되는 시리얼 포트는 컴퓨터와의 시리얼 통신을 위해서도 사용된다. 시리얼 통신을 통해 컴퓨터와 아두이노 제로 사이에 주고받는 데이터는 '터미널terminal'을 통해 확인할 수 있으며, 아두이노 IDE의 '시리얼 모니터' 역시 터미널의 한 종류다.

시리얼 모니터로 데이터를 출력해 보자. '파일 ➡ 예제 ➡ 04.Communication ➡ ASCIITable' 메뉴 항목을 선택한다. ASCIITable 예제는 아스키ASCII코드 문자들을 다양한 형식으로 시리얼 모니터로 출력하는 스케치다. 툴바의 '업로드' 버튼, '스케치 ➡ 업로드' 메뉴 항목 또는 Ctrl + U 단축키를 눌러 스케치를 업로드한다. 툴바의 가장 오른쪽에 있는 '시리얼 모니터' 버튼, '도구 ➡ 시리얼 모니터' 메뉴 항목 또는 '⌈Ctrl⌉+⌈Shift⌉+⌈M⌉' 단축키를 누르면 아두이노 IDE의 아래쪽에 시리얼 모니터가 나타나면서 아스키 문자와 그에 해당하는 아스키 코드값이 여러 가지 진법으로 표시된다.

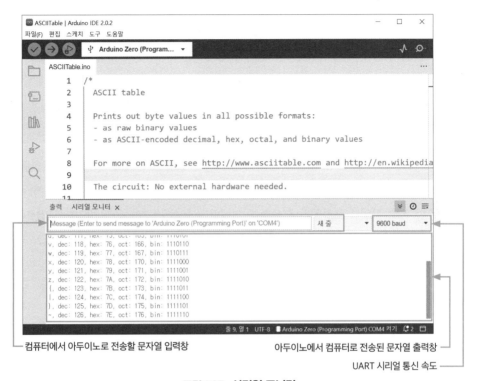

컴퓨터에서 아두이노로 전송할 문자열 입력창   아두이노에서 컴퓨터로 전송된 문자열 출력창

UART 시리얼 통신 속도

그림 1.25 시리얼 모니터

시리얼 모니터는 크게 위쪽의 입력 부분과 아래쪽의 출력 부분으로 나눌 수 있으며, 이 외에 몇 가지 옵션을 설정할 수 있는 버튼과 펼침 메뉴가 포함되어 있다. 입력 부분은 컴퓨터에서 아두이노 보드로 보낼 데이터를 입력하는 부분이며, 출력 부분은 아두이노 보드에서 컴퓨터로 보낸 데이터를 표시하는 부분이다. 옵션 중에서 가장 중요한 부분은 통신 속도인 보율baud rate로, 스케치에서 지정한 속도와 시리얼 모니터에서 선택한 속도가 같은 경우에만 정상적으로 데이터 송수신이 가능하다. 아두이노에서는 흔히 9,600보율이 사용된다.

이 외에도 아두이노 IDE 2.x는 이전 버전과 비교해서 개선되거나 추가된 기능이 많아 스케치 개발 과정에서 도움을 받을 수 있다. 아두이노 IDE 2.x의 기능과 사용 방법은 별도의 장에서 다룬다.

스케치의 구조

스케치를 업로드하고 실행 결과까지 확인해 봤다. 마지막으로 언급하고 넘어가야 할 부분은 바로 스케치의 독특한 구조다. 아두이노의 스케치는 C/C++ 언어로 만들어지며, C/C++ 언어에서는 프로그램의 시작점으로 제일 먼저 실행되는 main 함수가 필요하다. 하지만 블링크 스케치에서는 main 함수를 찾아볼 수 없으며 setup과 loop라는 2개의 함수만이 존재하고 있다. main은 어디에 있을까?

마이크로컨트롤러에는 컴퓨터와 달리 하나의 프로그램만 설치될 수 있고 설치된 프로그램은 전원이 주어지는 동안 끝나지 않는 무한 루프(메인 루프 또는 이벤트 루프)를 통해 작업을 수행한다. 이외에도 필요한 헤더 파일을 포함하거나 상수를 정의하는 등의 전처리 부분, 마이크로컨트롤러를 설정하는 초기화 부분 등이 필요하다. 따라서 마이크로컨트롤러를 위한 코드는 그림 1.26과 같은 구조를 갖는다.

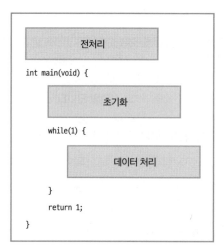

그림 1.26 마이크로컨트롤러를 위한 프로그램의 구조

아두이노의 스케치는 그림 1.26에 나타난 프로그램의 구조를 좀 더 직관적으로 이해할 수 있도록 초기화 부분을 setup, 데이터 처리 부분을 loop라는 별도의 함수로 구현하도록 분리하고 있다.

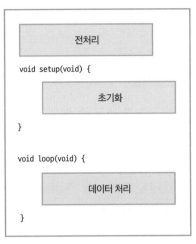

그림 1.27 **아두이노를 위한 스케치의 구조**

스케치의 실행 흐름은 그림 1.28과 같이 시작만 있고 끝이 없는 흐름도로 나타낼 수 있으며, 이는 그림 1.26의 마이크로컨트롤러를 위한 프로그램의 구조 역시 마찬가지다.

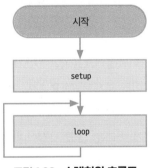

그림 1.28 **스케치의 흐름도**

아두이노의 스케치는 직관적이고 쉬운 프로그래밍을 위해 미리 정의된 함수를 사용하도록 하고 있을 뿐 내용이 바뀐 것은 아니다. 그림 1.26과 같이 **main 함수를 사용하여 스케치를 작성할 수 있으며 이 경우에도 컴파일과 실행에 아무런 문제가 없다**는 점에서 그림 1.26과 그림 1.27은 같은 구조를 나타낸다는 것을 알 수 있다. 즉, 겉으로는 사용하는 함수 이름이 달라 다르게 보이지만, 그 내용은 같다.

1.8 맺는말

아두이노는 비전공자들이 쉽게 전자 장치를 만들 수 있도록 해주는 마이크로컨트롤러 플랫폼으로 시작하여 전공자는 물론 산업 현장에서도 사용하는 대표적인 마이크로컨트롤러 플랫폼으로 자리 잡고 있다. 아두이노는 복잡하고 어려운 부분을 감추어 쉽게 마이크로컨트롤러를 시작할 수 있도록 해준다는 점이 가장 큰 장점이다. 또한 이를 가능하게 하는 하드웨어와 소프트웨어를 모두 오픈소스로 공개함으로써 선순환 구조를 갖는 생태계 구축에 성공했다는 점이 지금까지도 아두이노의 인기가 식지 않는 이유라 하겠다.

이 장에서는 아두이노가 만들어진 이유와 하드웨어 및 소프트웨어 측면에서의 특징을 살펴봤다. 이 장의 내용을 따라 하다 보면 아두이노를 처음 접하는 경우라도 LED에 불을 켜고 시리얼 모니터를 통해 아두이노에서 보낸 데이터를 컴퓨터에서 확인하는 일이 어렵지 않다는 것을 알 수 있다. 아두이노는 '마이크로컨트롤러를 위한 쉬운 플랫폼'으로 시작되었고 여전히 그 설계 철학을 고수하고 있다.

이 책은 ARM의 Cortex-M 기반 마이크로컨트롤러인 SAMD21G를 사용하여 만든 아두이노 보드를 다룬다. SAMD21G 기반 아두이노 보드는 AVR 기반 아두이노 보드보다 연산 능력이 뛰어나고 다양한 기능을 사용할 수 있도록 해주는 등 여러 가지 장점이 있다. 하지만 AVR 기반 아두이노 보드에 비해 복잡하고 사용하기 어려운 것도 사실이며 비전공자를 위한 마이크로컨트롤러 플랫폼이라는 아두이노의 철학에서 멀어지고 있다는 점도 부정할 수 없다. 그럼에도 이 책에서 Cortex-M 기반 아두이노 보드를 다루는 이유는 AVR 기반 아두이노 보드로는 불가능한 것들을 가능하게 해주기 때문이며, 그것도 아두이노라는 플랫폼을 통해 쉽고 간단하게 구현할 수 있도록 해주기 때문이다. 무엇보다 사물인터넷과 인공지능의 확산과 더불어 고성능 아두이노 보드에 대한 요구가 교육 현장뿐만 아니라 산업계에서도 늘어나고 있다는 점이 이 책에서 Cortex-M 기반 아두이노 보드를 다루는 이유다. '쉬운 플랫폼'에서 시작된 아두이노가 '고성능 플랫폼'으로도 인정받게 된다면, 아두이노는 대체할 수 없는 플랫폼으로 더욱 확고한 자리를 차지할 수 있을 것이다.

아두이노 SAMD 보드

아두이노는 8비트 AVR 시리즈 마이크로컨트롤러를 사용하는 보드로 시작되었다. 이후 사물인터넷, 인공지능 등의 분야에서 높은 연산 능력에 대한 요구가 증가함에 따라 32비트 Cortex-M 시리즈 마이크로컨트롤러를 사용한 보드 역시 만들어졌다. 아두이노 보드에 사용하는 Cortex-M 시리즈 마이크로컨트롤러에는 여러 가지가 있지만, 무선 통신 기능이 포함되지 않은 마이크로컨트롤러는 대부분 Cortex-M0+ 기반의 SAMD21G 마이크로컨트롤러를 사용한다. 이 장에서는 SAMD21G 마이크로컨트롤러를 사용하는 아두이노 보드인 아두이노 제로, 아두이노 MKR 제로, 아두이노 나노 33 IoT의 기본적인 사용 방법을 알아본다.

이 장에서
사용할 부품

아두이노 제로	× 1
아두이노 MKR 제로	× 1
아두이노 나노 33 IoT	× 1

ARM의 Cortex-M0+ 아키텍처를 사용한 SAMD21G 마이크로컨트롤러를 사용하여 만든 첫 번째 아두이노 보드는 아두이노 제로다. 아두이노 제로는 아두이노 우노와 같은 모양에 같은 핀 헤더 배치를 갖고 있으며, 외부 장치 없이 디버깅을 지원한다는 점에서 AVR 기반 아두이노 보드와 차이가 있다. 이후 SAMD21G 기반의 소형 아두이노 보드들이 출시되었고 아두이노 MKR 시리즈 보드와 아두이노 나노 33 IoT가 여기에 속한다.

SAMD21G 기반 보드 역시 아두이노 IDE를 사용하며 AVR 기반 아두이노 보드에서 사용하는 함수와 라이브러리를 사용하여 스케치를 작성할 수 있다. 이처럼 동일한 스케치를 서로 다른 아두이노 보드에서 사용할 수 있다는 점이 아두이노의 가장 큰 장점이다. 물론 AVR 기반 보드와 SAMD21G를 사용한 보드가 완전히 호환되는 것은 아니며 이는 마이크로컨트롤러, 즉 하드웨어의 차이에서 기인한다.

SAMD21G 기반 보드와 AVR 기반 보드의 가장 큰 차이는 CPU의 성능이다. AVR 기반 보드가 8비트라면 SAM21G 기반 보드는 32비트 CPU를 포함하고 있다. 이뿐만 아니라 동작 속도 역시 최소 3배 이상이므로 더 빠른 연산이 가능하다. 여기에 더 큰 메모리가 포함됨으로써 SAMD21G 기반 아두이노 보드는 사물인터넷이나 인공지능 분야에서 필요한 작업이 가능하다. 그림 2.1은 SAMD21G 기반 아두이노 보드로, 이 장에서는 이러한 보드의 기본적인 사용 방법을 중심으로 살펴본다.

그림 2.1 **아두이노 SAMD 보드 - 아두이노 제로, MKR 제로, 아두이노 나노 33 IoT**

2.2 아두이노 제로

SAMD21G 마이크로컨트롤러를 사용한 아두이노 보드 중 가장 먼저 출시된 보드가 아두이노 제로다. 아두이노 제로는 아두이노 우노와 모양이 같으면서 저전력의 Cortex-M0+ 아키텍처를 바탕으로 한 SAMD21G 마이크로컨트롤러를 사용한 아두이노 보드로 많은 관심을 받았다. 하지만 아두이노 제로가 출시될 시점에 아두이노는 상표권 분쟁으로 arduino.cc와 arduino.org라는 2개의 회사로 분리되었고, 비슷한 기능의 여러 가지 보드가 두 회사에서 출시되었다. 아두이노가 두 회사로 분리된 이후 arduino.cc는 미국 이외의 지역에서는 제누이노Genuino라는 이름을 사용했고 이후 두 회사가 다시 하나로 통합되면서 같은 보드를 이름을 바꾸어 다시 출시하는 등 우여곡절을 겪으면서 아두이노 제로는 기대만큼 주목받지 못했다. 하지만 아두이노 제로는 SAMD21G를 사용한 최초의 아두이노 보드이면서 지금까지 출시된 SAMD21G 기반 보드 중 외부 장치 없이 디버깅이 가능한 유일한 보드로 공식 사이트에 남아 있다.

SAMD21G 마이크로컨트롤러를 사용하고 아두이노 우노와 모양이 같은 보드 중 공식 사이트에서 단종되지 않은 보드는 '아두이노 제로Arduino Zero'가 유일하다. 이 외에 비슷한 보드로 '아두이노 M0 PRO'와 '아두이노 M0'가 있다. 두 보드의 차이는 USB 포트가 몇 개 있느냐에 있다. 아두이노 M0 PRO는 SAMD21G 마이크로컨트롤러에서 지원하는 네이티브native USB 포트 이외에 별도의 EDBGEmbedded Debugger 칩을 통해 연결하는 프로그래밍 포트를 제공한다. 프로그래밍 포트와 연결된 EDBG 칩은 아두이노 우노의 ATmega16u2와 비슷한 기능을 한다. 하지만 ATmega16u2가 USB-UART 변환 기능만을 제공한다면 EDBG 칩은 USB-SWDSerial Wire Debug 기능까지 제공하므로 스케치의 업로드는 물론 디버깅도 가능하게 해준다. 반면 아두이노 M0는 네이티브 USB 포트만 지원한다.

아두이노 제로 역시 프로그래밍 포트와 네이티브 USB 포트를 제공한다. 즉, 아두이노 제로와 아두이노 M0 PRO는 arduino.cc와 arduino.org에서 출시한, 이름만 다른 거의 같은 보드라고 할 수 있다. 2개의 USB 포트를 제공하는 또 다른 보드인 제누이노 제로는 두 회사가 통합되기 전 출시한 아두이노 제로의 이전 이름이다. 이 외에 아두이노 제로와 호환되는 보드 대부분은 네이티브 USB 포트만 제공하고 있어 디버깅 기능을 사용할 수 없다. 그림 2.2는 아두이노 제로와 관련된 보드들을 보여준다.

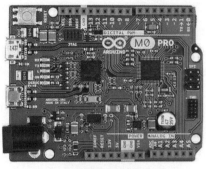

(a) 아두이노 M0 PRO

(b) 아두이노 M0

(c) 아두이노 제로

(d) 제누이노 제로

(e) 아두이노 제로 호환 보드

(f) 아두이노 제로 호환 보드

그림 2.2 **아두이노 제로 보드와 그 변형**

아두이노 제로의 특징 중 하나는 아두이노 우노와 모양이 같다는 점이다. 그림 2.3은 아두이노 제로와 아두이노 우노를 비교한 것이다. 아두이노 우노와 아두이노 제로는 모양이 같을 뿐만이 아니라, 데이터 입출력과 전원 관련 핀 헤더 배열 역시 같다. 하지만 아두이노 우노가 하나의 USB 연결 커넥터를 갖고 있다면, 아두이노 제로는 2개의 USB 연결 커넥터를 갖고 있다는 점에서 차이가 있다. 또한 아두이노 제로는 SWDSerial Wire Debug를 사용하여 프로그램의 업로드 이외에 디버깅도 가능하다.

(a) 아두이노 우노

(b) 아두이노 제로

그림 2.3 아두이노 우노와 아두이노 제로

아두이노 보드의 핵심은 보드에 사용된 마이크로컨트롤러다. 아두이노 우노에 사용된 ATmega328 마이크로컨트롤러와 아두이노 제로에 사용된 SAMD21G 마이크로컨트롤러를 비교한 것이 표 2.1이다.

표 2.1 아두이노 우노와 아두이노 제로

항목	아두이노 우노	아두이노 제로
마이크로컨트롤러	ATmega328P	ATSAMD21G18
동작 전압(V)	5	3.3
플래시 메모리(KB)	32	256
SRAM(KB)	2	32
EEPROM(KB)	4	16(에뮬레이션)
클록(MHz)	16	48
디지털 입출력 핀(개)	14	14
PWM 출력 가능 핀(개)	6	11
아날로그 입력 핀(개)	6	6
ADC 해상도(비트)	10	12
DAC(개)	–	1(10비트 해상도)

표 2.1에서 알 수 있듯이 아두이노 제로는 아두이노 우노와 같은 수의 디지털 및 아날로그 핀을 사용할 수 있다. 하지만 아두이노 제로는 더 많은 플래시 메모리와 SRAM을 갖고 있어 더 큰 프로그램을 설치하고 실행할 수 있으며, 아두이노 우노에 비해 3배 빠른 클록을 갖고 있다. 또한 ATmega328은 8비트 CPU를 포함하고 있지만, SAMD21G는 32비트 CPU를 포함하고 있으므로 연산 능력은 아두이노 제로가 아두이노 우노보다 훨씬 높다. 이 외에 아두이노 우노에는 없는 DACDigital-Analog Converter가 포함되어 있어 아날로그 신호를 직접 출력할 수도 있다.

아두이노 우노에는 있지만 아두이노 제로에는 없는 것이 EEPROM이다. 하지만 아두이노 제로에서는 플래시 메모리 일부를 에뮬레이션을 통해 EEPROM처럼 사용할 수 있으며 아두이노 우노와 같은 방식으로 제어할 수 있다.

아두이노 제로는 네이티브 USB 포트와 프로그래밍 포트, 2개의 USB 포트를 갖고 있다. 프로그래밍 포트는 아두이노 우노와 비슷한 방법으로 프로그램을 업로드하고 컴퓨터와의 시리얼 통신을 위해 사용되는 포트다. 네이티브 USB 포트는 SAMD21 마이크로컨트롤러에 포함된 USB 통신 포트와 직접 연결된 포트다. 네이티브 USB 포트 역시 프로그램을 업로드하고 컴퓨터와의 시리얼 통신을 위해 사용할 수 있지만, 네이티브 USB 포트를 통한 이용은 아두이노 레오나르도와 같은 방식으로 이루어진다. 즉, **아두이노 제로는 프로그래밍 포트를 통해 아두이노 우노처럼, 네이티브 USB 포트를 통해 아두이노 레오나르도처럼 스케치를 업로드하고 컴퓨터와 통신할 수 있다.**

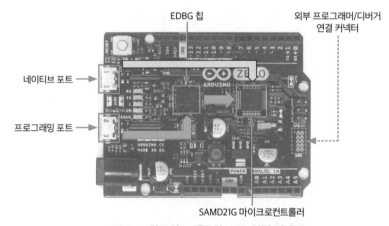

그림 2.4 **아두이노 제로의 USB 연결 커넥터**

아두이노 제로의 프로그래밍 포트를 컴퓨터와 연결하면 장치 관리자에서는 COM 포트로 나타난다.[1]

---

1   아두이노 제로가 장치 관리자에 나타나지 않는 것은 드라이버가 정상적으로 설치되지 않아서인 경우가 대부분이다. 아두이노 제로의 드라이버는 SAMD 기반 아두이노 보드 지원 파일이 설치된 디렉터리 아래에서 찾을 수 있다. 드라이버가 설치되는 경로는 'C:\Users\사용자_이름\AppData\Local\Arduino15\packages\arduino\hardware\samd\1.8.13\drivers'이다.

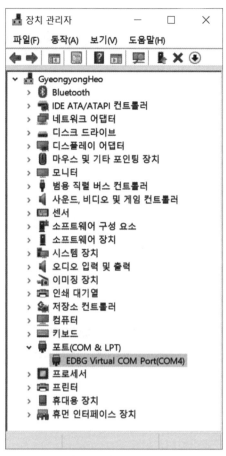

그림 2.5 **아두이노 제로의 프로그래밍 포트**

아두이노 IDE에서 아두이노 제로에 블링크 스케치를 업로드해 보자. 아두이노 제로에 스케치를 업로드하는 방법은 프로그래밍 포트를 사용하는 방법과 네이티브 USB 포트를 사용하는 방법 두 가지다. 스케치를 업로드하기 전에 SAMD 기반 아두이노 보드를 위한 지원 파일이 설치되어 있는지 확인하자. '도구 ➡ 보드' 메뉴에서 SAMD 기반 아두이노 보드를 찾을 수 없다면 지원 파일이 설치되지 않은 것이므로 보드매니저에서 'SAMD'를 검색하여 Arduino SAMD Boards에 대한 지원 파일을 설치해야 한다.

먼저 프로그래밍 포트를 사용하여 스케치를 업로드해 보자. 스케치를 업로드하기 위해서는 아두이노 보드의 종류와 아두이노 보드에 할당된 포트를 선택해야 한다. 보드는 '도구 ➡ 보드 ➡ Arduino SAMD Boards ➡ Arduino Zero (Programming Port)'를 선택한다. 보드 종류에 'Arduino Zero (Native USB Port)'가 별도로 나타나므로 프로그래밍 포트를 선택해야 한다는 점에 주의해야 한다.

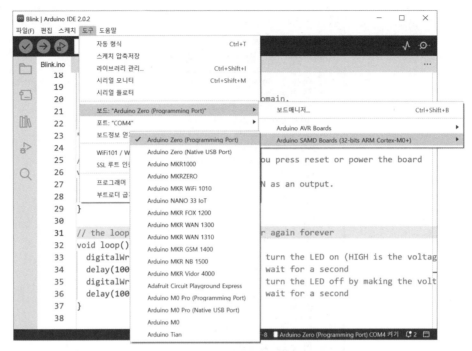

그림 2.6 **아두이노 제로(프로그래밍 포트) 선택**

'도구 ➡ 포트'는 그림 2.5에서 할당된 포트를 선택한다.

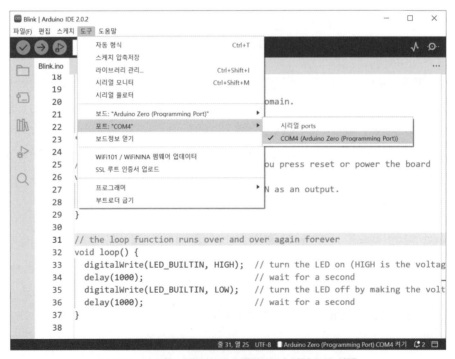

그림 2.7 **아두이노 제로(프로그래밍 포트) 연결 포트 선택**

'파일 ➡ 예제 ➡ 01.Basics ➡ Blink' 메뉴 항목을 선택하여 블링크 스케치를 열고 스케치를 업로드하면 보드에 내장된 LED가 1초 간격으로 깜빡거리는 것을 확인할 수 있다. 시리얼 모니터로 데이터를 출력하는 것 역시 아두이노 우노와 다르지 않다. 스케치 2.1을 업로드하고 시리얼 모니터로 1초 간격으로 증가하는 카운터값을 확인해 보자.

스케치 2.1 아두이노 제로 시리얼 모니터 출력 - 프로그래밍 포트

```
int count = 0;

void setup() {
  Serial.begin(9600);                  // 프로그래밍 포트 초기화
}

void loop() {
  Serial.print("Current COUNT : ");
  Serial.println(count++);

  delay(1000);                         // 1초 대기
}
```

그림 2.8 스케치 2.1의 실행 결과

프로그래밍 포트가 EDBG 칩을 통해 SAMD21G 마이크로컨트롤러와 연결되어 있다면, 네이티브 USB 포트는 SAMD21G 마이크로컨트롤러와 직접 연결되어 있다. 프로그래밍 포트 연결을 해제하고 네이티브 USB 포트를 통해 아두이노 제로와 컴퓨터를 연결해 보자. 프로그래밍 포트를 연결했을 때와 마찬가지로 장치 관리자에 COM 포트로 나타나지만, 그림 2.5와는 다른 이름에 다른 번호의 COM 포트로 나타난다.

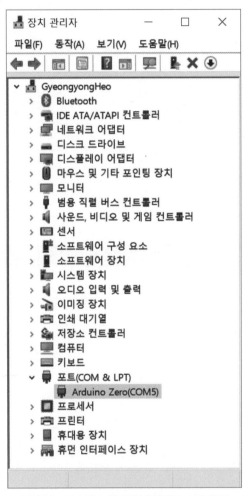

그림 2.9 **아두이노 제로의 네이티브 USB 포트**

네이티브 USB 포트를 사용하기 위해서는 '도구 ➡ 보드 ➡ Arduino SAMD Boards ➡ Arduino Zero (Native USB Port)'를 선택하고, '도구 ➡ 포트' 메뉴에서도 그림 2.9에서 할당된 포트를 선택한다.

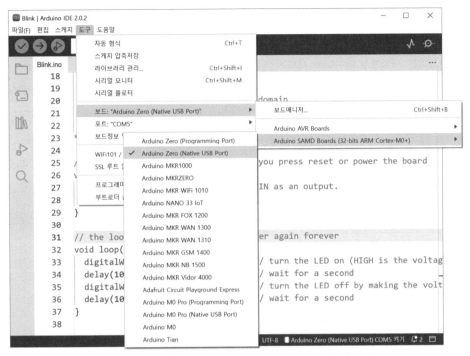

그림 2.10 아두이노 제로(네이티브 USB 포트) 선택

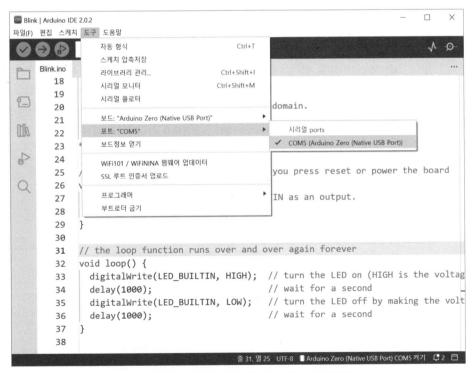

그림 2.11 아두이노 제로(네이티브 USB 포트) 연결 포트 선택

블링크 예제를 열고 스케치를 업로드하면 네이티브 USB 포트를 통해서도 스케치를 업로드할 수 있고 LED가 깜빡이는 것을 확인할 수 있다. 하지만 장치 관리자에서 볼 수 있듯이 **스케치가 업로드되기 시작하는 시점에서 아두이노 제로에 할당된 포트 번호가 바뀌고, 업로드가 끝나면 원래의 포트 번호로 되돌아온다.** 스케치 업로드가 시작되는 시점에서 스케치를 수신하는 포트는 SAMD21G 마이크로컨트롤러에 설치된 부트로더에 할당된 포트다. 이 포트로 스케치를 수신한 부트로더는 이를 플래시 메모리에 설치한다. 이는 아두이노 레오나르도도 마찬가지다. 아두이노 레오나르도에 사용된 ATmega32u4 마이크로컨트롤러 역시 SAMD21G 마이크로컨트롤러와 마찬가지로 마이크로컨트롤러에서 USB 연결을 지원한다. 따라서 별도의 USB-UART 변환 칩을 사용하지 않고 스케치를 업로드할 수 있으며, 스케치 업로드가 시작될 때 아두이노 레오나르도에 할당된 포트 역시 부트로더에 해당하는 포트로 바뀐다.

그림 2.12 네이티브 USB 포트를 통한 업로드 과정에서의 포트 변화

네이티브 USB 포트 역시 시리얼 모니터로 연결할 수 있다. 하지만 프로그래밍 포트와 네이티브 USB 포트는 서로 다른 포트다. 이는 컴퓨터와 연결했을 때 서로 다른 번호의 COM 포트가 할당되는 것에서 알 수 있다. 프로그래밍 포트와 연결된 포트(COM4)와의 통신은 Serial 객체를 통해 이루어졌다면, 네이티브 USB 포트와 연결된 포트(COM5)와의 통신은 SerialUSB 객체를 통해 이루어진다.

스케치 2.2는 스케치 2.1과 같이 컴퓨터로 1초에 1씩 증가하는 카운터값을 전송하는 스케치다. 다만 아두이노 제로는 네이티브 USB 포트로 컴퓨터와 연결되어 있다는 차이가 있다. Serial이 아닌 SerialUSB 객체를 사용한다는 점 외에도 while(!SerialUSB); 문장이 사용된 것 역시 스케치 2.1과의 차이다. 이는 마이크로컨트롤러가 리셋된 후 네이티브 USB 포트가 준비될 때까지 기다리기 위한 것으로 아두이노 레오나르도도 마찬가지다. 스케치를 업로드하고 시리얼 모니터를 열면 그림 2.13과 같은 결과를 확인할 수 있으며, 출력되는 내용은 그림 2.8과 같다.

스케치 2.2 아두이노 제로 시리얼 모니터 출력 - 네이티브 USB 포트

```
int count = 0;

void setup() {
  SerialUSB.begin(9600);      // 네이티브 USB 포트 초기화
  while(!SerialUSB);          // 네이티브 USB 포트 연결 대기
}

void loop() {
  SerialUSB.print("Current COUNT : ");
  SerialUSB.println(count++);

  delay(1000);                // 1초 대기
}
```

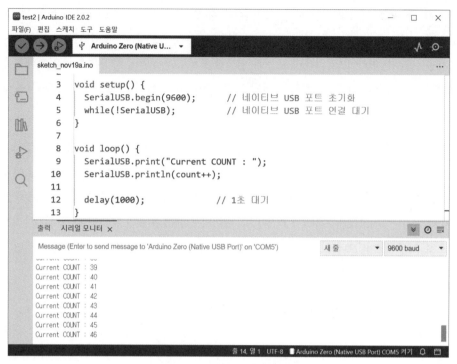

그림 2.13 스케치 2.2의 실행 결과

아두이노 제로에는 2개의 USB 포트가 존재하며 프로그래밍 포트의 경우 아두이노 우노와 같은 방식으로, 네이티브 USB 포트의 경우 아두이노 레오나르도와 같은 방식으로 동작한다. 이 외에도 아두이노 제로의 0번과 1번 핀은 Serial1 객체를 통해 UART 통신을 사용할 수 있으며 이 역시 아두이노 레오나르도와 같다.

2.3 아두이노 MKR 제로

아두이노 제로에서 사용한 SAMD21G 마이크로컨트롤러를 사용하는 다른 아두이노 보드에 아두이노 MKR 시리즈가 있다. 아두이노 MKR 시리즈 보드는 아두이노 MKR 제로를 기본으로 하고 통신 기능이 추가된 보드와 전용 실드가 여러 종류 판매되고 있다. 그림 2.14는 아두이노 MKR 제로를 나타낸 것이다. 아두이노 MKR 시리즈는 작은 크기의 보드로 하나의 USB 포트만을 제공하고 있으며 아두이노 제로의 네이티브 USB 포트에 해당한다. 이 외에 배터리 연결을 위한 커넥터, SD 카드 슬롯, 소형 I2C 커넥터 등이 포함되어 있다.

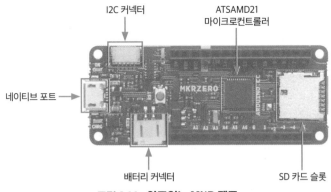

그림 2.14 **아두이노 MKR 제로**

아두이노 MKR 제로의 네이티브 USB 포트를 컴퓨터에 연결하면 그림 2.15와 같이 COM 포트가 할당된다.

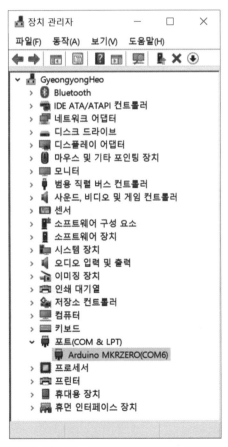

그림 2.15 **아두이노 MKR 제로의 네이티브 USB 포트**

아두이노 MKR 제로를 위한 지원 파일은 'Arduino SAMD Boards' 지원 파일에 포함되어 있으므로 별도로 설치할 파일은 없다. '도구 ➡ 보드 ➡ Arduino SAMD Boards' 메뉴에서 'Arduino MKRZERO' 메뉴 항목을 선택하고, '도구 ➡ 포트'는 그림 2.15에서 할당된 포트를 선택한다.

그림 2.16 아두이노 MKR 제로 선택

그림 2.17 아두이노 MKR 제로 연결 포트 선택

아두이노 MKR 제로의 사용 방법은 아두이노 제로에서 네이티브 USB 포트를 통해 사용하는 방법과 같다. 차이점이라면 아두이노 MKR 제로에서는 Serial과 SerialUSB가 모두 네이티브 USB 포트로 연결되어 있다는 점 정도다.

2.4 아두이노 나노 33 IoT

아두이노 나노 33 시리즈 보드 중에도 SAMD21G 마이크로컨트롤러를 사용한 보드가 포함되어 있다. **아두이노 나노 33 시리즈 보드는 ATmega328 마이크로컨트롤러를 사용한 아두이노 나노와 호환되는 보드로** '나노'라는 이름에 맞게 아두이노 보드 중에서 가장 작은 크기의 보드다. 아두이노 나노 33 시리즈에는 세 종류의 보드가 있다. 표 2.2는 아두이노 나노 33 시리즈 보드를 비교한 것이다.

표 2.2 아두이노 나노 33 시리즈 보드

항목	아두이노 나노 33 IoT	아두이노 나노 에브리	아두이노 나노 33 BLE
마이크로컨트롤러	SAMD21G	ATmega4809	nRF52840
클록(MHz)	48	20	64
플래시 메모리(KB)	256	48	1,024
SRAM(KB)	32	6	256
EEPROM(KB)	–	0.25	–
디지털 입출력 핀(개)	14	14	14
아날로그 입력 핀(개)	8	8	8
기타	• NINA-W102 모듈을 통해 WiFi와 BLE 기능 제공 • 네이티브 USB 포트 제공	• ATSAMD11D14A USB-UART 변환 칩 사용	• nRF52840의 BLE 기능 지원 • 네이티브 USB 포트 제공

아두이노 나노 33 시리즈 보드는 모양이 모두 같고 제공하는 핀 헤더의 개수도 같다. 하지만 서로 다른 마이크로컨트롤러를 사용하고 제공하는 기능에서도 차이가 있다. 아두이노 나노 33 시리즈 중 아두이노 나노 33 IoT가 SAMD21G 마이크로컨트롤러를 사용하여 만든 보드다. 아두이노 나노 33 IoT는 SAMD21G와 별개로 NINA-W102 모듈로 블루투스와 와이파이 통신을 지원하며, LSM6DS3 6축 관성 측정 장치Inertia Measurement Unit, IMU를 포함하고 있어 3축의 가속도와 3축의 각속도를 측정할 수 있다.

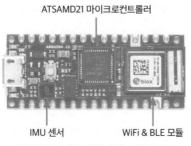

ATSAMD21 마이크로컨트롤러

IMU 센서   WiFi & BLE 모듈

그림 2.18 **아두이노 나노 33 IoT**

아두이노 나노 33 IoT의 네이티브 USB 포트를 컴퓨터에 연결하면 그림 2.19와 같이 COM 포트가
할당된다.

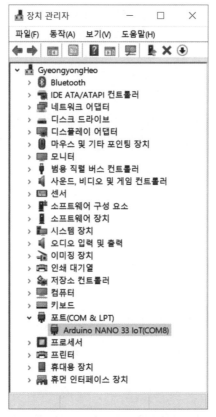

그림 2.19 **아두이노 나노 33 IoT의 네이티브 USB 포트**

아두이노 나노 33 IoT를 위한 지원 파일 역시 'Arduino SAMD Boards' 지원 파일에 포함되어 있
으므로 별도로 파일을 설치할 필요는 없다. '도구 ➡ 보드 ➡ Arduino SAMD Boards' 메뉴에서
'Arduino NANO 33 IoT' 메뉴 항목을 선택하고, '도구 ➡ 포트'는 그림 2.19에서 할당된 포트를
선택한다.

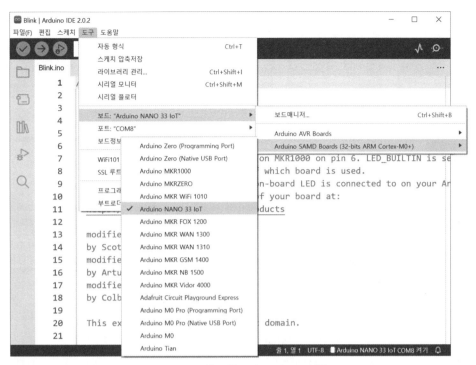

그림 2.20 **아두이노 나노 33 IoT 선택**

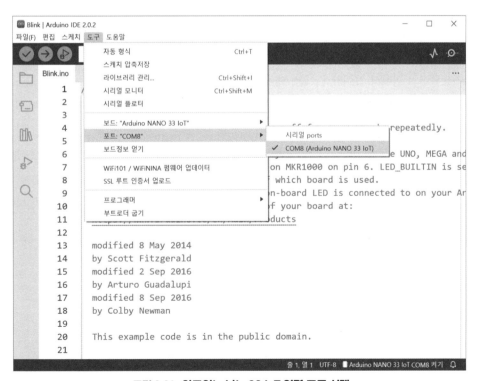

그림 2.21 **아두이노 나노 33 IoT 연결 포트 선택**

아두이노 나노 33 IoT의 사용 방법 역시 아두이노 제로에서 네이티브 USB 포트를 통해 사용하는 방법과 같다. Serial과 SerialUSB 모두 네이티브 USB 포트로 연결되어 있다는 점은 아두이노 MKR 제로와 같다. 즉, 기본적으로 아두이노 나노 33 IoT와 아두이노 MKR 제로의 사용 방법은 같다.

2.5 맺는말

아두이노 제로는 비운의 보드로 널리 사용되고 있지는 않지만, SAMD21G 마이크로컨트롤러를 사용하는 첫 번째 보드이자 2개의 USB 포트를 제공하는 유일한 아두이노 보드로 남아 있다. 아두이노 제로는 프로그래밍 포트를 통해 아두이노 우노와 같은 방법으로 사용할 수 있으며 디버깅 기능 역시 사용할 수 있다. 네이티브 USB 포트는 SAMD21G에서 지원하는 것으로 아두이노 레오나르도와 사용 방법이 같다. 아두이노 MKR 제로는 MKR 시리즈 보드 중 기본이 되는 보드로 추가 기능에 따라 다양한 종류의 보드가 판매되고 있으므로 원하는 기능에 따라 선택하여 사용할 수 있다. 아두이노 나노 33 IoT는 블루투스와 와이파이 기능을 포함하고 있으며 가장 최근에 발매된 SAMD21G 기반 보드이면서 크기가 가장 작은, 이름 그대로 IoT 환경에 적합한 보드다.

아두이노 제로, 아두이노 MKR 제로, 아두이노 나노 33 IoT는 실제로 사용하는 SAMD21G 마이크로컨트롤러의 핀에서 차이가 있지만, 아두이노 환경에서 정의한 핀 번호를 사용하면 기본 기능의 경우 세 보드에서 함께 사용할 수 있는 스케치를 작성할 수 있다. 이처럼 공통의 인터페이스를 통해 서로 다른 보드를 위한 하나의 스케치를 작성할 수 있는 것은 아두이노의 추상화된 함수와 라이브러리 덕분이다. 하지만 제공하는 핀 수와 일부 기능에서 차이가 있으므로 공용의 스케치를 작성할 때는 주의가 필요하다. 이 장에서 보드 사용을 위한 설정과 기본적인 사용 방법을 살펴봤다면, 다음 장에서는 SAMD21G 마이크로컨트롤러와 이를 사용하여 만들어진 여러 가지 아두이노 보드가 지닌 하드웨어 측면의 특징과 차이점을 알아본다.

SAMD21 마이크로컨트롤러와 아두이노 보드

SAMD21G는 Cortex-M0+ 아키텍처를 사용한 마이크로컨트롤러로, 아두이노 제로를 포함하여 여러 아두이노 보드에서 사용하고 있다. 이 장에서는 SAMD21G 마이크로컨트롤러와 이를 사용하여 만든 아두이노 보드의 하드웨어 측면에서의 특성을 알아본다. 특히 SAMD21G를 사용하여 만든 첫 번째 보드인 아두이노 제로, 아두이노 MKR 시리즈의 기본 보드인 아두이노 MKR 제로, 와이파이와 블루투스 기능을 포함하고 있는 아두이노 나노 33 IoT 등의 구성과 특성을 알아본다.

이 장에서
사용할 부품

아두이노 제로	× 1
아두이노 MKR 제로	× 1
아두이노 나노 33 IoT	× 1

3.1 SAMD21 마이크로컨트롤러

SAMD21은 ARM Cortex-M0+ 아키텍처를 사용하여 만들어진 32비트 마이크로컨트롤러 시리즈로, 여러 종류의 마이크로컨트롤러가 포함된다. 외형적으로 SAMD21 마이크로컨트롤러에는 32, 48, 64핀을 갖는 세 종류가 있으며 각각의 이름은 SAMD21E, SAMD21G, SAMD21J다. 하지만 핀의 수와 무관하게 동작 속도는 최대 48MHz로 모두 같다.

표 3.1 SAMD21x(x = E, G, J) 마이크로컨트롤러의 핀 수

x	핀 수
E	32
G	48
J	64

SAMD21 시리즈 마이크로컨트롤러 중에서 아두이노 보드에 사용된 마이크로컨트롤러는 'SAMD21G18A'다. 48핀의 SAMD21G는 32KB에서 256KB까지의 플래시 메모리와 4KB에서 32KB까지의 SRAM을 갖고 있으며, 'SAMD21G' 다음 숫자가 메모리 크기를 나타낸다. 표 3.2는 숫자에 따른 메모리 크기를 나타낸 것으로, 가장 큰 플래시 메모리와 SRAM을 가진 마이크로컨트롤러가 아두이노 보드에 사용되고 있다.

표 3.2 SAMD21Gxx 마이크로컨트롤러의 메모리

xx	플래시 메모리(KB)	SRAM(KB)
15	32	4
16	64	8
17	128	16
18	256	32

'SAMD21G18' 다음의 알파벳 'A'는 기본 패키지를 나타내고, 'B'는 RWW~Read-While-Write~ 기능을 지원함을 의미한다. RWW는 단어 의미 그대로 플래시 메모리에 데이터를 쓰는 작업과 플래시 메모리의 코드를 읽어 실행하는 작업을 동시에 진행할 수 있다는 뜻이다. 같은 플래시 메모리에 대한 읽기와 쓰기 작업은 충돌 가능성이 있어 동시에 진행하지 않는 것이 기본이다. RWW를 지원하지 않는 경우 프로그램 실행 중 시행하는 쓰기 작업은 시간 지연이 발생할 수 있으므로 이를 개선하

기 위해 사용하는 것이 RWW다. 아두이노 보드에 사용된 마이크로컨트롤러는 RWW를 지원하지 않는다.

이처럼 아두이노 보드에 사용된 SAMD21 마이크로컨트롤러는 48핀의 칩('G')으로 SAMD21 시리즈 마이크로컨트롤러 중에서는 가장 큰 메모리('18')를 갖고 있으며, RWW를 지원하지 않는('A') 칩이다.[1]

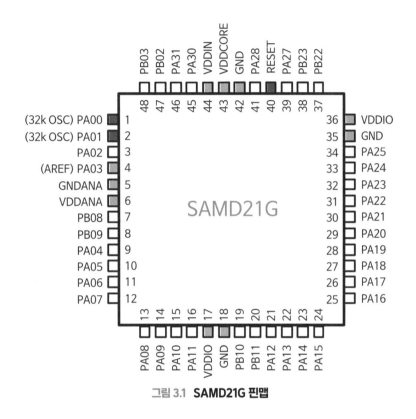

그림 3.1 **SAMD21G 핀맵**

그림 3.1은 48핀으로 구성된 SAMD21G 마이크로컨트롤러의 핀맵을 나타낸 것이다. SAMD21G 마이크로컨트롤러의 각 핀은 여러 가지 방식으로 사용될 수 있으므로 여기서는 아두이노 보드에서 사용되는 방식을 기준으로 한다.

SAMD21G의 48핀 중 10개 핀은 전원 관련 핀으로 이 중 VDDCORE는 코어 전압을, AREF는 아날로그-디지털 변환의 기준 전압을 나타내며, 40번 핀은 리셋 핀이다. SAMD21G는 1번과 2번 핀에 연결된 32.768kHz 클록을 사용하여 SAMD21G의 동작을 위한 메인 클록인 48MHz 클록을 만든다. SAMD21G 마이크로컨트롤러의 48개 핀 중 남은 35개 핀은 범용 입출력 핀으로 사용하

---

1   이 책에서는 아두이노 보드에 사용된 SAMD21 시리즈 마이크로컨트롤러를 'SAMD21G'라고 지칭할 것이다.

는 것을 기본으로 하며 설정에 따라 아날로그 입출력, 시리얼 통신, 타이머/카운터 등의 기능을 위해 사용될 수 있다.

SAMD21G 마이크로컨트롤러에는 32비트의 CPU가 포함되어 있다. 따라서 범용 입출력 핀은 최대 32개까지 묶어서 포트로 관리되며, 같은 포트에 속하는 핀은 포트 단위로 또는 핀 단위로 제어할 수 있다. 그림 3.1에서 핀에 할당된 이름은 'PXnn' 형식을 갖고 있다. 'P'는 포트를 나타내고 'X'는 포트 이름을 나타낸다. SAMD21G 마이크로컨트롤러는 'A'와 'B'라는 2개의 포트를 갖고 있다. 'nn'은 포트 내에서의 핀 번호로 0~31의 값을 가질 수 있다.

3.2 아두이노 제로

3.2.1 아두이노 제로의 핀 사용

아두이노 제로는 아두이노 우노와 호환되는 **14개의 디지털 핀과 6개의 아날로그 핀에 대한 핀 헤더를 제공하고 있다.** 아두이노 우노에서 I2C 통신을 위해 A4번 핀(SDA)과 A5번 핀(SCL)이 사용된다. 즉, 아날로그 입력 핀과 같은 핀에 연결되어 있다. 반면 **아두이노 제로에서 I2C 통신을 위한 핀 헤더는 아날로그 입력 핀과는 다른 핀이다.** 이 외에 ICSP 헤더로 3개의 핀이 연결되어 있고, 네이티브 USB 포트를 위해 3개, EDBG 칩과의 UART 연결을 위해 2개, 디버거와의 SWD~Serial Wire Debug~ 연결을 위해 2개, RX와 TX LED 제어를 위해 2개의 핀이 사용된다. 마지막 1개인 PA13 핀은 아두이노 제로에서는 사용하지 않는 핀이다. 이전 버전의 보드에서는 'ATN'이라는 이름의 핀 헤더로 연결하기도 했으나, 최신 버전의 아두이노 제로에서는 ATN 핀 헤더가 남아 있긴 하지만 PA13 핀과 연결되어 있지는 않다. ATN 핀 헤더는 전원 관련 핀 헤더에서 IOREF 위에 있는 헤더로, 아두이노 우노에도 핀 헤더는 있지만 사용하지 않는다.

그림 3.2는 아두이노 제로에서 데이터 핀으로 사용할 수 있는 핀을 나타낸 것으로 총 27개 핀을 사용할 수 있다. 그림 3.2에는 30개 핀이 표시되어 있지만 이후 버전에서 사용할 수도 있는 ATN 핀과 디버깅에 사용할 수 있는 별도의 외부 디버거 연결 핀 2개까지 나타내었기 때문이다. 이 중 RX와 TX LED 제어 핀은 핀 헤더가 없어 출력으로만 사용할 수 있다. 따라서 **아두이노 제로에서 입출력 핀으로 흔히 사용하는 핀은 아두이노 우노와 호환되는 20개 핀, I2C 통신을 위한 2개 핀, ICSP 헤더의 3개 핀까지 25개다.**

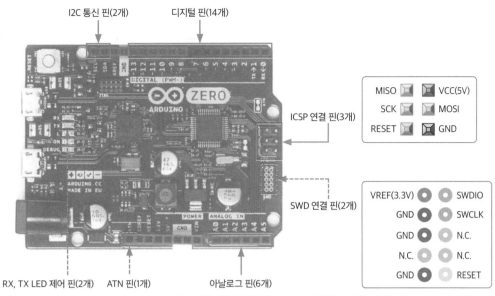

그림 3.2 아두이노 제로에서 데이터 핀으로 사용할 수 있는 핀

표 3.3은 SAMD21G 마이크로컨트롤러의 핀과 아두이노 제로의 핀을 나타낸 것이다.

표 3.3 SAMD21G 핀과 아두이노 제로 핀

SAMD21G 핀		아두이노 제로 핀		
번호	이름	번호	핀 이름 상수	설명
1	PA00	–		32k 크리스털, XIN32
2	PA01	–		32k 크리스털, XOUT32
3	PA02	A0(14)	DAC0(43)	
4	PA03	–		AREF
5	GNDANA	–		GROUND
6	VDDANA	–		3.3V
7	PB08	A1(15)		
8	PB09	A2(16)		
9	PA04	A3(17)		
10	PA05	A4(18)		
11	PA06	8		
12	PA07	9	PIN_I2S_SD	
13	PA08	4		
14	PA09	3		
15	PA10	1	PIN_I2S_SCK	Serial1 TX
16	PA11	0	PIN_I2S_FS	Serial1 RX

표 3.3 SAMD21G 핀과 아두이노 제로 핀   (계속)

SAMD21G 핀		아두이노 제로 핀		
번호	이름	번호	핀 이름 상수	설명
17	VDDIO	–		3.3V
18	GNDANA	–		GROUND
19	PB10	23	MOSI	ICSP MOSI
20	PB11	24	SCK	ICSP SCK
21	PA12	22	MISO	ICSP MISO
22	PA13	38	ATN	
23	PA14	2		
24	PA15	5		
25	PA16	11		
26	PA17	13	PIN_LED, LED_BUILTIN	
27	PA18	10		
28	PA19	12		
29	PA20	6		
30	PA21	7		
31	PA22	20	SDA	I2C
32	PA23	21	SCL	I2C
33	PA24	28	PIN_USB_DM	네이티브 USB-N
34	PA25	29	PIN_USB_DP	네이티브 USB-P
35	GND	–		GROUND
36	VDDIO	–		3.3V
37	PB22	30		EDBG, Serial TX
38	PB23	31		EDGB, Serial RX
39	PA27	26	PIN_LED3, PIN_LED_TXL	TX LED
40	RESET	–		RESET
41	PA28	27	PIN_USB_HOST_ENABLE	USB HOST ENABLE
42	GND	–		GROUND
43	VDDCORE	–		코어 전압 출력
44	VDDIN	–		3.3V
45	PA30	–		SWCLK
46	PA31	–		SWDIO
47	PB02	A5(19)		
48	PB03	25	PIN_LED2, PIN_LED_RXL	RX LED

SAMD21G 마이크로컨트롤러는 시리얼 통신을 위해 시리얼 통신 인터페이스Serial Communication Interface, SERCOM를 사용한다. SERCOM은 설정에 따라 USARTUniversal Synchronous and Asynchronous Receiver and Transmitter, SPISerial Peripheral Interface, I2CInter Integrated Circuit 등의 통신을 위해 사용할 수 있다. 아두이노 제로에서 사용되는 시리얼 통신에는 EDBG 칩과의 UART 통신(Serial 객체 사용), 0번과 1번 핀을 통한 UART 통신(Serial1 객체 사용), SPI 통신, I2C 통신 등이 있다. 이 외에도 SAMD21G 마이크로컨트롤러는 네이티브 USB 통신(SerialUSB 객체 사용)을 지원하고, PCMPulse Coded Modulation 방식의 디지털 오디오 전송을 위한 I2SInter IC Sound 통신도 사용할 수 있다.

3.2.2 아두이노 제로의 전원

아두이노 제로를 사용할 때 기억해야 할 점은 3.3V 전원을 사용한다는 점이다. 아두이노 제로에는 다음 네 가지 방법으로 3.3V 전원을 공급할 수 있다.

- USB 연결을 통해 5V를 공급한다.
- 배럴 잭을 통해 6~12V를 공급한다.
- Vin 핀 헤더를 통해 6~12V를 공급한다.
- 5V 핀 헤더를 통해 5V를 공급한다.

첫 번째는 USB 연결을 통해 USB 전원을 공급하는 것이다. USB 전원은 5V 핀으로 직접 연결되어 있고 레귤레이터를 거쳐 3.3V 핀으로 연결된다.

두 번째는 외부 어댑터를 배럴 잭에 연결하는 것이다. 외부 어댑터 전원은 레귤레이터를 거쳐 5V가 만들어지고 레귤레이터에서는 전압 강하가 발생한다. 따라서 안정적으로 5V 전압을 만들기 위해서는 6V 이상의 전압을 연결해야 한다. 어댑터로 입력할 수 있는 최대 전압은 20V지만, 전압이 높을수록 발열이 심해지므로 추천하는 최대 전압은 12V다.

세 번째는 Vin 핀 헤더로 전원을 공급하는 것으로, 외부 어댑터를 연결한 경우와 같은 방법으로 5V 레귤레이터를 거쳐 전원이 공급된다. Vin 핀은 배터리 연결을 위해 흔히 사용되지만, 배럴 잭으로 연결한 전원을 그대로 출력하므로 배럴 잭 입력 전원을 외부로 공급하기 위해서도 사용할 수 있다.

마지막은 5V 핀 헤더를 통해 5V 전원을 공급하는 것이다. 5V 핀 헤더에 연결된 전원은 레귤레이터를 거치지 않으므로 5V만 연결해야 한다. 따라서 5V 핀 헤더는 전원 연결보다는 주변 장치에 5V의 전원을 공급하려는 목적으로 사용되는 경우가 더 많다.

아두이노 제로에 전원을 공급하는 방법은 아두이노 우노와 다르지 않지만, 데이터 핀을 사용할 때는 주의가 필요하다. 3.3V 기준 전압을 사용하는 아두이노 제로에 5V 기준 전압을 사용하는 장치를 연결하면 데이터를 정상적으로 주고받지 못할 수 있고 아두이노 제로가 파손될 수도 있다. 아두이노 제로의 출력은 HIGH가 3.3V, LOW가 0V를 기준으로 한다. 아두이노 우노와 같이 5V 전압을 사용하는 장치에서 HIGH는 5V, LOW는 0V를 기준으로 한다. 하지만 실제 출력되는 전압은 기준값에 해당하는 특정 값이 아니라 일정 범위 내의 전압이 사용되며, HIGH나 LOW로 인식되는 전압의 범위는 다음과 같은 몇 개의 임계치를 통해 정의된다.

- V_{OH}: HIGH 신호로 출력할 수 있는 최소 전압 레벨
- V_{IH}: HIGH 신호로 입력할 수 있는 최소 전압 레벨
- V_{OL}: LOW 신호로 출력할 수 있는 최대 전압 레벨
- V_{IL}: LOW 신호로 입력할 수 있는 최대 전압 레벨

그림 3.3은 5V와 3.3V 기준 전압을 사용하는 장치에서 HIGH 또는 LOW로 인식되는 전압의 범위를 나타낸 것이다. 그림에서 알 수 있듯이 기준 전압, 즉 최대 전압이 다른 점을 제외하면 임계치는 같은 값이다. 출력 전압보다 입력 전압의 범위가 넓은 것은 출력된 신호의 전송 과정에서 잡음의 영향으로 전압이 변할 수 있기 때문이다. 이때 출력 전압과 입력 전압의 차이인 $V_{OH} - V_{IH}$ 또는 $V_{IL} - V_{OL}$을 잡음 여유noise margin라고 한다.

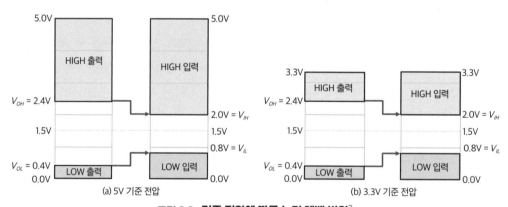

그림 3.3 **기준 전압에 따른 논리 레벨 범위**[2]

3.3V와 5V 기준 전압을 사용하는 장치 사이의 통신에서 문제가 될 수 있는 경우는 5V 기준 전압을 사용하는 장치가 HIGH(2.4~5.0V)를 3.3V 기준 전압을 사용하는 장치로 보내는 경우다. 만약

---

2   논리 레벨 범위는 흔히 사용되는 기준 중 하나를 나타낸 것이며 장치에 따라 다른 임계치를 사용할 수도 있으므로 정확한 임계치는 사용하는 장치의 데이터시트를 확인해야 한다.

출력 장치가 3.3V보다 높은 전압을 출력했다면 입력 장치의 입력 범위를 벗어나므로 문제가 될 수 있다. 3.3V 기준 전압을 사용하는 장치의 입력 핀이 5V를 허용한다면(5V tolerant) 이 역시 문제가 되지 않지만, 아두이노 제로에 사용된 SAMD21G 칩을 포함하여 많은 장치가 5V를 허용하지 않는다. 따라서 **5V 기준 전압을 사용하는 아두이노 우노의 출력을 3.3V 기준 전압을 사용하는 아두이노 제로의 입력으로 연결하면 아두이노 제로가 파손될 수 있으므로 주의해야 한다.** 이런 경우에는 서로 다른 기준 전압을 사용하는 신호 사이의 논리 레벨을 바꿔주는 레벨 변환기를 사용해야 한다. 레벨 변환기를 가리키는 용어로는 'level shifter' 또는 'level converter'가 흔히 사용되지만, 'level translator', 'level transceiver' 등도 사용되고 있다.

그림 3.4는 4채널 양방향 레벨 변환기의 예를 나타낸 것으로, 낮은 전압과 높은 전압을 기준 전압으로 연결하고 각각의 기준 전압을 사용하는 데이터 선을 연결하여 사용하면 된다. 이때 그라운드는 양쪽을 공통으로 연결해야 한다. 레벨 변환기는 채널 수에 따라 다양한 모듈이 판매되고 있으므로 레벨 변환이 필요한 데이터 선의 수에 따라 선택하여 사용하면 된다.

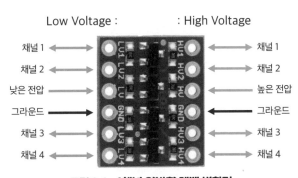

그림 3.4 4채널 양방향 레벨 변환기

그림 3.5는 아두이노 우노와 아두이노 제로의 UART 시리얼 통신을 위해 0번과 1번 핀을 레벨 변환기를 사용하여 연결한 것이다. UART 통신을 위해서는 RX와 TX 핀을 교차하여 연결해야 하므로 아두이노 우노의 1번(TX) 핀과 아두이노 제로의 0번(RX) 핀을 연결하고 있다.

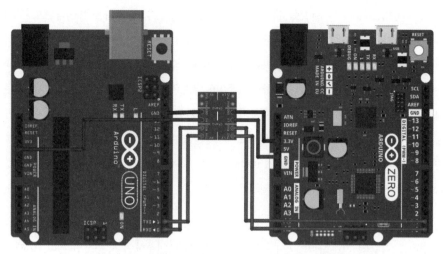

그림 3.5 아두이노 우노와 아두이노 제로 연결 회로 - 레벨 변환기 사용

레벨 변환기 없이 서로 다른 기준 전압을 사용하는 장치를 연결하기 위해서는 전압 분배 회로를
사용할 수 있다. 그림 3.6은 UART 통신을 위해 아두이노 우노와 아두이노 제로를 전압 분배 회
로를 사용하여 연결한 것이다. 그림 3.6에서 아두이노 제로의 출력(1번 핀, TX)을 아두이노 우노의
입력(0번 핀, RX)으로 직접 연결했다. 이는 그림 3.3에서 알 수 있듯이 3.3V 레벨을 사용하는 장치
의 출력 레벨은 5V 레벨을 사용하는 장치의 입력 레벨 범위에 포함되기 때문이다.

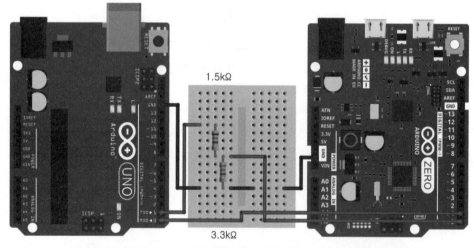

그림 3.6 아두이노 우노와 아두이노 제로 연결 회로 - 전압 분배 회로 사용

주의해야 할 부분은 아두이노 우노의 출력을 아두이노 제로의 입력으로 연결하는 부분으로, 아
두이노 우노의 5V 출력을 1.5kΩ 저항과 3.3kΩ 저항을 통해 약 3.4V로 바꾸어 아두이노 제로로
입력한다.

$$I_{Zero} = \frac{3.3}{3.3 + 1.5} O_{UNO}$$
$$= \frac{3.3}{3.3 + 1.5} \times 5.0$$
$$= 3.4375$$

그림 3.6의 전압 분배 회로가 아무런 문제가 없어 보이지만 부하load가 연결되지 않은 경우에만 3.4V의 출력 전압을 얻을 수 있다는 문제가 있다.

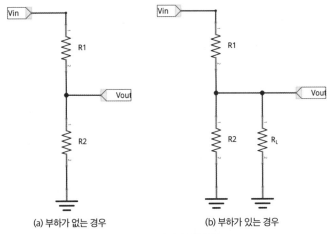

(a) 부하가 없는 경우   (b) 부하가 있는 경우

그림 3.7 전압 분배 회로

그림 3.7(a)와 같이 부하가 없는 경우 출력 전압은 전압 분배 회로에 사용된 저항의 비에 의해 결정된다.

$$V_{out} = \frac{R_2}{R_1 + R_2} V_{in}$$

하지만 그림 3.7(b)와 같이 부하가 연결되면 부하 저항(R_L)으로 인해 출력 전압은 계산된 값보다 항상 작은 값을 갖는다.

$$V_{out} = \frac{R_2 \| R_L}{R_1 + R_2 \| R_L} V_{in}$$
$$= \frac{\dfrac{R_2 R_L}{R_2 + R_L}}{R_1 + \dfrac{R_2 R_L}{R_2 + R_L}} V_{in}$$
$$= \frac{R_2}{R_1 + R_2 + \dfrac{R_1 R_2}{R_L}} V_{in}$$

R_1과 R_2의 값이 R_L보다 상대적으로 커지면 $\frac{R_1 R_2}{R_L}$ 값이 커지고 V_{out} 값은 작아지므로 V_{in}이 HIGH 일 때도 V_{out}은 LOW로 인식될 수 있다. 반면 R_1과 R_2의 값이 R_L보다 상대적으로 작아지면 HIGH 로 인식되기에 충분한 V_{out} 값을 얻을 수 있겠지만, 부하로 흐르는 전류가 작아져서 부하에 충분한 전류가 공급되지 못해 동작에 문제가 발생할 수 있다. 따라서 **전압 분배 회로에 사용하는 저항의 크기는 부하 저항을 고려해서 결정해야 한다.** 이 외에도 저항을 사용한 전압 분배 회로는 빠른 속도로 변하는 신호에는 적합하지 않다는 등의 문제점이 있으므로 안정적인 동작을 위해서라면 레벨 변환기 사용을 추천한다.

3.2.3 아두이노 제로의 핀맵

그림 3.8은 아두이노 제로의 핀맵을 나타낸 것이다. 아두이노 제로에서 사용할 수 있는 핀은 더 많지만, 일반적으로 사용하는 핀은 아두이노 우노와 호환되는 20개 핀과 I2C 통신 핀 2개까지 22 개이며, ICSP 연결 핀 3개까지 사용하면 25개가 된다.

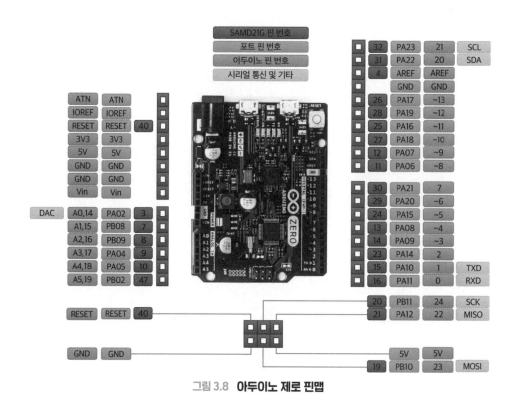

그림 3.8 **아두이노 제로 핀맵**

표 3.4는 아두이노 제로의 기능을 요약한 것으로, 0번부터 19번까지 아두이노 우노 호환 핀 헤더 가 있는 핀만을 대상으로 한다. 아두이노의 대표 보드인 아두이노 우노에 사용된 ATmega328을 함께 나타내어 비교했다.

표 3.4 아두이노 제로와 아두이노 우노의 비교

항목	아두이노 우노	아두이노 제로	
		설명	비고
마이크로컨트롤러	ATmega328	ATSAMD21G18	48핀
동작 전압(V)	5.0	3.3	6~12V 어댑터 추천
클록(MHz)	16	48	
디지털 입출력 핀(개)	14	14	
PWM 출력 핀(개)	6	11	3~13번 핀
아날로그 입력(개)	6	6	12비트 ADC
아날로그 출력(개)	0	1	10비트 DAC
외부 인터럽트(개)	2	13	0~3, 5~13번
입출력 핀 전류(mA)	40	7	
플래시 메모리(KB)	32	256	
SRAM(KB)	2	32	
EEPROM(KB)	1	(최대 16)	플래시 메모리 에뮬레이션
USB(개)	0	1	USB 2.0 풀 스피드(12Mbps)
UART(개)	1	1	
SPI(개)	1	1	
I2C(개)	1	1	

PWM 신호 출력이 가능한 핀 수

SAMD21G 마이크로컨트롤러 기반의 아두이노 보드 중에는 물결무늬(~)가 표시된 핀 수와 아두이노 홈페이지에서 PWM 신호 출력이 가능하다고 설명하는 핀 수가 서로 다른 경우가 있다. 따라서 이 책에서는 디지털 입출력 핀 중 PWM 출력이 가능한 핀을 digitalPinHasPWM 함수를 사용하여 결정했다. 아날로그 입력 핀 중에서도 PWM 신호 출력이 가능한 핀이 있을 수 있지만, AVR 기반 아두이노 보드와 비교를 위해 아날로그 입력 핀은 고려하지 않았다. SAMD21G 마이크로컨트롤러를 사용한 아두이노 보드에서 PWM 신호 출력이 가능한 핀을 검사하기 위해서는 스케치 3.1을 사용하면 된다.

스케치 3.1 PWM 출력 가능 핀 검사

```
#if defined(ARDUINO_SAMD_ZERO)
#define NUM_DIGITAL        14
#elif defined(ARDUINO_SAMD_MKRZERO)
#define NUM_DIGITAL        15
#elif defined(ARDUINO_SAMD_NANO_33_IOT)
#define NUM_DIGITAL        14
#else
```

```
#define NUM_DIGITAL      0
#endif

void setup() {
  SerialUSB.begin(9600);
  while (!SerialUSB);

  int pwmEnabled = 0;
  for (int pin = 0; pin < NUM_DIGITAL; pin++) {
    SerialUSB.print(pin);
    SerialUSB.print('\t');

    if (digitalPinHasPWM(pin)) {            // PWM 신호 출력 가능 핀 검사
      SerialUSB.println('O');
      pwmEnabled++;
    }
    else {
                     SerialUSB.println('X');
    }
  }

  SerialUSB.print(pwmEnabled);
  SerialUSB.print(" out of ");
  SerialUSB.print(NUM_DIGITAL);
  SerialUSB.println(" are PWM enabled.");
}

void loop() {
}
```

아두이노 제로에서 스케치 3.1을 실행할 때는 프로그래밍 포트가 아닌 네이티브 USB 포트를 사용했다. 이는 다른 SAMD21G 기반 보드가 네이티브 USB 포트만을 지원하므로 다른 보드에서도 사용할 수 있도록 하기 위해서다. 그림 3.9는 스케치 3.1을 아두이노 제로에서 실행한 결과를 보여준다.

그림 3.9 스케치 3.1의 실행 결과 - 아두이노 제로

외부 인터럽트 사용이 가능한 핀 수

아두이노 홈페이지 설명으로는 SAMD21G 마이크로컨트롤러 기반의 아두이노 보드에서 외부 인터럽트
사용이 가능한 핀 수를 정확히 파악하기가 힘들다. 따라서 이 책에서는 아두이노의 attachInterrupt 함
수에서 인터럽트 서비스 루틴을 지정하는 과정을 참고하여 인터럽트 속성 중 NOT_AN_INTERRUPT 속성이나
EXTERNAL_INT_NMI 속성 이외의 속성을 갖는 핀을 인터럽트 사용이 가능한 핀으로 정했다. 일부 아날로그
입력 핀도 외부 인터럽트를 사용할 수 있지만, PWM 신호 출력과 마찬가지로 고려하지 않았다. SAMD21G
마이크로컨트롤러를 사용한 보드에서 인터럽트를 사용할 수 있는 핀을 검사하기 위해서는 스케치 3.2를
사용하면 된다.

스케치 3.2 인터럽트 사용 가능 핀 검사

```
#if defined(ARDUINO_SAMD_ZERO)
#define NUM_DIGITAL      14
#elif defined(ARDUINO_SAMD_MKRZERO)
#define NUM_DIGITAL      15
#elif defined(ARDUINO_SAMD_NANO_33_IOT)
#define NUM_DIGITAL      14
#else
#define NUM_DIGITAL      0
#endif

void setup() {
  SerialUSB.begin(9600);
  while (!SerialUSB);

  int interruptEnabled = 0;
  for (int pin = 0; pin < NUM_DIGITAL; pin++) {
    // 핀의 인터럽트 속성 검사
    EExt_Interrupts in = g_APinDescription[pin].ulExtInt;

    SerialUSB.print(pin);
    SerialUSB.print('\t');

    SerialUSB.print((int)in);
    SerialUSB.print('\t');

    if (in == NOT_AN_INTERRUPT || in == EXTERNAL_INT_NMI) {
      SerialUSB.println('X');
    } else {
      SerialUSB.println('O');
      interruptEnabled++;
    }
  }

  SerialUSB.print(interruptEnabled);
  SerialUSB.print(" out of ");
  SerialUSB.print(NUM_DIGITAL);
  SerialUSB.println(" are interrupt enabled.");
}
```

```
void loop() {
}
```

아두이노 제로에서 스케치 3.2를 실행할 때는 다른 보드와의 스케치 호환성을 위해 프로그래밍 포트가 아닌 네이티브 USB 포트를 사용했다. 그림 3.10은 스케치 3.2를 아두이노 제로에서 실행한 결과를 보여준다. 두 번째 숫자는 인터럽트 번호에 해당하며 16번 인터럽트가 EXTERNAL_INT_NMI에 해당한다.

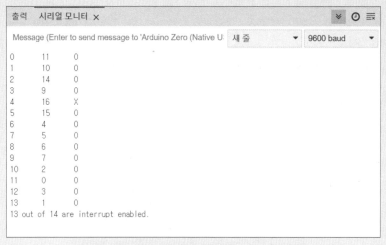

그림 3.10 스케치 3.2의 실행 결과 - 아두이노 제로

표 3.5는 아두이노 제로에서 사용하는 핀을 아두이노의 핀 번호에 따라 정리한 것이다. 함께 나열한 것은 아두이노 M0와 아두이노 M0 PRO에서 사용하는 핀 번호다. 아두이노 M0 PRO는 찾아보기가 어렵지만, 아두이노 M0는 프로그래밍 포트 없이 네이티브 USB 포트만 갖고 있는 보드로 호환 보드가 여전히 판매되고 있으므로 비교를 위해 함께 나타내었다. 표 3.5에서 알 수 있듯이 아두이노 제로와 아두이노 M0에서 0번부터 13번까지의 핀 번호는 2번과 4번 핀이 서로 바뀐 것 외에는 같다. 하지만 아날로그 입력 핀, I2C 핀, SPI 핀 등은 같은 상수를 통해 사용할 수 있지만, 아두이노 핀 번호가 할당된 순서가 다르다. 따라서 스케치의 호환성을 위해서는 0~13번 핀만을 번호로 사용하고 그 외의 핀은 핀 상수를 사용하는 것이 좋다. 또한 2번과 4번 핀은 사용하지 않는 것을 추천한다.

표 3.5 아두이노 제로와 아두이노 M0(PRO)

SAMD21G 핀	아두이노 핀 번호		핀 이름 상수
	아두이노 제로	아두이노 M0	
PA11	0	0	
PA10	1	1	
PA14	2	4	

표 3.5 **아두이노 제로와 아두이노 M0(PRO)** (계속)

| SAMD21G 핀 | 아두이노 핀 번호 | | 핀 이름 상수 |
	아두이노 제로	아두이노 M0	
PA09	3	3	
PA08	4	2	
PA15	5	5	
PA20	6	6	
PA21	7	7	
PA06	8	8	
PA07	9	9	
PA18	10	10	
PA16	11	11	
PA19	12	12	
PA17	13	13	PIN_LED, LED_BUILTIN
PA02	A0(14), DAC0(43)	A0(24), DAC0(24)	
PB08	A1(15)	A1(25)	
PB09	A2(16)	A2(26)	
PA04	A3(17)	A3(27)	
PA05	A4(18)	A4(28)	
PB02	A5(19)	A5(29)	
PA22	20	16	SDA
PA23	21	17	SCL
PA12	22	18	MISO
PB10	23	21	MOSI
PB11	24	20	SCK
PB03	25	30	PIN_LED2, PIN_LED_RXL
PA27	26	31	PIN_LED3, PIN_LED_TXL
PA28	27	32	PIN_USB_HOST_ENABLE
PA24	28	33	PIN_USB_DM
PA25	29	34	PIN_USB_DP

3.3 아두이노 MKR 제로

3.3.1 아두이노 MKR 제로의 핀 사용

아두이노 MKR 제로는 아두이노 제로보다 작은 크기의 보드로, 아두이노 제로와 같은 SAMD21G 마이크로컨트롤러를 사용하고 있지만 핀 정의와 배치에 많은 차이가 있다. 아두이노 MKR 제로가 아두이노 제로와 다른 점 중 하나는 EDBG 칩이 포함되어 있지 않다는 것이다. 아두이노 제로는 프로그래밍 포트와 네이티브 USB 포트의 2개 USB 포트를 제공하고 외부 장치가 없어도 디버깅을 할 수 있지만, **아두이노 MKR 제로는 네이티브 USB 포트만 제공하고 디버깅을 위해서는 별도의 외부 장치가 필요하다.** 이 외에 아두이노 MKR 제로는 I2C 통신을 위한 전용 커넥터, SD 카드 슬롯, 배터리 연결 커넥터 등을 제공하고 있다. 아두이노 MKR 제로 뒷면에는 외부 디버거를 연결할 수 있는 패드가 있어 외부 디버거가 필요한 경우 사용할 수 있다.

그림 3.11은 아두이노 MKR 제로에서 데이터 핀으로 사용할 수 있는 핀을 나타낸 것으로, 핀 헤더를 통해서는 15개의 디지털 입출력 핀과 7개의 아날로그 입력 핀까지 22개 핀을 사용할 수 있다. 이 외에도 아두이노 제로와는 몇 가지 차이가 있다. 먼저 **아두이노 MKR 제로의 내장 LED는 13번 핀이 아니라 32번 핀에 연결되어 있고 핀 헤더가 없어 출력으로만 사용할 수 있다는 점이다.** 따라서 내장 LED를 사용할 때는 핀 번호가 아니라 보드에 따라 다르게 정의된 LED_BUILTIN 상수를 사용하는 것이 좋다. 아두이노 제로에는 I2C 전용 핀 헤더가 기본 핀 헤더와 별도로 존재하지만, 아두이노 MKR 제로에서는 11번과 12번 핀을 통해 사용할 수 있다는 점도 다르다. 또한 아두이노 제로에 별도의 ISP 연결 커넥터가 존재하는 것과 달리 아두이노 MKR 제로에서는 8~10번 핀을 통해 ISP 통신을 사용할 수 있다.

이 외에 아두이노 MKR 제로에는 배터리 전압을 확인할 수 있는 아날로그 입력 핀도 존재하지만, 배터리 연결 커넥터와 연결되어 있어 다른 용도로 사용할 수 없다. 뒷면의 외부 디버거 연결 패드 역시 아두이노 환경에서 핀 번호가 할당되어 있지 않으므로 사용할 수 없다. 26~30번 핀은 아두이노 핀 번호가 할당되어 있지만, 아두이노 MKR 제로의 SD 카드에 연결되어 있으므로 역시 다른 용도로는 사용할 수 없다.

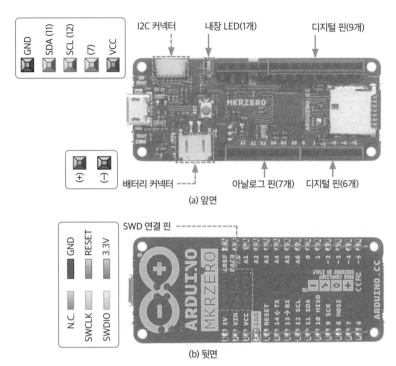

그림 3.11 **아두이노 MKR 제로에서 데이터 핀으로 사용할 수 있는 핀**

표 3.6은 SAMD21G 마이크로컨트롤러의 핀과 아두이노 MKR 제로의 핀을 나타낸 것이다. 표 3.6과 표 3.3을 비교해 보면 같은 기능을 가진 핀이라도 실제로 사용하는 SAMD21G 핀은 아두이노 제로와 아두이노 MKR 제로에서 다른 경우를 볼 수 있다. 이는 앞에서 이야기한 것처럼 SERCOM 설정에 따라 입출력 핀을 다양한 시리얼 통신을 위해 사용할 수 있기 때문이다. 아두이노 MKR 제로에서 유일하게 사용하지 않는 SAMD21G 핀은 41번(PA28) 핀뿐이다.

표 3.6 **SAMD21G 핀과 아두이노 MKR 제로 핀**

SAMD21G 핀		아두이노 MKR 제로 핀		
번호	이름	번호	핀 이름 상수	설명
1	PA00	–		32k 크리스털, XIN32
2	PA01	–		32k 크리스털, XOUT32
3	PA02	A0(15)	DAC0	
4	PA03	–		AREF
5	GNDANA	–		GROUND
6	VDDANA	–		3.3V
7	PB08	32	PIN_LED, LED_BUILTIN	
8	PB09	33	ADC_BATTERY	

표 3.6 SAMD21G 핀과 아두이노 MKR 제로 핀 (계속)

SAMD21G 핀		아두이노 MKR 제로 핀		
번호	이름	번호	핀 이름 상수	설명
9	PA04	A3(18)		
10	PA05	A4(19)		
11	PA06	A5(20)		
12	PA07	A6(21)	PIN_I2S_SD	
13	PA08	11	SDA	I2C
14	PA09	12	SCL	I2C
15	PA10	2	PIN_I2S_SCK	
16	PA11	3	PIN_I2S_FS	
17	VDDIO	–		3.3V
18	GNDANA	–		GROUND
19	PB10	4	SS	
20	PB11	5		
21	PA12	26	MOSI1	SD 카드
22	PA13	27	SCK1	SD 카드
23	PA14	28	SS1	SD 카드
24	PA15	29	MISO1	SD 카드
25	PA16	8	MOSI	
26	PA17	9	SCK	
27	PA18	24	PIN_USB_HOST_ENABLE	
28	PA19	10	MISO	
29	PA20	6		
30	PA21	7		
31	PA22	0		
32	PA23	1		
33	PA24	22	PIN_USB_DM	네이티브 USB-N
34	PA25	23	PIN_USB_DP	네이티브 USB-P
35	GND	–		GROUND
36	VDDIO	–		3.3V
37	PB22	14		Serial1 TX
38	PB23	13		Serial1 RX
39	PA27	30		SD 카드
40	RESET	–		RESET

표 3.6 **SAMD21G 핀과 아두이노 MKR 제로 핀**   (계속)

| SAMD21G 핀 | | 아두이노 MKR 제로 핀 | | |
번호	이름	번호	핀 이름 상수	설명
41	PA28			N.C.
42	GND	–		GROUND
43	VDDCORE	–		코어 전압 출력
44	VDDIN	–		3.3V
45	PA30	–		SWCLK
46	PA31	–		SWDIO
47	PB02	A1(16)		
48	PB03	A2(17)		

아두이노 MKR 제로에서 지원하는 시리얼 통신의 종류와 개수는 UART 시리얼을 제외하면 아두이노 제로와 같다. 물론 실제 사용하는 SAMD21G의 핀 번호는 다를 수 있다. 아두이노 제로는 EDBG 칩을 통해 프로그래밍 포트로 연결되는 Serial, 0번과 1번 핀을 통한 Serial1, 네이티브 USB 포트를 통한 SerialUSB 등의 UART 시리얼 통신을 사용할 수 있다.[3] 아두이노 MKR 제로에서 Serial1은 13번과 14번 핀을 통해 사용할 수 있고, Serial과 SerialUSB는 모두 네이티브 USB를 통한 시리얼 연결을 가리킨다. **아두이노 보드 대부분이 아두이노 0번과 1번 핀을 UART 시리얼 통신을 위해 사용하지만, 아두이노 MKR 제로는 범용 입출력 핀으로만 사용된다는 점에 주의해야 한다.**

아두이노 MKR 제로는 아두이노 제로와 같은 SAMD21G를 사용하므로 3.3V 전원을 공급해야 하고 데이터 핀 사용에서 레벨 변환기가 필요할 수 있다는 점은 같다. 하지만 아두이노 MKR 제로에는 5V 레귤레이터가 없으며 배럴 잭을 통해 어댑터 전원을 공급할 수 없다. 따라서 **아두이노 MKR 제로에 USB 커넥터나 Vin을 통해 전원을 공급할 때는 5V 전원을 공급해야 한다.** USB를 통해 공급된 5V 전원은 5V 핀을 통해 다른 장치로 공급할 수 있다. 이 외에 아두이노 MKR 제로에는 외부 배터리를 위해 별도의 커넥터가 마련되어 있고 배터리 전압을 알아낼 수 있는 전용 핀(PB09, 아두이노 33번)이 준비되어 있으므로 배터리를 사용하는 경우 analogRead 함수로 현재 배터리 전압을 알아낼 수 있다. 배터리 전원은 3.3V 레귤레이터 입력으로 연결되어 있으므로 전압 강하를 고려하여 최소 3.7V 배터리를 연결해야 하며 700mAh 이상의 용량을 추천하고 있다.

---

[3] SerialUSB는 UART 시리얼 통신이 아니라 USB 통신이다. Serial과 SerialUSB 모두 컴퓨터와의 시리얼 통신을 위해 사용되고, 객체 이름에도 'Serial'이 함께 사용된다는 등의 이유로 함께 설명했다.

아두이노 MKR 제로의 핀맵

그림 3.12는 아두이노 MKR 제로의 핀맵을 나타낸 것이다. 아두이노 MKR 제로에서 사용할 수 있는 핀은 더 많지만, 일반적으로 사용하는 핀은 핀 헤더가 제공되는 22개다. 32번과 33번 핀은 핀 헤더가 없어 사용할 수 없지만, 내장 LED와 배터리 전압 검사를 위한 핀이므로 함께 표시했다.

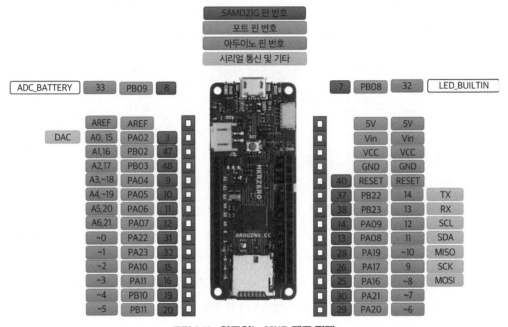

그림 3.12 아두이노 MKR 제로 핀맵

표 3.7은 아두이노 제로와 아두이노 MKR 제로의 기능을 비교한 것으로, 아두이노 제로는 표 3.4를 기준으로 한다.

표 3.7 아두이노 MKR 제로와 아두이노 제로 비교

항목	아두이노 제로	아두이노 MKR 제로	
		설명	비고
마이크로컨트롤러	ATSAMD21G18		48핀
동작 전압(V)	3.3		6~12V 어댑터 추천
클록(MHz)	48		
디지털 입출력 핀(개)	14	15	
PWM 출력 핀(개)	11	10	0~8, 10번 핀
아날로그 입력(개)	6	7	12비트 ADC
아날로그 출력(개)	1	1	10비트 DAC

표 3.7 아두이노 MKR 제로와 아두이노 제로 비교　　　　　　　　　　　　　　　　　　　(계속)

항목	아두이노 제로	아두이노 MKR 제로	
		설명	비고
외부 인터럽트(개)	13	8	0, 1, 4~9번 핀
플래시 메모리(KB)	256		
SRAM(KB)	32		
EEPROM(KB)	(최대 16)		플래시 메모리 에뮬레이션
USB(개)	1		USB 2.0 풀 스피드(12Mbps)
UART(개)	1		
SPI(개)	1		
I2C(개)	1		

아두이노 MKR 제로는 기본 핀 헤더로 제공되는 핀이 22개로, 아두이노 제로보다 아날로그 핀과 디지털 핀이 각각 1개씩 많다. 따라서 아두이노 제로와 아두이노 MKR 제로 모두에서 실행되는 스케치를 작성하고자 하는 경우라면 핀 번호 사용에 주의가 필요하다. 표 3.8은 아두이노 MKR 제로에서 사용하는 핀을 아두이노의 핀 번호에 따라 정리한 것이다.

표 3.8 아두이노 MKR 제로의 핀

아두이노 핀 번호	핀 이름 상수	아두이노 핀 번호	핀 이름 상수
0		14	
1		A0(15)	DAC0
2	PIN_I2S_SCK	A1(16)	
3	PIN_I2S_FS	A2(17)	
4	SS	A3(18)	
5		A4(19)	
6		A5(20)	
7		A6(21)	PIN_I2S_SD
8	MOSI	22	PIN_USB_DM
9	SCK	23	PIN_USB_DP
10	MISO	24	PIN_USB_HOST_ENABLE
11	SDA	32	PIN_LED, LED_BUILTIN
12	SCL	33	ADC_BATTERY
13			

3.4.1 아두이노 나노 33 IoT의 핀 사용

아두이노 나노 33 IoT는 아두이노 보드 중에서 가장 작은 보드로, ATmega328을 사용한 아두이노 나노와 호환성이 있는 보드다. 아두이노 나노 33 IoT는 작은 크기로 프로토타이핑에 적합하고, 와이파이와 저전력 블루투스의 무선 통신을 지원한다. 또한 6축의 IMU~Inertia Measurement Unit~(관성 측정 장치)를 포함하고 있어 가속도와 각속도 기반의 움직임 감지 등에 사용할 수 있다. 아두이노 MKR 제로와 마찬가지로 EDBG 칩이 포함되어 있지 않아 외부 장치 없이 디버깅을 사용할 수는 없지만, 뒷면에 외부 디버거를 연결할 수 있는 패드가 준비되어 있어 필요하다면 외부 디버거를 사용할 수 있다는 점은 아두이노 MKR 제로와 같다.

그림 3.13은 아두이노 나노 33 IoT에서 데이터 핀으로 사용할 수 있는 핀을 나타낸 것으로 핀 헤더를 통해서는 22개 핀을 사용할 수 있다. 아두이노 나노 33 IoT의 내장 LED는 아두이노 13번 핀에 연결되어 있고, I2C 핀은 아두이노 A4(SDA) 핀 및 A5(SCL) 핀에 연결된 것은 아두이노 우노 및 아두이노 나노와 같다. 뒷면의 외부 디버거 연결 패드에 2개 핀 역시 사용할 수 있지만 핀 헤더가 없으므로 실제로 사용하기는 어렵다. 22번에서 30번까지 9개 핀은 무선 통신을 위한 NINA 모듈과의 연결에 사용된다.

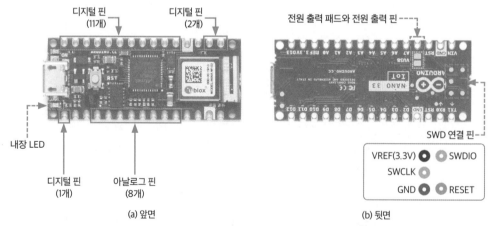

그림 3.13 **아두이노 나노 33 IoT에서 데이터 핀으로 사용할 수 있는 핀**

표 3.9는 SAMD21G 마이크로컨트롤러의 핀과 아두이노 나노 33 IoT의 핀을 나타낸 것이다. 표 3.9를 표 3.3 및 표 3.6과 비교해 보면 알 수 있듯이, 아두이노에서 같은 기능을 가진 핀이라도 실제로 사용하는 SAMD21G 핀은 차이가 있을 수 있다. 아두이노 나노 33 IoT는 NINA 모듈 연결을 위해 많은 핀을 사용하므로 SAMD21G 마이크로컨트롤러의 모든 핀을 사용하고 있다. 반면 아두이노 제로에서는 22번(PA13) 핀, 아두이노 MKR 제로에서는 41번(PA28) 핀이 사용되지 않는 핀이다.

표 3.9 **SAMD21G 핀과 아두이노 나노 33 IoT 핀**

| SAMD21G 핀 | | 아두이노 나노 33 IoT 핀 | | |
번호	이름	번호	핀 이름 상수	설명
1	PA00	–		32k 크리스털, XIN32
2	PA01	–		32k 크리스털, XOUT32
3	PA02	A0(14)	DAC0	
4	PA03	–		AREF
5	GNDANA	–		GROUND
6	VDDANA	–		3.3V
7	PB08	A4(18)	SDA	
8	PB09	A5(19)	SCL	
9	PA04	6		
10	PA05	5		
11	PA06	7		
12	PA07	4	PIN_I2S_SD	
13	PA08	27	NINA_RESETN	WiFi & BLE 모듈
14	PA09	A6(20)		
15	PA10	A3(17)	PIN_I2S_SCK	
16	PA11	A2(16)	PIN_I2S_FS	
17	VDDIO	–		3.3V
18	GNDANA	–		GROUND
19	PB10	2		
20	PB11	3		
21	PA12	22	PIN_SPI1_MOSI	WiFi & BLE 모듈
22	PA13	23	PIN_SPI1_MISO	WiFi & BLE 모듈
23	PA14	24	PIN_SPI1_SS	WiFi & BLE 모듈
24	PA15	25	PIN_SPI1_SCK	WiFi & BLE 모듈

표 3.9 **SAMD21G 핀과 아두이노 나노 33 IoT 핀** (계속)

SAMD21G 핀		아두이노 나노 33 IoT 핀		
번호	이름	번호	핀 이름 상수	설명
25	PA16	11	MOSI	
26	PA17	13	SCK, PIN_LED, LED_BUILTIN	
27	PA18	8		
28	PA19	12	MISO	
29	PA20	9		
30	PA21	10	SS	
31	PA22	29		WiFi & BLE 모듈
32	PA23	30		WiFi & BLE 모듈
33	PA24	31	PIN_USB_DM	네이티브 USB-N
34	PA25	32	PIN_USB_DP	네이티브 USB-P
35	GND	–		GROUND
36	VDDIO	–		3.3V
37	PB22	1		Serial1 TX
38	PB23	0		Serial1 RX
39	PA27	26		WiFi & BLE 모듈
40	RESET	–		
41	PA28	28	NINA_ACK	WiFi & BLE 모듈
42	GND	–		GROUND
43	VDDCORE	–		코어 전압 출력
44	VDDIN	–		3.3V
45	PA30	34		SWCLK
46	PA31	35		SWDIO
47	PB02	A1(15)		
48	PB03	A7(21)		

아두이노 나노 33 IoT에서 지원하는 시리얼 통신은 아두이노 MKR 제로와 같다. 물론 사용하는 SAMD21G 칩의 핀 번호는 다를 수 있다. 아두이노 나노 33 IoT에서 아두이노 0번, 1번 핀으로 UART 시리얼 통신을 사용할 수 있다는 점은 아두이노 제로와 같다. 반면 Serial과 SerialUSB가 모두 네이티브 USB를 통한 시리얼 연결을 가리킨다는 점은 아두이노 MKR 제로와 같다.

아두이노 나노 33 IoT 역시 SAMD21G를 사용하므로 데이터 핀 사용에서 레벨 변환기가 필요할 수 있다는 점은 앞의 두 보드와 같다. 전원 공급 방법은 아두이노 MKR 제로와 같이 5V 전원을

USB나 Vin을 통해 공급하면 되지만, **아두이노 나노 33 IoT에는 5V 출력 핀이 존재하지 않는다.** 대신 뒷면의 전원 출력 패드를 납땜하여 연결하면 입력된 전압을 VUSB 핀을 통해 출력할 수 있다.

3.4.2 아두이노 나노 33 IoT의 핀맵

그림 3.14는 아두이노 나노 33 IoT의 핀맵을 나타낸 것이다. 흔히 사용되는 핀은 핀 헤더를 통해 사용할 수 있는 22개의 핀이다.

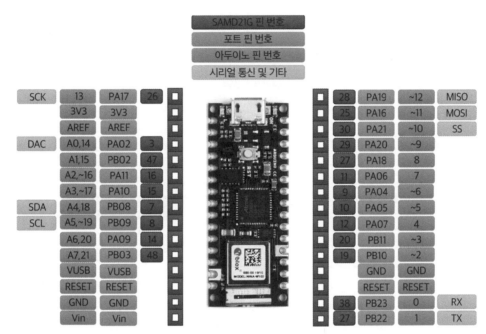

그림 3.14 아두이노 나노 33 IoT 핀맵

표 3.10은 아두이노 MKR 제로와 아두이노 나노 33 IoT의 기능을 비교한 것이다.

표 3.10 아두이노 나노 33 IoT와 아두이노 MKR 제로의 비교

항목	아두이노 MKR 제로	아두이노 나노 33 IoT	
		설명	비고
마이크로컨트롤러	ATSAMD21G18		48핀
동작 전압(V)	3.3		6~12V 어댑터 추천
클록(MHz)	48		
디지털 입출력 핀(개)	15	14	
PWM 출력 핀(개)	10	9	2~6, 9~12번 핀
아날로그 입력(개)	7	8	12비트 ADC

표 3.10 **아두이노 나노 33 IoT와 아두이노 MKR 제로의 비교** (계속)

항목	아두이노 MKR 제로	아두이노 나노 33 IoT	
		설명	비고
아날로그 출력(개)	1	1	10비트 DAC
외부 인터럽트(개)	8	6	2, 3, 9, 10, 11, 13번 핀
플래시 메모리(KB)	256		
SRAM(KB)	32		
EEPROM(KB)	(최대 16)		플래시 메모리 에뮬레이션
USB(개)	1		USB 2.0 풀 스피드(12Mbps)
UART(개)	1		
SPI(개)	1		
I2C(개)	1		

표 3.11은 아두이노 나노 33 IoT에서 사용되는 핀을 아두이노의 핀 번호에 따라 정리한 것이다.

표 3.11 **아두이노 나노 33 IoT의 핀**

아두이노 핀 번호	핀 이름 상수	아두이노 핀 번호	핀 이름 상수
0		12	MISO
1		13	SCK, PIN_LED, LED_BUILTIN
2		A0(14)	DAC0
3		A1(15)	
4	PIN_I2S_SD	A2(16)	PIN_I2S_FS
5		A3(17)	PIN_I2S_SCK
6		A4(18)	SDA
7		A5(19)	SCL
8		A6(20)	
9		A7(21)	
10	SS	31	PIN_USB_DM
11	MOSI	32	PIN_USB_DP

맺는말

아두이노 제로, 아두이노 MKR 제로, 아두이노 나노 33 IoT는 모두 SAMD21G 마이크로컨트롤러를 사용하여 만든 아두이노 보드다. 아두이노 제로는 첫 번째 SAMD21G 기반 보드로, 아두이노 우노와 모양이 같으면서 EDBG 칩을 통해 디버깅을 지원한다는 점은 장점으로 여겨질 수 있다. 하지만 이러한 장점에도 아두이노 제로는 기대만큼 널리 사용되지 못했다. 여러 가지 이유가 있겠지만 쉽고 간단한 사용을 강조하는 아두이노에서 디버깅을 지원한다는 것이 큰 장점으로 생각되지 않은 것이 한 가지 이유라 할 수 있다. 아두이노 제로 이후 외부 장치 없이 디버깅을 지원하는 아두이노 보드가 출시되고 있지 않다는 점에서 여전히 아두이노 제로는 독특한 보드로 남아 있다.

아두이노 MKR 제로는 작은 크기의 보드로 아두이노 제로와 마찬가지로 SAMD21G 마이크로컨트롤러를 사용하고 있다. 제공하는 기능에서는 아두이노 제로와 큰 차이가 없지만, 실제 사용하는 SAMD21G 마이크로컨트롤러의 핀은 아두이노 제로와는 차이가 있다. 아두이노 MKR 시리즈 보드에는 아두이노 MKR 제로 이외에도 LoRa_{Long Range}, WiFi, 3G 등의 무선 통신 기능이 추가된 다양한 보드가 판매되고 있어 다양한 무선 환경에서 사용할 수 있고, MKR 시리즈 전용 실드역시 여러 종류가 판매되고 있다. 아두이노 나노 33 IoT는 아두이노 보드 중 가장 작은 크기의 보드로 프로토타이핑에 적합하고, 무엇보다 WiFi와 BLE 기능을 내장하고 있다는 점에서 IoT 응용에 적합한 보드라 할 수 있다.

아두이노 우노에 사용된 ATmega328 마이크로컨트롤러를 사용한 보드 역시 이 장에서 살펴본 것과 비슷하게 크기에 따라 여러 종류의 보드가 있다. 하지만 ATmega328 마이크로컨트롤러를 사용한 모든 보드에서 마이크로컨트롤러 칩의 같은 핀은 아두이노의 같은 핀으로 대응되고 있다. 예를 들어, ATmega328 마이크로컨트롤러 기반 아두이노 보드에서 PB5 핀은 항상 아두이노 13번 핀으로 정해져 있다. 하지만 SAMD21G 마이크로컨트롤러를 사용한 아두이노 보드에서는 아두이노 0번 핀에 해당하는 핀이 아두이노 제로는 PA11, 아두이노 MKR 제로는 PA22, 아두이노 나노 33 IoT는 PB23 등 차이가 있다. 이는 시리얼 통신에 사용된 핀 역시 마찬가지다. 이러한 차이는 SAMD21G 마이크로컨트롤러에는 6개의 시리얼 통신 모듈(SERCOM)이 포함되어 있고 통신모듈에 연결할 데이터 핀을 선택하여 사용할 수 있기 때문이다. 또한 시리얼 통신 모듈은 설정에 따라 UART는 물론 I2C, SPI 등의 통신을 위해서도 사용할 수 있으므로 각각의 시리얼 통신에 사용되는 핀 역시 차이가 있다. 이처럼 SAMD21G 마이크로컨트롤러에서 실제 사용하는 핀이 서로 다르지만, 아두이노에서 정의하고 있는 핀 번호를 통해 같은 방식으로 사용할 수 있으므로 크게 걱정할 필요는 없다. 표 3.12는 각 보드에서 기본 핀 헤더를 통해 사용할 수 있는 디지털 및 아날로그 입출력 핀을 요약한 것이다. 사용할 수 있는 핀의 수가 보드에 따라 다르므로 여러 보드에서 사용할 수 있는 스케치를 작성할 때는 주의가 필요하다. 하지만 아두이노 우노와 호환되는 0~13번의 디지털 핀과 A0~A5의 아날로그 입력 핀을 사용하는 데는 크게 문제가 없다. 다만 시리얼 통신을 위한 핀들은 서로 다른 아두이노 핀 번호가 지정되어 있을 수 있으므로 아두이노 핀 번호가 아니라 정의된 상수를 사용하는 것을 추천한다.

표 3.12 **SAMD21G 마이크로컨트롤러 기반 아두이노 보드**[4]

	아두이노 제로	아두이노 MKR 제로	아두이노 나노 33 IoT
디지털 입출력 핀(개)	14	15	14
아날로그 입력 핀(개)	6	7	8
아날로그 출력 핀(개)	1	1	1
PWM 신호 출력 핀(개)	11	10	9
외부 인터럽트 사용 가능 핀(개)	13	8	6

---

4   각각의 아두이노 보드에서 사용할 수 있는 PWM 신호 출력 핀과 외부 인터럽트 사용 가능 핀의 수는 이 책에서 정의한 방식으로 정한 개수이므로 실제로 사용할 수 있는 핀의 수는 다를 수 있다.

4

아두이노 IDE

아두이노 IDE Integrated Development Environment 가 2.x 버전으로 바뀌면서 이전 버전과 비교해 많은 기능
이 개선되고 유용한 기능들이 추가되었다. 이 장에서는 간단하고 쉽게 사용할 수 있는 IDE라는 철
학을 유지하면서도 사용자의 편리성을 높인 아두이노 IDE 2.x의 기능을 살펴본다.

아두이노 제로 × 1

이 장에서
사용할 부품

4.1 아두이노 IDE

아두이노 IDE_{Integrated Development Environment}(통합개발환경)는 윈도우를 포함하여 맥OS, 리눅스 등에서 설치하여 사용할 수 있는 스케치 통합개발환경을 말한다. 아두이노는 프로세싱_{Processing}과 와이어링_{Wiring}의 영향을 받아 만들어진 것이므로 초기 아두이노 IDE 역시 프로세싱 IDE나 와이어링 IDE와 비슷한 모습을 하고 있었다. 와이어링은 현재 개발이 중단된 상태이지만, 프로세싱은 최신 버전인 4.x 버전까지 이전 모습을 거의 그대로 유지하고 있다.

아두이노 IDE는 2011년 11월 첫 번째 정식 버전인 1.0 버전이 발표된 이후 10년 이상 그 모습을 그대로 유지하고 있었다. 그림 4.1은 아두이노 IDE 1.0 버전과 1.x 버전의 마지막 버전인 1.8.19 버전을 비교한 것이다. 1.0 버전에서는 한글이 지원되지 않고, 행 번호 표시를 지원하지 않으며, 툴바 아이콘 크기와 출력창의 폰트 크기가 변경되지 않는 등 여러 가지 불편한 점들이 눈에 띈다. 하지만 1.8.19 버전과 기본적으로 형태가 같으며 동작 방식 역시 같다.

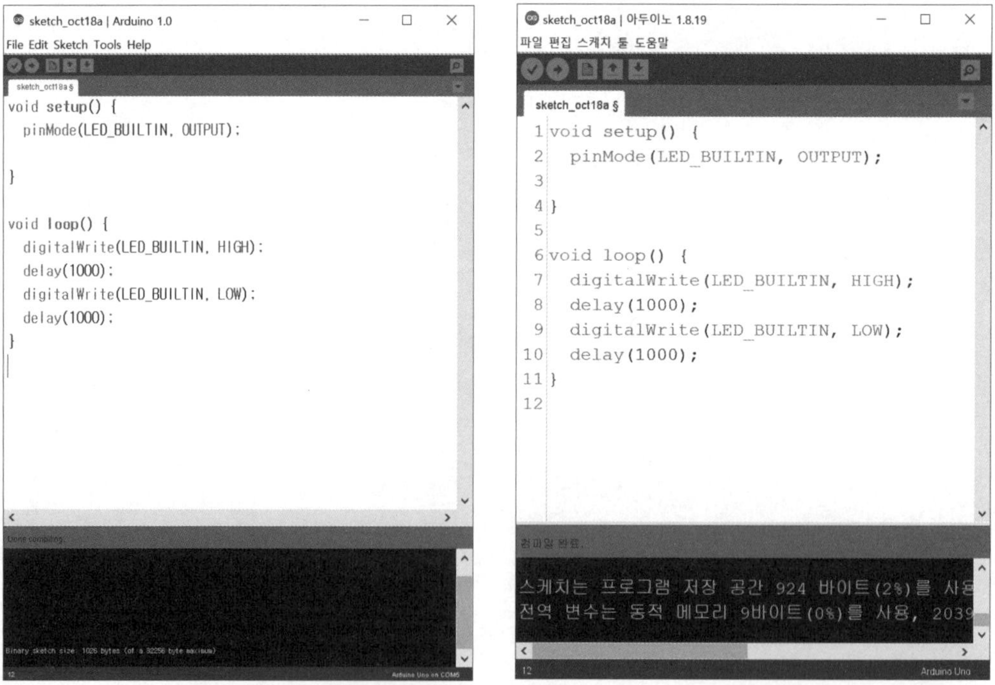

(a) 아두이노 1.0   (b) 아두이노 1.8.19

그림 4.1 아두이노 IDE 1.x

아두이노 IDE의 최신 버전인 2.x 버전은 이전 1.x 버전의 성능을 개선하고 자동 완성, 내장 디버거, 아두이노 클라우드와의 연동 등 새로운 기능을 추가하여 만들어졌다. 아두이노 IDE 2.x를 설치하고 실행하면 그림 4.2와 같은 실행 화면을 볼 수 있다. 그림 4.2를 그림 4.1(b)와 비교해 보면 외형적으로 많은 부분에서 변화가 있음을 알 수 있다.

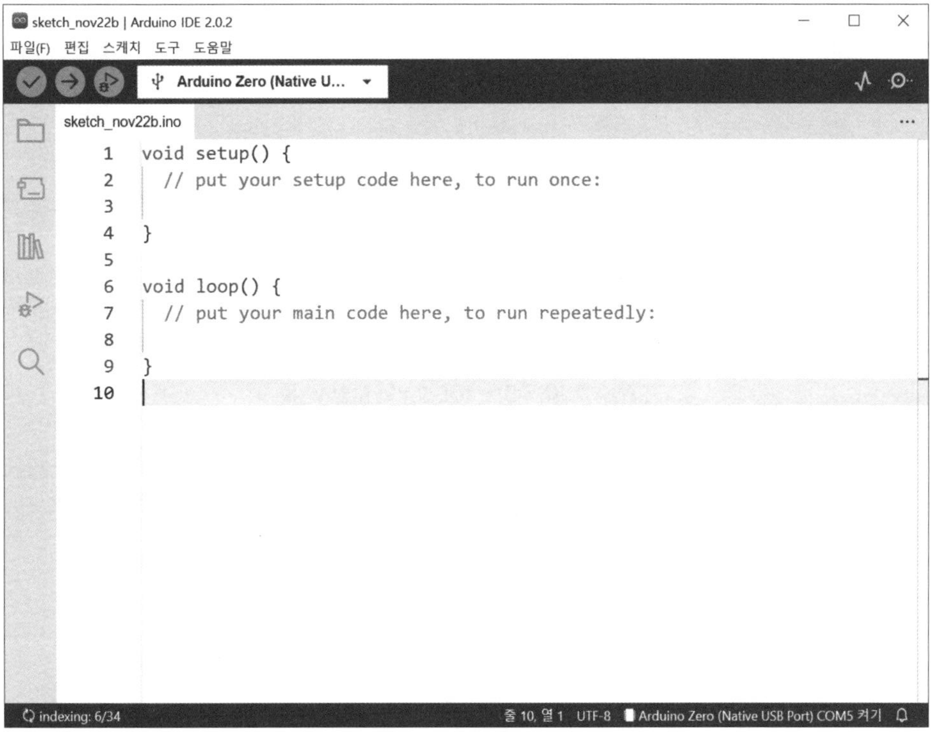

그림 4.2 **아두이노 IDE 2.x**

이 장에서는 아두이노 IDE 2.x 버전의 기능과 사용 방법을 설명한다. 사용 방법과 특징을 설명하기 위해서는 몇 개의 스케치를 실행하고 그 결과를 살펴봐야 하겠지만, 이 장에서 스케치를 자세히 설명하지는 않는다. 스케치에 대한 자세한 내용은 해당 장을 참고하면 된다. 먼저 가로 툴바부터 살펴보자.

아두이노 IDE 한글 지원

아두이노 IDE 2.x는 2.0.2부터 한글을 지원하기 시작했다. 한글 메뉴를 사용하기 위해서는 기본 설정 다이얼로그의 '편집기 언어' 펼침 메뉴에서 '한국어'를 선택하면 된다.

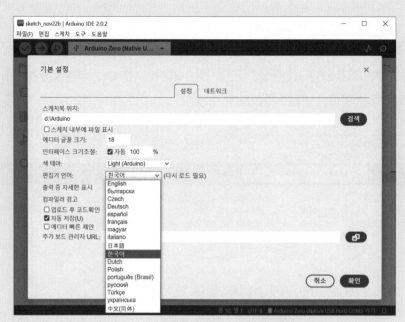

그림 4.3 **아두이노 IDE 2.x의 지원 언어**

하지만 아직 한글 출력 문제에 일부 버그가 있다.[1] 이는 시리얼 모니터로 UTF-8 형식 데이터를 전송하여 출력하는 과정에서 발생하는 문제로, 시리얼 모니터가 아닌 다른 터미널 프로그램을 사용하면 정상적으로 한글이 출력되는 것을 확인할 수 있다.

그림 4.4 **시리얼 모니터로의 한글 출력 오류**

---

1   2023년 2월 기준

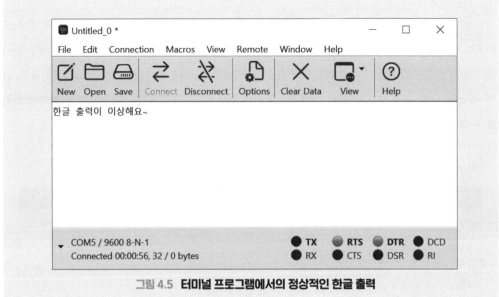

그림 4.5 **터미널 프로그램에서의 정상적인 한글 출력**

가로 툴바

아두이노 IDE 2.x에서는 왼쪽에 세로 툴바가 추가되었다. 세로 툴바는 스케치 관리, 보드 관리, 라이브러리 관리 등 이전 버전에서 별도의 다이얼로그를 통해 지원하던 기능을 패널 형식으로 메인 윈도에 통합한 것이다. 여기에 이전 버전에는 없던 디버깅 기능과 검색 기능이 추가되었다. 반면 가로 툴바는 기존 툴바의 기능과 비슷하다. 표 4.1은 가로 툴바 버튼의 기능을 요약한 것이다.

표 4.1 **아두이노 IDE의 가로 툴바 버튼**

아이콘	이름	설명
✓	확인	스케치를 컴파일하고 컴파일 결과를 출력창에 표시한다.
→	업로드	스케치를 컴파일하여 실행 파일을 생성하고 선택된 보드와 포트를 통해 업로드한다.
⑧	디버깅 시작	디버깅을 시작한다.
-	보드 및 포트 선택	현재 컴퓨터에 연결된 보드 중에서 보드를 선택하거나 목록에서 보드를 선택한다.
⋀	시리얼 플로터	시리얼 플로터를 연다.
⊙	시리얼 모니터	시리얼 모니터를 연다.

이전 버전과 비교했을 때 툴바에서 새 파일(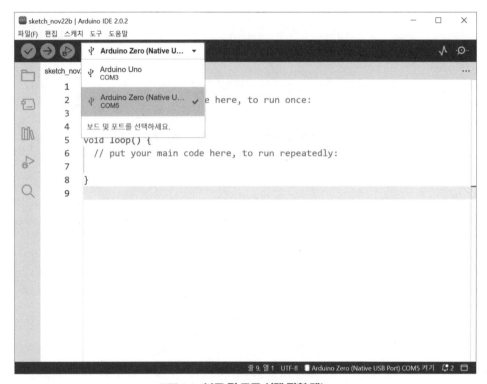), 열기(), 저장() 등 스케치 파일 관리를 위한 버튼이 없어졌다. 대신 디버깅 시작 버튼, 보드 및 포트 선택 메뉴, 시리얼 플로터 실행 버튼 등이 추가되었다. 툴바의 버튼 중 디버깅 관련 내용은 뒤에서 별도로 설명한다. 먼저 보드 및 포트 선택 메뉴를 눌러보자. **보드 및 포트 선택 메뉴에서는 현재 컴퓨터에 연결된 아두이노 보드 목록을 확인할 수 있다.** 이 중 사용하고자 하는 보드를 선택하면 된다.

그림 4.6 보드 및 포트 선택 펼침 메뉴

그림 4.6의 보드 선택 펼침 메뉴에서 '보드 및 포트를 선택하세요' 항목을 선택하면 그림 4.7과 같은 보드 선택 다이얼로그가 나타나고 보드와 포트를 선택할 수 있다. 다이얼로그를 통해 선택할 수 있는 아두이노 보드와 포트는 '도구 ➡ 보드'와 '도구 ➡ 포트' 메뉴를 통해 선택할 수 있는 아두이노 보드 및 포트와 같다.

그림 4.7의 보드 및 포트 선택 다이얼로그에서는 컴퓨터에 연결되지 않은 보드도 선택할 수 있지만, 컴퓨터에 연결되지 않은 보드는 해당 포트가 없다. 컴퓨터에 연결되지 않은 보드를 선택하면 스케치 컴파일을 통해 문법적 오류를 검사할 수는 있지만 업로드는 불가능하다.

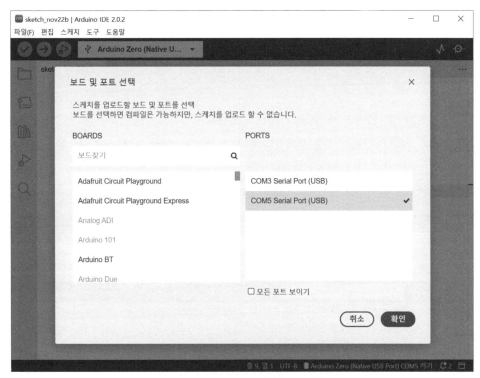

그림 4.7 다른 보드 및 포트 선택 다이얼로그

4.2.1 시리얼 모니터

시리얼 모니터는 시리얼 통신으로 송수신되는 데이터를 문자 기반으로 확인할 수 있는 프로그램으로 터미널 프로그램의 한 종류다. 이전 버전의 아두이노 IDE에서는 별도의 창으로 시리얼 모니터가 실행되었다면, 아두이노 IDE 2.x에서는 메인 윈도의 일부로 통합되어 메인 윈도의 아래쪽에 표시된다. '도구 ➡ 보드 ➡ Arduino SAMD Boards (32-bits ARM Cortex-M0+) ➡ Arduino Zero (Native USB Port)'를 보드로 선택하고 '도구 ➡ 포트 ➡ COM5 (Arduino Zero (Native USB Port))'[2]를 포트로 선택하자. 선택이 완료되면 스케치 4.1을 업로드한다. 스케치 4.1은 시리얼 모니터를 통해 컴퓨터에서 아두이노 보드로 보낸 데이터를 아두이노에서 바이트 단위로 읽고 이를 다시 컴퓨터로 재전송하는 예다.

스케치 4.1 시리얼 모니터 테스트

```
void setup() {
  while(!SerialUSB);              // 시리얼 포트 연결 대기
  SerialUSB.begin(9600);         // 시리얼 포트 초기화
}
```

---

2   COM 포트 번호는 컴퓨터에 따라 달라질 수 있다.

```
void loop() {
  if(SerialUSB.available()){                        // 시리얼 데이터 수신 확인
    SerialUSB.write(SerialUSB.read());              // 수신 데이터를 컴퓨터로 재전송
  }
}
```

툴바의 '업로드' 버튼, '스케치 ➡ 업로드' 메뉴 항목 또는 'Ctrl + U' 단축키를 선택하여 스케치를 업로드하자. 무언가 달라진 점을 눈치챘는가? 이전 버전의 아두이노 IDE에서는 항상 출력창이 보이고 닫을 수 없었다(그림 4.1). 하지만 아두이노 IDE 2.x에서는 그림 4.2에서 볼 수 있듯이 초기 상태에서 출력창은 표시되지 않는다. 스케치 4.1을 입력한 후 확인 또는 업로드 버튼을 누르면, 즉 출력할 메시지가 있으면 자동으로 출력창이 메인 윈도의 아래쪽에 나타난다.

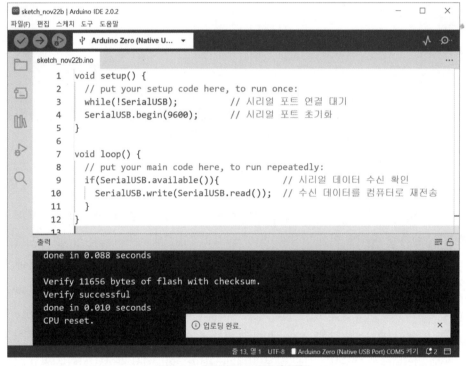

그림 4.8 **아두이노 IDE의 출력창**

그림 4.8에서 또 하나 달라진 점은 출력창이 표시되면서 상태바의 오른쪽 끝에 작은 아이콘(▤)이 하나 추가되었다는 점이다. 추가된 아이콘은 'Toggle Bottom Panel' 아이콘으로, 출력창을 감추거나 보이는 것을 선택할 수 있다.

가로 툴바의 가장 오른쪽 버튼을 눌러 시리얼 모니터를 실행해 보자. 시리얼 모니터는 별도의 창이 아니라 출력창과 겹쳐서 새 탭으로 나타난다. 시리얼 모니터의 위쪽 텍스트 상자에 문장을 입

력하고 엔터 키를 누르면 입력한 문장이 아두이노 보드로 전달되고 다시 컴퓨터로 재전송되어 아래쪽의 텍스트 상자에서 확인할 수 있다.

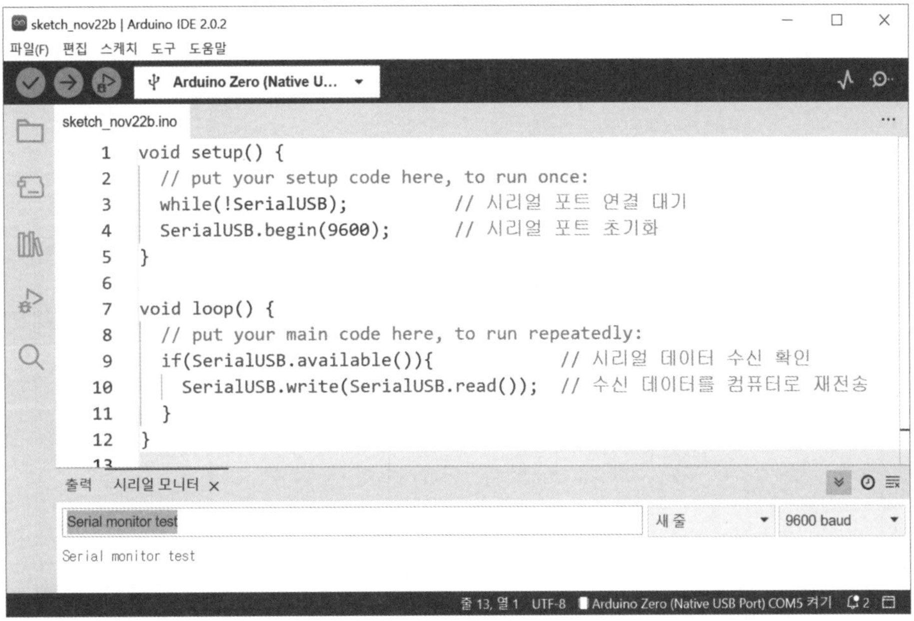

```
    sketch_nov22b | Arduino IDE 2.0.2                          —    □   ×
    파일(F) 편집 스케치 도구 도움말
       ✓ → ⊕        ψ  Arduino Zero (Native U...  ▾              ⋀ ·Ọ·

       sketch_nov22b.ino                                              ···
    1   void setup() {
    2     // put your setup code here, to run once:
    3     while(!SerialUSB);            // 시리얼 포트 연결 대기
    4     SerialUSB.begin(9600);        // 시리얼 포트 초기화
    5   }
    6
    7   void loop() {
    8     // put your main code here, to run repeatedly:
    9     if(SerialUSB.available()){            // 시리얼 데이터 수신 확인
    10      SerialUSB.write(SerialUSB.read());  // 수신 데이터를 컴퓨터로 재전송
    11    }
    12  }
    13
    출력   시리얼 모니터 ×                                   ⨯ ⓘ ≡
    Serial monitor test                              새 줄  ▾   9600 baud  ▾
    Serial monitor test

                         줄 13, 열 1  UTF-8  ▉ Arduino Zero (Native USB Port) COM5 켜기  ⌂ 2  ⊟
```

그림 4.9 시리얼 모니터 테스트

시리얼 모니터는 크게 윗부분의 문자열 입력창과 아랫부분의 문자열 출력창으로 나눌 수 있고, 이 외에 몇 개의 옵션을 설정할 수 있는 펼침 메뉴와 버튼이 있다. 윗부분의 문자열 입력창은 컴퓨터에서 아두이노 보드로 보낼 문자열을 입력하는 부분이다. 원하는 문자열을 입력한 후 엔터 키를 누르면 아두이노 보드로 문자열이 전송된다.[3] 이때 문자열 끝에 추가할 문자를 펼침 메뉴에서 선택할 수 있다. 추가 문자는 문자열의 끝을 표시하기 위해 흔히 사용되며 추가 문자로는 다음 옵션 중 하나를 선택할 수 있다.

- **No Line Ending**: 문자열 입력창에 입력한 문자열만 전송하고 추가 문자를 전송하지 않는다.
- **새 줄**New Line: 라인 피드Line Feed라고도 불리는 아스키 코드값 10의 '\n' 문자를 입력 문자열 끝에 추가하여 전송한다.
- **캐리지 리턴**Carriage Return: 아스키 코드값 13의 '\r' 문자를 입력 문자열 끝에 추가하여 전송한다.
- **Both NL & CR**: 새 줄과 캐리지 리턴 문자 모두를 입력 문자열 끝에 추가하여 전송한다.

---

3   아두이노 IDE 2.0 버전에서는 Ctrl + 엔터 키를 눌러야 메시지 전송이 이루어졌지만 2.0.1 버전 이후로는 엔터 키로 변경되었다.

두 번째 펼침 메뉴는 데이터 전송 속도 선택을 위해 사용된다. 9,600보율baud rate이 주로 사용되고 고속 통신이 필요한 장치에서는 115,200보율도 흔히 사용된다. '자동 스크롤 전환'은 텍스트 출력 창의 자동 스크롤을 허용하는 옵션이며, '타임스탬프 표시'는 데이터 수신 시간을 표시하는 옵션 이다. '출력 내용 지우기'는 현재 출력창의 내용을 지우는 데 사용된다.

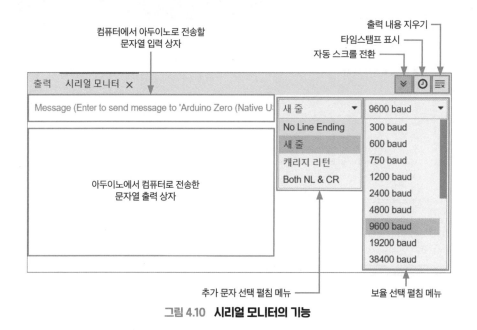

그림 4.10 **시리얼 모니터의 기능**

4.2.2 시리얼 플로터

시리얼 플로터는 아두이노 보드에서 컴퓨터로 보낸 숫자 데이터를 그래프 형태로 나타내어 값의 변화를 관찰하기 위해 사용되는 도구다. 시리얼 모니터에서도 아두이노 보드에서 보낸 숫자 데이터의 변화 를 확인할 수 있지만, 텍스트 기반이라는 점에서 한계가 있다. 데이터가 변하는 추이를 관찰하고 싶다면 그래프로 시각화하는 시리얼 플로터가 더 편리하다. 이전 버전의 아두이노 IDE에도 시리 얼 플로터가 포함되어 있었지만, 아두이노 IDE 2.x에서는 시리얼 플로터를 실행할 수 있는 버튼이 툴바에 추가되었다.

시리얼 플로터에 연속적으로 값을 전송하면 이를 그래프로 그려준다. 값을 전송할 때는 한 줄에 여러 개의 값을 전송해서 여러 개의 그래프를 비교할 수도 있다. **여러 개의 그래프를 그리기 위해서 는 각 값을 스페이스('␣'), 탭('\t'), 콤마(',') 등으로 분리해서 전송해야 한다. 그리고 줄의 끝은 LF(\n) 또는 CR+LF(\r\n)로 구분해야 한다.** Serial.println() 함수를 사용하면 자동으로 CR+LF가 추가되므로 마지막 값을 출력할 때 사용할 수 있다. 값을 출력할 때는 값에 이름(범례)을 지정하는 것도 가능 하다. 범례를 지정하기 위해서는 콜론으로 분리되는 이름을 값보다 먼저 출력하면 된다.

네이티브 USB 포트로 연결한 아두이노 제로 보드에 스케치 4.2를 업로드하자. 스케치 4.2는 0에서 1000 사이의 값을 무작위로 선택하여 출력하는 예다. 시리얼 플로터에는 이전에 출력한 값의 개수와 순서가 저장된다. 따라서 시리얼 플로터가 실행 중인 상태에서 값의 개수와 순서를 변경하면 잘못된 그래프가 그려질 수 있으므로 시리얼 플로터를 사용할 때는 스케치 업로드가 완료된 후 시리얼 플로터를 실행하는 것이 좋다.

스케치 4.2 시리얼 플로터 테스트

```
void setup() {
  while (!SerialUSB);                    // 시리얼 포트 연결 대기
  SerialUSB.begin(9600);                 // 시리얼 포트 초기화
  randomSeed(analogRead(0));             // 난수 생성기 초기화
}

void loop() {
  // 0 이상 1000 미만의 난수 생성
  int n1 = random(0, 1000), n2 = random(0, 1000);

  SerialUSB.print("Random1:");           // 첫 번째 값의 이름
  SerialUSB.print(n1);                   // 첫 번째 값
  SerialUSB.print(',');                  // 스페이스, 탭으로도 분리 가능
  SerialUSB.print("Random2:");           // 두 번째 값의 이름
  SerialUSB.println(n2);                 // 두 번째 값, 줄 구분

  delay(500);
}
```

그림 4.11은 스케치 4.2의 실행 결과를 시리얼 모니터로 확인한 것이다. 콜론으로 구분된 이름과 값 쌍이 콤마에 의해 구분된 것을 확인할 수는 있지만, 값의 추이를 확인하기는 쉽지 않다.

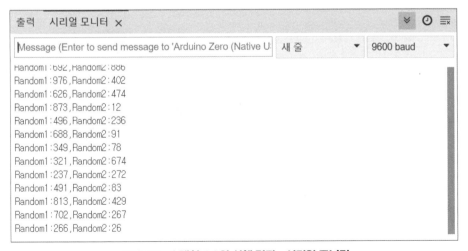

그림 4.11 스케치 4.2의 실행 결과 - 시리얼 모니터

그림 4.12는 그림 4.11과 같은 결과를 시리얼 플로터에서 확인한 것이다. CR+LF로 구분되는 한 줄에 2개의 값을 출력했으므로 2개의 그래프가 그려진다. 또한 콜론으로 구분되는 'Random1'과 'Random2'를 값의 이름(범례)으로 먼저 출력하고 있으므로 왼쪽 위에 범례가 표시된다. 범례 옆에 있는 체크박스를 선택하면 표시되는 그래프를 선택할 수 있으며, 그래프 위에 마우스 포인터를 가져가면 특정 위치의 데이터값을 확인할 수 있다.

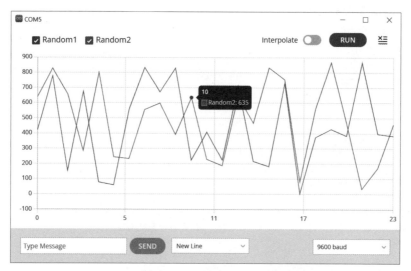

그림 4.12 스케치 4.2의 실행 결과 - 시리얼 플로터

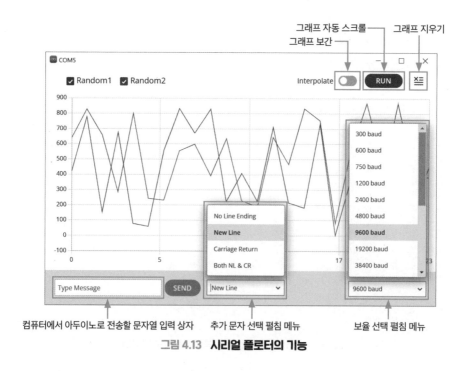

그림 4.13 시리얼 플로터의 기능

이 외에도 시리얼 플로터에서는 몇 가지 옵션을 선택할 수 있다. 아래쪽에 있는 문자열 입력창, 추가 문자 선택 메뉴, 전송 속도 선택 메뉴는 시리얼 모니터에서와 같다. '그래프 보간'은 데이터 포인트 사이를 직선이 아닌 곡선으로 이어 부드러운 그래프가 만들어지도록 한다. 그래프 표시는 50개의 값을 사용하며 자동으로 스크롤된다. '그래프 자동 스크롤'은 그래프 스크롤의 시작 또는 정지를 선택할 수 있도록 한다. '그래프 지우기'는 현재 시리얼 플로터상의 그래프를 지운다. 그래프가 지워지더라도 시리얼 플로터에 저장된 값의 순서와 개수는 지워지지 않는다.

4.3 세로 툴바

아두이노 IDE 2.x에서는 왼쪽에 세로 툴바가 추가되었다. 세로 툴바는 스케치 관리, 보드 관리, 라이브러리 관리 등 흔히 사용하는 기능을 쉽고 빠르게 선택하여 사용할 수 있도록 해준다. 표 4.2는 세로 툴바 버튼의 기능을 요약한 것이다. 툴바의 버튼은 토글 버튼으로, 버튼을 누르면 왼쪽에 해당 패널이 나타나고 다시 한번 누르면 패널이 사라진다.

표 4.2 아두이노 IDE의 세로 툴바 버튼

아이콘	이름	설명
📁	스케치북	로컬 컴퓨터에 저장된 스케치와 아두이노 클라우드에 저장된 스케치를 관리할 수 있는 패널을 보여준다.
	보드매니저	아두이노 보드의 지원 파일을 설치할 수 있는 보드매니저를 보여준다.
📚	라이브러리 매니저	라이브러리를 검색하고 설치할 수 있는 라이브러리 매니저를 보여준다.
	디버그	디버그 패널을 보여준다.
🔍	검색	검색 패널을 보여준다.

4.3.1 스케치 관리(📁)

'스케치북' 버튼은 사용자가 작성한 스케치를 관리하기 위해 사용된다. 스케치는 로컬 컴퓨터에 저장할 수도 있지만, 원격 아두이노 클라우드에 저장하여 관리할 수도 있다. 로컬 컴퓨터에서 스케치가 저장되는 위치는 스케치북 디렉터리로, 기본 설정 다이얼로그에서 확인할 수 있다. 기본 설정 다이얼로그는 '파일 ➡ 기본 설정...' 메뉴 항목 또는 'Ctrl + 콤마' 단축키를 선택하면 나타난다.

이 책에서 스케치북 디렉터리는 'D:\Arduino'로 설정된 것으로 가정한다.

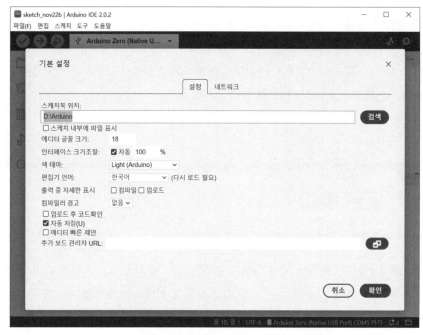

그림 4.14 기본 설정 다이얼로그의 스케치북 디렉터리

먼저 스케치 4.3을 입력하고 'myBlink.ino'라는 이름으로 스케치북 디렉터리에 저장하자. 아두이노 보드는 앞에서와 마찬가지로 네이티브 USB 포트로 연결한 아두이노 제로를 사용한다. 아두이노의 스케치는 C/C++ 언어의 프로젝트와 비슷하다. 이 책에서 대부분의 스케치는 하나의 소스 파일(*.ino)로 구성되지만, 일반적으로 스케치는 C/C++ 언어의 프로젝트와 마찬가지로 하나 이상의 소스 파일과 헤더 파일 등으로 구성된다. C/C++ 언어로 작성한 프로젝트가 여러 개의 소스 파일로 구성되었을 때 main 함수를 포함하고 있는 메인 소스 파일과 다른 파일은 프로젝트 디렉터리 아래에 저장된다. 마찬가지로, 아두이노의 스케치는 setup과 loop 함수를 포함하고 있는 메인 소스 파일과 다른 파일이 스케치 이름과 같은 이름의 디렉터리 아래에 저장된다. 다만 C/C++ 언어에서는 프로젝트 이름과 메인 소스 파일의 이름이 같을 필요가 없지만, **아두이노에서는 스케치 이름과 setup 및 loop 함수를 포함하고 있는 메인 소스 파일의 이름이 같아야 한다.** 물론 스케치 이름은 메인 소스 파일에서 확장자를 제외한 이름을 사용한다.

스케치 4.3 **myBlink.ino**

```
bool state = false;                        // 현재 LED 상태

void setup() {
  pinMode(LED_BUILTIN, OUTPUT);            // 내장 LED 연결 핀을 출력으로 설정
```

```
}

void loop() {
  state = !state;                            // LED 상태 반전
  digitalWrite(LED_BUILTIN, state);          // LED 상태 출력

  delay(500);
}
```

스케치 4.3을 'myBlink.ino'라는 이름으로 저장하면 'myBlink'라는 이름의 스케치(프로젝트)가 만들어지고, 그 아래에 'myBlink.ino'라는 이름의 메인 소스 파일이 저장된다. 스케치 4.3과 같이 소스 파일 하나로만 작성된 스케치라면 하나의 파일(myBlink.ino)만 스케치 디렉터리(myBlink) 아래에 저장된다. **스케치는 스케치를 구성하는 파일 전체를 가리키므로 소스 파일이 저장된 디렉터리(myBlink)를 지칭한다고 보는 것이 옳다.** 하지만 많은 경우 소스 파일은 하나뿐이므로 흔히 메인 소스 파일(myBlink.ino)을 스케치라고 이야기한다.

스케치 4.3을 저장한 후 '스케치북' 버튼을 누르면 스케치 관리를 위한 패널이 나타난다. 스케치 관리 패널은 '로컬 스케치북'과 '원격 스케치북' 탭으로 이루어져 있다. '로컬 스케치북'을 선택하면 저장된 스케치 4.3을 확인할 수 있다. 스케치 이름 옆의 옵션 메뉴를 누르면 스케치가 저장된 디렉터리를 여는 '폴더 열기'와 '새 창에서 스케치 열기' 메뉴를 확인할 수 있다. 그림 4.15에서는 myBlink 스케치가 열려 있는 상태이므로 '새 창에서 스케치 열기'는 비활성화 상태에 있다.

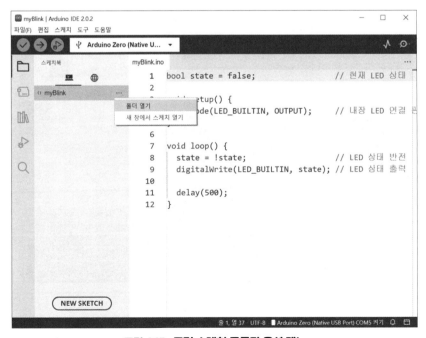

그림 4.15 로컬 스케치 목록과 옵션 메뉴

원격 스케치북을 사용하기 위해서는 먼저 아두이노 클라우드[4]에 가입해야 한다. 아두이노 클라우드에 가입한 후 로그인하자.

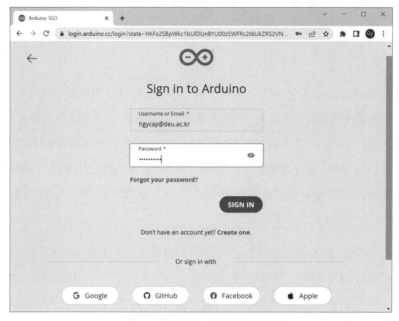

그림 4.16 **아두이노 클라우드 로그인**

클라우드에 로그인한 후 위쪽의 메뉴에서 'Web Editor'를 선택한다.

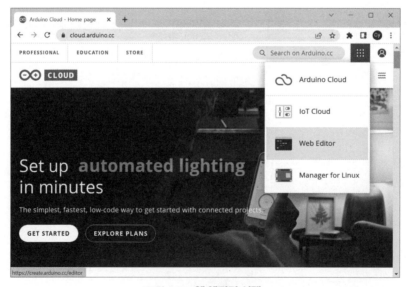

그림 4.17 **웹 에디터 선택**

---

4   https://cloud.arduino.cc

웹 에디터는 아두이노 IDE의 온라인 버전으로, 아두이노 IDE와 기본적으로 같은 구성이다. 웹 에디터에 스케치 4.4를 입력하고 'myBlinkCloud'라는 이름으로 저장하자. 웹 에디터에서 'NEW SKETCH' 버튼을 누르면 날짜를 기준으로 스케치 이름이 자동으로 정해지므로 스케치를 저장한 후 스케치의 이름을 바꾸면 된다.

스케치 4.4 myBlinkCloud.ino

```
void setup() {
  pinMode(LED_BUILTIN, OUTPUT);            // 내장 LED 연결 핀을 출력으로 설정
}

void loop() {
  digitalWrite(LED_BUILTIN, HIGH);         // LED 켜기
  delay(500);
  digitalWrite(LED_BUILTIN, LOW);          // LED 끄기
  delay(500);
}
```

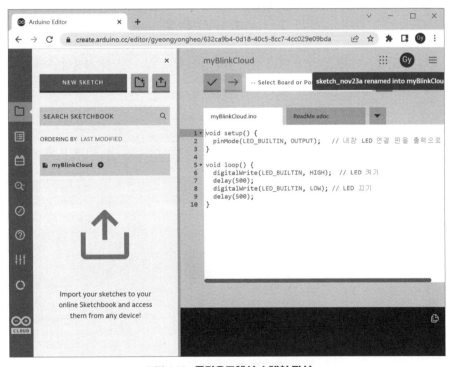

그림 4.18 클라우드에서 스케치 작성

아두이노 IDE 2.x에서 '원격 스케치북' 탭을 선택하자.

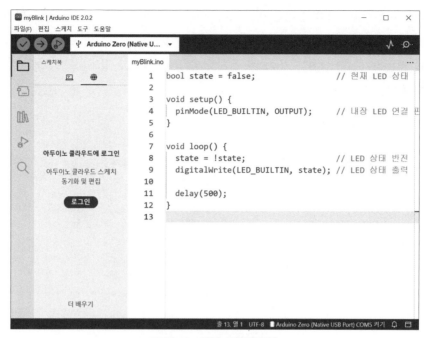

그림 4.19 **원격 스케치북 탭**

처음 로그인 버튼을 누르면 아두이노 IDE에서 아두이노 클라우드 정보를 사용할 수 있도록 승인
하는 과정이 필요하다.

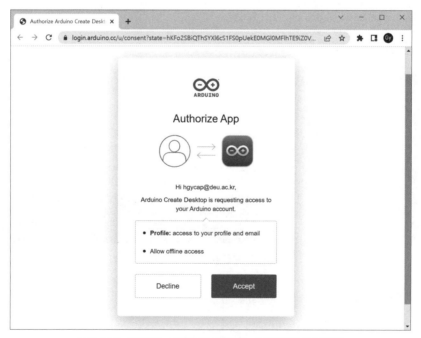

그림 4.20 **아두이노 IDE에서 아두이노 클라우드 접속 허용**

'Accept'를 누르고 로그인하면 아두이노 IDE에 그림 4.18에서 작성한 **myBlinkCloud** 스케치를 아두이노 IDE의 원격 스케치북에서 확인할 수 있다.

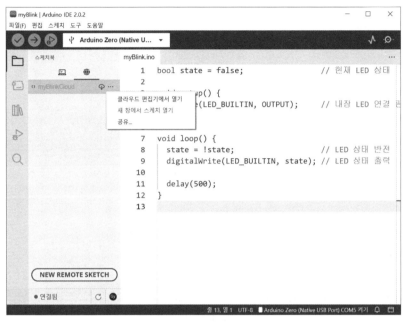

그림 4.21 원격 스케치 목록

그림 4.21의 원격 스케치북 탭의 아래쪽에는 동기화를 위한 버튼(↻)과 계정 정보를 확인할 수 있는 버튼(⊗)이 있다. 동기화 버튼은 로컬 스케치와 원격 스케치 동기화에 사용되고, 계정 정보 버튼은 원격 스케치북에서 로그아웃하는 데 사용된다. 옵션 메뉴 중 '클라우드 편집기에서 열기' 메뉴 항목을 선택하면 그림 4.18과 같이 웹 에디터에 스케치가 열린다. '공유...' 메뉴 항목은 온라인에서 스케치를 공유하는 데 사용한다.

원격 스케치북에 있는 스케치를 로컬 컴퓨터에서 수정하기 위해서는 먼저 스케치를 내려받아야 한다. 원격 스케치 옆에 있는 'Pull 스케치' 버튼(⊕)을 눌러 스케치를 내려받자.

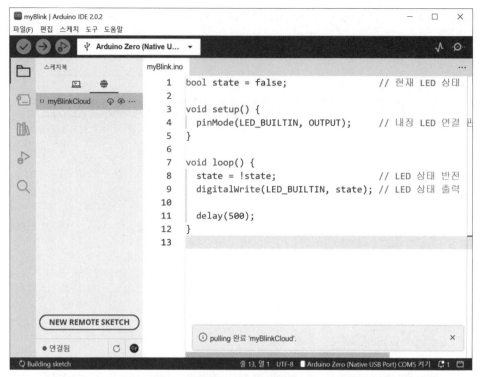

그림 4.22 **스케치 내려받기**

스케치를 내려받으면[5] 그림 4.21에서 '새 창에서 스케치 열기' 메뉴 항목이 활성화되고 로컬 컴퓨터에서 스케치를 편집할 수 있다. 새 창에서 **myBlinkCloud** 스케치를 열고 지연 시간을 0.5초 (delay(500);)에서 1초(delay(1000);)로 수정한 후 저장하자. 스케치를 내려받으면 내려받기 버튼 옆에 올리기(Push 스케치) 버튼(⤴)이 나타난다. 스케치를 클라우드로 업로드한 후 옵션 메뉴에서 '클라우드 편집기에서 열기' 메뉴 항목을 선택하면 아두이노 클라우드의 스케치가 수정된 것을 확인할 수 있다.

로컬 컴퓨터에서 원격 스케치를 만드는 것도 가능하다. 그림 4.22에서 'NEW REMOTE SKETCH' 버튼을 눌러 원격 스케치 이름을 'myBlinkCloud2'로 설정하자.

---

5   내려받은 스케치는 'C:\Users\사용자_이름\AppData\Local\Arduino15\RemoteSketchbook' 디렉터리에 저장된다.

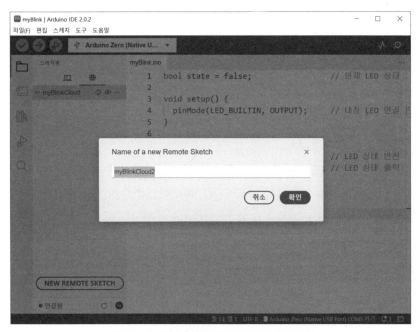

그림 4.23 **로컬 컴퓨터에서 원격 스케치 생성**

원격 스케치가 만들어진 후 '클라우드 편집기에서 열기' 옵션 메뉴 항목을 통해 웹 에디터에서 스케치를 확인할 수 있다. 로컬 컴퓨터에서 만들어진 원격 스케치는 웹 에디터에서 만들어진 스케치와 같은 방법으로 사용할 수 있다.

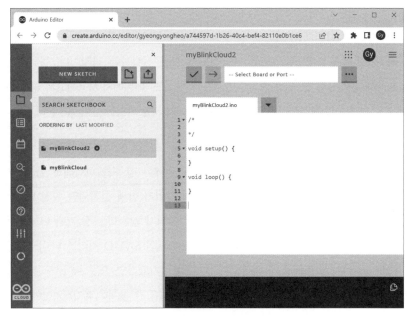

그림 4.24 **로컬 컴퓨터에서 생성된 원격 스케치**

원격 스케치북을 사용하면 로컬 컴퓨터에서는 물론 온라인에서도 스케치를 수정할 수 있으며 동기화를 통해 스케치를 최신의 상태로 유지할 수 있다. 웹 에디터에서 코드를 작성하고 아두이노 보드에 업로드하는 것이 번거로운 건 사실이지만, 웹 에디터를 사용하지 않더라도 저장소로서 그리고 스케치 동기화를 위해 사용하는 것만으로도 원격 스케치북은 충분히 활용 가치가 있다.

4.3.2 보드 관리(🖳)

'보드매니저' 버튼은 아두이노 IDE에서 사용할 보드를 관리하기 위해 사용된다. 아두이노 보드는 다양한 마이크로컨트롤러를 사용하여 만들어진다. 아두이노에 사용된 마이크로컨트롤러는 아두이노가 처음부터 사용한 AVR 시리즈 마이크로컨트롤러와 고성능 아두이노 보드를 위해 사용하고 있는 Cortex-M 기반 마이크로컨트롤러로 나눌 수 있다. 이 두 종류의 마이크로컨트롤러는 서로 다른 CPU를 포함하고 있으므로 각 마이크로컨트롤러에서 실행되는 기계어 파일 역시 다르다. 아두이노의 장점 중 하나가 같은 스케치를 서로 다른 아두이노 보드에서 사용할 수 있다는 것이다. 그렇다면 같은 스케치에서 AVR 시리즈 마이크로컨트롤러와 Cortex-M 기반 마이크로컨트롤러에서 실행되는 서로 다른 기계어 파일을 어떻게 만들어낼 수 있을까? 대답은 간단하다. 아두이노 보드에 따라 서로 다른 컴파일러를 사용하면 된다. 즉, **아두이노 환경에서는 마이크로컨트롤러에 따라 서로 다른 여러 종류의 컴파일러를 사용하고 있다.** 게다가 아두이노 우노에 사용된 ATmega328과 아두이노 메가2560에 사용된 ATmega2560은 같은 AVR 시리즈 마이크로컨트롤러를 사용하고 같은 컴파일러를 사용하지만, 같은 코드를 함께 사용하기 위해서는 세부적인 설정을 달리 해주어야 한다. 이는 같은 마이크로컨트롤러를 사용하는 다른 아두이노 보드에서도 마찬가지다. 이처럼 아두이노 보드에 따라 컴파일러와 컴파일 환경을 다르게 구성해야 하며, 이를 위해 필요한 것이 '도구 ➡ 보드' 메뉴를 통해 사용할 아두이노 보드를 선택하는 과정이다. 물론 사용자는 이러한 세부적인 사실에 신경 쓸 필요는 없지만, **'도구 ➡ 보드' 메뉴에서 사용하고자 하는 아두이노 보드를 찾을 수 없다면 컴파일 환경설정을 위해 보드매니저에서 지원 파일을 설치해야 한다.**

'보드매니저' 버튼은 아두이노 IDE에서 사용할 수 있는 보드를 관리하기 위한 패널을 메인 윈도 왼쪽에 표시해주며 이는 '도구 ➡ 보드 ➡ 보드매니저...' 메뉴 항목을 선택해도 마찬가지다. AVR 시리즈 마이크로컨트롤러를 사용한 보드를 위한 지원 파일이 함께 설치되던 이전 버전과 달리 아두이노 IDE 2.x에서는 디폴트로 보드 지원 파일이 설치되지 않는다. 1장 '아두이노'에서 AVR 시리즈 마이크로컨트롤러를 사용하는 Arduino AVR Boards와 SAMD 시리즈 마이크로컨트롤러를 사용하는 Arduino SAMD Boards에 대한 지원 파일을 설치했다면 '도구 ➡ 보드' 메뉴에는 두 그룹의 보드가 등록되어 있고 각 그룹에는 여러 아두이노 보드가 등록되어 있을 것이다.

지원 파일을 설치하고자 하는 보드가 있다면 검색창에 보드 이름을 입력하면 된다. 하지만 **아두이노 환경에서 사용할 수 있는 모든 보드를 보드매니저에서 찾을 수는 없다.** 보드매니저에서 검색되지 않는 보드는 아두이노에서 공식적으로 보드 지원 파일을 제공하지 않는 비공식 아두이노 보드다.

비공식 아두이노 보드를 아두이노 환경에서 사용하기 위해 지원 파일을 설치해야 한다는 점은 공식 아두이노 보드와 같다. 하지만 설치 전에 먼저 보드 정보와 지원 파일을 내려받을 위치를 보드매니저에게 알려주어야 한다. '파일 ➡ 기본 설정...' 메뉴 항목이나 ⌜Ctrl⌟ + 콤마' 단축키를 선택하여 기본 설정 다이얼로그를 실행하자. 다이얼로그의 가장 아래쪽에 '추가 보드 관리자 URL'에 지원 파일을 내려받을 위치를 추가하면 보드매니저에서 해당 보드를 검색할 수 있다. 와이파이 통신 기능을 포함하고 있고 아두이노 환경에서 사용할 수 있는 비공식 보드 중 하나가 ESP8266 보드다. ESP8266 보드를 위해서는 'https://arduino.esp8266.com/stable/package_esp8266com_index.json'을 추가 보드 관리자 주소로 추가하면 된다. 추가 보드 관리자 주소는 여러 개를 지정할 수 있으며, 기본 설정 다이얼로그에서 목록 관리 버튼( )을 눌러 한 줄에 하나씩 기록하면 된다.

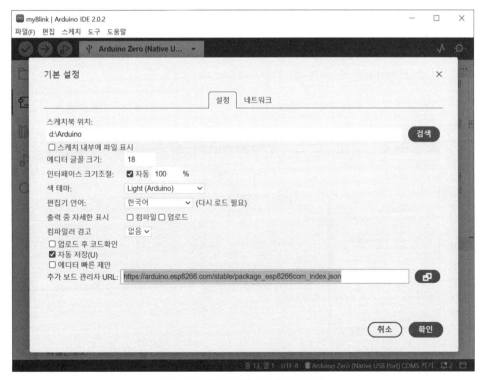

그림 4.25 추가 보드 관리자 위치 지정

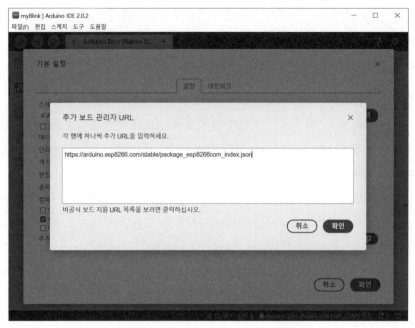

그림 4.26 **추가 보드 관리자 위치 목록 관리**

비공식 아두이노 보드를 위한 지원 파일 위치를 추가했으면 이제 보드매니저에서 'ESP8266'을 검색해 보자. ESP8266 기반 보드를 위한 지원 파일이 검색될 것이고, 지원 파일을 설치하면 아두이노 공식 보드와 마찬가지로 아두이노 환경에서 사용할 수 있다.

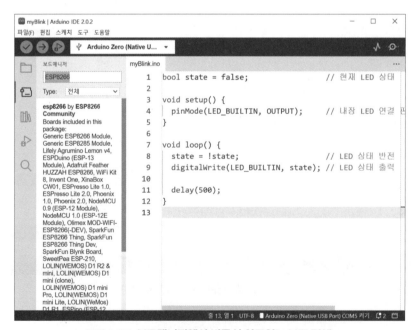

그림 4.27 **보드매니저에서 비공식 아두이노 보드 검색**

아두이노 환경에서 사용할 수 있는 비공식 보드들의 목록[6]에는 공식 아두이노 보드보다 많은 보드가 나열되어 있다. 아두이노 환경에서 사용하고자 하는 보드가 아두이노에서 지원하지 않는 보드라면 먼저 비공식 아두이노 보드 목록을 검색해 보자.

4.3.3 라이브러리 관리(📚)

라이브러리는 재사용할 수 있는 코드의 모음으로, 아두이노에서는 주변 장치 제어나 마이크로컨트롤러의 특정 기능 사용을 위해 라이브러리를 사용하고 있다. 라이브러리는 보드매니저에서 보드 지원 파일을 설치할 때 함께 설치되는 기본 라이브러리와 사용자가 설치하는 확장 라이브러리로 나눌 수 있다. 설치된 라이브러리는 '스케치 ➡ 라이브러리 포함' 메뉴에서 확인할 수 있다. 그림 4.28은 아두이노 우노와 아두이노 제로의 기본 라이브러리를 비교한 것으로, 아두이노 보드에 따라 설치되는 기본 라이브러리는 차이가 있다.

(a) 아두이노 우노

(b) 아두이노 제로

그림 4.28 **기본 라이브러리**

기본 라이브러리로 제공되지 않는 라이브러리는 사용자가 직접 설치해야 한다. 사용자가 설치하는 **확장 라이브러리는 스케치북 디렉터리 아래 'libraries' 디렉터리에 저장된다.** 스케치는 C/C++ 언어에서의 프로젝트와 비슷하게 디렉터리에 저장된다. 즉, 'mySketch'라는 이름의 스케치는 '스케치북_디렉터리\mySketch' 디렉터리에 'mySketch.ino' 파일로 저장된다.

---

6 https://github.com/arduino/Arduino/wiki/Unofficial-list-of-3rd-party-boards-support-urls

라이브러리 역시 라이브러리 이름에 해당하는 디렉터리가 스케치북 디렉터리 아래 libraries 디렉터리에 만들어지고 그 아래에 라이브러리 파일이 저장된다. 즉, 'myLibrary'라는 이름의 라이브러리는 '스케치북_디렉터리\libraries\myLibrary' 디렉터리에 저장된다. 스케치와 비교했을 때 'libraries'라는 디렉터리가 하나 더 있다는 점 외에는 같은 방식으로 저장된다.

확장 라이브러리는 다음과 같이 세 가지 방법으로 설치할 수 있다.

- 라이브러리 매니저에서 검색을 통해 설치한다.
- ZIP 형태로 묶어 제공하는 라이브러리를 아두이노 IDE를 통해 설치한다.
- 내려받은 라이브러리 파일을 라이브러리 디렉터리에 직접 설치한다.

① 라이브러리 매니저를 통한 설치

툴바의 라이브러리 매니저 버튼(📚), '스케치 ➡ 라이브러리 포함 ➡ 라이브러리 관리...' 메뉴 항목, 또는 단축키 'Ctrl + Shift + I'를 선택하면 라이브러리 매니저가 실행된다.

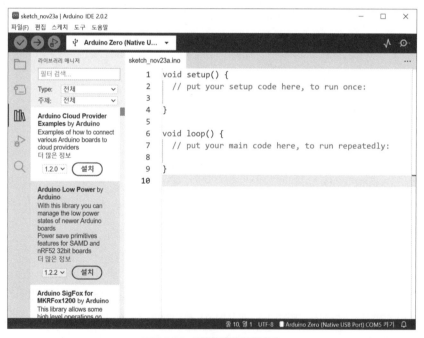

그림 4.29 **라이브러리 매니저**

검색창에 단어를 입력하여 관련 라이브러리 목록을 찾은 후 라이브러리를 선택하고 설치 버튼을 누르면 라이브러리 설치가 완료된다. 라이브러리 매니저에서 'OLED'를 검색한 후 목록에서 'ACROBOTIC SSD1306' 라이브러리를 설치해 보자.

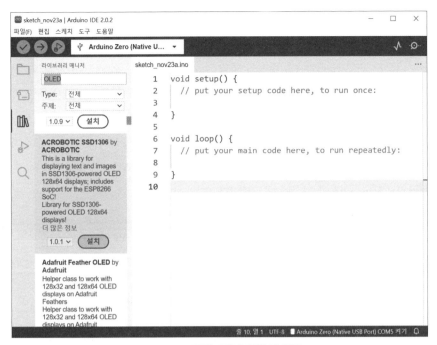

그림 4.30 **라이브러리 검색 및 설치**

그림 4.30에서는 'ACROBOTIC SSD1306' 라이브러리를 설치했으며 이때 스케치북 디렉터리는 'D:\Arduino'로 설정했다. 따라서 설치된 라이브러리 파일은 'D:\Arduino\libraries\ACROBOTIC_SSD1306' 디렉터리에서 확인할 수 있다.

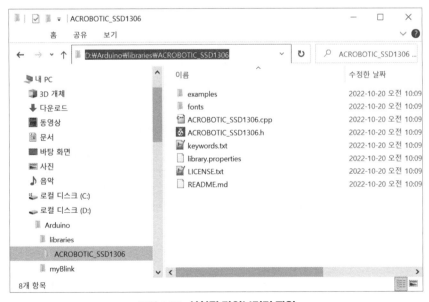

그림 4.31 **설치된 라이브러리 파일**

그림 4.31에서 볼 수 있듯이 라이브러리 파일은 *.ino 형식이 아니라 *.cpp와 *.h 형식인 경우가 대부분이다. *.ino 파일 역시 C/C++ 언어로 작성한 것이므로 확장자만 다를 뿐 내용은 같다. 라이브러리는 기본적으로 *.cpp와 *.h 형식의 파일로 구성되지만, 이 외에 라이브러리와 관련된 파일들이 포함될 수 있다. 그림 4.31에서 눈여겨볼 것은 라이브러리를 사용하는 방법을 알려주는 예제가 포함된 'examples' 디렉터리다. examples 디렉터리에는 예제 스케치가 디렉터리별로 저장되어 있다. 예제 스케치가 저장되는 방식은 사용자 스케치를 저장하는 방식과 기본적으로 같지만 저장되는 위치에는 다음과 같이 차이가 있다. 라이브러리와 함께 제공되는 예제는 사용자 작성 스케치와 마찬가지로 *.ino 형식인 경우가 대부분이다.

사용자 작성 스케치(mySketch.ino) 저장
D:\Arduino\mySketch\mySketch.ino
라이브러리(myLibrary) 예제 스케치(example1.ino) 저장
D:\Arduino\libraries\myLibrary\examples\example1\example1.ino

라이브러리와 함께 설치되는 예제는 아두이노 IDE의 메뉴를 통해서도 확인할 수 있다. 'File ➡ Examples' 메뉴를 선택하면 세 종류의 예제를 확인할 수 있다.

그림 4.32 아두이노 IDE에서 사용할 수 있는 예제

첫 번째 '포함된 예제들'은 아두이노 보드에서 공통으로 사용할 수 있는 예제를 그룹별로 모아놓은 것으로 아두이노 IDE와 함께 설치된다. 두 번째 'Arduino Zero (Native USB Port)에 대한 예'는 아두이노 제로의 지원 파일을 설치할 때 함께 설치되는 예제다. 마지막 '사용자 정의 라이브러리의 예'가 확장 라이브러리를 설치할 때 설치되는 예제다. 그림 4.31의 examples 디렉터리 안에는 그림 4.33과 같이 그림 4.32의 예제 4개가 디렉터리별로 저장되어 있음을 확인할 수 있다.

그림 4.33 ACROBOTIC SSD1306 라이브러리 제공 예제

라이브러리가 설치된 후 라이브러리를 사용하기 위해서는 먼저 헤더 파일(*.h)을 포함해야 하며, **'스케치 ➡ 라이브러리 포함' 메뉴에서 사용하고자 하는 라이브러리에 해당하는 메뉴 항목을 선택하면 자동으로 #include 문이 추가된다.**

② ZIP 파일 설치

라이브러리 매니저를 통해 라이브러리를 검색하고 설치하는 것이 가장 간단하고 쉬운 방법이다. 하지만 모든 아두이노 라이브러리가 라이브러리 매니저에서 검색되는 것은 아니다. **라이브러리 매니저에서 검색되지 않는 라이브러리는 라이브러리 파일을 내려받아 설치하면 된다.** 내려받은 라이브러리 파일이 ZIP 파일 형식으로 만들어져 있다면 아두이노 IDE를 통해 설치할 수 있다.

아두이노 제로의 내부 RTC 제어를 위한 라이브러리를 *.zip 파일로 내려받아 설치해 보자. 먼저 설치하고자 하는 라이브러리 파일을 라이브러리 홈페이지[7]에서 내려받는다. 라이브러리 홈페이지에서 'Code' 버튼을 눌러 'Download ZIP' 항목을 선택하면 된다.

---

7 https://github.com/arduino-libraries/RTCZero

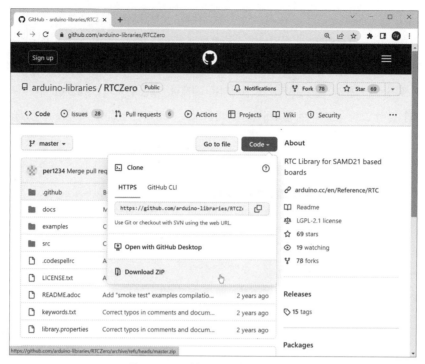

그림 4.34 ZIP 형식 라이브러리 내려받기

아두이노 IDE에서 '스케치 ➡ 라이브러리 포함 ➡ .ZIP 라이브러리 추가...' 메뉴 항목을 선택한다.

그림 4.35 ZIP 형식 라이브러리 설치 메뉴 항목

추가하고자 하는 라이브러리에 해당하는 *.zip 파일을 선택하면 라이브러리가 자동으로 설치된다.

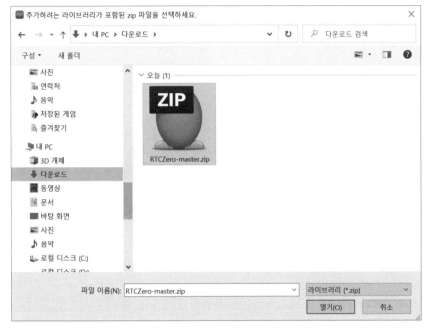

그림 4.36 설치할 ZIP 형식 라이브러리 선택

설치된 라이브러리는 스케치북 디렉터리 아래 libraries 디렉터리에서 확인할 수 있으며 이는 라이브러리 매니저를 통해 설치한 라이브러리와 같다.

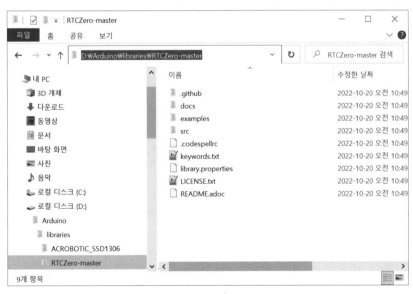

그림 4.37 ZIP 형식 라이브러리 설치 디렉터리

그림 4.31에서 라이브러리 소스 코드는 라이브러리 디렉터리 바로 아래에 저장되어 있다. 반면 그림 4.37에서 눈여겨볼 부분은 라이브러리 소스 코드가 src 디렉터리 아래에 저장되어 있다는 점이다. 이처럼 **라이브러리의 소스 코드는 라이브러리 이름의 디렉터리나 그 아래 src 디렉터리에 저장할 수 있다.** 하지만 src 디렉터리에 라이브러리 소스 코드를 저장하기 위해서는 라이브러리 디렉터리에 library.properties 파일이 존재해야 한다.

라이브러리 매니저에서 라이브러리를 설치하면 아두이노 IDE를 다시 시작하지 않아도 라이브러리를 사용할 수 있다. 하지만 ZIP 형식 라이브러리를 설치한 후에는 아두이노 IDE를 다시 시작해야 '스케치 ➡ 라이브러리 포함' 메뉴에 설치한 라이브러리 이름이 나타나고 정상적으로 사용할 수 있다.

③ 직접 설치

위의 두 방법이 아두이노 IDE를 통해 라이브러리를 설치하는 방법이라면 **아두이노 IDE를 사용하지 않고 라이브러리 파일을 직접 라이브러리 디렉터리에 복사해 넣어 라이브러리를 설치하는 것도 가능하다.**

음높이를 정의하는 pitches.h 파일을 라이브러리 홈페이지[8]에서 내려받자. 내려받은 파일은 스케치북 디렉터리 아래 libraries 디렉터리 아래에 직접 복사해 넣어야 한다. 위의 두 방법은 아두이노 IDE가 자동으로 라이브러리를 복사해 주므로 복사할 위치를 신경 쓰지 않아도 되지만, 직접 복사해 넣을 때는 디렉터리 구조에 주의해야 한다. pitches 라이브러리는 음높이에 해당하는 주파수를 상수로 정의한 라이브러리로 *.cpp 파일 없이 *.h 파일로만 구성되어 있다. 따라서 라이브러리 디렉터리 아래 'pitches' 디렉터리를 만들고 그 아래에 pitches.h 파일을 복사해 넣으면 설치는 끝난다. 라이브러리를 직접 설치하면 ZIP 파일을 설치할 때와 마찬가지로 아두이노 IDE를 다시 시작해야 라이브러리를 정상적으로 사용할 수 있다.

라이브러리 매니저를 통해 설치한 라이브러리는 라이브러리 매니저에서 삭제할 수 있다. **라이브러리 매니저에서 검색되지 않는 라이브러리를 삭제하기 위해서는 스케치북 아래 libraries 디렉터리에서 해당 디렉터리를 삭제하면 된다.** 디렉터리를 삭제한 후에는 아두이노 IDE를 다시 시작해야 한다.

---

8   https://gist.github.com/mikeputnam/2820675

그림 4.38 **라이브러리 직접 설치**

4.3.4 검색: 찾기와 바꾸기

소스 파일에서 특정 단어를 검색하는 것은 흔한 일이다. 아두이노 IDE 2.x에서는 두 가지 방법으로 찾기를 진행할 수 있다. 첫 번째는 '편집 ➡ 찾기' 메뉴 항목 또는 'Ctrl + F' 단축키를 선택하여 진행하는 방법으로 이전 버전과 같은 방법이다. 두 번째는 세로 툴바의 검색 버튼을 눌러 진행하는 방법으로 검색된 결과 목록을 보여주는 방법이다.

그림 4.39는 두 가지 방법으로 특정 단어를 찾은 결과를 나타낸 것으로 두 가지 방법에서 서로 다른 검색어를 사용할 수 있다. 첫 번째 방법과 두 번째 방법이 비슷해 보이지만, 첫 번째 방법이 현재 스케치 파일만을 대상으로 한다면 두 번째 방법은 여러 파일을 대상으로 진행할 수 있다는 차이가 있다. 검색 패널의 찾을 단어를 입력하는 창 아래에 있는 메뉴 확장 버튼('...')을 누르면 검색 파일을 지정할 수 있다.

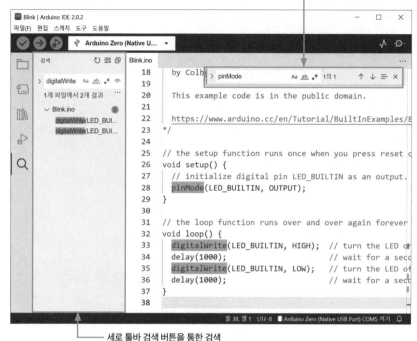

세로 툴바 검색 버튼을 통한 검색

그림 4.39 두 가지 검색 방법

'Ctrl + H' 단축키를 통한 바꾸기

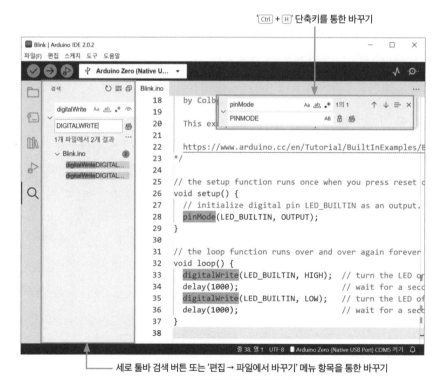

세로 툴바 검색 버튼 또는 '편집 → 파일에서 바꾸기' 메뉴 항목을 통한 바꾸기

그림 4.40 두 가지 바꾸기 방법

바꾸기 역시 두 가지 방법으로 진행할 수 있다. 첫 번째는 'Ctrl + H' 단축키를 선택하여 진행하는 방법으로 이전 버전과 같은 방법이다. 두 번째는 '편집 ➡ 파일에서 바꾸기' 메뉴 항목을 선택하거나 검색 패널에서 찾을 단어를 입력하는 창 옆에 있는 버튼(')')을 눌러 메뉴를 확장하면 된다. 버튼을 누르면 버튼 모양이 바뀌면서(')') 바꿀 문자열을 입력하는 창이 나타난다.

그림 4.40은 두 가지 바꾸기 방법을 비교한 것이다. 찾기에서와 마찬가지로 첫 번째 방법이 현재 스케치 파일만을 대상으로 한다면 두 번째 방법은 여러 파일을 대상으로 진행할 수 있다.

4.4 자동 완성

프로그래밍을 위해 사용되는 많은 IDE에서 자동 완성을 지원하고 있으며 아두이노 IDE 2.x에서 추가된 기능 중 하나가 자동 완성이다. 자동 완성을 사용하기 위해서는 기본 설정 다이얼로그에서 '에디터 빠른 제안'이 선택된 상태여야 한다.

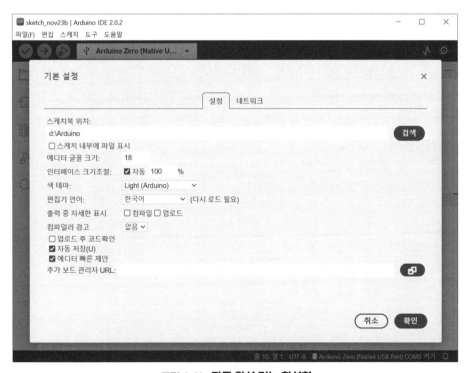

그림 4.41 자동 완성 기능 활성화

자동 완성이 활성화되면 처음 몇 글자만 입력해도 입력한 글자로 시작하는 함수, 클래스, 상수 등의 목록이 나타나고 화살표 키를 사용하여 선택할 수 있다. 그림 4.42는 'pinMode' 함수를 입력하기 위해 'pinM'까지만 입력했을 때 나타나는 추천 목록을 보여준다.

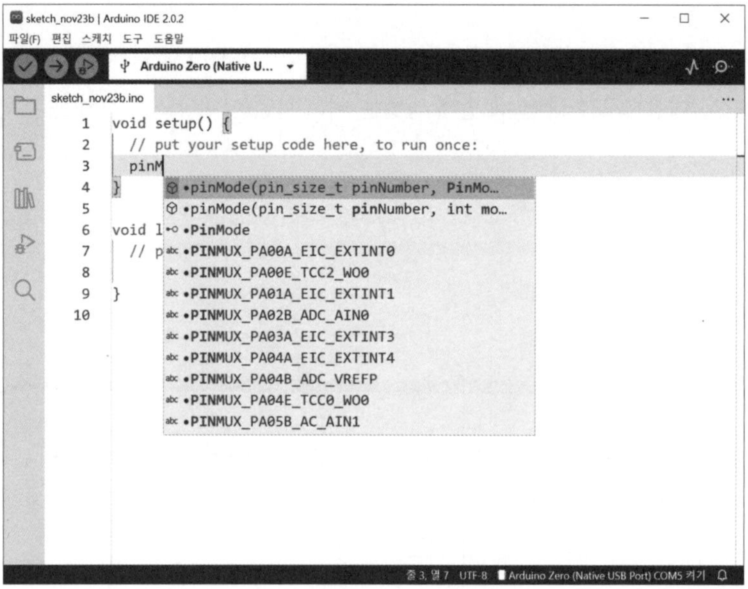

그림 4.42 **자동 완성 추천 목록**

추천 목록이 나타난 상태에서 'Ctrl + 스페이스' 키를 누르면 그림 4.43과 같이 현재 선택된 추천 항목에 관한 간단한 설명이 목록 아래에 나타난다. 'Ctrl + 스페이스' 키는 자동 완성 기능이 활성화되지 않은 상태에서도 사용할 수 있다. 일부 단어를 입력한 상태에서 'Ctrl + 스페이스' 키를 누르면 그림 4.42와 같이 추천 목록이 나타나고, 다시 'Ctrl + 스페이스' 키를 누르면 그림 4.43과 같이 간단한 설명이 나타난다.

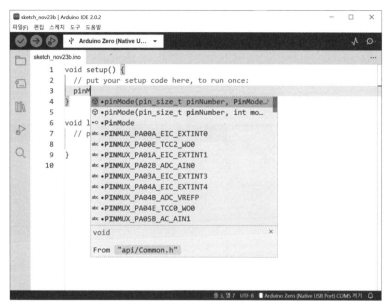

그림 4.43 **자동 완성 추천 항목에 대한 설명**

자동 완성과는 다르지만 편리한 기능 중 하나가 함수의 매개변수를 보여주는 기능이다. 그림 4.43
에서 pinMode와 여는 괄호('(')까지 입력하면 자동으로 닫는 괄호(')')가 나타나면서 입력해야 할 매
개변수가 표시된다. 아무런 매개변수도 입력하지 않은 상태이므로 첫 번째 매개변수가 강조되어
표시된다.

그림 4.44 **매개변수 표시 – 첫 번째 매개변수 입력 대기**

pinMode 함수는 2개의 매개변수를 가지므로 첫 번째 매개변수로 LED_BUILTIN을 입력하고 콤마까지 입력하면 그림 4.45와 같이 자동으로 두 번째 매개변수를 입력하도록 두 번째 매개변수가 강조되어 표시된다.

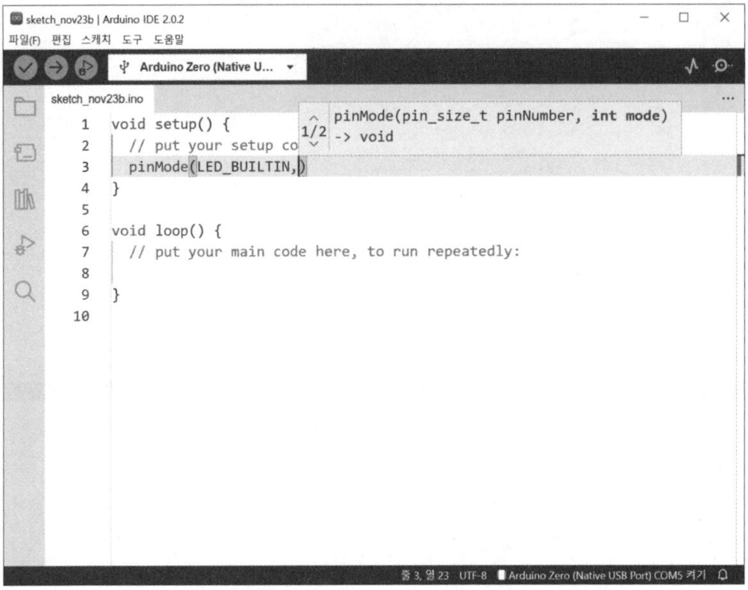

그림 4.45 매개변수 표시 – 두 번째 매개변수 입력 대기

그림 4.46 함수 정보

함수 입력이 끝난 후 함수 이름 위에 마우스 커서를 가져가면 그림 4.46에서와 같이 함수에 대한 정보가 나타난다. 마우스 커서를 특정 단어 위로 가져갔을 때 나타나는 정보는 함수 이름 이외에 상수와 변수에 대해서도 동작한다.

4.5 디버깅

아두이노 IDE 2.x에서 새롭게 추가된 기능 중 하나가 디버깅이다. 디버깅을 사용하면 작성한 코드를 한 줄씩 실행하면서 실행 상태를 확인할 수 있으며, 이를 통해 논리 오류를 찾아내고 알고리즘을 수정할 수 있다. 디버깅이 유용한 것은 맞지만 모든 아두이노 보드에서 디버깅이 가능한 것은 아니며, SAMD 아키텍처 기반의 마이크로컨트롤러를 사용한 아두이노 보드에서만 사용할 수 있다.[9] SAMD 아키텍처 기반의 아두이노 보드에는 아두이노 제로, 아두이노 MKR 시리즈 보드, 아두이노 나노 33 IoT 등이 포함된다. 하지만 여기에 또 한 가지 생각해야 하는 점이 디버깅을 위해서는 별도의 전용 장치가 필요하다는 것이다. 디버깅을 위한 전용 장치에는 Atmel-ICE[10], J-Link[11] 등이 있다. 하지만 **아두이노 제로는 디버깅을 지원하는 칩이 보드에 포함되어 있으므로 별도의 전용 장치 없이 디버깅할 수 있으며, 전용 장치 없이 디버깅이 가능한 유일한 아두이노 보드다.**

(a) Atmel-ICE   (b) J-Link

그림 4.47 디버깅을 위한 전용 장치

이 책에서는 별도의 전용 장치를 사용하지 않고 아두이노 제로에서 디버깅하는 방법을 보인다. 아

---

9   아두이노 IDE에서는 SAMD 아키텍처 기반 마이크로컨트롤러를 사용한 아두이노 보드만 디버깅이 가능하다는 뜻이다. AVR 기반 아두이노 보드도 전용 장치가 있다면 Microchip Studio와 같은 IDE를 사용하여 디버깅할 수 있다.

10   https://www.microchip.com/en-us/development-tool/ATATMEL-ICE

11   https://www.segger.com/products/debug-probes/j-link

두이노 제로에서 디버깅 기능을 사용하기 위해서는 네이티브 USB 포트가 아닌 프로그래밍 포트를 사용해야 한다. 아두이노 제로를 프로그래밍 포트로 컴퓨터와 연결한 후 스케치 4.5를 업로드하자. 스케치 4.5는 0.5초 간격으로 count 값이 1씩 증가하며 count 값이 홀수일 때 LED를 *끄고* 짝수일 때 LED를 켜는 예다.

스케치 4.5 debugTest.ino

```
int count = 0;

void setup() {
  pinMode(LED_BUILTIN, OUTPUT);
}

void loop() {
  count++;
  if(count % 2 == 0){                  // 짝수
    digitalWrite(LED_BUILTIN, HIGH);
  }
  else{                                // 홀수
    digitalWrite(LED_BUILTIN, LOW);
  }
  delay(500);
}
```

디버깅을 위해서는 프로그램이 디버깅을 위해 최적화되도록 '스케치 ➡ 디버깅 최적화' 메뉴 항목을 선택하는 것을 추천한다.[12]

---

12 아두이노 홈페이지에서는 반드시 해당 메뉴 항목을 선택해야 하는 것처럼 설명해 놓았지만, 해당 메뉴 항목을 선택하지 않더라도 디버깅은 가능하다.

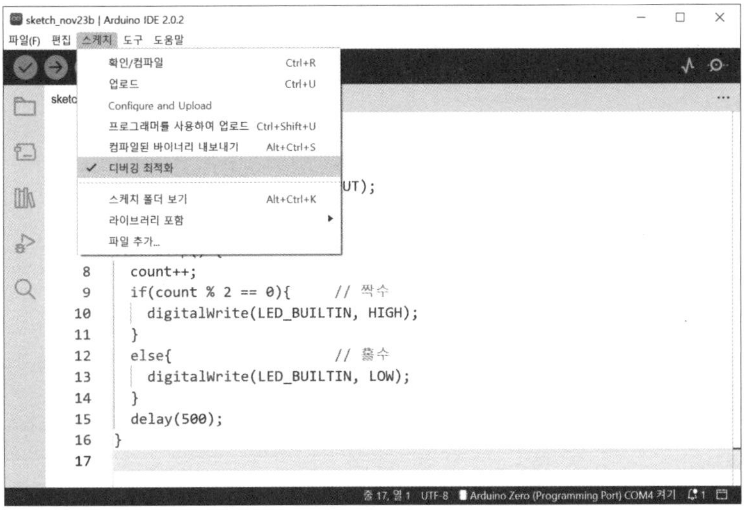

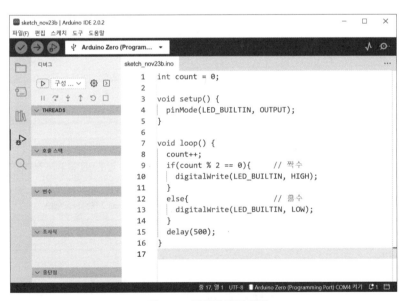

그림 4.48 **디버깅을 위한 코드 최적화**

'디버깅 최적화' 메뉴를 선택했으며 스케치를 컴파일한다. 컴파일이 끝나면 세로 툴바의 디버그 버튼을 눌러 디버그 패널을 연다.

그림 4.49 **디버그 패널 열기**

디버깅을 시작하기 전에 먼저 소스 코드의 8번 줄(count++;)에 중단점breakpoint을 설정하자. 중단점은 단어 의미 그대로 실행을 일시 멈추는 지점을 말한다. 줄 번호 왼쪽에 마우스 커서를 가져가면 빨간색 점이 나타나고 클릭하여 중단점을 지정할 수 있다. 중단점이 설정되면 디버그 패널의 '중단점' 목록에 설정한 중단점이 표시된다.

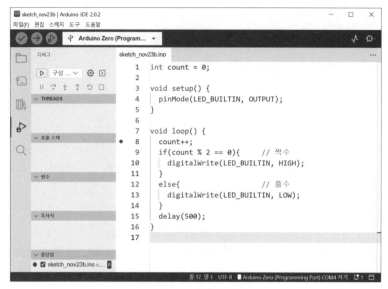

그림 4.50 **중단점 지정**

중단점이 설정되었으면 가로 툴바의 '디버깅 시작' 버튼(▷) 또는 디버그 패널의 '디버깅 시작' 버튼
(▷)을 눌러 디버깅을 시작해 보자. 코드를 줄 단위로 실행하면서 현재 상태를 확인할 수 있도록
디버그 패널에는 여러 가지 버튼이 제공된다. 표 4.3은 디버깅에 사용되는 버튼의 기능을 요약한
것이다.

표 4.3 **디버깅을 위해 사용되는 버튼**[13]

아이콘	이름	설명
▷	디버깅 시작	디버깅을 시작한다.
I▷	계속	실행 중 중단점을 만나거나 '일시 정지' 버튼을 눌러 멈춘 실행을 다시 진행한다. 스케치가 실행되는 동안에는 '일시 정지' 버튼으로 바뀐다.
II	일시 정지	실행을 일시 중지한다. '계속' 버튼을 눌러 실행을 다시 진행할 수 있다.
⤳	Step Over	현재 소스 코드에서 한 줄씩 실행한다.
↓	Step Into	연결된 함수 내부로 진입한다.
↑	Step Out	현재 함수의 실행을 끝내고 반환한다.
↺	다시 시작	디버깅을 다시 시작한다.
☐	중지	디버깅을 중지한다.

---

13 디버깅에 사용되는 버튼 중 'Step Over', 'Step Into', 'Step Out' 등은 다른 IDE에서도 흔히 사용되는 용어이고, 한글 번역이 자연스럽지
않아 잘못 이해될 수 있어 영어를 그대로 사용했다.

디버깅이 시작되면 중단점 설정과 상관없이 디버거에 의해 프로그램이 시작되는 시점(Reset_Handler)에서 자동으로 멈춘다.

그림 4.51 **디버깅 시작 시점에서 자동 멈춤**

지금부터가 본격적인 디버깅의 시작이다. 중단점까지 프로그램을 실행하기 위해 '계속' 버튼(▷)을 누르면 debugTest.ino의 8번 줄까지 실행된 후 프로그램이 일시 정지한다.

그림 4.52 **설정한 중단점에서의 실행 멈춤**

프로그램 실행이 멈추면 현재 변수의 값을 확인할 수 있다. 변숫값은 디버그 패널의 '변수'에서 확인할 수 있지만, 사용자가 지정한 변수 이외에 내부적으로 사용하는 많은 변수가 존재하므로 확인하기가 쉽지 않다. 변숫값을 확인하는 방법 중 하나는 '조사식' 부분에 확인하고 싶은 변수를 추가하는 것이다. '조사식' 부분으로 마우스를 가져가면 오른쪽에 '식 추가' 버튼이 나타난다. 버튼을 누른 후 관찰하고 싶은 변수의 이름을 입력하면 된다. 버튼의 설명에서도 알 수 있듯이 **'조사식' 부분에는 변수 이외에 수식도 입력할 수 있으므로 프로그램이 실행되는 동안 변하는 값을 추가해 두면 한눈에 값의 변화를 파악할 수 있다.**

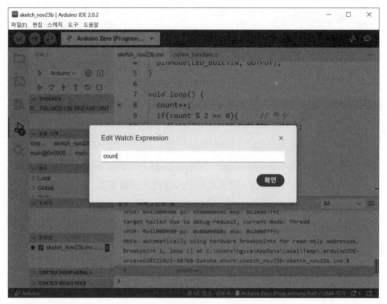

그림 4.53 **변수 또는 수식 추가**

8번 줄에서 실행을 멈춘 상태에서 Step Over 버튼(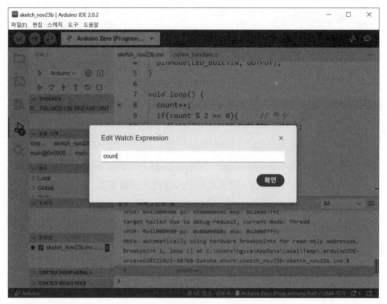)을 누르면 debugTest.ino를 한 줄씩 실행한다. Step Over 버튼을 누르면서 조사식 목록에서 count 변숫값과 LED가 점멸하는 것을 확인해 보자.

Step Over가 현재 소스 코드를 한 줄씩 실행한다면 Step Into는 호출하는 함수 내로 진입할 수 있도록 해준다. count가 1의 값을 가지면서 13번 줄에서 실행이 멈추도록 Step Over 버튼을 누른 후 Step Into 버튼(🔽)을 누르면 digitalWrite 함수가 정의된 wiring_digital.c 파일이 열리고 digitalWrite 함수의 첫 번째 줄에서 실행이 멈춘다. 다시 Step Over 버튼을 누르면 digitalWrite 함수를 한 줄씩 실행할 수 있다. digitalWrite 함수 실행을 끝내고 digitalWrite 함수를 호출한 loop 함수로 되돌아가기 위해서는 'Step Out' 버튼(🔼)을 누르면 된다.

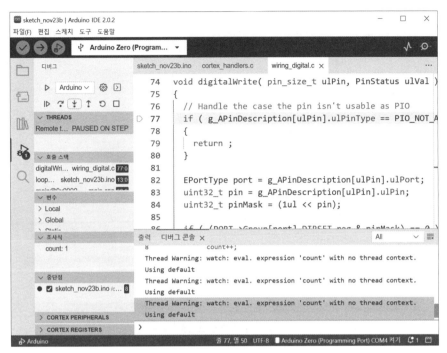

그림 4.54 **Step Into에 의해 함수 내로 진입**

간단하게 아두이노 제로에서 디버깅하는 방법을 살펴봤다. 아두이노 IDE 2.x에서 제공하는 디버깅 기능은 다른 IDE에서의 디버깅 기능과 기본적으로 같으며 버튼의 사용 방법 역시 같다. 디버깅이 유용한 기능인 것은 맞지만, **아두이노 제로 이외의 아두이노 보드에서는 디버깅을 위한 전용 장치가 필요하다**는 점은 기억해야 한다.

디버깅과는 다르지만, 스케치를 작성할 때 편리한 기능 중 하나가 정의를 보여주는 것으로 함수를 포함하여 상수, 변수 등의 정의를 확인할 수 있다. 정의를 보여주는 것은 자동 완성에서 설명한 정보를 보여주는 것과 비슷하지만 실제 변수, 상수, 함수 등이 정의된 코드를 보여준다는 점에서 차이가 있다.

정의를 보고자 하는 함수, 상수, 변수 등의 이름에 마우스 커서를 놓고 마우스 오른쪽 버튼을 누르면 문맥 메뉴가 나타난다. 문맥 메뉴 중 '정의로 이동' 메뉴 항목을 선택하면 정의된 소스 코드를 확인할 수 있다. F12를 누르는 것도 정의를 확인하는 방법 중 하나다. F12 키를 누르면 현재 키보드 커서 위치의 단어에 대한 정의로 이동한다. 이때 선택한 이름의 정의가 같은 소스 파일 내에 있다면 같은 소스 파일 내에서 커서가 이동한다. 다른 소스 파일 내에 정의가 있다면 정의를 포함하고 있는 소스 파일이 편집기 창에 다른 탭으로 열리고 정의된 위치로 커서가 이동한다.

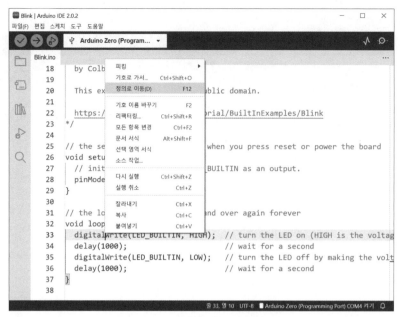

그림 4.55 '정의로 이동' 문맥 메뉴

그림 4.56은 그림 4.55의 블링크 스케치에서 digitalWrite 함수의 정의로 이동한 예를 보여준다. digitalWrite 함수는 wiring_digital.c 파일에 정의되어 있으므로 wiring_digital.c 파일의 해당 위치가 나타난다.

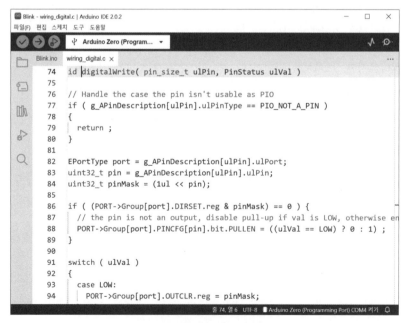

그림 4.56 함수 정의로 이동하기

정의로 이동하는 다른 방법은 Ctrl 키를 누른 상태에서 마우스 커서를 확인하고자 하는 단어 위로 가져가는 것이다. 마우스 커서를 단어 위로 가져가면 단어에 링크가 나타나고 링크를 클릭하면 그림 4.56과 같이 정의 위치로 이동한다.

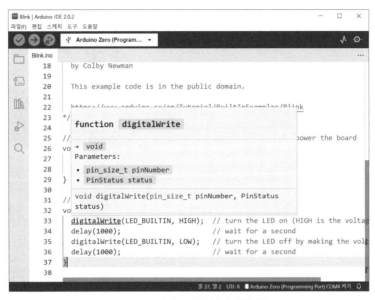

그림 4.57 정의로 이동하기 위한 링크

정의를 확인할 수 있는 또 다른 방법은 문맥 메뉴에서 '피킹 ➡ 정의 피킹' 메뉴 항목 또는 'Alt + F12' 단축키를 선택하는 방법이다.

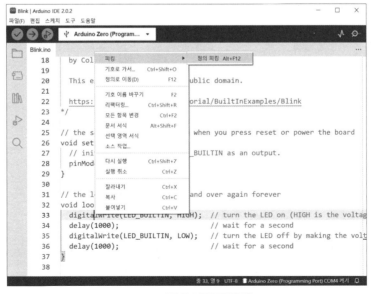

그림 4.58 '정의 피킹' 문맥 메뉴

정의 피킹을 선택하면 현재 편집기 창 내에 팝업창으로 정의를 보여준다. 보여주는 내용은 정의로 이동하는 경우와 같지만, 팝업창으로 보여주고 닫기 버튼이나 Esc 키를 눌러 팝업창을 닫을 수 있다는 점에서 차이가 있다.

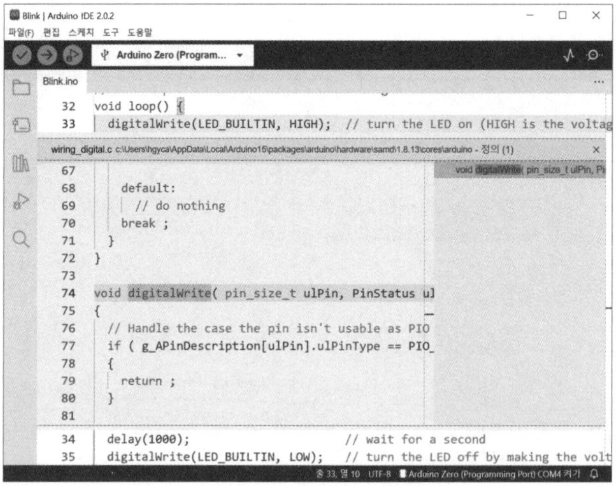

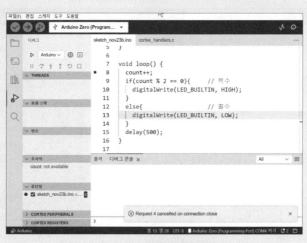

그림 4.59 함수 정의 피킹

Request 4 cancelled on connection close

디버깅 시작 버튼을 눌렀을 때 'Request 4 cancelled on connection close'라는 메시지가 출력되면서 디버거가 시작되지 않는 오류가 발생할 수 있다. 이러한 현상은 디버그 패널 중 '조사식' 부분에 관찰할 값 목록이 존재하는 경우 발생한다. 따라서 위의 오류 메시지가 출력되면서 디버거가 시작되지 않는다면 '조사식' 부분의 목록을 모두 삭제한 후 디버깅을 시작하면 된다.

그림 4.60 디버깅 시작 오류

아두이노 IDE 2.x는 첫 번째 정식 버전인 1.0이 발표된 이후 거의 10년 만에 이루어진 버전업으로 이전 버전에 비해 많은 기능이 개선되고 유용한 기능들이 추가되었다. 2.x 버전의 변화 중 외형적으로 가장 큰 변화는 세로 툴바가 추가된 점이 아닐까 싶다. 세로 툴바는 아두이노 IDE를 사용하면서 흔히 사용하게 되는 스케치 관리, 보드 관리, 라이브러리 관리 등을 좀 더 직관적으로 사용할 수 있도록 해준다. 한 가지 아쉬운 부분이라면 다른 IDE처럼 도킹 윈도로 구현했더라면 좋지 않았을까 하는 점이다. 2.x 버전에서는 크기 변경은 가능하지만 분리는 불가능하다. 도킹 윈도로 구현하면 사용자 인터페이스가 복잡해질 수도 있지만, 이전 버전에서 보드매니저, 라이브러리 매니저 등이 별도의 다이얼로그로 만들어져 있었다는 점에서 고려해 볼 수 있지 않을까 싶다. 이는 시리얼 모니터 역시 마찬가지다.

디버깅이 추가된 것도 2.x 버전에서의 큰 변화다. 간단한 스케치의 경우 시리얼 모니터로 디버깅 메시지를 출력하여 논리 오류를 찾아낼 수 있지만, 디버깅만 못한 것은 사실이다. 하지만 아직 대표적인 아두이노 보드라고 할 수 있는 AVR 기반 아두이노 보드에서는 디버깅을 사용할 수 없다는 점에서 앞으로 업데이트를 기대해 본다.

외형적으로 많은 부분을 차지하지는 않지만 유용한 기능 중 하나는 아두이노 클라우드를 이용한 스케치 동기화다. 클라우드를 사용하면 말 그대로 언제 어디서든 스케치를 수정할 수 있으므로 여러 곳에서 작업하는 경우 그 장점은 배가된다. 2.0.2 버전부터는 로컬 컴퓨터에서 원격 스케치를 작성할 수 있는 기능이 추가되어 저장소로서의 유용성이 높아졌다. 하지만 아직도 로컬 컴퓨터에 저장된 스케치를 클라우드로 업로드할 수 없다는 점은 아쉬운 점이다. 현재로서는 웹 에디터에서만 로컬 컴퓨터의 스케치를 클라우드로 업로드할 수 있다.

이 장에서 설명한 기능 이외에도 아두이노 IDE 2.x 버전에는 여러 가지 유용한 기능이 포함되어 있으며 그중 하나가 테마를 바꾸는 기능이다. 기본 설정 다이얼로그의 '색 테마' 펼침 메뉴에서 몇 가지 테마를 제공하고 있으므로 마음에 드는 테마를 골라보기 바란다.

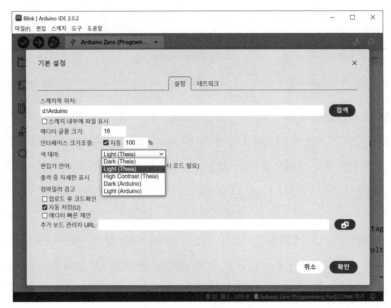

그림 4.61 **색 테마 변경**

아쉬운 점이 있기는 하지만 아두이노 IDE 2.x는 이전 버전의 기능을 쉽고 간편하게 쓸 수 있도록 해주고, 스케치 작성을 도와주는 많은 기능이 추가되었다는 점에서 환영할 만한 일이다. 아직은 몇 가지 버그가 눈에 띄기는 하지만, 앞으로 업데이트를 통해 더욱 편리하고 효율적인 IDE로 거듭나기를 기대해 본다.

UART 시리얼 통신

SAMD21G 마이크로컨트롤러는 6개의 시리얼 통신 인터페이스를 제공하고 있으며 시리얼 통신 인터페이스는 설정에 따라 UART, I2C, SPI 등의 시리얼 통신을 위해 사용할 수 있다. 이 장에서는 SAMD21G 기반 보드들이 시리얼 통신 인터페이스를 통해 제공하는 UART 시리얼 통신에 대해 알아본다.

이 장에서
사용할 부품

아두이노 제로	× 1
아두이노 MKR 제로	× 1
아두이노 나노 33 IoT	× 1
USB-UART 변환 장치	× 1 ➡ 3.3V 지원

5.1 시리얼 통신 모듈

SAMD21G 마이크로컨트롤러는 시리얼 통신 전용 하드웨어인 6개의 시리얼 통신 인터페이스Serial Communication Interface, SERCOM를 포함하고 있다. **AVR 시리즈 마이크로컨트롤러에서 UART, I2C, SPI 등의 시리얼 통신은 각기 전용 하드웨어를 통해 사용하므로 사용할 수 있는 핀이 정해져 있다.** 하지만 **SAMD21G 마이크로컨트롤러에서 제공하는 SERCOM은 설정에 따라 UART, I2C, SPI 등의 시리얼 통신을 위해 사용할 수 있다.**

표 5.1은 SAMD21G 마이크로컨트롤러를 사용하는 아두이노 보드에서 시리얼 통신을 위해 사용하는 핀을 나타낸 것이다. 아두이노 MKR 제로와 아두이노 나노 33 IoT는 거의 같은 데이터 핀을 사용하여 시리얼 통신을 구현하고 있다. 하지만 같은 데이터 핀에 할당된 아두이노 핀 번호는 다르다. 반면 아두이노 제로에서는 PA22 핀과 PA23 핀이 I2C 통신을 위해 사용되고 있지만, 아두이노 MKR 제로에서는 UART 통신을 위해 사용되고 있는 등 같은 데이터 핀이 서로 다른 시리얼 통신을 구현하기 위해 사용되고 있다. 게다가 이들 핀에 할당된 아두이노 핀 번호 역시 다르다. 이처럼 SERCOM을 통한 시리얼 통신의 구현은 필요에 따라 사용하는 핀을 변경할 수 있고 아두이노에서 정의되어 있지 않은 시리얼 통신을 추가로 정의하여 사용할 수 있다는 등의 융통성이 장점이 될 수 있지만, 보드에 따라 SAMD21G 마이크로컨트롤러에서 사용하는 핀과 아두이노에서 할당된 핀 번호가 다를 수 있다는 점은 단점이 될 수도 있으므로 사용에 주의가 필요하다.

표 5.1 시리얼 통신에 사용한 핀

통신 포트	아두이노 제로	아두이노 MKR 제로	아두이노 나노 33 IoT	핀 상수
UART (Serial)	31(PB23) 30(PB22)	- 	- 	(RX) (TX)
UART (Serial1)	0(PA11) 1(PA10)	13(PB23) 14(PB22)	0(PB23) 1(PB22)	(RX) (TX)
SPI	22(PA12) 23(PB10) 24(PB11)	10(PA19) 8(PA16) 9(PA17)	12(PA19) 11(PA16) 13(PA17)	MISO MOSI SCK
I2C	20(PA22) 21(PA23)	11(PA08) 12(PA09)	A4(18)(PB08) A5(19)(PB09)	SDA SCL
UART (SerialUSB)	28(PA24) 29(PA25)	22(PA24) 23(PA25)	31(PA24) 32(PA25)	(DM) (DP)

UART_{Universal Asynchronous Receiver Transmitter} 시리얼 통신은 시리얼 통신 중에서도 가장 오래된 방법 중 하나로, 연결과 제어가 간단해 지금도 널리 사용되고 있다. UART 시리얼 통신을 위해서는 데이터 송수신을 위한 RXD_{receive data}(또는 RX)와 TXD_{transmit data}(또는 TX), 전원을 위한 VCC와 GND 등 최소 4개의 연결선이 필요하다. UART 시리얼 통신을 위해 송신과 수신 핀이 별도로 사용되는 것은 송신과 수신이 동시에 진행될 수 있음을 의미하며 이를 전이중 방식이라고 한다. 아두이노에서는 'UART 시리얼 통신'을 간단히 '시리얼 통신'이라고 부르는 경우가 많으며 객체의 이름에 모두 'Serial'이 포함된 것으로도 알 수 있다.

그림 5.1은 컴퓨터와 아두이노 보드를 시리얼 통신으로 연결한 예를 나타낸다. 아두이노의 경우 UART 통신을 사용하지만, 컴퓨터에서는 RS-232C 또는 USB 통신을 사용한다. UART, RS-232C, USB 모두 시리얼 통신의 한 종류이지만, 세부적인 통신 방법에서 차이가 있으므로 RS-232C와 UART 또는 USB와 UART 사이에 변환 장치가 필요하다. 또한 **UART 통신을 위해서는 송신과 수신을 위한 연결선을 교차하여 연결해야 한다**는 점에 주의해야 한다.

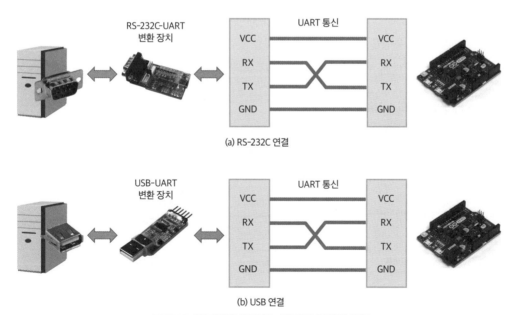

(a) RS-232C 연결

(b) USB 연결

그림 5.1 컴퓨터와 아두이노 제로의 시리얼 연결

아두이노 제로는 2개의 UART 시리얼 통신과 1개의 USB를 통한 시리얼 통신을 사용할 수 있으며 이를 위해 3개의 객체를 제공한다. 아두이노 제로는 2개의 USB 커넥터/포트를 제공하고 있다. 이 중 '프로그래밍 포트'는 EDBG 칩을 통해 SAMD21G 마이크로컨트롤러의 UART 포트와 연결되어 있어 스케치 업로드와 시리얼 모니터를 통한 컴퓨터와의 시리얼 통신에 사용할 수 있다. 프로그래밍 포트와 연결되는 SAMD21G 마이크로컨트롤러의 UART 포트는 Serial 객체를 통해 관리된다.

'네이티브 USB 포트' 또는 간단히 '네이티브 포트'는 SAMD21G 마이크로컨트롤러의 USB 포트와 연결되어 있으며 이 포트를 통해서도 스케치 업로드 및 컴퓨터와의 시리얼 통신이 가능하다. 네이티브 USB 포트와 연결되는 SAMD21G 마이크로컨트롤러의 USB 포트는 SerialUSB 객체를 통해 관리된다. 네이티브 USB 포트는 SAMD21G 마이크로컨트롤러에서 지원하는 기능이다. **USB 포트를 통해 아두이노 제로는 프로그래밍 포트를 통한 UART 통신과 비슷한 방법으로 컴퓨터와 통신을 할 수 있는 것은 물론, 컴퓨터에 연결된 마우스나 키보드 같은 USB 주변 장치를 만드는 것도 가능하며, 아두이노 제로에 마우스나 키보드를 연결하여 데이터를 입력받는 USB 호스트로도 동작하게 할 수 있다.** USB 주변 장치와 USB 호스트 관련 내용은 별도의 장에서 다룬다.

마지막 하나는 흔히 하드웨어 UART 포트라고 불리는 SAMD21G 마이크로컨트롤러의 UART 포트로, Serial1 객체를 통해 관리된다. 위의 두 포트와 달리 하드웨어 UART 포트는 전용 커넥터가 없어 핀 헤더를 통해서만 사용할 수 있으며 컴퓨터와 직접 연결할 수 없다. 하드웨어 UART 포트는 UART 시리얼 통신을 사용하는 주변 장치를 연결하는 데 사용되며, 별도의 USB-UART 변환 장치를 사용하면 다른 포트와 마찬가지로 컴퓨터와 연결하여 사용하는 것이 가능하다.

표 5.2 아두이노 제로의 시리얼 포트

SAMD21G 포트	아두이노 제로 객체	아두이노 제로 연결 커넥터	비고
UART 포트 0	Serial	프로그래밍 포트	• EDBG 칩으로 연결
UART 포트 1	Serial1	핀 헤더	• 주변 장치 연결에 사용 • 컴퓨터에 직접 연결할 수 없으며 외부 USB-UART 변환 장치를 통해 컴퓨터와 연결 가능 • 아두이노 0번과 1번 핀 사용
USB 포트	SerialUSB	네이티브 USB 포트	• USB 클라이언트와 서버 구현에 사용 가능

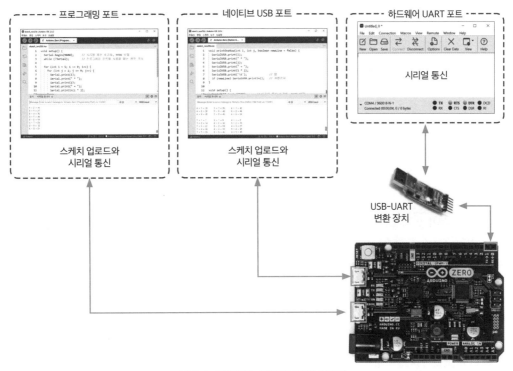

그림 5.2 **아두이노 제로와 컴퓨터 연결**

(5.2.1) 프로그래밍 포트

아두이노 제로를 프로그래밍 포트를 통해 컴퓨터에 연결한 후 아두이노 IDE에서 다음과 같이 보드와 포트를 선택한다.

- 도구 ➡ 보드 ➡ Arduino SAMD Boards ➡ Arduino Zero (Programming Port)
- 도구 ➡ 보드 ➡ [아두이노 제로 프로그래밍 포트에 할당된 COM 포트]

스케치 5.1은 아두이노 제로의 프로그래밍 포트를 통해 구구단을 출력하는 예다. '스케치 ➡ 업로드' 메뉴 항목, ' Ctrl + U ' 단축키 또는 툴바의 '업로드' 버튼을 선택하여 스케치를 업로드하고 시리얼 모니터로 출력되는 결과를 확인해 보자.

스케치 5.1 **구구단 출력 1**

```
void setup() {
  Serial.begin(9600);                  // 시리얼 통신 초기화, 9600보율
  while (!Serial);                     // 프로그래밍 포트를 사용할 때는 생략 가능

  for (int i = 1; i <= 9; i++) {
    for (int j = 1; j <= 9; j++) {
```

```
        Serial.print(i);
        Serial.print(" * ");
        Serial.print(j);
        Serial.print(" = ");
        Serial.println(i * j);
    }
    Serial.println();
  }
}

void loop() {
}
```

while(!Serial); 문장은 가상의 시리얼 포트를 사용하는 경우, 즉 네이티브 USB 포트를 사용하는 경우 마이크로컨트롤러가 리셋된 후 시리얼 포트가 생성되고 연결될 때까지 대기하기 위해 사용한다. 스케치 5.1에서는 프로그래밍 포트를 사용하므로 포트 생성과 연결을 기다릴 필요가 없지만, 네이티브 USB 포트를 사용하는 경우와 비교하기 위해 추가했다. **프로그래밍 포트를 사용하는 경우 Serial은 항상 true를 반환하므로 실행에 영향을 미치지 않는다.**

그림 5.3 스케치 5.1의 실행 결과 - 아두이노 제로 프로그래밍 포트

시리얼 모니터는 텍스트 기반으로 동작한다. **UART 시리얼 통신은 8비트 단위로 데이터를 전송하는 것이 일반적이므로 시리얼 모니터는 전송된 데이터를 아스키 코드값으로 해석하여 아스키 코드값에 해당하는 문자를 출력한다.** 이처럼 아스키 코드값을 기준으로, 즉 문자 단위로 데이터 송수신이 이루어지므로 시리얼 모니터에서 숫자 '65'를 아두이노로 보내고 싶을 때는 입력창에 '65'라고 입력하는 것이 아니라 'A'를 입력해야 한다. 만약 입력창에 '65'라고 입력하면 아두이노에는 문자 '6'과 '5'에 해당하는 아스키 코드값인 54와 53의 2바이트 데이터가 전달된다. 이처럼 문자열 기반으로 데이터를 송수신하는 경우 입력과 출력창에 표시할 수 있는 데이터는 화면에 출력할 수 있는 아스키 문자로 한정된다는 점도 기억해야 한다.

아두이노에서 시리얼 모니터로 데이터를 출력하기 위해 begin과 print/println 함수를 사용한다. begin 함수는 보율 지정과 함께 UART 시리얼 통신을 초기화하는 함수다. print/println 함수는 문자열로 변환된 데이터를 출력하는 함수로, **println 함수가 데이터를 출력한 후 '\n\r'의 2바이트 개행문자를 추가로 출력한다는 점을 제외하면 print 함수와 같다.** 이 외에 출력에 사용할 수 있는 함수로는 이진 데이터 기반의 write 함수가 있다. **print 함수는 매개변수로 주어지는 내용을 문자열로 변환하여 출력하므로 문자나 문자열뿐만이 아니라 정수와 실수 역시 문자열로 변환하여 출력할 수 있다. 반면 write 함수는 바이트 단위로만 출력할 수 있다.**

그림 5.4는 print(65)와 write(65)의 차이를 나타낸 것이다. 정수 65를 print 함수를 사용하여 출력하면 정수 65는 문자열 "65"로 변환되고 변환된 2바이트의 문자열이 전달되므로 시리얼 모니터에는 문자열 "65"가 출력된다. 정수 65를 write 함수로 출력하면 시리얼 모니터에는 65에 해당하는 아스키 문자인 'A'가 출력된다.

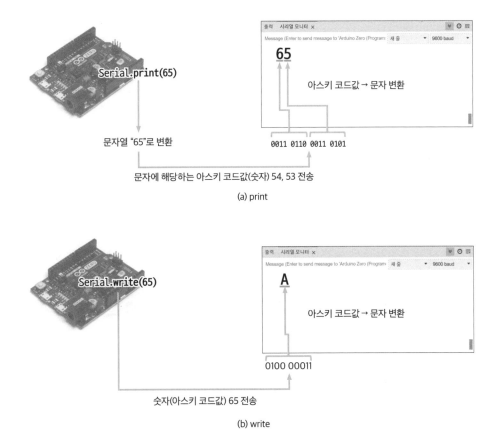

그림 5.4 **print와 write의 동작**

■ **begin**

```
void Serial::begin(unsigned long baud)
   - 매개변수
     baud: 통신 속도, 보율_baud rate
   - 반환값: 없음
```

통신 속도를 지정하여 UART 시리얼 통신을 초기화한다.

■ **print**

```
size_t Serial::print(value)
   - 매개변수
     value: 출력값(char, char [], String, int, float 등)
   - 반환값: 시리얼 포트로 출력된 바이트 수
```

주어진 매개변수를 문자열로 변환한 후 문자열을 전송한다. 전송하는 문자열은 아스키 코드를 기본으로 하는 바이트 단위 데이터다.

■ **write**

```
size_t Serial::write(uint8_t ch)
   - 매개변수
     ch: 출력할 바이트 단위 데이터
   - 반환값: 시리얼 포트로 출력된 바이트 수
```

바이트 단위 데이터를 전송한다.

UART 시리얼 통신은 양방향 통신이므로 시리얼 통신으로 연결된 장치로 데이터를 송신하는 함수(print, write)와 더불어 데이터 수신을 위한 함수들도 마련되어 있다. 데이터 수신을 위해 사용할 수 있는 함수에는 수신된 데이터가 존재하는지 알아보는 available 함수, 수신된 데이터를 바이트 단위로 읽어오는 read 함수와 peek 함수 등이 있다.

시리얼 통신으로 수신된 데이터는 수신 버퍼에 저장된다. **수신 버퍼는 64바이트의 원형 버퍼이므로 버퍼에 저장된 데이터를 읽지 않으면 먼저 수신된 데이터부터 버퍼에서 사라진다.** available 함수는 수신 후 읽지 않은 데이터의 바이트 수를 반환한다. read 함수와 peek 함수는 수신 버퍼에서 데이터를 읽어오는 함수로, read 함수가 읽어온 데이터를 버퍼에서 삭제한다면 peek 함수는 버퍼에서 삭제하지 않는다는 차이가 있다.

- **available**

```
int Serial::available(void)
```
   - 매개변수: 없음
   - 반환값: 시리얼 통신 수신 버퍼에 저장된 데이터의 바이트 수

수신 후 읽지 않은 데이터의 바이트 수를 반환한다. 데이터 수신 여부를 확인하는 데 사용할 수 있다.

- **peek**

```
int Serial::peek(void)
```
   - 매개변수: 없음
   - 반환값: 시리얼 통신 수신 버퍼의 첫 번째 바이트 데이터 또는 −1

수신 버퍼에 저장된 첫 번째 바이트 데이터를 반환한다. 반환된 데이터는 여전히 수신 버퍼에 남아 있다. peek 함수를 사용하기 전에는 available 함수로 읽을 수 있는 데이터 존재 여부를 먼저 확인해야 한다.

- **read**

```
int Serial::read(void)
```
   - 매개변수: 없음
   - 반환값: 시리얼 통신 수신 버퍼의 첫 번째 바이트 데이터 또는 −1

수신 버퍼에 저장된 첫 번째 바이트 데이터를 반환한다. 반환된 데이터는 수신 버퍼에서 삭제한다. read 함수를 사용하기 전에는 available 함수로 읽을 수 있는 데이터 존재 여부를 먼저 확인해야 한다.

스케치 5.1이 아두이노에서 컴퓨터로 데이터를 전송하는 예라면, 스케치 5.2는 컴퓨터에서 아두이노로 데이터를 전송하고 이를 수신한 아두이노가 같은 내용을 다시 컴퓨터로 전송하여 시리얼 모니터에 표시하는 예다.

스케치 5.2 **Echo Back**

```
void setup() {
  Serial.begin(9600);                       // 시리얼 통신 초기화, 9600보율
  while (!Serial);
}

void loop() {
  while (Serial.available()) {              // 컴퓨터에서 전송한 데이터가 있는 경우
    char ch = Serial.read();                // 데이터를 읽음
    Serial.write(ch);                       // 컴퓨터로 같은 내용을 전송
  }
}
```

스케치 5.2를 업로드하고 시리얼 모니터를 실행한다. 입력창에 문자열을 입력한 후 엔터 키를 누르면 입력한 내용이 아두이노로 전달된다. 전달된 내용은 아두이노가 읽은 후 그대로 컴퓨터로 되돌려주므로 시리얼 모니터에 입력한 내용과 같은 내용이 표시되는 것을 확인할 수 있다.

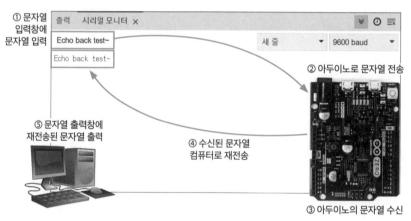

그림 5.5 **스케치 5.2의 실행 과정**

5.2.2 네이티브 USB 포트

프로그래밍 포트가 아두이노 제로의 EDBG 칩에서 제공하는 포트라면 네이티브 USB 포트는 SAMD21G 마이크로컨트롤러가 제공하는 포트로 차이가 있다. 따라서 **프로그래밍 포트를 통한 데이터 송수신이 Serial 객체를 통해 이루어진다면, 네이티브 USB 포트를 통한 데이터 송수신은 SerialUSB 객체를 통해 이루어진다.** 사용하는 객체가 다르다는 점을 제외하면 컴퓨터와의 시리얼 통신으로 사용하는 경우 두 포트의 사용 방법에서 차이는 거의 없다. 다만 네이티브 USB 포트를 통한 스케치 업로드 과정에서 부트로더에 의해 COM 포트 번호가 바뀐다는 점은 프로그래밍 포트와 다른 점이다. 또한 네이티브 USB 포트를 통한 UART 시리얼 통신을 에뮬레이션하기 위해서

는 포트가 생성되고 연결될 때까지 기다려야 하므로 반드시 while(!SerialUSB); 문장이 필요하다는 점도 기억해야 한다.

아두이노 제로를 네이티브 USB 포트를 통해 컴퓨터에 연결한 후 아두이노 IDE에서는 다음과 같이 보드와 포트를 선택한다.

- 도구 ➡ 보드 ➡ Arduino SAMD Boards ➡ Arduino Zero (Native USB Port)
- 도구 ➡ 포트 ➡ [아두이노 제로 네이티브 USB 포트에 할당된 COM 포트]

스케치 5.3은 스케치 5.1을 수정하여 한 줄에 구구단의 여러 단이 출력되도록 한 것으로 Serial 대신 SerialUSB가 사용되었다는 점을 제외하면 기본적으로 스케치 5.1과 같다.

스케치 5.3 구구단 출력 2

```
void printOneRow(int i, int j, boolean newLine = false) {
  SerialUSB.print(i);
  SerialUSB.print(" * ");
  SerialUSB.print(j);
  SerialUSB.print(" = ");
  SerialUSB.print(i * j);
  SerialUSB.print('\t');                          // 탭
  if (newLine) SerialUSB.println();               // 개행문자
}

void setup() {
  SerialUSB.begin(9600);                          // 시리얼 통신 초기화, 9600보율
  while (!SerialUSB);

  for (int i = 1; i <= 9; i += 3) {               // 3개 단을 한 줄에 출력
    for (int j = 1; j <= 9; j++) {
      printOneRow(i, j);
      printOneRow(i + 1, j);
      printOneRow(i + 2, j, true);                // 세 번째 단은 개행문자 포함
    }
    SerialUSB.println();
  }
}

void loop() {
}
```

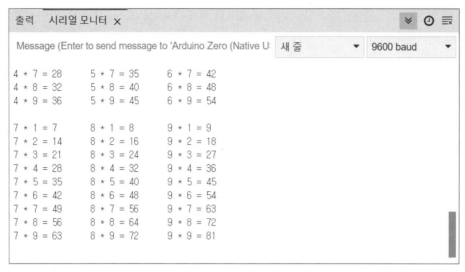

그림 5.6 **스케치 5.3의 실행 결과 - 아두이노 제로 네이티브 USB 포트**

네이티브 USB 포트를 연결한 상태에서 스케치 5.2의 Serial을 SerialUSB로 변경하면 그림 5.3과 같이 한 줄에 한 단만 출력되는 결과를 얻을 수 있다.

5.2.3 하드웨어 UART 포트

하드웨어 UART 포트는 아두이노 0번과 1번 핀을 사용하는 포트로, 위의 두 포트와 달리 스케치 업로드에는 사용할 수 없으며 주변 장치와의 UART 시리얼 통신을 위해 사용한다. 주변 장치와 연결할 때는 RX와 TX를 교차해서 연결해야 한다는 점 그리고 주변 장치가 5V 기준 전압을 사용하는 경우라면 레벨 변환기를 연결해야 한다는 점은 주의해야 한다.

하드웨어 UART 포트 역시 컴퓨터와의 시리얼 통신에 사용할 수는 있지만 이를 위해서는 별도의 USB-UART 변환 장치가 필요하다. 프로그래밍 포트의 경우 EDBG 칩이 제공하는 기능을, 네이티브 USB 포트의 경우 마이크로컨트롤러 자체의 기능을 사용하므로 외부 변환 장치 없이도 컴퓨터의 USB 포트에 연결할 수 있다. 하드웨어 UART 포트는 스케치 업로드에 사용할 수 없으므로 스케치 업로드를 위해서는 프로그래밍 포트나 네이티브 USB 포트와 함께 사용해야 한다는 점도 기억해야 한다.

하드웨어 UART 포트에 USB-UART 변환 장치를 연결하면 컴퓨터와 연결하여 데이터를 주고받을 수 있다. 하지만 하드웨어 UART 포트와 컴퓨터가 주고받는 데이터를 확인하기 위해서는 별도의 터미널 프로그램이 필요할 수 있다. 아두이노의 시리얼 모니터는 프로그래밍 포트나 네이티브 USB 포트와 연결된 COM 포트로 자동으로 연결된다. 하드웨어 UART 포트에 별도의 USB-

UART 변환 장치를 연결하면 이와는 다른 COM 포트가 할당되므로 별도의 터미널 프로그램을 사용하는 것이 편리하다. 무료로 사용할 수 있는 다양한 터미널 프로그램을 찾아볼 수 있지만, 이 책에서는 프로그램 크기가 작고 설치 없이 사용할 수 있는 CoolTerm[1]을 사용한다. 3.3V 기준 전압으로의 변환 기능을 제공하는 USB-UART 변환 장치와 아두이노 제로의 프로그래밍 포트를 컴퓨터에 연결하면 2개의 COM 포트를 확인할 수 있다.

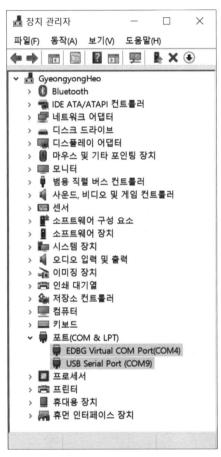

그림 5.7 2개의 USB 포트 연결 후 장치 관리자

그림 5.7에서 COM4 포트를 통한 데이터 송수신은 시리얼 모니터를 통해 확인하고, COM9 포트를 통한 데이터 송수신은 CoolTerm을 통해 확인할 것이다. CoolTerm을 실행하고 툴바의 'Options' 버튼을 누른다. 왼쪽 메뉴 항목에서 'Serial Port'를 선택하고 오른쪽 패널에서 'Port'에 그림 5.7에서 할당된 포트 번호를, 'Baudrate'에는 9600을 선택한다.

---

1   https://freeware.the-meiers.org

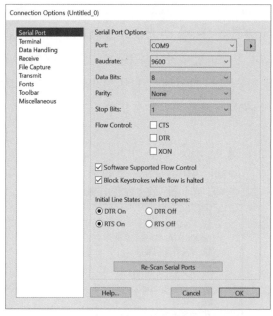

그림 5.8 **CoolTerm의 Serial Port 옵션 선택**

왼쪽 메뉴 항목에서 'Terminal'을 선택하고 오른쪽 패널에서 'Terminal Mode'로 'Line Mode'를 선택한다. 'Line Mode'를 선택하면 시리얼 모니터처럼 문자열을 입력하고 엔터 키를 눌렀을 때 문자열이 아두이노 보드로 보내진다.

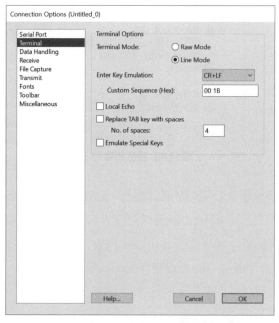

그림 5.9 **CoolTerm의 Terminal 옵션 선택**

USB-UART 변환 장치를 그림 5.10과 같이 아두이노 제로에 연결한다.

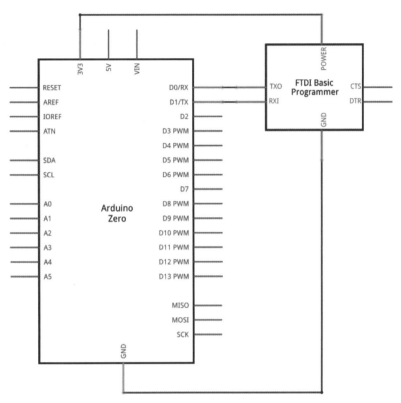

그림 5.10 아두이노 제로와 USB-UART 변환 장치 연결 회로도

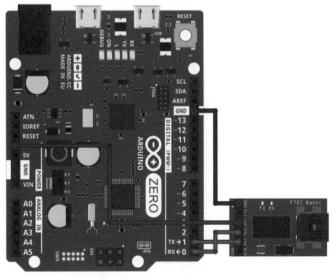

그림 5.11 아두이노 제로와 USB-UART 변환 장치 연결 회로

컴퓨터와 2개의 USB 포트로 연결되어 있으므로 하나의 포트로 보내진 데이터를 읽어 다른 포트로 전송하는 스케치가 스케치 5.4다. 스케치 5.4를 업로드하고 시리얼 모니터에 입력한 내용이 CoolTerm에 출력되고, CoolTerm에 입력한 내용이 시리얼 모니터에 출력되는 것을 확인해 보자. 이때 **하드웨어 UART 포트를 제어하기 위해서는 Serial1 객체가 사용된다**는 점에 주의해야 한다.

스케치 5.4 2개의 COM 포트 사이 데이터 송수신

```
void setup() {
  // 네이티브 USB 포트가 연결된 COM 포트, 시리얼 모니터로 확인
  Serial.begin(9600);
  // 하드웨어 UART 포트가 연결된 COM 포트, CoolTerm으로 확인
  Serial1.begin(9600);
}

void loop() {
  while (Serial.available()) {                    // 수신된 데이터가 있으면
    Serial1.write(Serial.read());                 // 다른 포트로 전송
  }
  while (Serial1.available()) {
    Serial.write(Serial1.read());
  }
}
```

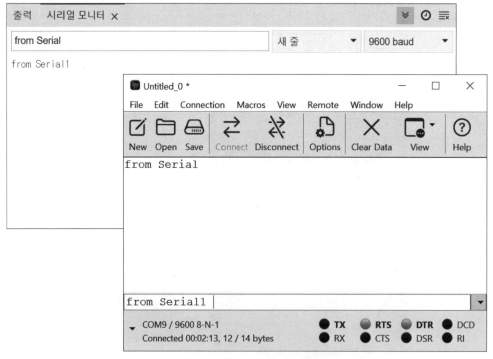

그림 5.12 스케치 5.4의 실행 결과

아두이노 제로는 3개의 UART 시리얼 포트를 제공하고 있지만, Serial의 경우에는 EDBG 칩으로 연결되어 있어 주변 장치를 연결할 수 없고 SerialUSB 역시 USB 클라이언트나 호스트 구현을 위해 주로 사용한다. 따라서 UART 시리얼 통신을 사용하는 주변 장치를 연결하기 위해서는 0번과 1번 핀에 연결하고 Serial1을 통해 통신을 수행하는 것이 일반적이다.

5.3 아두이노 MKR 제로

아두이노 MKR 제로에서 UART 시리얼 통신을 사용하는 방법은 기본적으로 아두이노 제로의 경우와 같다. 하지만 **아두이노 MKR 제로는 아두이노 제로와 달리 하나의 USB 포트만 제공하고 있으며 SAMD21G 마이크로컨트롤러의 네이티브 USB 포트에 해당한다.** 아두이노 MKR 제로에는 프로그래밍 포트가 없으므로 프로그램을 업로드하는 방법은 네이티브 USB 포트를 통한 방법뿐이다. 물론 아두이노 제로의 EDBG 칩과 같은 기능의 외부 장치를 연결하면 프로그래밍 포트를 사용하는 것과 같은 방법으로 스케치를 업로드할 수 있다. **아두이노 MKR 제로에는 프로그래밍 포트가 없으므로 프로그래밍 포트와 관련된 Serial 객체는 SerialUSB 객체와 같은 네이티브 USB 포트를 가리킨다.** 즉, 미리 정의된 객체는 Serial, Serial1, SerialUSB 3개로 아두이노 제로와 같지만, Serial과 SerialUSB는 마이크로컨트롤러가 USB 포트를 통해 제공하는 통신을 가리키고 있다. 또 한 가지 기억해야 할 점은 아두이노 제로가 0번과 1번 핀으로 Serial1 객체로 제어되는 하드웨어 UART 포트를 사용할 수 있다면, **아두이노 MKR 제로에서 Serial1 객체는 아두이노 13번과 14번 핀을 통해 연결되어 있다는 점이다.**

표 5.3 아두이노 MKR 제로의 시리얼 포트

SAMD21G 포트	아두이노 MKR 제로 객체	아두이노 MKR 제로 연결 커넥터	비고
UART 포트	Serial1	핀 헤더	• 주변 장치 연결에 사용 • 컴퓨터에 직접 연결할 수 없으며 외부 USB-UART 변환 장치를 통해 컴퓨터와 연결 가능 • 아두이노 13번과 14번 핀 사용
USB 포트	Serial SerialUSB	네이티브 USB 포트	• USB 클라이언트와 호스트 구현에 사용 가능

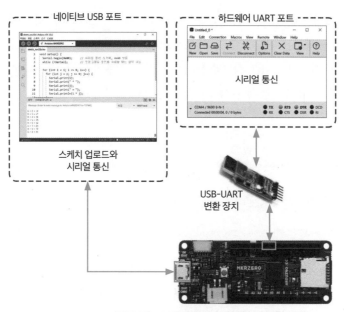

그림 5.13 **아두이노 MKR 제로와 컴퓨터 연결**

아두이노 제로의 네이티브 USB 포트를 컴퓨터에 연결한 후 아두이노 IDE에서 다음과 같이 보드
와 포트를 선택한다.

- 도구 ➡ 보드 ➡ Arduino SAMD Boards ➡ Arduino MKRZERO
- 도구 ➡ 포트 ➡ [아두이노 MKR 제로에 할당된 COM 포트]

아두이노 제로에서 사용했던 스케치 5.1, 5.2, 5.3은 모두 그대로 아두이노 MKR 제로에서 사용
할 수 있으며 그 결과 역시 같다. 하드웨어 UART 포트를 사용하는 방법 역시 스케치 5.4를 그대
로 사용하여 같은 결과를 얻을 수 있다. 다만 아두이노 MKR 제로에서는 하드웨어 UART 포트
를 위해 0번과 1번 핀이 아니라 13번과 14번 핀을 사용한다는 점은 기억해야 한다.

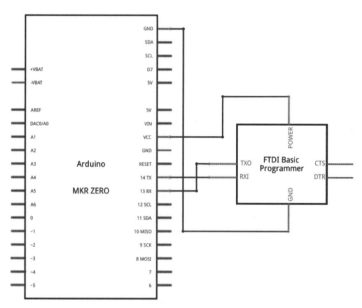

그림 5.14 **아두이노 MKR 제로와 USB-UART 변환 장치 연결 회로도**

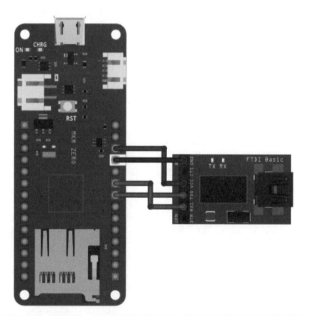

그림 5.15 **아두이노 MKR 제로와 USB-UART 변환 장치 연결 회로**

아두이노 나노 33 IoT

아두이노 나노 33 IoT에서 UART 시리얼 통신을 사용하는 방법은 기본적으로 아두이노 MKR 제로와 같다. 아두이노 나노 33 IoT 역시 하나의 USB 포트만 제공하고 있으며 SAMD21G 마이크로컨트롤러의 네이티브 USB 포트에 해당한다. Serial과 SerialUSB 모두 네이티브 USB 포트를 가리킨다는 점도 같다. 아두이노 MKR 제로와 다른 점이라면 **아두이노 나노 33 IoT의 하드웨어 UART 포트는 아두이노 제로와 같이 아두이노 0번과 1번 핀을 사용한다**는 점이다.

표 5.4 아두이노 나노 33 IoT의 시리얼 포트

SAMD21G 포트	아두이노 나노 33 IoT 객체	아두이노 나노 33 IoT 연결 커넥터	비고
UART 포트	Serial1	핀 헤더	• 주변 장치 연결에 사용 • 컴퓨터에 직접 연결할 수 없으며 외부 USB-UART 변환 장치를 통해 컴퓨터와 연결 가능 • 아두이노 0번과 1번 핀 사용
USB 포트	Serial SerialUSB	네이티브 USB 포트	• USB 클라이언트와 서버 구현에 사용 가능

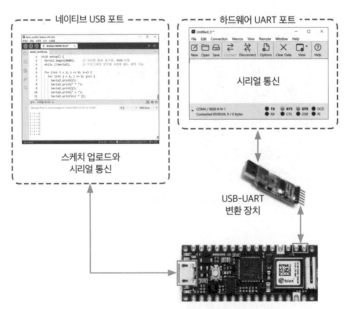

그림 5.16 아두이노 나노 33 IoT와 컴퓨터 연결

아두이노 나노 33 IoT의 네이티브 USB 포트를 컴퓨터에 연결한 후 아두이노 IDE에서 다음과 같이 보드와 포트를 선택한다.

- 도구 ➡ 보드 ➡ Arduino SAMD Boards ➡ Arduino NANO 33 IoT
- 도구 ➡ 포트 ➡ [아두이노 나노 33 IoT에 할당된 COM 포트]

아두이노 MKR 제로와 마찬가지로 아두이노 제로에서 사용했던 스케치 5.1, 5.2, 5.3은 모두 그대로 아두이노 나노 33 IoT에서 사용할 수 있으며 그 결과 역시 같다. 하드웨어 UART 포트를 사용하는 방법 역시 스케치 5.4를 그대로 사용하여 같은 결과를 얻을 수 있다. 다만 아두이노 나노 33 IoT에서는 하드웨어 UART 포트를 위해 0번과 1번 핀을 사용한다는 점만 주의하면 된다.

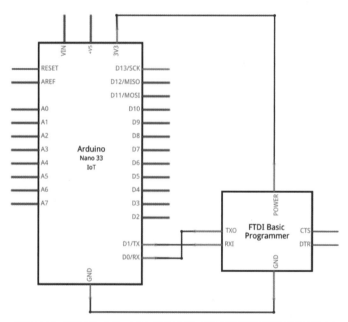

그림 5.17 **아두이노 나노 33 IoT와 USB-UART 변환 장치 연결 회로도**

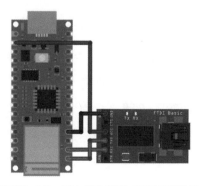

그림 5.18 **아두이노 나노 33 IoT와 USB-UART 변환 장치 연결 회로**

5.5 맺는말

SAMD21G 마이크로컨트롤러는 시리얼 통신 인터페이스(SERCOM) 설정에 따라 같은 통신 포트를 여러 가지 시리얼 통신을 위해 사용할 수 있다. 이 장에서 살펴본 모든 아두이노 보드에서 SAMD21G 마이크로컨트롤러의 6개 SERCOM 중 3개는 UART, SPI, I2C 통신을 위해 각각 사용되고 있다. 다른 하나의 SERCOM은 아두이노 제로에서는 EDBG 칩 연결을 위해, 아두이노 MKR 제로에서는 SD 카드 연결을 위해, 아두이노 나노 33 IoT에서는 무선 통신 모듈 연결을 위해 사용하므로 기본적으로 4개의 SERCOM이 사용된다. 사용하지 않은 SERCOM은 아두이노에서는 지원하지 않지만 필요한 경우 설정을 통해 UART, SPI, I2C 등의 통신을 위해 사용할 수 있다.

USB 통신은 SAMD21G 마이크로컨트롤러에서 SERCOM이 아닌 전용 하드웨어로 지원하는 통신으로 네이티브 USB 포트라고 이야기한다. 이 책에서 사용하는 SAMD21G 기반 아두이노는 모두 네이티브 USB 포트를 제공하고 있으므로 AVR 시리즈 중 하나인 ATmega32u4 마이크로컨트롤러를 사용한 아두이노 레오나르도와 비슷한 방법으로 UART 통신을 사용할 수 있다.

아두이노 제로, 아두이노 MKR 제로, 아두이노 나노 33 IoT는 모두 Serial, Serial1, SerialUSB의 3개 UART 통신을 사용할 수 있다. 다만 아두이노 MKR 제로와 아두이노 나노 33 IoT는 Serial과 SerialUSB가 같은 포트를 사용하므로 실제 사용할 수 있는 포트는 2개뿐이다. 이 중에서도 Serial과 SerialUSB는 스케치 업로드와 컴퓨터와의 시리얼 통신을 위해 사용되므로 UART 통신을 사용하는 주변 장치를 연결하기 위해서는 Serial1 객체를 사용해야 하며, Serial1 객체를 사용하여 컴퓨터와 연결하기 위해서는 외부 USB-UART 변환 장치가 필요하다.

이 책에서는 SAMD21G 마이크로컨트롤러 기반 보드를 네이티브 USB 포트로 연결하여 사용하는 것을 기본으로 한다. 따라서 컴퓨터와의 시리얼 통신을 위해서는 SerialUSB 객체를 기본으로 사용하며, UART 통신을 사용하는 주변 장치와의 통신을 위해 Serial1 객체를 사용할 것이다.

한 가지 기억해야 할 점은 네이티브 USB 포트를 통한 통신을 마이크로컨트롤러에서 지원하는 UART 시리얼 통신처럼 설명했지만 사실은 USB 통신이라는 점이다. UART 통신을 위해 사용되는 객체가 Serial 또는 Serial1이고 USB 통신을 위해 사용되는 객체가 SerialUSB로 이름에 'Serial'이라는 단어가 포함되어 있고, 스케치 업로드에 사용할 수 있으며, 시리얼 모니터를 통해 컴퓨터와 통신할 수 있다는 점에서 UART 통신처럼 설명한 것이다. USB 포트를 통해 USB 클라이언트나 호스트를 만드는 방법은 별도의 장에서 다룬다.

String 클래스

String 클래스는 문자열을 다루기 위한 클래스다. C 언어에서 문자열은 문자 배열로 다루고, C++ 언어에서도 문자 배열을 기본으로 한다. 하지만 배열을 사용하는 것은 여러 가지로 불편하므로 C++ 언어에서는 문자열을 다루기 위한 클래스가 흔히 사용되며 C/C++ 언어를 사용하는 아두이노에서도 문자열을 다루기 위한 String 클래스를 제공하고 있다. 이 장에서는 String 클래스의 사용 방법과 아두이노에서 문자열을 다루는 방법을 알아본다.

아두이노 제로 × 1 ➡ 네이티브 USB 포트 사용

이 장에서 사용할 부품

문자열 처리

String 클래스는 문자열을 다루기 위해 아두이노에서 제공하는 클래스다. C/C++ 언어에는 문자열을 위한 데이터 타입이 없으므로 문자 배열을 이용하여 문자열을 다룬다. 하지만 문자열은 그 길이가 일정하지 않으므로 배열을 사용할 때 특히 메모리 관리에 신경을 써야 하는 등 주의가 필요하다. 따라서 C++ 언어에서는 문자열을 위한 클래스를 사용하는 것이 일반적이며, 아두이노에서도 String 클래스를 제공하고 있다.

그림 6.1은 같은 크기의 문자열을 문자 배열과 String 클래스의 객체를 사용하여 만들었을 때 스케치 크기와 SRAM 사용량을 비교한 것이다. 그림 6.1에서 알 수 있듯이 **String 객체를 사용하면 문자 배열을 사용하는 것보다 실행 파일의 크기가 커져 플래시 메모리 사용이 증가하고 스케치 실행 과정에서 더 많은 SRAM을 사용한다.** 하지만 String 클래스는 문자열 처리를 위한 다양한 멤버 함수를 제공하므로 문자열 처리에서는 String 클래스가 흔히 사용된다. 스케치에서 String 클래스는 클래스이기는 하지만 별도의 헤더 파일을 포함하지 않고 사용할 수 있다는 점에서 정수(int)나 실수(float) 같은 데이터 타입과 비슷하게 사용할 수 있다.

(a) 문자 배열 사용

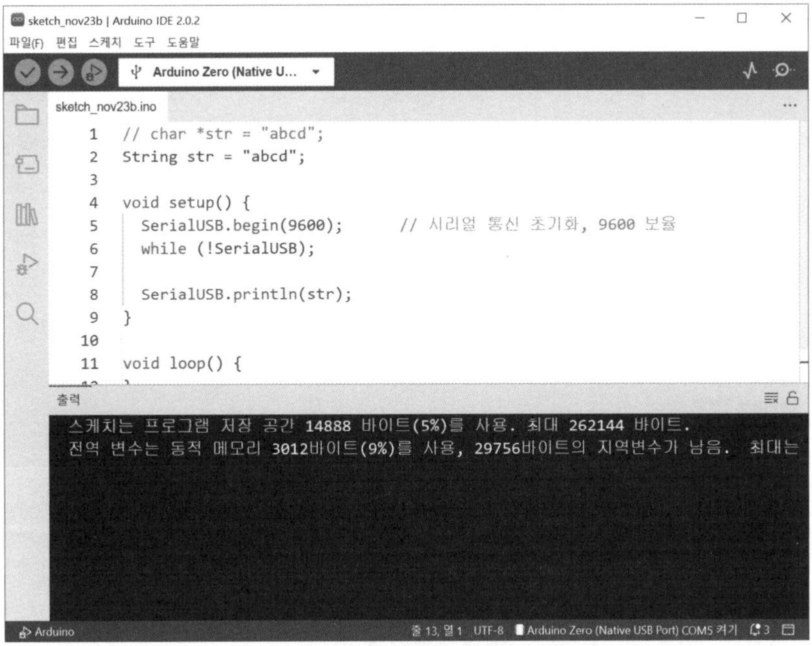

(b) String 객체 사용

그림 6.1 문자 배열과 String 객체 사용에 따른 메모리 사용

6.2 String 객체 생성

String 클래스의 장점 중 하나는 문자 배열을 포함하여 문자, 정수, 실수 등 여러 가지 데이터 타입을 사용하여 문자열을 생성할 수 있다는 점이다. 아래 생성자는 서로 다른 타입의 데이터를 사용하여 String 객체를 생성하는 예를 나타낸 것이다.

■ String

```
String::String(const char *cstr = "");                    // 문자 배열
String::String(const String &str);                        // String 객체
String::String(char c);                                   // 문자
String::String(int, unsigned char base = 10);             // 정수
String::String(long, unsigned char base = 10);
String::String(float, unsigned char decimalPlaces = 2);   // 실수
String::String(double, unsigned char decimalPlaces = 2);
```

다양한 형식의 데이터를 매개변수로 받아 **String** 클래스의 객체를 생성한다.

정수를 매개변수로 갖는 생성자는 추가 매개변수로 진법을 지정할 수 있으며 디폴트값은 10진 문자열을 반환한다. 실수를 매개변수로 갖는 생성자는 추가 매개변수로 소수점 이하 자릿수를 지정할 수 있으며 디폴트값은 소수점 이하 두 자리의 실수 문자열을 반환한다. 스케치 6.1은 여러 가지 타입의 데이터를 사용하여 문자열을 생성하는 예를 보여준다. 스케치 6.1에서 알 수 있는 것처럼 **String** 객체를 생성할 때는 생성자를 사용하거나 대입 연산자를 사용하는 방법을 사용할 수 있지만, 대입 연산자를 사용하면 디폴트값을 사용하는 문자열만 얻을 수 있다.

스케치 6.1 String 객체 생성

```
void setup() {
  SerialUSB.begin(9600);                    // 시리얼 포트 초기화
  while(!SerialUSB);

  String str;                               // String 객체
  char c = 'A';
  int n = 1234;
  float f = 3.1415;

  // str = "Character Array";               // 아래 생성자를 사용한 경우와 같음
  str = String("Character Array");          // 문자 배열로부터 생성
  SerialUSB.println(str);                   // 문자열 출력

  str = c;                                  // 문자로부터 생성
  SerialUSB.println(str);

  // str = n;                               // 10진 문자열만 가능
  str = String(n, BIN);                     // 2진 문자열 생성
  SerialUSB.println(str);

  // str = f;                               // 소수점 이하 2자리만 가능
  str = String(f, 4);                       // 소수점 이하 4자리 실수 문자열 생성
  SerialUSB.println(str);
}

void loop() {
}
```

그림 6.2 스케치 6.1의 실행 결과

아두이노에서 String 클래스가 흔히 사용되기는 하지만 **큰따옴표로 표시되는 문자열은 문자열 클래스의 객체가 아니라 문자 배열로 처리된다**는 점도 기억해야 한다.

6.3 문자열 연결

문자열을 이어 붙이는 데 '+' 연산자를 사용할 수 있다는 점이 String 클래스를 사용할 때의 편리한 점 중 하나다. 문자열을 이어 붙이기 위해서는 concat 멤버 함수 역시 사용할 수 있지만, concat 멤버 함수는 기존 문자열 객체에 문자열을 이어 붙인 후 성공 여부를 반환하고 '+' 연산자는 두 문자열 객체를 이어 붙인 새로운 객체를 반환한다는 차이가 있다. 스케치 6.2는 concat 멤버 함수와 '+' 연산자의 차이를 보여주는 예다. concat 멤버 함수를 호출한 후에는 멤버 함수를 호출한 객체의 내용, 즉 str1의 내용이 바뀐다는 점도 주의해야 한다.

스케치 6.2 문자열 연결

```
void setup() {
  SerialUSB.begin(9600);                    // 시리얼 포트 초기화
  while (!SerialUSB);

  String str1 = "String 1 ", str2 = "String 2 ", str3 = "String 3 ";
  SerialUSB.println(str1.concat(str2));     // 문자열 이어 붙이기 성공 여부 반환
  SerialUSB.println(str2 + str3);           // 이어 붙인 새로운 문자열 반환

  SerialUSB.println();
  SerialUSB.println(str1);                  // concat 멤버 함수로 문자열 내용이 바뀜
  SerialUSB.println(str2);
  SerialUSB.println(str3);
}

void loop() {
}
```

그림 6.3 스케치 6.2의 실행 결과

문자열을 이어 붙이는 것처럼 문자열과 정수, 문자열과 실수 등을 이어 붙이는 것도 가능하다. 하지만 **문자열을 이어 붙일 때 두 피연산자 중 하나 이상은 String 객체여야 한다.**

스케치 6.3 문자열과 다른 데이터 타입의 데이터 연결

```
void setup() {
  SerialUSB.begin(9600);                   // 시리얼 포트 초기화
  while (!SerialUSB);

  String str = "String Instance ";
  char ar[] = "Character Array ";
  int n = 1234;
  float f = 3.1415;

  String newStr;

  newStr = str + ar;                       // String + 문자 배열
  SerialUSB.println(newStr);

  newStr = ar + String(n, BIN);            // 문자 배열 + 정수
  SerialUSB.println(newStr);

  newStr = String(ar) + f;                 // 문자 배열 + 실수
  SerialUSB.println(newStr);
}

void loop() {
}
```

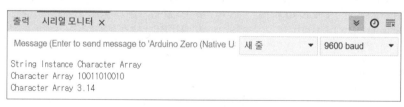

그림 6.4 스케치 6.3의 실행 결과

문자열을 이어 붙일 때 적어도 하나가 String 객체여야 한다는 점은 3개 이상의 문자열을 이어 붙일 때 문제가 될 수 있다. 아래의 두 문장 중 오류가 없는 것은 어느 것일까?

```
String newStr1 = "One " + "Two " + String("Three");
String newStr2 = String("One ") + "Two " + "Three";
```

두 문장의 차이가 없어 보이나, 첫 번째 문장에서는 연산자 결합 순서에 의해 "One " + "Two "가 먼저 계산되지만 문자 배열 사이의 덧셈은 정의되어 있지 않으므로 오류가 발생한다. 두 번째 문

장에서는 String("One ") + "Two "의 결과로 String 객체가 만들어지고 다시 문자 배열 "Three"가 이어 붙여져 String 객체가 만들어지므로 오류가 발생하지 않는다.

6.4 문자열 내용 검색

문자열은 메시지 출력을 위해 흔히 사용되지만, 문자열 내에 포함된 특정 단어나 문장 등을 검색하는 것도 흔한 일이며 이를 위해 사용할 수 있는 멤버 함수로 indexOf가 있다.

■ **indexOf**

```
int String::indexOf(char ch)
int String::indexOf(char ch, unsigned int fromIndex)
int String::indexOf(const String &str)
int String::indexOf(const String &str, unsigned int fromIndex)
  - 매개변수
    ch, str: 탐색할 문자 또는 문자열
    fromIndex: 탐색을 시작할 위치
  - 반환값: 검색 문자 또는 문자열이 처음 발견된 위치를 반환하며 발견되지 않으면 −1을 반환
```

문자열 내에서 지정한 문자 또는 문자열을 특정 위치에서부터 검색하여 처음 발견한 위치를 반환한다.

indexOf 함수는 문자 또는 문자열을 매개변수로 지정할 수 있으며, 추가 매개변수로 시작 위치를 지정하여 문자열 내에 두 번 이상 지정한 문자 또는 문자열의 존재 여부를 확인할 수도 있다. 스케치 6.4는 문자열 내에서 지정한 문자열이 발견되는 횟수와 위치를 출력하는 예다. indexOf 함수가 반환하는 위치를 사용하여 indexOf 함수를 반복해서 호출함으로써 대상 문자열을 계속해서 검색할 수 있다.

스케치 6.4 문자열 내용 검색

```
void setup() {
  SerialUSB.begin(9600);                    // 시리얼 포트 초기화
  while (!SerialUSB);

  String str = "ABCDEFACABabAB";            // 원본 문자열
```

```
  String searchStr = "AB";                        // 탐색 문자열
  int index = -1;                                 // 탐색 시작 위치
  int findCount = 0;                              // 탐색 문자열 발견 횟수

  do {
      // 검색 시작 위치를 바꾸면서 문자열 끝에 도달할 때까지 검색
      index = str.indexOf(searchStr, index + 1);
      if (index != -1) {                          // 탐색 문자열 발견
          findCount++;                            // 발견 횟수 증가
          SerialUSB.println(String(findCount) + "번째 탐색 문자열 발견 위치 : " + index);
          printSearchMark(str, searchStr, index);
      }
  } while (index != -1);

  // 탐색 문자열이 발견되지 않아 검색 종료
  SerialUSB.println("* 문자열 탐색이 끝났습니다.");
  SerialUSB.println(String("* 탐색 문자열이 ") + findCount + "번 발견되었습니다.");
}

void printSearchMark(String str, String searchStr, int index) {
  SerialUSB.print('\t');
  SerialUSB.println(str);                         // 문자열 표시

  SerialUSB.print('\t');
  for (int i = 0; i < index; i++) {
      SerialUSB.print(' ');
  }
  for (int i = 0; i < searchStr.length(); i++) {
      SerialUSB.print('-');                       // 발견 위치에 밑줄 표시
  }
  SerialUSB.println();
}

void loop() {
}
```

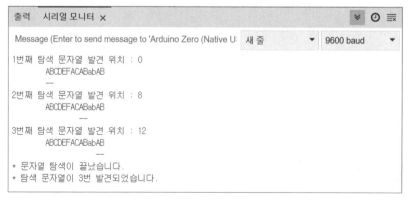

그림 6.5 스케치 6.4의 실행 결과

문자열을 탐색하는 방법과 함께 문자열 분석에 흔히 사용되는 방법 중 하나가 문자열 내에 특별한 기호로 구분되는 여러 단어를 분리하는 것으로, 흔히 토큰token으로 분리한다고 이야기한다. 문자열을 토큰으로 분리하기 위해서는 표준 함수인 strtokstring tokenize 함수를 사용하면 된다. String 클래스는 문자열을 토큰으로 분리하는 멤버 함수를 제공하지 않지만, 문자열 처리에서 흔히 사용되므로 여기서 함께 다룬다. strtok 함수는 분리된 토큰에 대한 포인터를 반환하며 이후 반복해서 토큰을 찾기 위해서는 첫 번째 매개변수를 NULL로 지정한 후 반복해서 호출하면 된다.

- **strtok**

```
char *strtok(char *_string, char *_delimiter)
   - 매개변수
     _string: 분리할 문자열
     _delimiter: 문자열을 토큰으로 분리할 때 사용하는 기준 문자 집합
   - 반환값: 분리된 토큰 문자열에 대한 포인터
```

주어진 문자열에서 지정한 분리자로 분리되는 문자열에 대한 포인터를 반환한다.

strtok 함수는 String 클래스의 멤버 함수가 아니므로 첫 번째 매개변수가 문자형 포인터로 주어져야 한다. 스케치 6.5에서도 String 객체에 저장된 문자열을 가져오기 위해 toCharArray 멤버 함수를 사용했다. 또한 String 객체에 저장된 문자열을 문자 배열에 저장하기 위해 malloc 함수를 사용하여 메모리를 확보하고, 문자열을 사용한 후에는 free 함수를 사용하여 확보한 메모리를 반납해야 한다는 점도 기억해야 한다.

- **toCharArray**

```
void String::toCharArray(char *buf, unsigned int bufsize)
   - 매개변수
     buf: 문자열을 복사할 문자 배열에 대한 포인터
     bufsize: 버퍼의 크기로 (bufsize − 1)개 이내의 문자만 버퍼에 복사
   - 반환값: 없음
```

String 클래스 객체에 저장된 문자열을 char 배열에 저장한다. 복사할 문자 개수를 제한할 수 있지만, 일반적으로 문자열을 저장할 char 배열은 String 객체에 저장된 문자열을 모두 저장할 수 있는 충분한 크기여야 한다.

스케치 6.5는 콤마와 콜론을 분리자로 하여 문자열을 토큰으로 분리해서 출력하는 예다.

스케치 6.5 문자열 토큰 분리

```
String str = "abc,de:fgh";                    // 분리할 문자열
char *delimiter = ",:";                        // 토큰 분리 기준 문자 집합

void setup() {
  SerialUSB.begin(9600);
  while (!SerialUSB);

  SerialUSB.print("* 문자열 \"");
  SerialUSB.print(str);
  SerialUSB.print("\"을 \"");
  SerialUSB.print(delimiter);
  SerialUSB.println("\"를 기준으로 분리합니다.");

  char *buffer, *token;
  buffer = (char *)malloc(str.length() + 1);   // 버퍼 할당

  str.toCharArray(buffer, str.length() + 1);   // String 객체를 문자 배열로 변환

  token = strtok(buffer, delimiter);           // 첫 번째 토큰 찾기
  while (token != NULL) {
    String tokenStr = String(token);
    SerialUSB.print(" => ");
    SerialUSB.println(tokenStr);

    token = strtok(NULL, delimiter);           // 이후 토큰 찾기
  }

  free(buffer);                                // 버퍼 해제
}

void loop() {
}
```

그림 6.6 스케치 6.5의 실행 결과

문자열 변환

마지막으로 살펴볼 것은 문자열을 숫자로 변환하는 방법이다. 아두이노에서 컴퓨터로 데이터를 전송할 때 숫자를 문자열로 변환하여 전송하고 이를 시리얼 모니터에서 확인하는 것처럼, 컴퓨터에서 시리얼 모니터를 통해 아두이노로 데이터를 전송할 때도 문자열로 변환하여 데이터를 전송한다. 따라서 숫자 문자열을 숫자로 변환하는 방법이 필요하며 이를 위해 String 클래스의 toInt, toFloat, toDouble 등의 멤버 함수를 사용할 수 있다.

■ toInt, toFloat, toDouble

```
long String::toInt()
float String::toFloat()
double String::toDouble()
   – 매개변수: 없음
   – 반환값: 변환된 정숫값 또는 실숫값
```

문자열을 정수 또는 실수로 변환하여 반환한다.

문자열을 숫자로 변환할 때 주의할 점은 시작 문자가 반드시 숫자를 나타내는 문자로 시작해야 한다는 점이다. 문자열을 숫자로 변환하는 데 실패하면 0을 반환한다. 스케치 6.6은 문자열을 숫자로 변환하여 시리얼 모니터로 출력하는 예다. 변환된 숫자는 다시 문자열로 변환되어 시리얼 모니터에 출력된다는 점도 기억해야 한다.

스케치 6.6 문자열을 숫자로 변환

```
void setup() {
  SerialUSB.begin(9600);
  while (!SerialUSB);

  String s1 = "숫자 아닌 문자로 시작 : 3.14";
  String s2 = "3.14 : 숫자 아닌 문자로 종료";

  numberFromString(s1);                          // 변환 오류 발생
  numberFromString(s2);
}

void numberFromString(String str) {
  SerialUSB.print('\"' + str);
  SerialUSB.print("\" => ");
```

```
    SerialUSB.println(str.toFloat());
}

void loop() {
}
```

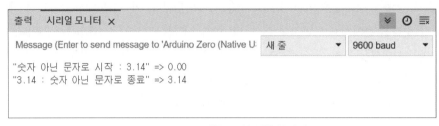

출력   시리얼 모니터 ×

Message (Enter to send message to 'Arduino Zero (Native U: 새 줄   ▼   9600 baud   ▼

"숫자 아닌 문자로 시작 : 3.14" => 0.00
"3.14 : 숫자 아닌 문자로 종료" => 3.14

그림 6.7 스케치 6.6의 실행 결과

문자열을 숫자로 변환하는 데 실패하면 0을 반환한다. 이는 실제로 숫자가 0인 경우와 변화에 실패했을 때의 반환값이 같다는 의미다. 따라서 실제 숫자 0을 전송해야 하는 경우라면 문자열에서 숫자를 찾아내는 함수를 직접 작성해야 한다. 스케치 6.7은 문자열에서 첫 번째 숫자를 찾아 실수로 변환한 후 반환하는 함수를 직접 작성한 예로, 숫자 포함 여부를 반환값으로 가지므로 숫자 0과 변환 실패를 구분할 수 있다.

스케치 6.7 문자열에서 숫자 찾아 변환하기

```
void setup() {
  SerialUSB.begin(9600);
  while (!SerialUSB);

  String s1 = "숫자 아닌 문자로 시작 : 3.14";
  String s2 = "3.14 : 숫자 아닌 문자로 종료";
  String s3 = "숫자가 포함되지 않은 문자열";

  numberFromString(s1);
  numberFromString(s2);
  numberFromString(s3);
}

boolean numberFromString(String str) {
  float n;

  SerialUSB.print('\"' + str);
  SerialUSB.print("\"\t=> ");
  if (findFirstNumber(str, &n)) {                    // 문자열에 숫자가 포함된 경우
    SerialUSB.println(n);
  }
  else {                                             // 문자열에 숫자가 포함되지 않은 경우
    SerialUSB.println("* 숫자가 포함되어 있지 않음 *");
```

```
    }
  }

boolean findFirstNumber(String str, float *n) {
  int len = str.length();

  int indexStart = -1;                          // 숫자의 시작 찾기
  for (int i = 0; i < len; i++) {
    if (isDigitCharacter(str[i])) {             // 숫자와 소수점 부호만 숫자의 일부로 인식
      indexStart = i;
      break;
    }
  }
  if (indexStart == -1) {                       // 숫자가 포함되어 있지 않은 경우
    return false;
  }

  int indexEnd = len - 1;                       // 숫자의 끝 찾기
  for (int i = indexStart + 1; i < len; i++) {
    if (!isDigitCharacter(str[i])) {            // 숫자와 소수점 부호만 숫자의 일부로 인식
      indexEnd = i - 1 ;
      break;
    }
  }

  // 숫자 부분만 분리하여 실수로 변환한 후 반환
  // 변환한 숫자는 포인터형 매개변수를 통해 전달하고 숫자의 발견 여부를 반환
  String numString = str.substring(indexStart, indexEnd + 1);
  *n = numString.toFloat();
  return true;
}

boolean isDigitCharacter(char ch) {             // 숫자와 소수점 부호만 숫자의 일부로 인식
  if (ch >= '0' && ch <= '9') return true;
  if (ch == '.') return true;

  return false;
}

void loop() {
}
```

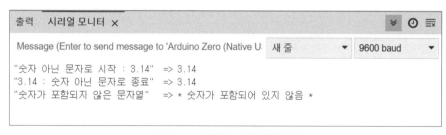

그림 6.8 **스케치 6.7의 실행 결과**

아두이노 스케치는 C/C++ 언어를 사용하여 작성한다. C++ 언어의 클래스를 통해 구현된 라이브러리는 서로 다른 마이크로컨트롤러에서 같은 인터페이스를 사용할 수 있게 해주어 코드 이식성을 높여준다. 그중에서도 UART 시리얼 통신을 위한 Serial 클래스와 문자열을 위한 String 클래스는 헤더 파일을 포함하지 않고도 사용할 수 있는 기본 클래스로, 대부분의 스케치에서 사용할 만큼 흔히 사용된다. 이 장에서는 String 클래스를 사용하는 방법을 살펴봤다.

C/C++ 언어에서는 문자열을 위한 데이터 타입을 제공하지 않는다. 따라서 C 언어에서는 문자 배열을, C++ 언어에서는 문자열을 다룰 수 있는 클래스를 사용하는 것이 일반적이다. C/C++ 언어를 사용하는 아두이노에서도 문자열을 다룰 수 있는 String 클래스를 제공하고 있으며 String 클래스가 흔히 사용된다. String 클래스를 사용하면 문자 배열을 사용할 때보다 많은 메모리가 필요한 것은 사실이다. 하지만 String 클래스는 문자열 조작을 위한 다양한 멤버 함수를 제공하며, 무엇보다 메모리 관리를 자동으로 해주므로 문자 배열을 사용할 때와 비교해서 간편하게 사용할 수 있다는 장점이 있다. 이 장에서는 흔히 사용되는 문자열 조작 방법을 중심으로 살펴봤지만, 이 외에도 다양한 멤버 함수들이 제공되고 있으므로 자세한 내용은 아두이노 홈페이지[1]를 참고하면 된다.

---

1   https://www.arduino.cc/reference/en/language/variables/data-types/stringobject

디지털 데이터 입출력

마이크로컨트롤러는 디지털 컴퓨터의 한 종류로 디지털 데이터만을 처리할 수 있으며, 그중에서도 데이터 핀을 통해 교환하는 비트 단위의 데이터는 주변 장치와의 데이터 교환이나 제어를 위한 기본이 된다. 이 장에서는 아두이노 보드의 데이터 핀으로 1비트 데이터를 입출력하는 방법을 LED 와 푸시버튼을 통해 알아본다.

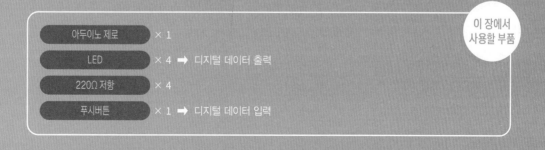

이 장에서
사용할 부품

아두이노 제로 × 1

LED × 4 ➡ 디지털 데이터 출력

220Ω 저항 × 4

푸시버튼 × 1 ➡ 디지털 데이터 입력

7.1 디지털 데이터 입출력

마이크로컨트롤러는 디지털 컴퓨터의 한 종류로 처리할 수 있는 데이터는 디지털 데이터뿐이다. 하지만 주변에서 얻을 수 있는 데이터는 모두 아날로그 데이터이므로 이를 수집, 저장, 처리하기 위해서는 먼저 디지털 데이터로 변환해야 한다. 아날로그 데이터를 디지털 데이터로 변환하는 데는 아날로그-디지털 변환기Analog-Digital Converter, ADC를 사용한다. 디지털로 변환된 데이터를 처리한 후에는 이를 사람이 확인할 수 있는 방식으로 되돌려주어야 하며 이를 위해서는 ADC와 반대인 디지털-아날로그 변환기Digital-Analog Converter, DAC를 사용한다.

마이크로컨트롤러에서 이루어지는 디지털 데이터 처리는 중앙 처리 장치에서 바이트의 정수 배 단위로 이루어진다. 이는 주변 장치와 데이터를 교환할 때도 마찬가지다. 하지만 **마이크로컨트롤러의 데이터 핀으로 교환할 수 있는 데이터는 바이트가 아닌 비트 단위 데이터다.** 따라서 바이트 단위 데이터 교환은 여러 번의 비트 단위 데이터 교환을 통해 이루어지며 이를 시리얼 통신이라고 한다. 즉, 마이크로컨트롤러에서 주변 장치와의 데이터 교환을 위한 기본 단위 역시 비트라고 할 수 있다.

마이크로컨트롤러의 기본적인 기능은 아날로그 및 디지털 데이터를 입출력하는 기능이다. 표 7.1은 아두이노에서 아날로그 및 디지털 데이터 입출력을 위해 제공하는 함수를 정리한 것이다. 이 장에서는 표 7.1의 함수를 사용하여 디지털 데이터를 입출력하는 방법을 살펴본다.

표 7.1 아두이노의 디지털 및 아날로그 데이터 입출력 함수

	출력	입력
디지털	`pinMode(13, OUTPUT);` `digitalWrite(13, HIGH);`	`pinMode(13, INPUT);` `boolean state = digitalRead(13);`

아날로그	`analogWrite(5, 128);      // PWM`
	`analogWrite(A0, 128);     // DAC`
		`int v = analogRead(A0);`

아두이노에서는 디지털 데이터 입출력을 위해 `pinMode`, `digitalRead`, `digitalWrite`라는 3개의 함수를 제공한다. 디지털 데이터 입출력이 가능한 핀은 입력과 출력으로 모두 사용할 수 있지만 동시에 사용할 수는 없다. 따라서 데이터를 입출력하기 전에 입력 또는 출력으로 사용하도록 설정해야 하며 이를 위해 `pinMode` 함수를 사용한다.

- **pinMode**

```
void pinMode(uint8_t pin, uint8_t mode)
  - 매개변수
    pin: 설정하고자 하는 핀 번호
    mode: OUTPUT, INPUT, INPUT_PULLUP 중 하나
  - 반환값: 없음
```

디지털 입출력 핀을 입력(INPUT 또는 INPUT_PULLUP) 또는 출력(OUTPUT)으로 설정한다.

pinMode 함수에서 pin은 디지털 데이터 입력 또는 출력으로 사용할 핀 번호를 지정한다. 아날로 그 입력 핀 역시 디지털 데이터 입출력을 위해 사용할 수 있으므로 아두이노 제로는 20개 핀을, 아두이노 MKR 제로와 아두이노 나노 33 IoT는 22개 핀을 디지털 데이터 입출력을 위해 사용할 수 있다.[1]

이 장에서는 디지털 데이터 출력을 확인하기 위해 LED를 사용하며, pinMode 함수의 매개변숫값 으로 OUTPUT을 사용하면 된다. LED를 사용할 때 주의할 점 한 가지는 LED에 많은 전류가 흐르 면 쉽게 파손된다는 점이다. AVR 시리즈 마이크로컨트롤러를 사용하는 아두이노 보드에서 전류 제한을 위한 저항을 LED와 직렬로 연결해서 사용해야 하는 이유는 데이터 핀으로 공급할 수 있 는 최대 전류가 40mA이기 때문이다. 하지만 SAMD21G 마이크로컨트롤러는 AVR 시리즈 마이 크로컨트롤러와 다르다. **SAMD21G 마이크로컨트롤러를 사용하는 아두이노 보드에서 데이터 핀으로 공급할 수 있는 최대 전류는 7mA**에 불과하며 이는 LED를 완전히 켜기에 충분하지 않다. 흔히 볼 수 있는 5mm DIP_{Dual In-Line Package} 타입 붉은색 LED를 최대 밝기로 켜기 위해서는 20mA 정도 의 전류가 필요하다.

이처럼 **SAMD21G 마이크로컨트롤러를 사용하는 아두이노 보드의 디지털 핀 출력으로 주변 장치를 직 접 구동하기에는 전류가 부족하므로, 디지털 핀 출력 신호는 신호를 전달하는 용도로, 즉 LED를 위한 외 부 전원을 스위칭하는 용도로 사용하는 것을 추천한다.** 스위칭을 위해서는 2N2222와 같은 범용 트랜 지스터를 사용하면 된다. 그림 7.1은 트랜지스터를 사용하여 LED를 구동하는 회로도를 나타낸 다. 그림 7.1에서는 LED 구동을 위한 전원을 별도로 연결했지만, 아두이노의 5V나 3.3V 출력을 사용할 수도 있다.

---

1   디지털 데이터 입출력 핀으로 사용할 수 있는 핀은 더 많지만, 여기서는 기본 핀 헤더를 통해 사용할 수 있는 핀을 기준으로 한다.

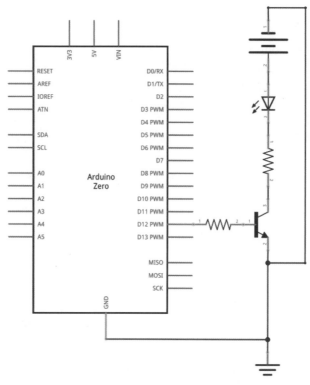

그림 7.1 LED 구동을 위한 트랜지스터 사용 회로도

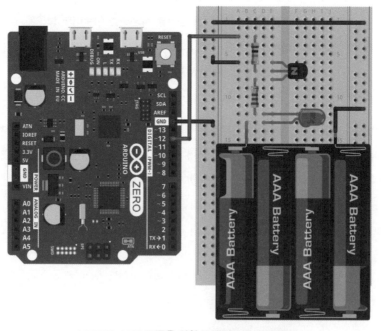

그림 7.2 LED 구동을 위한 트랜지스터 사용 회로

AVR 시리즈 마이크로컨트롤러에서 LED와 직렬로 연결하는 전류 제한 저항의 크기는 일반적으로 220Ω을 사용한다. 220Ω은 적당한 크기일까? LED를 켜는 데 필요한 전압과 전류는 LED의 종류와 색깔에 따라 다르므로 여기서는 5mm DIP 타입 붉은색 LED를 기준으로 2V 전압에 20mA 전류가 필요한 것으로 가정한다. 또한 LED를 위한 전압은 5V가 연결된 것으로 가정한다.

먼저 그림 7.1에서 12번 핀에 연결된 저항부터 살펴보자. 12번 핀은 LED를 직접 구동하는 것이 아니라 ON/OFF 신호만을 전달하는 것을 목표로 한다. 이처럼 스위칭 기능을 사용할 때 필요한 전류는 아주 적으며 1mA 미만의 전류로도 가능하다.

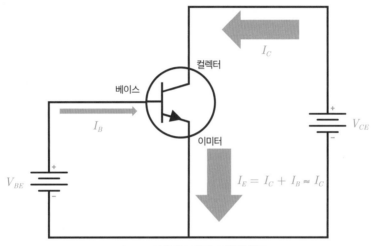

그림 7.3 트랜지스터의 스위칭 회로

그림 7.3은 스위칭 동작을 위한 트랜지스터 연결을 보인 것으로 2개의 전원이 연결되어 있고 V_{BE}는 낮은 전압과 적은 전류를, V_{CE}는 높은 전압과 많은 전류를 제공한다. 이때 베이스에 흐르는 전류(I_B, 아두이노의 범용 입출력 핀에서 출력하는 제어용 신호 전류)는 컬렉터에 흐르는 전류(I_C)나 이미터에 흐르는 전류(I_E, LED 구동을 위한 전류)에 비해 아주 적다. 스위칭 동작은 베이스에 가하는 신호를 통해 컬렉터에서 이미터로 흐르는 전류를 제어하는 것이다. 즉, 베이스에 HIGH를 가하면 컬렉터에서 이미터로 전류가 흐르고, 베이스에 LOW를 가하면 전류가 흐르지 않는 전자식 스위치로 동작한다.

그림 7.1에서 12번 핀으로 3.3V 전압이 출력되면 베이스와 이미터 사이에서 0.6V 정도의 전압 강하가 발생하고 베이스에 연결된 저항에는 3.3V − 0.6V = 2.7V의 전압이 가해진다. 스위칭 동작을 위해 범용 입출력 핀에서 공급해야 할 전류를 0.5mA로 가정하면 다음과 같이 베이스에 연결된 저항의 크기를 옴의 법칙으로 구할 수 있다.

$$R = \frac{V}{I} = \frac{2.7\text{V}}{0.5\text{mA}} = 5.4\text{k}\Omega$$

LED와 직렬로 연결된 저항은 LED에 20mA 이하의 전류만 흐르도록 하기 위해서다. LED 전원으로 5V가 사용되면 LED에는 2V가 가해지고 나머지 3V는 저항에 가해진다. 따라서 전류를 20mA로 제한하기 위해서는 다음과 같이 저항의 크기를 계산할 수 있다.

$$R = \frac{V}{I} = \frac{3\text{V}}{20\text{mA}} = 150\Omega$$

한 가지 더 생각할 수 있는 것은 컬렉터와 이미터 사이에 발생하는 전압 강하로 200mV 정도다. 컬렉터와 이미터 사이의 전압 강하까지 고려하여 LED에 연결할 저항의 크기를 계산하면 다음과 같다.

$$R = \frac{V}{I} = \frac{3\text{V} - 0.2\text{V}}{20\text{mA}} = 140\Omega$$

위에서 계산한 저항의 크기가 일반적으로 LED에 연결하는 전류 제한용 220Ω 저항보다 작으므로 220Ω 저항을 사용하면 LED가 최대 밝기보다 약간 어두워질 수 있다. 하지만 최대 전류보다 적은 전류가 흐르도록 하는 것이 안전하며 LED의 밝기가 선형적으로 변하는 것이 아니므로 밝기에 큰 차이는 없을 것이다.

디지털 데이터 출력을 위해 LED를 사용했다면, 디지털 데이터 입력을 위해서는 푸시버튼을 사용한다. 디지털 데이터 입출력 핀을 입력으로 사용할 때는 내장 풀업 저항의 사용 여부에 따라 INPUT 또는 INPUT_PULLUP을 pinMode 함수의 매개변숫값으로 사용하면 된다.

푸시버튼을 사용할 때 주의할 점은 **입력 핀이 개방된**open **상태에서는 값을 읽지 말아야 한다**는 것이다. 그림 7.4에서 버튼의 한쪽을 VCC에 연결하고 다른 쪽을 입력 핀에 연결했다. 버튼을 누르면 논리 1(VCC, HIGH)이, 버튼을 누르지 않으면 논리 0(GND, LOW)이 가해지는 것으로 생각할 수 있다.

버튼 상태와 입력값에 문제가 없어 보일 수 있지만, 버튼을 누르지 않았을 때 입력 핀에는 아무런 회로가 연결되지 않은 개방된 상태에 있다는 점이 문제가 될 수 있다. **개방된 상태에서 데이터 핀의 값을 읽으면 잡음 등의 영향으로 예측할 수 없는 값이 입력될 수 있다.** 이처럼 개방된 데이터 핀은 플로팅floating 상태에 있다고 이야기하며 **플로팅 상태를 방지하기 위해 풀업 또는 풀다운 저항이 필요하다.** 그림 7.6은 풀업 저항을 사용하여 버튼을 연결한 경우를, 그림 7.8은 풀다운 저항을 사용하여 버튼을 연결한 경우를 나타낸다.

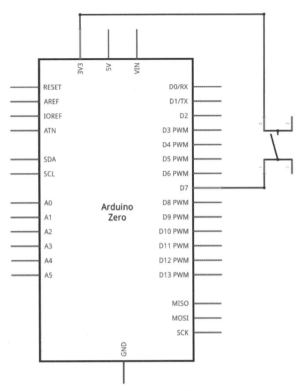

그림 7.4 **버튼 연결 회로도**

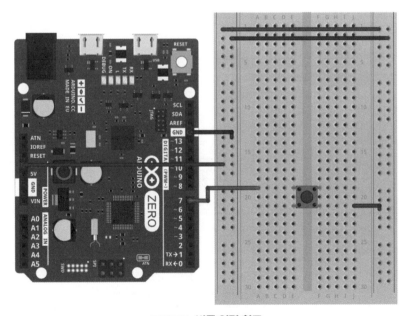

그림 7.5 **버튼 연결 회로**

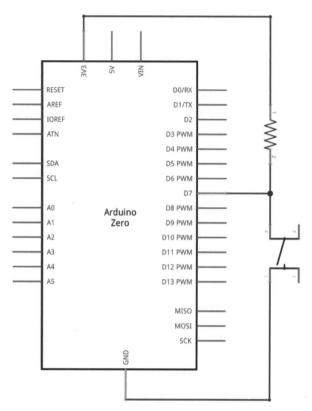

그림 7.6 **풀업 저항을 사용한 버튼 연결 회로도**

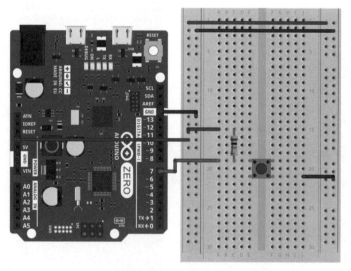

그림 7.7 **풀업 저항을 사용한 버튼 연결 회로**

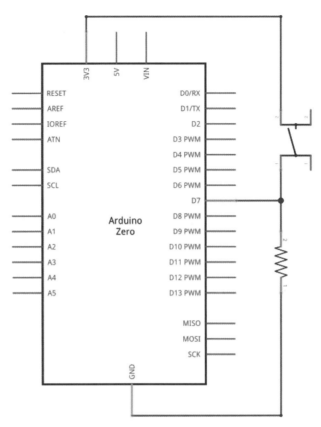

그림 7.8 풀다운 저항을 사용한 버튼 연결 회로도

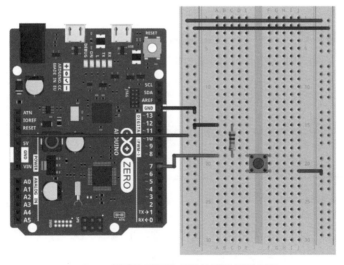

그림 7.9 풀다운 저항을 사용한 버튼 연결 회로

풀업 저항을 사용하면 버튼을 누르지 않았을 때 입력 핀에 HIGH가 가해진다. 반면 버튼을 누르면 LOW가 가해진다. 이처럼 **버튼을 누르지 않았을 때 입력이 HIGH가 되도록 끌어 올리는 역할을 하는 저항을 풀업 저항이라고 한다.** 한 가지 주의할 점은 풀업 저항을 사용하는 경우 버튼을 눌렀을 때 0(LOW, GND)이 입력되고, 버튼을 누르지 않았을 때 1(HIGH, VCC)이 입력되며 이는 흔히 생각하는 경우와는 반대라는 것이다.

풀다운 저항을 사용하면 풀업 저항과는 반대로 버튼을 누르지 않았을 때 LOW가 입력되고, 버튼을 누르면 HIGH가 입력된다. 이처럼 **버튼을 누르지 않았을 때 입력이 LOW가 되도록 끌어 내리는 역할을 하는 저항을 풀다운 저항이라고 한다.** 이처럼 풀업 저항과 풀다운 저항은 비슷해 보이면서 정반대의 결과를 가져오므로 연결에 주의해야 한다. 표 7.2는 버튼을 연결하는 방법에 따라 데이터 핀에 입력되는 값을 비교한 것이다.

표 7.2 버튼 연결 회로에 따른 디지털 입력

저항	버튼 누름	버튼 누르지 않음	비고
없음	1	플로팅	개방 회로에 의한 잡음 민감성
풀업 저항 사용	0	1	직관적인 결과와 반대의 결과
풀다운 저항 사용	1	0	

디지털 데이터 입력 핀은 개방된 상태로 읽으면 잡음의 영향을 받을 수 있으므로 풀업이나 풀다운 저항을 사용하는 것이 좋다. 매번 저항을 연결하는 것이 번거롭다면 입력 핀에 포함된 내장 풀업 저항을 사용할 수 있다. 풀다운 저항과 비교했을 때 **풀업 저항은 구현하기가 쉽고, VCC보다 GND가 전압 변동이 적다는 등의 장점이 있어 풀업 저항이 흔히 사용**되며, SAMD21G 마이크로컨트롤러의 디지털 데이터 입출력 핀에 포함된 저항도 풀업 저항이다.

7.2 LED 제어

그림 7.10과 같이 2, 3, 4, 5번의 4개 핀에 LED를 연결하자.[2] 4개의 LED는 순서대로 하나씩만 켜지고 켜지는 LED가 연결된 핀 번호는 '2 ➡ 3 ➡ 4 ➡ 5 ➡ 4 ➡ 3'의 순서를 반복하도록 스케치를 작성

2　LED 구동을 위해서는 그림 7.1과 같이 트랜지스터를 스위치로 사용하는 것이 좋지만, 여기서는 LED의 점멸만을 확인하면 되므로 회로 구성을 간단히 하기 위해 디지털 데이터 출력 핀에 직접 LED를 연결하여 사용했다.

해 보자. 각 핀으로 HIGH 또는 LOW 값을 출력하기 위해서는 digitalWrite 함수를 사용하면 된다.

- **digitalWrite**

```
void digitalWrite(uint8_t pin, uint8_t value)
  - 매개변수
    pin: 핀 번호
    value: HIGH(1) 또는 LOW(0)
  - 반환값: 없음
```

지정한 핀으로 HIGH 또는 LOW 값을 출력한다. digitalWrite 함수를 사용하기 전에는 pinMode 함수를 사용하여 출력(OUTPUT)으로 설정해야 한다.

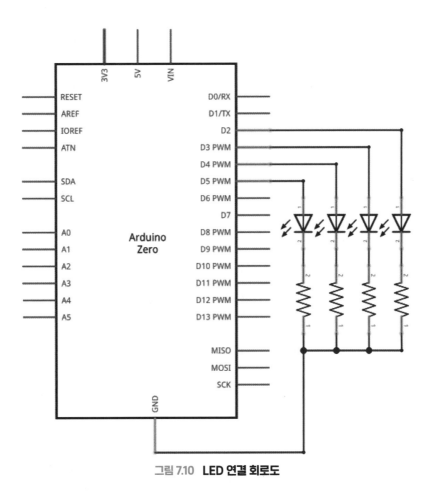

그림 7.10 **LED 연결 회로도**

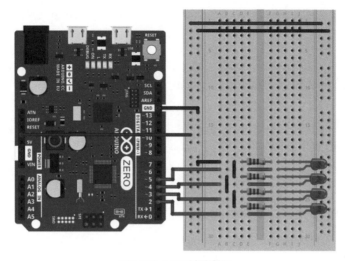

그림 7.11 **LED 연결 회로**

스케치 7.1은 LED를 순서대로 1개씩 켜기를 반복하는 예다.

스케치 7.1 **LED 순서대로 켜기**

```
int pins[] = {2, 3, 4, 5};               // LED 연결 핀
int LED_NO = 4;                          // LED 개수
int indexLED = 0;                        // 현재 켜진 LED의 인덱스
int increment = 1;                       // LED 인덱스의 증가 또는 감소

void setup() {
  SerialUSB.begin(9600);
  while (!SerialUSB);

  for (int i = 0; i < LED_NO; i++) {
    pinMode(pins[i], OUTPUT);            // LED 연결 핀을 출력으로 설정
    digitalWrite(pins[i], LOW);          // LED는 꺼진 상태에서 시작
  }
}

void loop() {
  for (int i = 0; i < LED_NO; i++) {     // LED를 1개만 켜고 나머지는 끔
    if (i == indexLED) {
      digitalWrite(pins[i], HIGH);
      SerialUSB.print("O ");
    }
    else {
      digitalWrite(pins[i], LOW);
      SerialUSB.print(". ");
    }
  }
  SerialUSB.println();

  indexLED += increment;
```

```
  if (indexLED == LED_NO - 1 || indexLED == 0) {      // 양 끝에 도달하면 방향 바꿈
    increment *= -1;
  }

  delay(500);
}
```

스케치 7.1에서 delay는 지정한 밀리초 단위의 시간만큼 스케치 실행을 일시 중지하기 위해 사용하는 지연 함수다.

- **delay**

```
void delay(unsigned long ms)
  – 매개변수
    ms: 밀리초 단위의 지연 시간
  – 반환값: 없음
```

지정한 밀리초 단위의 시간 동안 스케치 실행을 멈추고 대기busy waiting한다.

그림 7.12 스케치 7.1의 실행 결과

그림 7.10의 회로도에 버튼을 추가하고 버튼을 누를 때마다 켜지는 LED가 연결된 핀 번호가 '2 ➡ 3 ➡ 4 ➡ 5'와 '5 ➡ 4 ➡ 3 ➡ 2'로 번갈아 바뀌도록 스케치를 작성해 보자. 버튼은 8번 핀에

연결하며 내장 풀업 저항을 사용한다. 버튼의 상태를 알아내기 위해서는 digitalRead 함수를 사용하면 된다.

- **digitalRead**

```
int digitalRead(uint8_t pin)
    - 매개변수
      pin: 핀 번호
    - 반환값: HIGH(1) 또는 LOW(0)
```

지정한 디지털 입출력 핀으로의 입력을 읽어 반환한다. digitalRead 함수를 사용하기 전에는 pinMode 함수를 사용하여 입력(INPUT 또는 INPUT_PULLUP)으로 설정해야 한다.

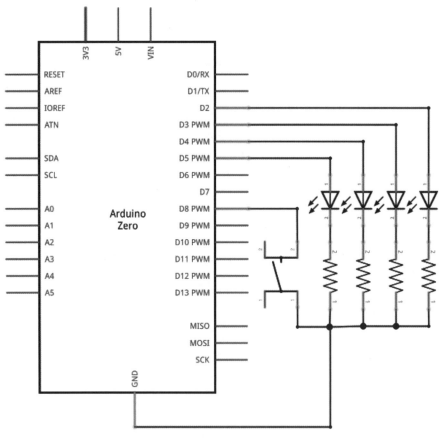

그림 7.13 **LED와 버튼 연결 회로도**

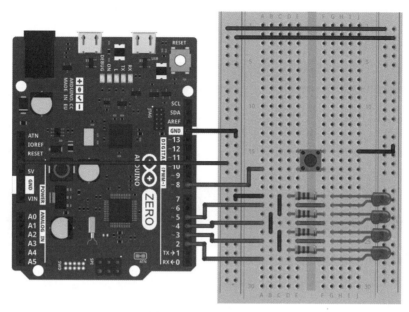

그림 7.14 LED와 버튼 연결 회로

스케치 7.2를 업로드하고 버튼을 누르면서 켜지는 LED가 움직이는 방향이 바뀌는 것을 확인해 보자. 무언가 이상한 점을 발견하지 못했는가?

스케치 7.2 LED 움직임 방향을 버튼으로 바꾸기 1

```
int pins[] = {2, 3, 4, 5};            // LED 연결 핀
int pinBTN = 8;                       // 버튼 연결 핀
int LED_NO = 4;                       // LED 개수
int indexLED = 0;                     // 현재 켜진 LED의 인덱스
int increment = 1;                    // LED 인덱스의 증가 또는 감소

void setup() {
  SerialUSB.begin(9600);
  while (!SerialUSB);

  for (int i = 0; i < LED_NO; i++) {
    pinMode(pins[i], OUTPUT);         // LED 연결 핀을 출력으로 설정
    digitalWrite(pins[i], LOW);       // LED는 꺼진 상태에서 시작
  }
  pinMode(pinBTN, INPUT_PULLUP);      // 버튼 연결 핀의 내장 풀업 저항 사용
}


void loop() {
  for (int i = 0; i < LED_NO; i++) {  // LED를 1개만 켜고 나머지는 끔
    if (i == indexLED) {
      digitalWrite(pins[i], HIGH);
      SerialUSB.print("O ");
    }
```

```
    else {
        digitalWrite(pins[i], LOW);
        SerialUSB.print(". ");
    }
  }
  SerialUSB.println();

  if (!digitalRead(pinBTN)) {                    // 버튼을 눌렀을 때 LED 이동 방향 변경
      increment *= -1;
  }

  // LED 패턴이 반복되도록 켜지는 LED 인덱스 조정
  indexLED = (indexLED + increment + LED_NO) % LED_NO;

  delay(500);
}
```

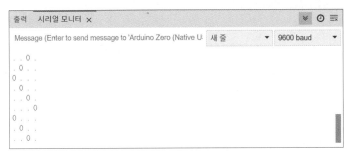

그림 7.15 **스케치 7.2의 실행 결과**

millis 함수 사용

그림 7.15의 실행 결과에서 볼 수 있듯이 버튼을 누르면 LED가 움직이는 방향이 바뀐다. 하지만 실제로는 버튼을 눌러도 LED가 움직이는 방향이 바뀌지 않는 경우가 더 많다. 이는 LED가 움직이는 시간 간격이 0.5초이고, 다음번 켜지는 LED 위치가 바뀔 때까지 기다리는 데 delay 함수를 사용했기 때문이다.

delay 함수는 지정한 시간만큼 스케치 실행을 잠시 멈추고 대기하기 위해 사용한다. LED가 0.5초에 한 번 위치를 바꾸는 것에는 문제가 없지만, 스케치 실행을 잠시 멈추면 0.5초 동안은 버튼의 상태 역시 검사할 수 없으므로 버튼을 눌러도 버튼을 누른 것을 알아낼 수 없다. 스케치 7.1은 '0.5

초 간격으로 위치를 바꾸어 LED를 켜는 작업'만 수행하면 되지만, 스케치 7.2는 ① 0.5초 간격으로 위치를 바꾸어 LED를 켜는 작업 이외에도 ② '버튼의 상태를 검사하는 작업'을 함께 수행해야한다. delay(500)은 작업 ①의 일부로 전체 실행 시간 중 대부분을 사용하므로 작업 ②의 검사를 방해하고 있으므로 버튼을 눌러도 LED가 움직이는 방향이 바뀌지 않는 경우가 생긴다. 이를 해결하는 방법 중 하나가 millis 함수를 사용하는 것이다.

■ millis

```
unsigned long millis(void)
  - 매개변수: 없음
  - 반환값: 스케치 실행이 시작된 이후의 밀리초millisecond 단위 경과 시간
```

현재 스케치가 실행된 이후의 시간을 밀리초 단위로 반환한다.

millis 함수는 현재 실행 중인 스케치가 시작된 이후의 경과 시간을 밀리초 단위로 반환하는 함수다. delay 함수는 지정한 시간 동안 반환하지 않으므로 버튼 입력 검사를 방해하지만, millis 함수는 실행 시간을 즉시 반환하므로 버튼 입력 검사를 방해하지 않는다. 다만 지정한 시간이 지났는지 알아내기 위해서는 계속해서 실행 시간을 얻어와 기준 시간과 비교하는 과정이 필요하다. 스케치 7.3은 스케치 7.2에서 0.5초 대기를 위한 delay 함수 대신 millis 함수를 사용하여 수정한 예다.

스케치 7.3 **LED 움직임 방향을 버튼으로 바꾸기 2**

```
int pins[] = {2, 3, 4, 5};              // LED 연결 핀
int pinBTN = 8;                          // 버튼 연결 핀
int LED_NO = 4;                          // LED 개수
int indexLED = 0;                        // 현재 켜진 LED의 인덱스
int increment = 1;                       // LED 인덱스의 증가 또는 감소
unsigned long time_previous, time_current;

void setup() {
  SerialUSB.begin(9600);
  while (!SerialUSB);

  for (int i = 0; i < LED_NO; i++) {
    pinMode(pins[i], OUTPUT);            // LED 연결 핀을 출력으로 설정
    digitalWrite(pins[i], LOW);          // LED는 꺼진 상태에서 시작
  }
  pinMode(pinBTN, INPUT_PULLUP);         // 버튼 연결 핀의 내장 풀업 저항 사용

  time_previous = millis();              // 스케치 실행 시작 시간
}

void loop() {
  time_current = millis();
```

```
    if (time_current - time_previous >= 500) {        // 0.5초가 지난 경우
        time_previous = time_current;                 // 기준 시간 변경

        for (int i = 0; i < LED_NO; i++) {            // LED를 1개만 켜고 나머지는 끔
            if (i == indexLED) {
                digitalWrite(pins[i], HIGH);
                SerialUSB.print("O ");
            }
            else {
                digitalWrite(pins[i], LOW);
                SerialUSB.print(". ");
            }
        }
        SerialUSB.println();

        // LED 패턴이 반복되도록 켜지는 LED 인덱스 조정
        indexLED = (indexLED + increment + LED_NO) % LED_NO;
    }

    if (!digitalRead(pinBTN)) {                        // 버튼을 눌렀을 때 LED 이동 방향 변경
        increment *= -1;
    }
}
```

스케치 7.3을 업로드하고 버튼을 눌러 LED가 움직이는 방향이 바뀌는지 확인해 보자. 스케치 7.3
은 버튼 상태를 검사하는 작업이 즉시 이루어지지만, 아마도 스케치 7.2와 차이를 발견하기 어려
울 것이다. 스케치 7.2와 달리 스케치가 일시 정지하는 경우가 없음에도 버튼을 누를 때 LED가
움직이는 방향이 바뀌지 않는 이유는 버튼 검사가 너무 빨리 이루어지기 때문이다.

스케치 7.3의 loop 함수는 1초에 수십만 번 호출되며, 따라서 버튼 검사도 수십만 번 이루어진다.
버튼을 한 번 눌렀다 떼더라도 버튼 상태를 검사하는 문장 digitalRead(pinBTN);은 버튼을 누른
후 뗄 때까지 여러 번 실행될 수 있고 따라서 여러 번 버튼이 눌린 것으로 인식될 수 있다. 이는
LED가 움직이는 방향을 바꾸는 문장 increment *= -1; 역시 여러 번 실행될 수 있다는 의미다.
즉, **스케치 7.3에서는 버튼을 한 번 누른 경우에도 두 번 이상 버튼을 누른 것으로 인식될 수 있다.** 이처
럼 스케치 7.3의 실행 결과는 스케치 7.2의 실행 결과와 비슷해 보이지만, 스케치 7.3은 버튼 검사
간격이 너무 짧아서 LED가 정상적으로 반응하지 않고 스케치 7.2는 버튼 검사 간격이 너무 길어
서 LED가 정상적으로 반응하지 않는다는 정반대의 이유 때문이다.

버튼을 한 번 눌렀을 때 한 번 누른 것으로 인식하는 방법은 버튼을 누르는 순간을 찾아내는 것
이다. 내장 풀업 저항을 사용하면 버튼을 누르는 순간 입력 핀의 값은 HIGH에서 LOW로 바뀐
다. 따라서 버튼의 이전 상태와 현재 상태를 비교하여 버튼이 눌린 순간, 즉 입력값이 HIGH에서

LOW로 바뀌는 순간을 찾아내면 버튼을 한 번 눌렀을 때 버튼이 여러 번 눌린 것으로 인식하는 스케치 7.3의 문제를 해결할 수 있다. 스케치 7.4는 버튼을 누른 순간을 찾아내는 방법을 사용한 예다.

스케치 7.4 LED 움직임 방향을 버튼으로 바꾸기 3

```
int pins[] = {2, 3, 4, 5};               // LED 연결 핀
int pinBTN = 8;                          // 버튼 연결 핀
int LED_NO = 4;                          // LED 개수
int indexLED = 0;                        // 현재 켜진 LED의 인덱스
int increment = 1;                       // LED 인덱스의 증가 또는 감소
boolean state_previous, state_current;   // 버튼 상태
unsigned long time_previous, time_current;

void setup() {
  SerialUSB.begin(9600);
  while (!SerialUSB);

  for (int i = 0; i < LED_NO; i++) {
    pinMode(pins[i], OUTPUT);            // LED 연결 핀을 출력으로 설정
    digitalWrite(pins[i], LOW);          // LED는 꺼진 상태에서 시작
  }
  pinMode(pinBTN, INPUT_PULLUP);         // 버튼 연결 핀의 내장 풀업 저항 사용

  time_previous = millis();              // 스케치 실행 시작 시간
  state_previous = HIGH;                 // 버튼 초기 상태
}

void loop() {
  time_current = millis();
  if (time_current - time_previous >= 500) {    // 0.5초가 지난 경우
    time_previous = time_current;               // 기준 시간 변경

    for (int i = 0; i < LED_NO; i++) {          // LED를 1개만 켜고 나머지는 끔
      if (i == indexLED) {
        digitalWrite(pins[i], HIGH);
        SerialUSB.print("O ");
      }
      else {
        digitalWrite(pins[i], LOW);
        SerialUSB.print(". ");
      }
    }
    SerialUSB.println();

    // LED 패턴이 반복되도록 켜지는 LED 인덱스 조정
    indexLED = (indexLED + increment + LED_NO) % LED_NO;
  }

  state_current = digitalRead(pinBTN);          // 버튼 상태 검사
```

```
    if (state_current == LOW) {              // 누르지 않은 상태에서 누른 상태로 바뀜
        if (state_previous == HIGH) {
            increment *= -1;
        }
    }
    state_previous = state_current;
}
```

스케치 7.4를 업로드하고 버튼을 눌러보면 스케치 7.3보다는 버튼을 눌렀을 때 LED 진행 방향이 바뀌는 경우가 많지만, 여전히 방향이 바뀌지 않는 경우가 있음을 발견할 수 있다. 이는 버튼의 기계적인 특성 때문에 발생하는 채터링chattering 때문이다.

푸시버튼 내부에는 스프링이 포함되어 있어 버튼을 눌렀다 떼면 누르지 않은 상태로 돌아온다. 하지만 푸시버튼의 스프링은 버튼을 누를 때 반발력에 의한 내부 진동을 만들고, 내부 진동은 버튼의 접점이 연결되고 떨어지기를 수 밀리초에서 수십 밀리초 동안 반복되는 현상으로 나타난다. 즉, 버튼을 누르기 시작해서 완전히 누를 때까지 연결된 데이터 핀으로는 상승 에지와 하강 에지가 여러 번 입력될 수 있고 따라서 하강 에지를 검사하는 스케치 7.4에서는 여러 번 버튼을 누른 것으로 인식할 수 있다. 그림 7.16은 풀업 저항이 사용된 버튼을 눌렀을 때의 입력 변화를 나타낸 것으로 바운싱bouncing, 바운스 현상bounce effect, 채터링 등으로 부른다.

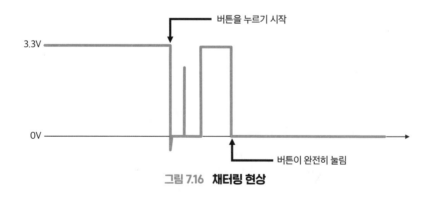

그림 7.16 **채터링 현상**

채터링을 없애는 것을 디바운싱debouncing이라고 하며 소프트웨어적인 방법으로 구현할 수 있다.

채터링을 줄이는 방법은 LOW가 입력되기 시작하는 시점, 즉 버튼을 누르기 시작하는 시점 이후로 짧은 시간 동안 입력을 무시하는 방법이 가장 간단한 방법이다. 짧은 시간 동안 입력을 무시하기 위해서는 LOW가 입력된 이후 delay 함수로 수 밀리초에서 수십 밀리초의 지연을 주면 된다. delay 함수를 사용하는 방법은 구현이 간단하지만, 버튼에 따라 특성이 달라 지연 시간을 다르게 설정해야 한다는 문제가 있다.

수 밀리초 간격으로 버튼 입력을 두 번 이상 검사하여 모든 입력이 LOW일 때 버튼이 완전히 눌린 것으로 판별하는 방법 역시 디바운싱을 위해 흔히 사용하는 방법으로, delay 함수를 사용하는 방법보다 안정성은 높지만 알고리즘이 복잡해진다는 단점이 있다.

스케치 7.5는 스케치 7.4에 채터링을 줄이는 방법을 적용한 예로, 버튼이 완전히 눌리는 시점을 찾기 위해 버튼 상태를 두 번 확인하고 두 번 모두 LOW일 때 버튼이 눌린 것으로 인식하는 방법을 사용했다. 스케치 7.5를 업로드하고 버튼을 누르면서 버튼을 한 번 눌렀을 때 한 번만 누른 것으로 인식되는지 확인해 보자.

스케치 7.5 LED 움직임 방향을 버튼으로 바꾸기 4

```
int pins[] = {2, 3, 4, 5};                    // LED 연결 핀
int pinBTN = 8;                               // 버튼 연결 핀
int LED_NO = 4;                               // LED 개수
int indexLED = 0;                             // 현재 켜진 LED의 인덱스
int increment = 1;                            // LED 인덱스의 증가 또는 감소
boolean state_previous, state_current;        // 버튼 상태
unsigned long time_previous, time_current;

void setup() {
  SerialUSB.begin(9600);
  while (!SerialUSB);

  for (int i = 0; i < LED_NO; i++) {
    pinMode(pins[i], OUTPUT);                 // LED 연결 핀을 출력으로 설정
    digitalWrite(pins[i], LOW);               // LED는 꺼진 상태에서 시작
  }
  pinMode(pinBTN, INPUT_PULLUP);              // 버튼 연결 핀의 내장 풀업 저항 사용

  time_previous = millis();                   // 스케치 실행 시작 시간
  state_previous = HIGH;                      // 버튼 초기 상태
}

void loop() {
  time_current = millis();
  if (time_current - time_previous >= 500) {  // 0.5초가 지난 경우
    time_previous = time_current;             // 기준 시간 변경

    for (int i = 0; i < LED_NO; i++) {        // 1개 LED만 켜고 나머지는 끔
```

```
        if (i == indexLED) {
            digitalWrite(pins[i], HIGH);
            SerialUSB.print("O ");
        }
        else {
            digitalWrite(pins[i], LOW);
            SerialUSB.print(". ");
        }
    }
    SerialUSB.println();

    // LED 패턴이 반복되도록 켜지는 LED 인덱스 조정
    indexLED = (indexLED + increment + LED_NO) % LED_NO;
}

state_current = myDigitalRead(pinBTN);         // 디바운스 적용 버튼 읽기
if (state_current == LOW) {                     // 누르지 않은 상태에서 누른 상태로 바뀜
    if (state_previous == HIGH) {
        increment *= -1;
    }
}
state_previous = state_current;
}

boolean myDigitalRead(int pin) {
    boolean state1 = digitalRead(pin);          // 첫 번째 버튼 상태 읽기
    delay(5);                                    // 버튼 상태 읽기 사이 시간 지연
    boolean state2 = digitalRead(pin);          // 두 번째 버튼 상태 읽기

    if (state1 == LOW && state2 == LOW) {       // 완전히 눌린 상태인 경우
        return LOW;
    }
    return HIGH;
}
```

7.6 맺는말

마이크로컨트롤러는 디지털 데이터를 입력받아 처리하고 그 결과를 출력하는 것을 기본으로 한
다. 이때 **중앙 처리 장치에서 이루어지는 데이터 처리는 바이트의 정수 배를 기본으로 하지만 주변 장치
와의 데이터 교환은 데이터 핀을 통한 비트 단위를 기본으로 한다.** 따라서 비트 단위의 데이터를 교환
하는 데 사용하는 digitalRead와 digitalWrite 함수는 주변 장치와의 데이터 교환을 위한 아두이

노의 기본 함수라고 할 수 있다.

이 장에서는 디지털 데이터 출력을 위해 LED를, 디지털 데이터 입력을 위해 푸시버튼을 사용했다. 비트 단위의 데이터 입출력으로 할 수 있는 것이라고는 LED를 켜거나 끄는 일 또는 버튼을 누르거나 누르지 않은 것을 구별하는 일뿐이어서 실망할 수도 있을 것이다. 하지만 바이트 단위 데이터를 주고받을 수 있는 시리얼 통신이 비트 단위 데이터 교환을 기본으로 하고 있다는 점 그리고 마이크로컨트롤러에 연결할 수 있는 수많은 장치가 바이트 단위 데이터 교환을 바탕으로 하고 있다는 점에서 이 장의 내용은 디지털 컴퓨터에서 정보 교환을 위한 기본이라고 할 수 있다.

아날로그 데이터 입출력

마이크로컨트롤러는 디지털 컴퓨터의 일종이므로 디지털 데이터만 처리할 수 있지만, 주변 환경에서 얻을 수 있는 데이터는 모두 아날로그 데이터다. 따라서 마이크로컨트롤러를 사용하여 주변 환경과 상호 작용하는 시스템을 구현하기 위해서는 아날로그 데이터와 디지털 데이터 사이의 변환이 필요하다. 이 장에서는 주변 환경에서 얻을 수 있는 아날로그 데이터를 디지털로 변환하여 사용하고, 그 결과를 주변 환경으로 되돌려주기 위해 디지털 데이터를 아날로그 데이터로 변환하는 방법을 알아본다.

이 장에서
사용할 부품

아두이노 제로	× 1
10kΩ 가변저항	× 1
LED	× 1
220Ω 저항	× 1

8.1 아날로그 데이터 입출력

마이크로컨트롤러는 디지털 컴퓨터의 일종이므로 마이크로컨트롤러로 처리할 수 있는 데이터는 디지털 데이터뿐이다. 하지만 **디지털이란 저장, 처리, 전송 등의 측면에서 유리한 수학적인 개념으로 자연계의 아날로그 데이터를 근사화해서 나타내는 방식**이라는 점을 잊어서는 안 된다. 자연계에 존재하는 데이터는 아날로그 데이터이고 마이크로컨트롤러에서 처리할 수 있는 데이터는 디지털 데이터이므로 상호 간에 변환이 이루어져야 주변 환경과 상호 작용하는 시스템을 구성할 수 있다. 아날로그 데이터를 디지털 데이터로 변환하기 위해서는 아날로그-디지털 변환 장치Analog-Digital Converter, ADC가 필요하고, 디지털 데이터를 아날로그 데이터로 변환하기 위해서는 디지털-아날로그 변환 장치Digital-Analog Converter, DAC가 필요하다. AVR 시리즈 마이크로컨트롤러에는 DAC가 포함되어 있지 않으므로 아날로그 신호를 직접 출력할 수는 없다. 대신 펄스 폭 변조Pulse Width Modulation, PWM 신호를 사용하여 아날로그 신호와 비슷한 효과를 얻을 수 있다. 반면 SAMD21G 마이크로컨트롤러에서는 PWM 신호를 사용할 수 있는 것은 물론 DAC도 포함되어 있어 아날로그 신호를 직접 출력할 수 있다.

SAMD21G 마이크로컨트롤러를 사용하는 아두이노 보드는 종류에 따라 아날로그 입력을 위해 사용할 수 있는 핀 수가 다르지만, DAC는 모두 1개 핀으로만 사용할 수 있다. 아날로그 입력이 가능한 핀의 이름은 상수 'An'으로 정해져 있으며, n은 아두이노 보드에 따라 사용할 수 있는 범위가 다르다. 아두이노 우노의 경우 아날로그 입력이 가능한 첫 번째 핀이 상수 A0로 정의되어 있고 이는 14번 디지털 입출력 핀에 해당한다. SAMD21G 마이크로컨트롤러를 사용하는 아두이노 보드에서도 아날로그 입력 핀을 나타내는 상수를 디지털 입출력 핀 번호로 정의하는 것은 같다. 하지만 아두이노 보드에 따라 같은 상수가 다른 디지털 입출력 핀 번호로 정의된 경우가 있다. 예를 들어 아두이노 제로에서 A0는 14로 정의되어 있다면, 아두이노 MKR 제로에서 A0는 15로 정의되어 있다. 따라서 아날로그 입력 핀을 사용할 때는 정의된 상수를 사용해야 아두이노 보드 사이에서의 코드 호환성을 높일 수 있다.

표 8.1 아두이노 보드의 아날로그 입출력 관련 핀 수[1]

아두이노 보드	아날로그 입력 핀	아날로그 출력 핀	PWM 출력 핀
아두이노 우노	6	–	6
아두이노 제로	6	1	11
아두이노 MKR 제로	7	1	10
아두이노 나노 33 IoT	8	1	9

아날로그 데이터 입출력을 위해서는 표 8.2의 함수를 사용할 수 있다.

표 8.2 아두이노의 디지털 및 아날로그 데이터 입출력 함수

	출력	입력
디지털	`pinMode(13, OUTPUT);` `digitalWrite(13, HIGH);`	`pinMode(13, INPUT);` `boolean state = digitalRead(13);`

아날로그	`analogWrite(5, 128);      // PWM`
	`analogWrite(A0, 128);     // DAC`
		`int v = analogRead(A0);`

8.2 아날로그 데이터 입력

아두이노 보드의 아날로그 입력 핀에 가해지는 전압은 ADC를 거쳐 디지털값으로 변환된다. 아날로그값을 디지털값으로 변환하여 읽기 위해서는 analogRead 함수를 사용한다.

■ **analogRead**

```
int analogRead(uint8_t pin)
 - 매개변수
   pin: 핀 번호
 - 반환값: 해상도가 $n$비트일 때 $0 \sim 2^n - 1$ 사잇값
```

---

1 SAMD21G 마이크로컨트롤러를 사용하는 아두이노 보드에서 PWM 신호 출력이 가능한 핀 수는 이 책에서 정의한 방식으로 결정한 개수이므로 실제로는 더 많은 수를 사용할 수 있다.

핀에 가해지는 전압을 디지털값으로 변환하여 반환한다. 아날로그 입력 핀에 입력할 수 있는 최대 전압은 기준 전압에 의해 결정되고, 이때 반환하는 최댓값은 해상도resolution에 의해 결정된다.

아날로그 데이터의 입력 범위는 analogReference 함수로 정할 수 있고, ADC의 해상도는 analogReadResolution 함수로 변경할 수 있다. 아날로그 데이터의 입력 범위는 아날로그 입력 핀에 가할 수 있는 최대 전압, 즉 기준 전압에 의해 결정된다. 입력할 수 있는 최대 전압은 현재 해상도가 n비트일 때 나타낼 수 있는 최댓값($2^n - 1$)에 해당하는 아날로그 입력값을 말한다. 어떤 기준을 사용하더라도 SAMD21G 기반 아두이노 보드의 아날로그 입력 핀에 입력할 수 있는 최대 전압은 마이크로컨트롤러의 동작 전압인 3.3V를 넘을 수 없다. 기준 전압의 디폴트값은 동작 전압인 3.3V다.

■ analogReference

void analogReference(uint8_t type)
 – 매개변수
  type: 기준 전압을 나타내는 상수 중 한 가지
 – 반환값: 없음

ADC의 기준 전압을 설정한다. analogReference 함수에서 사용할 수 있는 기준 전압 상수는 아두이노 보드에 따라 차이가 있다. 표 8.3은 SAMD21G 마이크로컨트롤러를 사용하는 보드에서 기준 전압 설정에 사용할 수 있는 상수를 나타낸다.

표 8.3 아날로그 입력 기준 전압

상수	설명
AR_DEFAULT	아두이노 보드의 동작 전압인 3.3V를 기준 전압으로 사용한다.
AR_INTERNAL	내부 2.23V를 기준 전압으로 사용한다.
AR_INTERNAL1V0	내부 1.0V를 기준 전압으로 사용한다.
AR_INTERNAL1V65	내부 1.65V를 기준 전압으로 사용한다.
AR_INTERNAL2V23	내부 2.23V를 기준 전압으로 사용한다.
AR_EXTERNAL	AREF 핀에 가해지는 전압을 기준 전압으로 사용한다.

■ analogReadResolution

void analogReadResolution(int res)
 – 매개변수
  res: ADC 해상도로 8, 10, 12 중 하나
 – 반환값: 없음

ADC의 해상도를 결정하기 위해 사용하며 디폴트값은 10비트다.

AVR 시리즈 마이크로컨트롤러를 사용하는 아두이노 보드에서 ADC 해상도는 10비트로 고정되어 있지만, **SAMD21G 마이크로컨트롤러를 사용하는 아두이노 보드에서는 최대 12비트의 해상도를 지원하며 8, 10, 12비트 중 선택할 수 있다.** 하지만 SAMD21G 마이크로컨트롤러 기반 아두이노 보드에서도 AVR 기반 아두이노 보드와의 호환을 위해 디폴트값으로 10비트를 사용한다.

그림 8.1과 같이 아두이노 제로의 A0 핀에 가변저항을 연결하자.

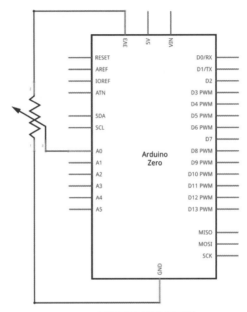

그림 8.1 **가변저항 연결 회로도**

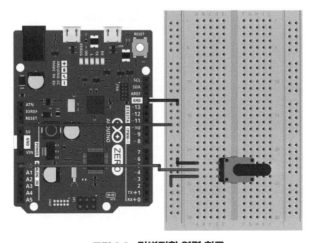

그림 8.2 **가변저항 연결 회로**

스케치 8.1은 12비트 해상도로 가변저항의 값을 읽어 시리얼 모니터로 출력하는 예다. 기준 전압이 3.3V이고 12비트 해상도로 설정했으므로 0~3.3V 전압에서 0~4095 사이의 12비트값을 얻을 수 있다.

스케치 8.1 가변저항값 읽기

```
void setup() {
  SerialUSB.begin(9600);
  while (!SerialUSB);

  analogReadResolution(12);                    // 12비트 해상도
}

void loop() {
  int value = analogRead(A0);                  // 아날로그값 읽기(0~4095)
  SerialUSB.println(value);

  delay(200);
}
```

그림 8.3 스케치 8.1의 실행 결과

8.3 PWM 신호 출력

SAMD21G 마이크로컨트롤러를 사용하는 아두이노 보드에서 아날로그 데이터 출력을 위해 사용할 수 있는 방법에는 디지털 신호이면서 아날로그 신호와 비슷한 효과를 얻을 수 있는 펄스 폭 변조Pulse Width Modulation, PWM 신호를 사용하는 방법과 DAC를 통해 실제 아날로그 신호를 출력하는

방법이 있다. PWM 신호는 DAC가 포함되어 있지 않은 AVR 시리즈 마이크로컨트롤러에서 아날로그 신호의 효과를 얻기 위해서도 사용하는 방법이다.

디지털로 변환된 값을 나타내기 위해 사용하는 흔한 방법은 펄스 진폭 변조Pulse Amplitude Modulation, PAM 방식이다. 100이라는 값을 8비트로 나타낸다고 가정해 보자. PAM 방식은 100을 2진수로 변환한 비트열로 나타내는 방법이다. 즉, 01100100_2과 같이 8개의 비트로 100을 나타낸다. 반면 PWM 방식에서는 한 주기 내에서 HIGH인 비율로 값을 나타낸다. 8비트 해상도를 갖는 값은 0에서 255까지 256가지 값을 나타낼 수 있으며, 256가지 값을 위한 HIGH 비율은 모두 달라야 한다. 간단하게는 256개의 비트열에서 처음 100개는 HIGH를, 나머지는 LOW를 갖도록 함으로써 100의 값을 나타낼 수 있다.[2] 그림 8.4는 PAM 방식과 PWM 방식 신호를 비교한 것이다.

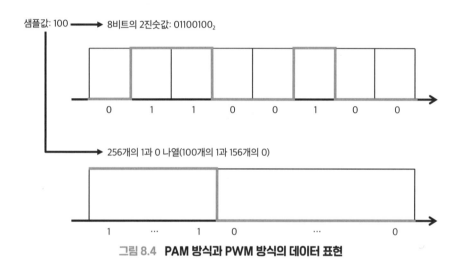

그림 8.4 **PAM 방식과 PWM 방식의 데이터 표현**

그림 8.4에서 PWM 방식 신호는 PAM 방식 신호와 비교했을 때 32배 많은 메모리가 필요하며 같은 양의 데이터를 처리하기 위해서는 처리 속도 역시 32배 빨라야 한다. **PWM 신호가 PAM 신호보다 신호 대 잡음비가 높은 것은 사실이지만, 큰 저장 공간과 높은 동작 주파수가 필요하므로 데이터 저장이나 전송에는 적합하지 않다.** 하지만 PWM 신호는 간단하게 아날로그 신호로 변환할 수 있고 PWM 신호 자체로도 아날로그 신호와 비슷한 효과를 얻을 수 있어 아날로그와 관련된 곳에서 흔히 사용한다. **PWM 신호에서 한 주기 내 HIGH인 구간의 비율을 듀티 사이클**duty cycle이라고 하며, PWM 신호의 특징을 나타내는 중요한 요소 중 하나다. 그림 8.5는 듀티 사이클에 따른 PWM 신호의 파형을 나타낸 것이다.

---

2 255개 비트로 0에서 255까지 값을 나타낼 수 있지만 2의 거듭제곱으로 나타내는 것으로 가정하여 256개 비트를 사용했다.

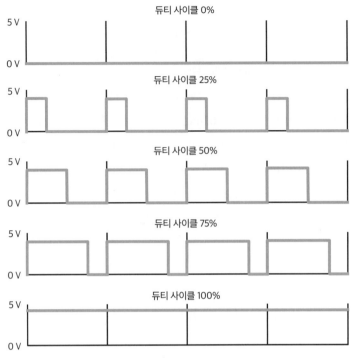

그림 8.5 **PWM 신호와 듀티 사이클**

그림 8.4의 PWM 신호는 100/256 ≈ 39% 듀티 사이클을 갖는 신호로, LED로 출력하면 약 39% 의 밝기로 켜지며 LED의 밝기는 듀티 사이클에 비례한다. 이처럼 듀티 사이클을 조절함으로써 아날로그 신호와 비슷한 효과를 얻기 위해 PWM 신호를 사용할 수 있다. 하지만 듀티 사이클을 조절하는 것만으로는 LED의 밝기를 조절할 수 없으며 한 가지 더 생각해야 하는 것이 PWM 신호의 주파수다.

LED를 1초 간격으로 켜고 끄는 블링크 스케치를 생각해 보자. 블링크 스케치에서 LED 제어를 위한 신호 역시 50% 듀티 사이클을 갖는 PWM 신호다. 하지만 블링크 신호를 LED에 가하면 LED의 밝기가 변하는 것이 아니라 LED가 깜빡거린다. LED의 밝기를 변경하는 신호와 블링크 신호의 차이점 중 하나는 블링크 신호의 주파수가 0.5Hz라면 아두이노 제로에서 LED 밝기를 제어하는 데 사용하는 PWM 신호의 주파수는 732Hz라는 점이다.[3] 즉, **아날로그 신호와 비슷한 효과를 얻기 위해서는 높은 주파수의 PWM 신호가 필요하다.** 낮은 주파수의 PWM 신호를 사용하면 한 주기 내에서 HIGH인 구간과 LOW인 구간에 개별적으로 반응하여 LED가 깜빡거리지만, 높은 주파수의 PWM 신호를 사용하면 한 주기 내의 평균값에 LED가 반응하여 그에 해당하는 밝기로 LED가 켜진다.

---

3   아두이노 MKR 제로, 아두이노 나노 33 IoT 역시 SAMD21G 마이크로컨트롤러를 사용하므로 PWM 주파수는 732Hz로 같다.

아두이노 보드에서 PWM 신호 출력이 가능한 핀은 핀 번호 옆에 물결무늬(~)를 표시하여 구별하고 있다. PWM 신호 출력이 가능한 아두이노 제로의 5번 핀에 그림 8.6과 같이 LED를 추가하자. 가변저항은 그림 8.1과 마찬가지로 A0 핀에 연결한다.

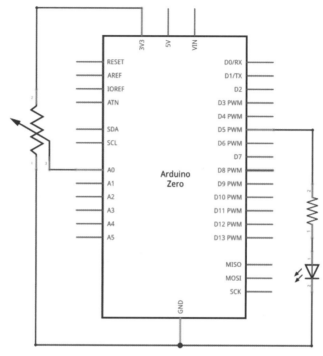

그림 8.6 **가변저항과 LED 연결 회로도**

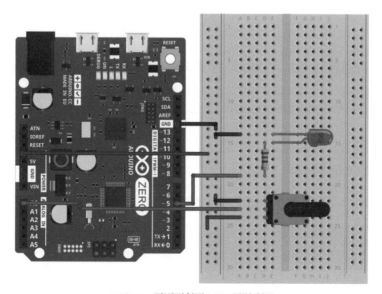

그림 8.7 **가변저항과 LED 연결 회로**

지정한 듀티 사이클의 PWM 신호를 출력하기 위해서는 analogWrite 함수를 사용하면 된다.

■ **analogWrite**

void analogWrite(uint8_t pin, int value)
  – 매개변수
    pin: 핀 번호
    value: 듀티 사이클, 해상도가 n비트일 때 $0 \sim 2^n - 1$ 사잇값
  – 반환값: 없음

지정한 핀으로 지정한 듀티 사이클의 PWM 신호를 출력한다. 이때 듀티 사이클은 PWM 신호의 해상도에 따라 다른 범위의 값을 가지며, analogWriteResolution 함수로 해상도를 변경할 수 있다.

해상도

ADC에서도 해상도라는 단어를 사용하고 PWM에서도 해상도라는 단어를 사용한다. ADC에서 해상도는 정해진 범위의 아날로그 전압을 몇 단계의 디지털 신호로 구분해서 읽을 것인가와 관련이 있다. SAMD21G 기반 아두이노 보드에서 0~3.3V의 전압을 8비트의 해상도로 읽으면 $2^8 = 256$단계로 구분하여 읽을 수 있고 $\frac{3.3}{2^8} \approx 12.89\text{mV}$의 전압 차이를 구별할 수 있다. 12비트의 해상도로 읽으면 $2^{12} = 4{,}096$단계로 구분하여 읽을 수 있고 $\frac{3.3}{2^{12}} \approx 0.81\text{mV}$의 전압 차이를 구별할 수 있다. 즉, ADC에서 해상도가 높아지면 좀 더 작은 입력 신호의 차이를 구분할 수 있다.

PWM에서 해상도는 얼마나 정밀한 아날로그 전압을 출력할 수 있는지와 관련이 있으며 ADC에서 구분할 수 있는 정도의 전압 차이를 출력할 수 있다. 8비트의 해상도로 PWM 신호를 출력하면 출력할 수 있는 전압의 최소 차이는 약 12.89mV가 될 것이고, 12비트 해상도라면 약 0.81mV가 된다.

이처럼 해상도는 디지털 신호가 나타낼 수 있는 서로 다른 아날로그값의 개수 또는 단계를 나타내기 위해 사용되며, 디지털 신호로 표현할 수 있는 아날로그 신호의 정밀도와 관련되어 있다. 이러한 해상도와 정밀도의 관계는 우리가 흔히 접하는 디스플레이 장치에서도 마찬가지다. 해상도가 높은 모니터와 해상도가 낮은 모니터에서 같은 이미지를 표현할 때 눈으로 확인할 수 있는 이미지의 품질 차이는 ADC와 PWM에서 높은 해상도와 낮은 해상도를 사용했을 때의 차이와 같다.

■ **analogWriteResolution**

void analogWriteResolution(int res)
  – 매개변수
    res: 해상도
  – 반환값: 없음

출력하는 PWM 신호의 해상도를 설정한다. PWM 신호의 해상도는 AVR 기반 아두이노 보드와의 호환성을 위해 8비트의 디폴트값을 갖지만, analogWriteResolution 함수를 사용하여 12비트까지 높일 수 있다.

스케치 8.2는 가변저항값을 12비트 해상도의 디지털값으로 읽고 이를 12비트 해상도를 갖는 PWM 신호의 듀티 사이클로 직접 사용하여 LED 밝기를 제어하는 예다. 가변저항을 돌리면서 LED의 밝기가 변하는 것을 확인해 보자.

스케치 8.2 PWM 신호를 이용한 LED 밝기 제어

```
void setup() {
  SerialUSB.begin(9600);
  while (!SerialUSB);

  analogReadResolution(12);                  // 12비트 아날로그 입력 해상도
  analogWriteResolution(12);                 // 12비트 PWM 출력 해상도
}

void loop() {
  int value = analogRead(A0);                // 12비트 아날로그값 읽기
  SerialUSB.println(value);

  analogWrite(5, value);                     // 12비트 PWM 신호 출력

  delay(30);
}
```

8.4 아날로그 신호 출력

analogWrite 함수는 PWM 신호 출력을 위해서도 사용되지만, 실제 아날로그 신호 출력을 위해서도 사용된다. 아두이노 제로, 아두이노 MKR 제로, 아두이노 나노 33 IoT 모두 **A0 핀이 DAC에 연결되어 있어 A0 핀을 매개변수로 analogWrite 함수를 사용하여 아날로그 신호를 출력할 수 있다.** DAC로 출력할 수 있는 최대 해상도는 10비트로 ADC와 PWM 신호의 최대 해상도가 12비트인 것과 차이가 있다. DAC를 통한 아날로그 신호 출력에서도 PWM 신호 출력과 마찬가지로 analogWriteResolution 함수를 사용하여 해상도를 12비트까지 설정할 수 있지만 실제로는 10비트가 최댓값이다.

그림 8.8과 같이 A0 핀과 A1 핀을 서로 연결하자. A0 핀은 DAC를 통해 아날로그 신호를 출력하기 위해 사용하고, A1 핀은 A0 핀의 출력을 ADC를 통해 디지털값으로 읽기 위해 사용할 것이다. 이처럼 출력과 입력을 직접 연결하는 것을 루프백loopback 테스트라고 하며 입력과 출력을 동시에 검사하기 위해 사용한다.

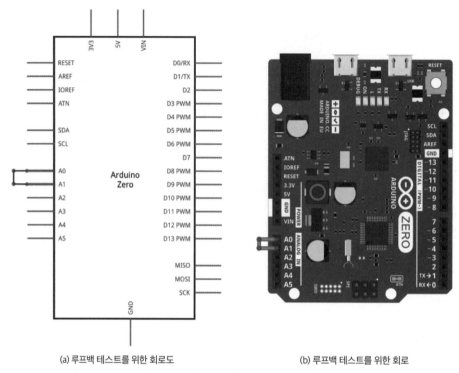

(a) 루프백 테스트를 위한 회로도   (b) 루프백 테스트를 위한 회로

그림 8.8 루프백 테스트를 위한 연결

스케치 8.3은 analogWriteResolution 함수로 실제 아날로그 출력의 해상도를 변경하여 A0 핀으로 출력하고 출력된 값을 A1 핀을 통해 읽어 확인하는 예다.

스케치 8.3 **루프백 테스트**

```
void setup() {
  SerialUSB.begin(9600);
  while (!SerialUSB);

  analogReadResolution(12);                  // ADC 입력 해상도 설정

  for (int i = 0; i < 4096; i += 8) {        // 최대 12비트값 출력
    analogWriteResolution(10);               // DAC 출력 해상도를 10비트로 설정
    analogWrite(A0, i);
    int value1 = analogRead(A1);

    analogWriteResolution(12);               // DAC 출력 해상도를 12비트로 설정
```

```
    analogWrite(A0, i);
    int value2 = analogRead(A1);

    SerialUSB.print(value1);
    SerialUSB.print(' ');
    SerialUSB.print(value2);
    SerialUSB.println();
  }
}

void loop() {
}
```

그림 8.9는 스케치 8.3에서 시리얼 모니터로 출력한 값을 그래프로 그린 것이다. 시리얼 플로터에
서도 그래프를 확인할 수 있지만, 시리얼 플로터에서는 50개의 값만 표시할 수 있으므로 전체적인
모양을 확인하기가 어려워 별도의 프로그램을 사용하여 그래프를 그렸다.

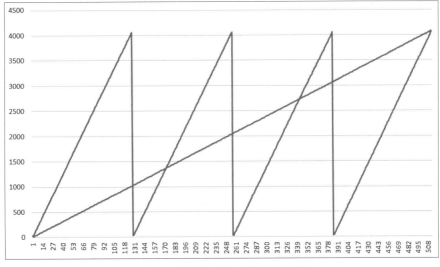

그림 8.9 스케치 8.3의 실행 결과 그래프

그림 8.9에서 네 번 반복되는 그래프는 DAC 출력 해상도를 10비트로 설정하고 0~4095 사이의
12비트값을 출력한 것이다. 설정한 해상도에서 출력할 수 없는 큰 값을 출력하면 오버플로가 발생
하여 상위 비트가 무시되므로 같은 그래프가 네 번 반복되어 나타난다. 반복하여 나타나지 않는
그래프는 DAC 출력 해상도를 12비트로 설정하고 0~4095 사이의 값을 출력한 것이다. DAC에서
12비트 출력은 처리할 수 없지만, 해상도가 12비트로 설정되면 하위 비트가 무시된다. 따라서 그
래프가 반복되지 않고 한 번만 나타난다. 두 경우 모두 ADC의 해상도는 12비트로 설정되어 있으
므로 analogRead 함수는 0~4095 사이의 값을 반환한다.

8.5 맺는말

자연계에 존재하는 모든 데이터는 아날로그 데이터이므로 디지털 컴퓨터에서 사용하기 위해서는 먼저 디지털 데이터로 변환해야 한다. 이는 디지털 컴퓨터의 한 종류인 마이크로컨트롤러 역시 마찬가지다. SAMD21G 마이크로컨트롤러에는 ADC와 DAC가 모두 포함되어 있어 아날로그 데이터를 디지털 데이터로 변환하여 읽고 아날로그 데이터를 직접 출력하는 것이 가능하다. 이 외에도 PWM 신호를 사용하여 아날로그 신호와 비슷한 효과를 얻을 수 있다. AVR 기반 아두이노 보드에서도 ADC와 PWM 신호를 사용할 수 있지만, DAC는 포함되어 있지 않으므로 아날로그 신호를 직접 출력할 수는 없다.

AVR 기반 아두이노 보드와 비교했을 때 SAMD21G 마이크로컨트롤러를 사용하는 아두이노 보드의 차이점은 해상도에 있다. SAMD21G 마이크로컨트롤러를 사용하는 아두이노 보드는 AVR 기반 아두이노 보드보다 높은 해상도를 지원하므로 좀 더 정확하게 아날로그 데이터를 디지털 데이터로 나타낼 수 있으며, 따라서 더 정밀한 제어를 가능하게 해준다.

표 8.4 **아두이노 보드의 아날로그 데이터 해상도**

	AVR 기반 아두이노 보드	SAMD21G 마이크로컨트롤러를 사용하는 아두이노 보드	
		디폴트값	최댓값
ADC 해상도(비트)	10	10	12
PWM 해상도(비트)	8	8	12
DAC 해상도(비트)	–	10	10

SPI 통신

SPI는 시리얼 통신 방법의 하나로 마스터-슬레이브 구조를 통해 1:n 연결이 가능하며 많은 데이터를 빠른 속도로 전송하기 위해 흔히 사용된다. 이 장에서는 SPI 통신의 동작 원리를 살펴보고, SPI 통신을 사용하는 OLED 디스플레이의 사용 방법을 알아본다.

이 장에서
사용할 부품

아두이노 제로 × 1

OLED 디스플레이 × 1 ➡ SPI 방식, 0.96인치

마이크로컨트롤러에서 사용할 수 있는 시리얼 통신 방법은 10여 가지에 이르지만, 마이크로컨트롤러에서 전용 하드웨어를 통해 지원하는 시리얼 통신은 UART, SPI, I2C 등이 대표적이며 마이크로컨트롤러 대부분이 제공하는 방법이기도 하다. 이 외에 SAMD21G 마이크로컨트롤러는 USB 통신을 지원하므로 USB 주변 장치 및 USB 호스트 기능을 사용할 수 있으며, 오디오를 위한 I2S 통신 역시 사용할 수 있다. 이처럼 다양한 시리얼 통신 방법은 그 목적이 조금씩 다르므로 연결과 사용 방법에 차이가 있다. 5장 'UART 시리얼 통신'에서 살펴본 UART 통신은 가장 오래된 통신 방법 중 하나로, 연결과 제어가 간단하여 다양한 용도로 사용되고 있다. 하지만 UART 통신은 1:1 통신만 지원하는 한계가 있어 여러 개의 장치를 연결하기가 쉽지 않다. 반면 **SPI**Serial Peripheral Interface**는 고속의 주변 장치 연결을 위해 만들어진 시리얼 통신 방법 중 하나로, 마스터 장치에 여러 개의 슬레이브 장치를 연결할 수가 있다.** 또한 데이터 동기화를 위해 별도의 클록을 사용하므로 하드웨어가 간단하고 속도가 빠른 것도 장점이라 할 수 있다. 그림 9.1은 아두이노에 하나의 슬레이브 장치를 SPI 통신으로 연결한 것으로 4개의 연결선을 사용하고 있다.

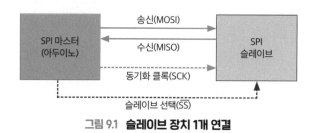

그림 9.1 슬레이브 장치 1개 연결

그림 9.1에서 **MOSI와 MISO는 데이터 전송을 위해 사용되며 UART에서 TX, RX와 비슷하다.** MOSIMaster Out Slave In는 마스터 장치에서 슬레이브 장치로의 데이터 전송을, MISOMaster In Slave Out는 슬레이브 장치에서 마스터 장치로의 데이터 전송을 의미한다. UART 시리얼 통신은 1:1 통신이므로 연결된 두 장치를 마스터와 슬레이브로 구별하지 않는다. **SCK**Serial Clock**는 데이터 동기화에 사용되는 시리얼 클록이다. SS**Slave Select**는 여러 슬레이브 장치 중 마스터 장치가 데이터를 주고받을 슬레이브 장치를 선택하는 데 사용되며 슬레이브별로 하나의 연결선을 사용한다.** 선택된 슬레이브 장치의 SS는 LOW 상태에 있고, 선택되지 않은 슬레이브 장치의 SS는 HIGH 상태에 있다.[1]

---

1   SS 연결선과 같이 활성화 상태에 있을 때의 신호 레벨이 LOW인 경우를 부논리 또는 'active low'라고 하며 그림 9.1에서 SS 위에 선을 그어놓은 것이 이를 표시하는 방법이다.

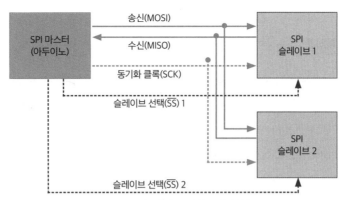

그림 9.2 슬레이브 장치 2개 연결

그림 9.2는 마스터 장치에 2개의 슬레이브 장치가 연결된 것으로, **모든 슬레이브 장치는 마스터로부터의 MOSI, MISO, SCK 연결선을 공유한다.** 즉, 마스터 장치가 보내는 데이터는 모든 슬레이브 장치에 전달된다. 하지만 실제로 데이터를 받는 슬레이브 장치는 SS 연결선이 LOW 상태에 있는 슬레이브다. 즉, 1:n 연결이 가능하지만, 특정 순간에는 1:1 통신만 가능하다. 이때 SS 연결선의 수는 슬레이브 장치의 수와 같다.

표 9.1 시리얼 통신 방식 비교

			UART	SPI	I2C	1-Wire
동기/비동기			비동기	동기	동기	비동기
전이중/반이중			전이중	전이중	반이중	반이중
연결선 개수	1개 슬레이브 연결	데이터	2(전이중)	2(전이중)	1(반이중)	1(반이중)
		클록	0(비동기)	1(동기)	1(동기)	0(비동기)
		제어	0	1	0	0
		합계	2	4	2	1
	n개 슬레이브 연결		2n	3+n	2	1
연결 방식			1:1	1:n(마스터-슬레이브)	1:n(마스터-슬레이브)	1:n(마스터-슬레이브)
슬레이브 선택			-	하드웨어(SS 라인)	소프트웨어(주소 지정)	소프트웨어(주소 지정)

표 9.1은 마이크로컨트롤러에서 흔히 사용되는 시리얼 통신 방식을 나타낸 것으로, 동기/비동기와 전이중/반이중 방식에 따라 대표적인 시리얼 통신 네 가지를 비교했다.

• **동기/비동기:** 데이터 전송을 위해 별도의 클록을 사용하는 경우를 동기, 별도의 클록을 사용하지 않는 경우를 비동기로 구분한다.

- **전이중/반이중**: 데이터 송수신을 위해 송수신 전용의 2개 연결선을 사용하는 경우를 전이중$_{full}$ $_{duplex}$, 1개 연결선을 사용하여 송수신을 모두 수행하는 경우를 반이중$_{half\,duplex}$으로 구분한다.

아두이노 우노에 사용된 ATmega328 마이크로컨트롤러 역시 하드웨어적으로 SPI 통신을 지원하지만, SPI 통신을 위해 사용할 수 있는 데이터 핀이 정해져 있다. 반면 아두이노 제로에 사용된 SAMD21G 마이크로컨트롤러는 SERCOM의 설정을 통해 여러 가지 시리얼 통신을 지원할 수 있으며 그중 하나가 SPI 통신이다. 즉, **SAMD21G 마이크로컨트롤러에서는 SERCOM 설정에 따라 서로 다른 데이터 핀을 하드웨어 SPI 통신에 사용할 수 있다.** 표 9.2는 SAMD21G 마이크로컨트롤러를 사용하는 아두이노 보드에서 SPI 통신을 위해 사용되는 핀을 나타낸 것이다. SS는 임의의 디지털 입출력 핀을 사용할 수 있으므로 모든 슬레이브가 공유하는 3개의 연결선만을 나타내었다.

표 9.2 SPI 통신을 위한 핀

	MOSI	MISO	SCK	비고
아두이노 제로	23	22	24	기본 20개 핀 헤더가 제공되는 핀이 아닌 핀으로 ICSP 헤더의 핀 사용
아두이노 MKR 제로	8	10	9	
아두이노 나노 33 IoT	11	12	13	아두이노 우노와 같은 번호의 핀 사용

아두이노에서는 SPI 통신을 지원하기 위해 SPI 라이브러리를 제공하고 있다. 하지만 SPI 라이브러리는 기본적인 데이터 송수신만을 지원하며 송수신되는 데이터의 의미는 사용하는 주변 장치에 따라 다르다. 따라서 SPI 라이브러리를 바탕으로 주변 장치에 따라 별도로 만들어진 전용 라이브러리를 사용하는 것이 일반적이며, 이 장에서도 SPI 라이브러리가 아니라 SPI 방식 OLED를 위한 전용 라이브러리를 사용한다.

9.2 OLED 디스플레이

아두이노에서 흔히 사용되는 표시 장치에는 텍스트 LCD가 있다. 하지만 텍스트 LCD는 글자 단위로만 출력할 수 있고, 고정된 위치에만 글자를 표시할 수 있으며, 이미지나 도형을 출력할 수 없다는 등의 단점이 있다. 텍스트 LCD의 단점을 보완하여 픽셀 단위로 제어할 수 있는 출력 장치에는 그래픽 LCD, TFT-LCD, OLED 디스플레이 등이 있다. 이 중 **OLED**$_{Organic\,Light\,Emitting\,Diode}$(유기 발광 다이오드)는 유기화합물에 전류를 흘리면 스스로 빛을 내는 현상을 이용한다. LCD는 액정을 통해 빛이 통과하는 양을 조절하여 색을 조절하므로 별도의 광원이 필요하다. 반면 OLED는 스스로 빛을 내기 때문에 광원이 필요하지 않아 얇게 만들 수 있고, 전력 소비가 적으며, 색 재현력이 좋다는 등 여러 가지 장점이 있다. 아직은 LCD보다 가격이 비싸고 같은 픽셀에 같은 색상을 오래 표시하면 잔상이 남는 번인burn-in 현상이 발생한다는 등의 문제가 있지만, 아두이노와 함께 사용할 1인치 이하의 소형 표시 장치로는 OLED 디스플레이 이외에는 선택의 여지가 거의 없는 것이 사실이다. 이 장에서는 0.96인치에 128×64 해상도의 단색 OLED 디스플레이를 사용한다. I2C 통신을 사용하는 같은 사양의 제품 역시 쉽게 찾아볼 수 있지만, SPI 통신을 사용하는 OLED 디스플레이의 화면 갱신 속도가 I2C 통신을 사용하는 OLED 디스플레이보다 훨씬 빠르다. 이 장에서 사용하는 OLED 라이브러리는 하드웨어 SPI는 물론 범용 입출력 핀을 사용하는 소프트웨어 SPI를 통한 연결도 지원한다.

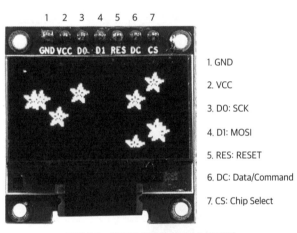

1. GND

2. VCC

3. D0: SCK

4. D1: MOSI

5. RES: RESET

6. DC: Data/Command

7. CS: Chip Select

그림 9.3 SPI 방식 OLED 디스플레이

그림 9.3은 SPI 통신을 사용하는 0.96인치 OLED 디스플레이로 7개 핀을 갖고 있다. 3번(SCK)과 4번(MOSI) 핀은 SPI 통신에 사용되는 핀이다. SPI 통신은 3개의 공통 핀을 사용하지만, OLED 디스플레이에서 아두이노로 데이터를 전송하지는 않으므로 MISO 핀은 사용하지 않는다. 5번과 6번 핀은 OLED 디스플레이 드라이버 칩의 제어를 위해 사용되는 핀이며, 7번 핀의 이름인 CSChip Select는 SSSlave Select의 다른 이름이다.

SPI 방식 OLED 디스플레이를 그림 9.4와 같이 연결하자. 이 장에서 사용하는 OLED 디스플레이는 3.3V에서도 동작하므로 전원은 물론 데이터 핀 역시 레벨 변환 없이 3.3V를 연결하여 사용할 수 있다.

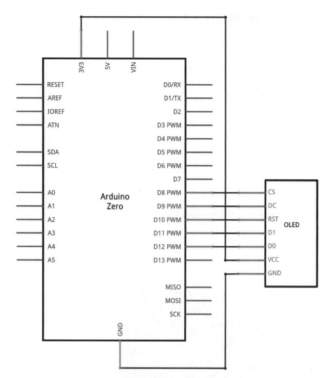

그림 9.4 OLED 디스플레이 연결 회로도

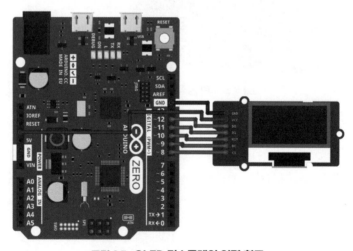

그림 9.5 OLED 디스플레이 연결 회로

OLED 디스플레이를 사용하기 위해서는 먼저 라이브러리를 설치해야 한다. '스케치 ➡ 라이브러리 포함 ➡ 라이브러리 관리...' 메뉴 항목, 'Ctrl + Shift + I' 단축키, 또는 세로 툴바의 '라이브러리 매니저' 버튼을 눌러 라이브러리 매니저를 실행하고 'SSD1306'을 검색하여 Adafruit SSD1306 라이브러리를 설치한다.

그림 9.6 Adafruit SSD1306 라이브러리 검색 및 설치[2]

Adafruit SSD1306 라이브러리 사용하기 위해서는 Adafruit에서 제공하는 Adafruit GFX 라이브러리 역시 필요하다. **Adafruit GFX 라이브러리는 추상적인 그래픽 요소들과 동작을 정의하고 있으며, 실제 하드웨어 제어는 Adafruit GFX 라이브러리를 기반으로 하는 Adafruit SSD1306 라이브러리에서 이루어진다.** 이 외에도 Adafruit BusIO 라이브러리 역시 필요하다. Adafruit SSD1306 라이브러리를 설치할 때 필요한 라이브러리가 설치되어 있지 않으면 자동으로 설치하라는 메시지가 나타나므로 '모두 설치'를 선택하여 함께 설치하면 된다.

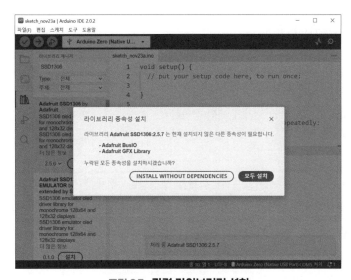

그림 9.7 관련 라이브러리 설치

---

2   https://github.com/adafruit/Adafruit_SSD1306

라이브러리의 이름이기도 한 SSD1306은 최대 128×64 해상도의 OLED 디스플레이를 제어할 수 있는 드라이버 칩으로, SPI 통신은 물론 I2C 통신도 지원한다. Adafruit SSD1306 라이브러리 역시 I2C 방식 OLED 디스플레이를 지원한다.

Adafruit SSD1306 라이브러리를 사용하기 위해서는 먼저 헤더 파일을 포함해야 한다. '스케치 ➡ 라이브러리 포함 ➡ Adafruit_SSD1306' 메뉴 항목을 선택하면 2개의 헤더 파일을 포함하지만 splash.h 파일은 Adafruit의 로고 이미지를 정의하는 파일이므로 포함하지 않아도 된다.

```
#include <Adafruit_SSD1306.h>
// #include <splash.h>              // Adafruit 로고 이미지 데이터 정의
```

먼저 OLED 디스플레이 제어를 위한 객체를 생성한다.

■ **Adafruit_SSD1306**

```
Adafruit_SSD1306::Adafruit_SSD1306(uint8_t w, uint8_t h, int8_t mosi_pin, int8_t sclk_pin,
int8_t dc_pin, int8_t rst_pin, int8_t cs_pin);
Adafruit_SSD1306::Adafruit_SSD1306(uint8_t w, uint8_t h, SPIClass *spi, int8_t dc_pin, int8
_t rst_pin, int8_t cs_pin)
  - 매개변수
    w: OLED 디스플레이의 픽셀 단위 x축 해상도
    h: OLED 디스플레이의 픽셀 단위 y축 해상도
    mosi_pin: MOSI(DI) 연결 핀
    sclk_pin: SCK(D0) 연결 핀
    dc_pin: DC_Data/Command 연결 핀
    rst_pin: RST_Reset 연결 핀
    cs_pin: CS_Chip Select 연결 핀
    spi: SPI 통신을 담당하는 객체에 대한 포인터
  - 반환값: 없음
```

SPI 방식 OLED 디스플레이 제어를 위한 객체를 생성한다. 객체를 생성할 때는 하드웨어 방식이나 소프트웨어 방식의 SPI 통신을 사용할 수 있다. 소프트웨어 방식 SPI를 사용할 때는 제어 핀 5개를 연결할 입출력 핀을 모두 지정해야 하지만, 하드웨어 방식 SPI를 사용할 때는 MOSI와 SCK 연결 핀이 정해져 있으므로 나머지 3개의 제어 핀을 연결할 입출력 핀과 하드웨어 SPI 통신을 담당하는 객체에 대한 포인터를 지정하면 된다.

■ **begin**

```
boolean Adafruit_SSD1306::begin()
  - 매개변수: 없음
  - 반환값: 버퍼 할당 및 초기화 성공 여부
```

객체가 생성된 후 초기화를 수행한다. I2C 방식 OLED 디스플레이를 사용한다면 I2C 주소를 지정해야 하지만, SPI 방식 OLED 디스플레이를 사용한다면 매개변수가 필요하지 않다. `begin` 함수에서 수행하는 작업 중 하나가 디스플레이 버퍼를 할당하는 것으로, `begin` 함수의 반환값을 통해 버퍼 할당의 성공 여부를 확인할 수 있다.

■ **display**

```
void Adafruit_SSD1306::display()
  - 매개변수: 없음
  - 반환값: 없음
```

SSD1306 라이브러리는 내부적으로 화면에 출력할 데이터를 저장하는 버퍼를 갖고 있다. 따라서 모든 출력은 버퍼에 이루어지며 버퍼의 내용을 실제 화면에 보여주기 위해서는 `display` 함수를 호출해야 한다.

■ **clearDisplay**

```
void Adafruit_SSD1306::clearDisplay()
  - 매개변수: 없음
  - 반환값: 없음
```

버퍼의 내용을 모두 지운다. 버퍼의 내용을 지운 후에 실제 화면을 지우기 위해서도 `display` 함수를 호출해야 한다.

■ **setTextColor**

```
void Adafruit_SSD1306::setTextColor(uint16_t c)
  - 매개변수
    c: 색상값
  - 반환값: 없음
```

문자 표시를 위해서는 5-6-5 형식의 16비트 RGB 색상을 사용할 수 있다. 하지만 이 장에서 사용하는 OLED 디스플레이는 단색만 나타낼 수 있으므로 미리 정의된 상수를 사용하면 된다. 전경색을 나타내기 위해서는 SSD1306_WHITE 또는 WHITE를, 배경색을 나타내기 위해서는 SSD1306_BLACK 또는 BLACK을 사용하면 된다.

스케치 9.1은 SPI 방식 OLED 디스플레이에 문자열을 표시하는 예다. 문자열 출력을 위해서는 print 함수를 사용할 수 있다. print 함수의 사용 방법은 UART 시리얼 통신을 위한 Serial 클래스에서의 print 함수 사용 방법과 같다. 줄바꿈 문자가 함께 출력되는 println 함수 역시 사용할 수 있다.

스케치 9.1 **Hello OLED Display**

```
#include <Adafruit_SSD1306.h>

#define SCREEN_WIDTH 128                    // OLED x축 해상도
#define SCREEN_HEIGHT 64                    // OLED y축 해상도

#define OLED_CLK    12
#define OLED_MOSI   11
#define OLED_RESET  10
#define OLED_DC      9
#define OLED_CS      8

// OLED 제어를 위한 객체 생성
Adafruit_SSD1306 display(SCREEN_WIDTH, SCREEN_HEIGHT,
      OLED_MOSI, OLED_CLK, OLED_DC, OLED_RESET, OLED_CS);

void setup() {
  // OLED 객체 초기화 및 디스플레이 버퍼 할당
  if ( !display.begin() ) {
    while (1);                              // 초기화 실패로 정지
  }
  display.clearDisplay();                   // 디스플레이 버퍼 지우기
  display.setTextColor(WHITE);              // 텍스트 색깔 지정
  display.print("Hello OLED Display~");     // 문자열 출력
  display.display();                        // 버퍼 내용을 화면에 나타내기
}

void loop() {
}
```

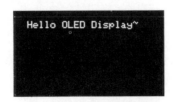

그림 9.8 **스케치 9.1의 실행 결과**

SSD1306 라이브러리에서 사용하는 디폴트 폰트는 5×7 크기 폰트로 여백까지 포함해서 6×8픽셀이 필요하므로 128×64 해상도의 화면에는 8행 21열로 문자를 표시할 수 있다. setTextSize 함수를 사용하면 기본 폰트 크기의 정수 배로 폰트를 확대하여 사용할 수 있다.

■ setTextSize

```
void Adafruit_SSD1306::setTextSize(uint8_t s)
void Adafruit_SSD1306::setTextSize(uint8_t s_x, uint8_t s_y)
   - 매개변수
   s: 텍스트 크기 확대 비율
   s_x: $x$축 방향 텍스트 크기 확대 비율
   s_y: $y$축 방향 텍스트 크기 확대 비율
   - 반환값: 없음
```

텍스트를 출력하기 위해 사용하는 폰트 크기를 정수 단위로 확대한다. x축과 y축 방향으로 확대 비율을 다르게 지정할 수 있다.

■ setCursor

```
void Adafruit_SSD1306::setCursor(int16_t x, int16_t y)
   - 매개변수
   x: 픽셀 단위의 $x$축 위치($0 \leq x < 128$)
   y: 픽셀 단위의 $y$축 위치($0 \leq y < 64$)
   - 반환값: 없음
```

원하는 위치에 문자를 출력하기 위해서는 먼저 커서를 원하는 위치로 옮겨야 한다. print 함수를 사용하여 문자를 계속 출력하면 자동으로 다음 줄로 이동하며, println 함수를 사용하면 줄바꿈이 된다. 하지만 자동 스크롤을 지원하지는 않으므로 커서가 화면 내에 있지 않으면 출력 내용은 표시되지 않는다. 커서 위치는 픽셀 단위로 지정하며 왼쪽 위가 (0, 0)으로 기준이 된다.

스케치 9.2는 텍스트의 크기를 변경하면서 지정한 위치에 문자열을 출력하는 예다. 커서 위치를 옮기지 않고 print 대신 println 함수를 사용해도 비슷한 결과를 얻을 수 있다. 다만 자동 줄바꿈을 사용하면 문자 간 여백이 1픽셀로 고정되지만, setCursor 함수를 사용하면 매번 위치를 지정해야 하는 불편함은 있으나 임의로 여백을 조절할 수 있다는 장점이 있다.

스케치 9.2 텍스트 폰트 크기 변경

```cpp
#include <Adafruit_SSD1306.h>

#define SCREEN_WIDTH 128                    // OLED x축 해상도
#define SCREEN_HEIGHT 64                    // OLED y축 해상도

#define OLED_CLK    12
#define OLED_MOSI   11
#define OLED_RESET  10
#define OLED_DC     9
#define OLED_CS     8

// OLED 제어를 위한 객체 생성
Adafruit_SSD1306 display(SCREEN_WIDTH, SCREEN_HEIGHT,
        OLED_MOSI, OLED_CLK, OLED_DC, OLED_RESET, OLED_CS);

void setup() {
  // OLED 객체 초기화 및 디스플레이 버퍼 할당
  if ( !display.begin() ) {
    while (1);                              // 초기화 실패로 정지
  }
  display.clearDisplay();                   // 디스플레이 버퍼 지우기
  display.setTextColor(WHITE);              // 텍스트 색깔 지정

  int y = 0;                                // 문자열을 출력할 y축 위치
  for (int scale = 1; scale < 4; scale++) {
    display.setTextSize(scale);             // 텍스트 배율 지정
    display.setCursor(0, y);                // 텍스트 커서 위치 변경, 픽셀 단위

    display.print("Size:");
    display.print(scale);

    y = y + 8 * scale + 2;                  // 2픽셀 여백
  }
  display.display();                        // 버퍼 내용을 화면에 나타내기
}

void loop() {
}
```

그림 9.9 스케치 9.2의 실행 결과

Adafruit SSD1306 라이브러리에는 문자 이외에 다양한 그래픽 요소 출력을 위한 멤버 함수가 정의되어 있다.

```
void Adafruit_SSD1306::drawLine(          // 직선
  int16_t x0, int16_t y0, int16_t x1, int16_t y1, uint16_t color );
void Adafruit_SSD1306::drawRect(          // 사각형
    int16_t x, int16_t y, int16_t width, int16_t height, uint16_t color );
void Adafruit_SSD1306::fillRect(          // 채워진 사각형
  int16_t x, int16_t y, int16_t width, int16_t height, uint16_t color );
void Adafruit_SSD1306::drawCircle(        // 원
  int16_t x, int16_t y, int16_t radius, uint16_t color );
void Adafruit_SSD1306::fillCircle(        // 채워진 원
  int16_t x, int16_t y, int16_t radius, uint16_t color );
void Adafruit_SSD1306::drawRoundRect(     // 둥근 모서리 사각형
  int16_t x, int16_t y, int16_t width, int16_t height, int16_t radius,
  uint16_t color );
void Adafruit_SSD1306::fillRoundRect(     // 채워진 둥근 모서리 사각형
  int16_t x, int16_t y, int16_t width, int16_t height, int16_t radius,
  uint16_t color );
void Adafruit_SSD1306::drawTriangle(      // 삼각형
  int16_t x0, int16_t y0, int16_t x1, int16_t y1, int16_t x2, int16_t y2,
  uint16_t color );
void Adafruit_SSD1306::fillTriangle(      // 채워진 삼각형
  int16_t x0, int16_t y0, int16_t x1, int16_t y1, int16_t x2, int16_t y2,
  uint16_t color );
```

이 외에도 여러 가지 그래픽 함수가 제공되고 있으며 자세한 내용은 Adafruit SSD1306 라이브러리 홈페이지[3]와 클래스 정의 파일을 참고하면 된다. 스케치 9.3은 OLED 디스플레이에 도형을 그리는 예다.

스케치 9.3 도형 그리기

```
#include <Adafruit_SSD1306.h>

#define SCREEN_WIDTH 128                  // OLED x축 해상도
#define SCREEN_HEIGHT 64                  // OLED y축 해상도
```

---

3   https://github.com/adafruit/Adafruit_SSD1306

```
#define OLED_CLK    12
#define OLED_MOSI   11
#define OLED_RESET  10
#define OLED_DC      9
#define OLED_CS      8

// OLED 제어를 위한 객체 생성
Adafruit_SSD1306 display(SCREEN_WIDTH, SCREEN_HEIGHT,
      OLED_MOSI, OLED_CLK, OLED_DC, OLED_RESET, OLED_CS);

void setup() {
  // OLED 객체 초기화 및 디스플레이 버퍼 할당
  if ( !display.begin() ) {
    while (1);                              // 초기화 실패로 정지
  }
  display.clearDisplay();                   // 디스플레이 버퍼 지우기

  display.drawLine(0, 0, 127, 63, WHITE);   // 직선
  display.drawLine(127, 0, 0, 63, WHITE);

  for (int r = 30; r >= 5; r -= 5) {
    if (r % 10 == 0) {                      // 채워진 원
        display.fillCircle(64, 32, r, WHITE);
    }
    else {                                  // 빈 원, 원 내부를 강제로 지움
        display.fillCircle(64, 32, r, BLACK);
    }
  }

  display.display();                        // 버퍼 내용을 화면에 나타내기
}

void loop() {
}
```

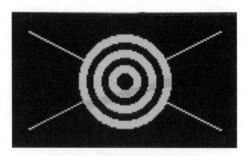

그림 9.10 스케치 9.3의 실행 결과

하드웨어 SPI 사용

지금까지는 소프트웨어 SPI 통신을 사용하여 OLED 디스플레이를 제어하는 방법을 살펴봤다. 이를 하드웨어 SPI 통신을 사용하도록 수정하려면 OLED 디스플레이를 위한 객체 생성 방법만 바꾸면 된다. 스케치 9.1에서 스케치 9.3까지 사용한 생성자는 다음과 같다.

```
Adafruit_SSD1306 display(SCREEN_WIDTH, SCREEN_HEIGHT,
    OLED_MOSI, OLED_CLK, OLED_DC, OLED_RESET, OLED_CS);
```

이 중 하드웨어 SPI 통신을 사용하기 위해 수정해야 하는 부분은 OLED_MOSI 핀과 OLED_CLK 핀을 SPI 통신을 담당하는 객체의 포인터로 바꾸는 것이다. 아두이노에서 SPI 통신을 담당하는 클래스는 SPIClass이고 그 유일한 객체가 SPI이므로 객체에 대한 포인터는 &SPI를 사용하면 된다.

```
Adafruit_SSD1306 display(SCREEN_WIDTH, SCREEN_HEIGHT,
    &SPI, OLED_DC, OLED_RESET, OLED_CS);
```

생성자를 수정하면 그림 9.5의 회로 역시 하드웨어 SPI 통신을 사용하도록 수정해야 한다. 아두이노 제로의 경우 하드웨어 SPI 통신은 ICSP 핀 헤더에 있는 핀을 통해 사용할 수 있으므로 그림 9.11과 같이 MOSI와 SCK의 2개 핀 연결만 수정하면 된다. 아두이노 MKR 제로나 아두이노 나노 33 IoT를 사용한다면 표 9.2에서 MOSI와 SCK에 해당하는 핀을 찾아 연결하면 된다.

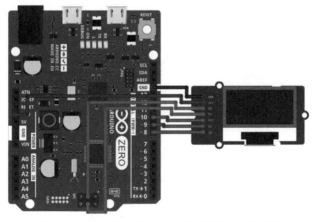

그림 9.11 하드웨어 방식 SPI 통신을 사용하기 위한 회로

생성자 이외에 스케치에서 수정할 부분은 없다. 그림 9.11과 같이 OLED 디스플레이를 연결하고 스케치 9.1에서 스케치 9.3까지 생성자를 수정했다면 같은 결과를 얻을 수 있다.

9.4 맺는말

일대일 연결만 가능한 UART 통신과 달리 SPI 통신은 마스터-슬레이브 구조를 통해 여러 개의 슬레이브 장치를 연결할 수 있다. 또한 SPI 통신은 고속의 데이터 전송을 위해 만들어졌으므로 많은 픽셀 데이터를 전송해야 하는 디스플레이, 고속의 무선 통신을 위한 블루투스나 와이파이 등에서 흔히 사용된다. 아두이노 나노 33 IoT에서 블루투스와 와이파이 통신을 지원하기 위해 포함된 NINA 모듈 역시 SPI 통신을 사용하여 SAMD21G 마이크로컨트롤러와 연결되어 있다.

SPI 통신은 디스플레이 인터페이스로도 흔히 사용되며 이 장에서 살펴본 OLED 디스플레이가 그 예다. OLED 디스플레이는 스스로 빛을 내는 유기 발광 다이오드를 사용하여 만든 표시장치로 LCD와 비교했을 때 백라이트를 사용하지 않는다는 점이 가장 큰 차이이자 장점이다. 백라이트를 사용하지 않으므로 더 얇고 가볍게 만들 수 있으며 휘거나 접는 디스플레이 역시 만들 수 있다. 스마트폰에서와 같이 컬러를 표현할 수 있는 OLED 디스플레이는 아직 가격이 비싸 아두이노와 함께 사용되는 예를 쉽게 볼 수는 없지만, 이 장에서 사용한 0.96인치 단색 디스플레이는 가격이 저렴하고 해상도가 높아 웨어러블 장치를 만드는 데 사용된 예를 어렵지 않게 찾아볼 수 있다. 이 장에서 사용한 0.96인치 외에도 여러 가지 크기의 OLED 디스플레이가 판매되고 있으므로 작고 간단한 표시 장치가 필요하다면 검색해 보기를 추천한다.

I2C 통신

I2C는 시리얼 통신 방법의 하나로 마스터-슬레이브 구조를 통해 1:n 연결이 가능하면서도 슬레이브 수와 무관하게 항상 2개의 연결선만 사용한다. 따라서 많은 슬레이브를 적은 연결선을 사용하여 연결하고 많은 양의 데이터 전송이 필요하지 않은 센서 연결 등에서 흔히 사용한다. 이 장에서는 I2C 통신의 동작 원리를 살펴보고, I2C 통신을 사용하는 텍스트 LCD의 사용 방법을 알아본다.

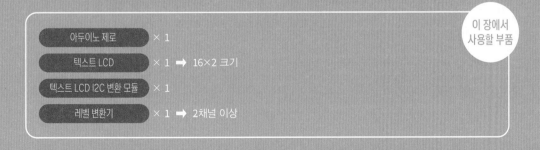

이 장에서
사용할 부품

아두이노 제로	× 1
텍스트 LCD	× 1 ➡ 16×2 크기
텍스트 LCD I2C 변환 모듈	× 1
레벨 변환기	× 1 ➡ 2채널 이상

10.1 I2C

I2CInter-Integrated Circuit는 UARTUniversal Asynchronous Receiver/Transmitter, SPISerial Peripheral Interface와 더불어 마이크로컨트롤러에서 흔히 사용되는 시리얼 통신의 하나다. UART는 1960년대에 만들어진 시리얼 통신 방식으로 다양한 장치들이 지원한다는 장점이 있지만, 1:1 통신만 가능하다는 단점이 있어 여러 개의 주변 장치를 연결하기가 불편하다. 이러한 단점을 보완하여 1:n 통신을 지원하는 통신 방법 중 하나가 SPI 통신이다. SPI 통신에서는 3개의 연결선을 모든 슬레이브 장치가 공유하고 n개의 장치 중 하나의 장치를 선택하기 위한 SSSlave Select 연결을 장치별로 추가하여 사용한다. SPI 통신은 고속의 데이터 전송이 가능하고 하드웨어가 간단하지만 여러 개의 장치를 연결하는 경우 SS 연결선이 증가하는 것은 단점이 될 수 있다.

I2C 역시 1:n 통신을 지원하지만, SPI와는 목적이 다르다. I2C가 SPI와 다른 점 중 하나는 SS 연결이 필요하지 않다는 점이다. **n개의 슬레이브 장치 중 하나를 선택하기 위해 SPI에서 전용선을 사용한다면, I2C에서는 소프트웨어 주소를 사용한다.** I2C에서는 SS 연결이 필요하지 않으므로 연결된 슬레이브 장치 수가 늘어나더라도 필요로 하는 연결선의 수는 SPI와 달리 증가하지 않는다.

SPI 통신에서 SS 연결을 제외하면 모든 슬레이브 장치가 공유하는 3개의 연결선이 남는다. 3개의 연결선 중 MOSIMaster Out Slave In와 MISOMaster In Slave Out 2개는 데이터 송수신을 위해 사용되고 SCKSerial Clock는 동기화 클록 전송을 위해 사용된다. UART와 SPI는 전이중full-duplex 방식으로 송신(UART에서 TX, SPI에서 MOSI)과 수신(UART에서 RX, SPI에서 MISO)을 위해 별도의 연결선을 사용한다. 반면 **I2C에서는 반이중half-duplex 방식을 사용하여 데이터 송수신을 하나의 연결선을 통해 수행한다.** 연결선의 수가 줄어든다는 점은 장점이지만, 송신과 수신이 동시에 진행될 수 없고 UART나 SPI보다 통신 속도가 느린 것은 단점이라 할 수 있다.

이처럼 I2C 통신에서는 데이터 전송을 위한 SDASerial Data, 클록 전송을 위한 SCLSerial Clock의 2개 연결선만 사용하며 연결선의 개수는 연결된 장치의 수와 무관하게 항상 2개다. 표 10.1은 마이크로컨트롤러에서 흔히 사용되는 시리얼 통신 방식을 비교한 것이다.

표 10.1 **시리얼 통신 방식 비교**

			UART	SPI	I2C	1-Wire
동기/비동기			비동기	동기	동기	비동기
전이중/반이중			전이중	전이중	반이중	반이중
연결선 개수	1개 슬레이브 연결	데이터	2(전이중)	2(전이중)	1(반이중)	1(반이중)
		클록	0(비동기)	1(동기)	1(동기)	0(비동기)
		제어	0	1	0	0
		합계	2	4	2	1
	n개 슬레이브 연결		$2n$	$3 + n$	2	1
연결 방식			1:1	1:n (마스터-슬레이브)	1:n (마스터-슬레이브)	1:n (마스터-슬레이브)
슬레이브 선택			–	하드웨어 (SS 라인)	소프트웨어 (주소 지정)	소프트웨어 (주소 지정)

I2C는 소프트웨어적인 주소를 사용하여 연결된 슬레이브 장치를 선택하며 이를 위해 7비트 주소를 사용한다. 여기에 읽기 또는 쓰기를 나타내는 1비트를 추가하여 실제로는 8비트 데이터를 사용한다. 즉, 특정 주소와 읽기 비트를 전송하면 슬레이브에서 마스터로의 데이터 전송을, 특정 주소와 쓰기 비트를 전송하면 마스터에서 슬레이브로의 데이터 전송을 의미하게 된다.

그림 10.1 **I2C 주소 지정**

아두이노 우노에 사용된 **ATmega328** 마이크로컨트롤러는 SPI 통신과 마찬가지로 전용 하드웨어로 I2C 통신을 지원하며 이를 위해 정해진 핀이 있다. 반면 아두이노 제로에 사용된 SAMD21G 마이크로컨트롤러는 SERCOM의 설정을 통해 여러 가지 시리얼 통신을 지원하며 그중 하나가 I2C 통신이다. 즉, **SAMD21G 마이크로컨트롤러에서는 SERCOM 설정에 따라 서로 다른 핀을 하드웨어 I2C 통신에 사용할 수 있다.** 표 10.2는 SAMD21G 기반 아두이노 보드에서 I2C 통신을 위해 사용되는 핀을 나타낸 것이다.

표 10.2 I2C 통신을 위한 핀

	SDA	SCL	비고
아두이노 제로	20	21	기본 20개 핀 헤더가 아닌 핀 사용
아두이노 MKR 제로	11	12	
아두이노 나노 33 IoT	A4, 18	A5, 19	아두이노 우노와 같은 아날로그 입력 핀 사용

그림 10.2는 2개의 슬레이브 장치가 I2C를 통해 연결된 예를 보여주는 것으로, SDA와 SCL 연결선을 모든 슬레이브가 공유한다. 또한 SDA와 SCL 연결선에 풀업 저항이 연결되어 유휴 상태에서 HIGH 값이 가해진다는 점도 주의해야 한다. 하지만 이 장에서 사용하는 텍스트 LCD는 별도의 풀업 저항 없이도 동작할 수 있도록 구성되어 있으므로 별도로 외부 풀업 저항을 사용할 필요가 없다.

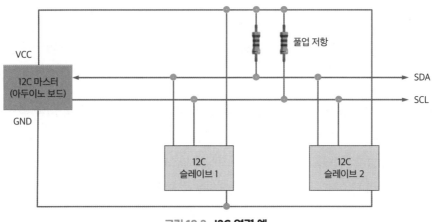

그림 10.2 I2C 연결 예

풀업 저항을 연결할 때 주의할 점 중 하나는 전압의 결정이다. SAMD21G 기반 보드들은 3.3V 동작 전압을 사용하지만, 이 장에서 사용하는 I2C 방식 텍스트 LCD는 5V 전압을 사용한다. I2C 통신의 장점 중 하나는 서로 다른 기준 전압을 사용하는 장치를 별도의 레벨 변환기 없이도 연결할 수 있다는 점이다. 하지만 연결에 사용하는 데이터 핀은 상대방 장치의 기준 전압을 허용해야 한다. 즉, 5V 기준 전압을 사용하는 장치의 데이터 핀에는 3.3V를 가할 수 있어야 하고, 3.3V 기준 전압을 사용하는 장치의 데이터 핀에는 5V를 가할 수 있어야 한다. 5V 기준 전압을 사용하는 장치의 데이터 핀에 3.3V를 가하는 것은 아무런 문제가 없다. 하지만 SAMD21G 마이크로컨트롤러의 데이터 핀에는 3.6V(= VDD + 0.3V)보다 높은 전압을 가하는 경우 파손의 위험이 있으므로 레벨 변환기를 사용하는 것이 안전하다.

아두이노에서는 I2C 통신을 지원하기 위해 Wire 라이브러리를 제공하고 있다. 하지만 Wire 라이브러리는 기본적인 데이터 송수신만을 지원하며 송수신되는 데이터의 의미는 사용하는 주변 장치에 따라 다르다. 따라서 Wire 라이브러리를 바탕으로 주변 장치에 따라 별도로 만들어진 전용 라이브러리를 사용하는 것이 일반적이며, 이 장에서도 Wire 라이브러리가 아니라 I2C 방식 텍스트 LCD를 위한 전용 라이브러리를 사용한다.

10.2 텍스트 LCD

텍스트 LCD는 문자 단위로 정보를 표시하기 위해 사용할 수 있는 출력 장치의 일종으로, 간단한 정보 표시를 위해 흔히 사용된다. 텍스트 LCD는 표시할 수 있는 문자의 수와 제어 방법에 따라 다양한 종류가 사용되고 있으며 **2줄 16칸, 총 32문자를 표시하는 텍스트 LCD를 흔히 볼 수 있다.** 그림 10.3은 텍스트 LCD의 핀을 나타낸 것이다.

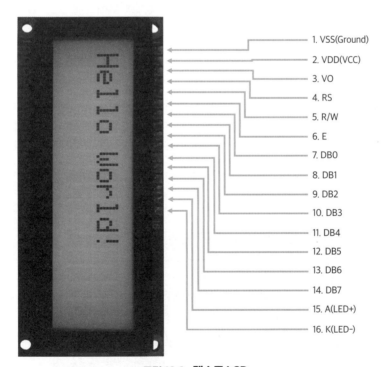

1. VSS(Ground)
2. VDD(VCC)
3. VO
4. RS
5. R/W
6. E
7. DB0
8. DB1
9. DB2
10. DB3
11. DB4
12. DB5
13. DB6
14. DB7
15. A(LED+)
16. K(LED-)

그림 10.3 **텍스트 LCD**

표 10.3 텍스트 LCD 핀 설명

핀 번호	이름	설명
1	VSS	그라운드(GND)
2	VDD	5V 동작 전원(VCC)
3	VO	가변저항을 통해 0~5V 사이 전압을 입력하여 콘트라스트 조정(Contrast Adjust)에 사용
4	RS	레지스터 선택(Register Select) 핀으로 제어 레지스터와 명령어 레지스터 중 하나를 선택
5	R/W	읽기 쓰기(Read/Write) 핀으로 텍스트 LCD의 메모리를 읽어오는 것도 가능
6	E	활성화(Enable) 핀으로 하강 에지에서 레지스터 내용을 바탕으로 정보 처리 및 표시 동작 수행
7~14	DB0~DB7	데이터 신호 핀
15	A(LED+)	백라이트 전원
16	K(LED−)	

그림 10.3에서 볼 수 있듯이 텍스트 LCD는 16개의 핀을 갖고 있으며, 표 10.3은 텍스트 LCD 핀의 기능을 요약한 것이다. 표 10.3에서 전원 관련 연결선을 제외하고 아두이노 보드의 데이터 핀으로 연결해야 하는 핀은 3개의 제어 핀(RS, R/W, E)과 8개의 데이터 핀(DB0~DB7)까지 모두 11개다. 11개 핀은 입출력 핀 수가 제한된 마이크로컨트롤러에서는 너무 많은 것이 사실이다. 따라서 일반적으로 아두이노에서는 R/W 핀을 LOW에 연결하여 데이터 출력 전용으로 사용하고, DB4~DB7까지 4개의 데이터 선만 사용하는 4비트 모드로 연결한다. 하지만 6개의 연결선도 적지 않으므로 텍스트 LCD에 I2C 모듈을 추가하여 2개의 연결선만 사용하는 방법이 흔히 사용된다.

I2C 방식으로 텍스트 LCD를 사용하기 위해서는 16핀의 텍스트 LCD에 I2C 변환 모듈을 연결해야 한다. 그림 10.4는 I2C 변환 모듈이 연결된 텍스트 LCD의 뒷면으로 전원을 위한 2개의 핀과 데이터와 클록을 위한 2개의 핀까지 4개를 연결하면 된다.

그림 10.4 I2C 변환 모듈이 연결된 텍스트 LCD

I2C 변환 모듈에는 풀업 저항이 포함되어 있으므로 별도로 풀업 저항을 연결할 필요는 없으며, 텍스트 LCD가 5V 기준 전압을 사용하므로 SAMD21G 마이크로컨트롤러를 사용하는 보드와 연결할 때는 레벨 변환기를 사용하는 것이 안전하다. 그림 10.4에서의 가변저항은 콘트라스트 조절을 위한 것이다. **텍스트 LCD에 글씨가 출력되지 않는 것은 콘트라스트의 조절이 잘못되어 발생하는 경우가 대부분이므로 연결과 스케치에 문제가 없다고 생각되면 가변저항을 돌려 콘트라스트를 조절해 보는 것을 추천한다.**

그림 10.5는 2줄 16칸으로 문자를 표시할 수 있는 텍스트 LCD를 나타낸 것으로, 문자는 지정한 위치에만 표시할 수 있다.

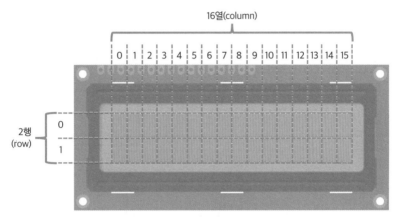

그림 10.5 텍스트 LCD의 문자 표시 영역

텍스트 LCD에 문자가 표시되는 영역을 확대해 보면 그림 10.6과 같다. 하나의 문자는 5×8픽셀로 표시되므로 아스키 코드로 정한 문자 이외에 한글과 같이 복잡한 문자는 나타내기 어렵다.

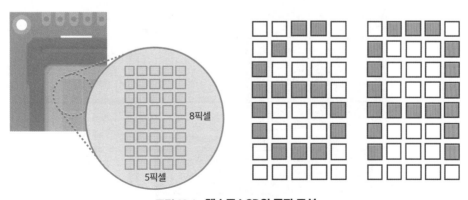

그림 10.6 텍스트 LCD의 문자 구성

그림 10.4의 텍스트 LCD를 그림 10.7과 같이 아두이노 제로에 연결하자. 3.3V와 5V 전원이 모두 사용되고 있으며 레벨 변환기를 사용하고 있음에 주의해야 한다.

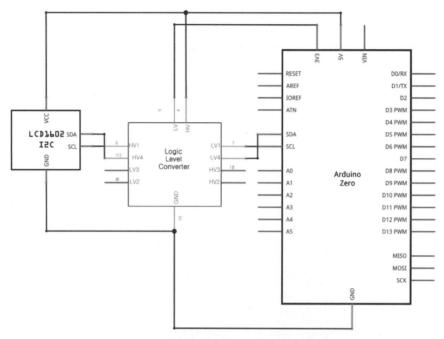

그림 10.7 I2C 방식 텍스트 LCD 연결 회로도

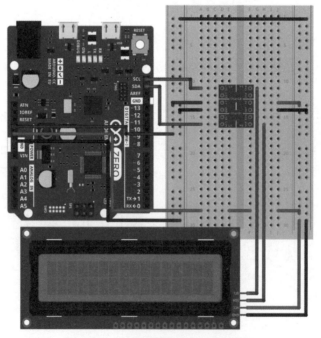

그림 10.8 I2C 방식 텍스트 LCD 연결 회로

아두이노에서는 I2C 통신 지원을 위해 Wire 라이브러리를 제공하고 있으며 텍스트 LCD를 지원하기 위해 LiquidCrystal 라이브러리를 제공하고 있다. I2C 방식 텍스트 LCD를 사용하기 위해서는 이러한 라이브러리를 바탕으로 하는 LiquidCrystal_I2C 라이브러리가 필요하다. '스케치 ➡ 라이브러리 포함 ➡ 라이브러리 관리...' 메뉴 항목, "Ctrl + Shift + I' 단축키 또는 세로 툴바의 '라이브러리 매니저' 버튼을 선택하여 라이브러리 매니저를 실행하고 'LiquidCrystal I2C'를 검색하여 LiquidCrystal I2C 라이브러리를 설치한다.

그림 10.9 **LiquidCrystal I2C 라이브러리 검색 및 설치**[1]

LiquidCrystal I2C 라이브러리를 사용하기 위해서는 먼저 헤더 파일을 포함해야 한다. '스케치 ➡ 라이브러리 포함 ➡ LiquidCrystal_I2C' 메뉴 항목을 선택하거나 #include 문을 직접 입력하면 된다.

```
#include <LiquidCrystal_I2C.h>
```

I2C 방식 텍스트 LCD는 먼저 객체를 생성하고 초기화한 후 Serial 클래스와 마찬가지로 print, write 등의 함수로 간단하게 문자를 출력할 수 있다.

---

1   https://github.com/johnrickman/LiquidCrystal_I2C

■ **LiquidCrystal_I2C**

```
LiquidCrystal_I2C::LiquidCrystal_I2C(uint8_t addr, uint8_t cols, uint8_t rows)
  - 매개변수
    addr: 텍스트 LCD의 I2C 주소
    cols: 열의 개수
    rows: 행의 개수
  - 반환값: 없음
```

I2C 방식 텍스트 LCD 객체를 생성한다. 이때 텍스트 LCD를 위한 I2C 주소와 텍스트 LCD에 나타낼 수 있는 문자 수를 지정한다. 이 장에서 사용한 **텍스트 LCD는 I2C 주소로 0x3F를 사용**하고 있지만 모듈에 따라 다른 주소를 사용할 수도 있으므로, 텍스트 LCD가 정상적으로 동작하지 않는다면 데이터시트나 이 장의 뒷부분에 있는 주소 스캔을 사용하여 주소를 확인해야 한다.

■ **init**

```
void LiquidCrystal_I2C::init()
  - 매개변수: 없음
  - 반환값: 없음
```

I2C 방식 텍스트 LCD를 초기화한다.

■ **write**

```
void LiquidCrystal_I2C::write(uint8_t ch)
  - 매개변수
    ch: 출력할 문자
  - 반환값: 없음
```

텍스트 LCD의 현재 커서 위치에 문자를 출력한다. 매개변수 ch는 아스키 코드값을 나타낸다.

■ **print**

```
size_t LiquidCrystal_I2C::print(value, format)
  - 매개변수
    value: 출력값(char, char [], String, int, float 등)
    format: 출력 형식
  - 반환값: 출력된 바이트 수
```

매개변수로 지정한 값을 텍스트 LCD의 현재 커서 위치에 출력한다. print 함수의 동작 방식은 Serial 클래스의 print 함수와 같다.

스케치 10.1은 텍스트 LCD에 Hello LCD!를 출력하는 예다. 스케치를 컴파일하면 "LiquidCrystal_I2C 라이브러리는 AVR 아키텍처에서만 실행되며 SAMD 아키텍처를 사용하는 현재 보드에서는 호환되지 않을 수 있다."[2]는 경고 메시지가 출력되지만, LiquidCrystal_I2C 라이브러리는 SAMD21G 기반 아두이노 보드에서도 정상적으로 동작한다.

스케치 10.1 Hello, I2C LCD!

```
#include <LiquidCrystal_I2C.h>

LiquidCrystal_I2C lcd(0x3F, 16, 2);          // (주소, 열, 행)

void setup() {
  lcd.init();                                // LCD 초기화

  lcd.clear();                               // 화면 지우기
  lcd.backlight();                           // 백라이트 켜기

  lcd.print("Hello LCD!");
}

void loop() {
}
```

그림 10.10 스케치 10.1의 실행 결과

텍스트 LCD에는, 정확하게는 텍스트 LCD 모듈에 포함된 텍스트 LCD 드라이버 칩에는 화면에 출력하는 80개 문자를 저장할 수 있는 메모리가 포함되어 있다. 32개 문자를 출력할 수 있는 텍스트 LCD를 사용하고 있으므로 80개 문자를 위한 메모리가 이상하게 보이겠지만, 이는 같은 LCD 드라이버 칩으로 서로 다른 크기의 텍스트 LCD를 제어하기 위해서다. 드라이버 칩은 최대 4×20 크기의 텍스트 LCD까지 제어할 수 있으므로 80바이트의 메모리가 포함되어 있다. 텍스트 LCD로 전송된 문자 데이터는 먼저 드라이버 칩의 메모리에 저장된 후 텍스트 LCD에 표시된다. 이 장에서 사용하는 2×16 크기 텍스트 LCD의 경우 32바이트의 메모리로 충분하므로 텍스

---

2 "WARNING: library LiquidCrystal_I2C claims to run on avr architecture(s) and may be incompatible with your current board which runs on samd architecture(s)."

트 LCD의 표시 위치와 대응하지 않는 메모리에 출력한 데이터는 텍스트 LCD에 표시되지 않는다.[3] 따라서 출력 출력한 문자가 텍스트 LCD에 표시되는 것을 보장하기 위해서는 출력 위치를 먼저 지정한 후 내용을 출력해야 한다. 스케치 10.2는 setCursor 함수를 사용하여 출력하고 싶은 위치를 지정한 후 문자열을 출력하는 예다.

■ setCursor

```
void LiquidCrystal_I2C::setCursor(uint8_t col, uint8_t row)
  – 매개변수
    col: $x$축 위치(0에서 시작)
    row: $y$축 위치(0에서 시작)
  – 반환값: 없음
```

커서를 지정한 위치로 옮긴다. 커서는 print 또는 write 함수로 문자를 출력했을 때 문자가 표시될 위치를 나타낸다.

스케치 10.2 위치를 지정하여 문자 출력하기

```
#include <LiquidCrystal_I2C.h>

LiquidCrystal_I2C lcd(0x3F, 16, 2);          // (주소, 열, 행)

void setup() {
  lcd.init();                                // LCD 초기화

  lcd.clear();                               // 화면 지우기
  lcd.backlight();                           // 백라이트 켜기

  lcd.setCursor(1, 0);                       // (x, y) 형식으로 (0, 0)에서 시작
  lcd.print("1st Row");

  lcd.setCursor(2, 1);                       // (x, y) 형식으로 (0, 0)에서 시작
  lcd.print("2nd Row");
}

void loop() {
}
```

그림 10.11 스케치 10.2의 실행 결과

3 　텍스트 LCD를 스크롤하여 보이지 않는 문자가 나타나도록 할 수도 있지만, 이 장에서는 텍스트 LCD를 스크롤하는 방법은 다루지 않는다.

텍스트 LCD에 표시할 수 있는 문자는 아스키 코드 문자를 기본으로 한다. 이 외에 사용자는 8개까지 아스키 코드에 없는 문자를 정의하여 사용할 수 있다. **사용자 정의 문자 8개는 아스키 코드에서 제어문자에 해당하는 0에서 7까지의 코드값을 가지며 이 값은 화면에 나타나는 글자를 정의하기 위한 용도는 아니다.** 텍스트 LCD에서 한 글자는 8×5픽셀 크기를 갖는다. 따라서 사용자 정의 문자를 사용하기 위해서는 먼저 그림 10.12와 같이 8바이트 데이터의 하위 5비트를 사용하여 사용자 문자를 정의하고 이를 createChar 함수의 매개변수로 사용하여 텍스트 LCD 내에 사용자 문자 데이터를 저장해야 한다. 정의된 사용자 문자는 사용자 정의 문자 코드를 매개변수로 하는 write 함수를 사용하여 텍스트 LCD에 표시할 수 있다.

■ createChar

```
void LiquidCrystal_I2C::createChar(uint8_t location, uint8_t charmap[])
  – 매개변수
  location: 사용자 정의 문자 번호(0 ≤ location ≤ 7)
  charmap: 1차원 배열 형식의 사용자 정의 문자 데이터
  – 반환값: 없음
```

사용자 정의 문자를 정의한다. 매개변수 location은 아스키 코드값으로, 0에서 7까지의 값을 가질 수 있다. charmap은 8바이트 크기의 배열로, 비트맵 형식으로 정의된 사용자 정의 문자를 나타낸다. 비트맵은 그림 10.12와 같이 행 단위로 1바이트 크기로 나타내며 하위 5비트만 사용된다.

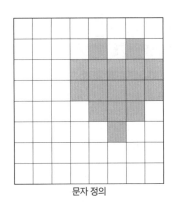

	2진숫값	16진숫값
	0b00000000	0x00
	0b00001010	0x0A
	0b00011111	0x1F
	0b00011111	0x1F
	0b00001110	0x0E
	0b00000100	0x04
	0b00000000	0x00
	0b00000000	0x00

문자 정의

그림 10.12 **사용자 정의 문자**

스케치 10.3은 사용자 정의 문자를 생성하고 이를 표시하는 예다.

스케치 10.3 **사용자 정의 문자 생성 및 표시**

```
#include <LiquidCrystal_I2C.h>
```

```
LiquidCrystal_I2C lcd(0x3F, 16, 2);                    // (주소, 열, 행)

byte custom_character[4][8] = {
  {0x00, 0x0A, 0x1F, 0x1F, 0x0E, 0x04, 0x00, 0x00},    // heart
  {0x04, 0x0E, 0x0E, 0x0E, 0x1F, 0x00, 0x04, 0x00},    // bell
  {0x1F, 0x15, 0x1F, 0x1F, 0x0E, 0x0A, 0x1B, 0x00},    // alien
  {0x00, 0x11, 0x00, 0x00, 0x11, 0x0E, 0x00, 0x00}     // smile
};

void setup() {
  lcd.init();                                          // LCD 초기화

  lcd.clear();                                         // 화면 지우기
  lcd.backlight();                                     // 백라이트 켜기

  for (int i = 0; i < 4; i++) {                        // 사용자 정의 문자 생성
    lcd.createChar(i, custom_character[i]);
  }

  lcd.home();                                          // (0, 0) 위치로 커서 옮김
  lcd.print("Custom Character");
  for (int i = 0; i < 4; i++) {
    lcd.setCursor(i * 4, 1);
    lcd.write(i);                                      // 사용자 정의 문자 표시
  }
}

void loop() {
}
```

그림 10.13 스케치 10.3의 실행 결과

10.3 주소 스캔

이 장에서는 텍스트 LCD의 I2C 주소로 0x3F를 사용했다. 하지만 I2C 방식 텍스트 LCD 중에는 다른 주소를 사용하는 것도 있고, 몇 개의 주소 중 하나를 설정을 통해 선택해서 사용하는 것도 있다. I2C 방식 텍스트 LCD의 주소는 데이터시트를 확인하는 것이 기본이지만, I2C 통신 프로토콜을 사용하여 소프트웨어로 확인할 수도 있다.

I2C 통신은 바이트 단위 전송을 기본으로 한다. 송신 측에서 한 바이트의 데이터를 보내면, 수신 측은 데이터를 수신했을 때 ACK~Acknowledgement~를 수신하지 못했을 때 NACK~Negative Acknowledgement~를 송신 측에 보낸다. 따라서 데이터를 보낸 후 ACK나 NACK를 받지 못했다면 지정한 주소의 장치가 연결되어 있지 않은 것으로 판단할 수 있다. 스케치 10.4는 슬레이브로 1바이트 데이터를 보낸 후 응답을 통해 지정한 I2C 주소를 갖는 장치의 연결 여부를 확인하는 예다. I2C 주소는 7비트를 사용하며 0번 주소는 특별한 목적으로 예약된 주소이므로 스케치 10.4에서는 1~127 범위의 주소를 스캔한다.

스케치 10.4에서는 아두이노에서 I2C 통신을 위해 제공하는 Wire 라이브러리를 사용하고 있으며 I2C 통신을 초기화하는 begin, 전송할 데이터를 버퍼에 기록하는 beginTransmission, 버퍼의 데이터를 실제로 전송하고 반환되는 값을 받는 endTransmission 등의 함수가 사용되었다.

스케치 10.4 I2C 주소 스캔

```
#include <Wire.h>

void setup() {
  Wire.begin();                            // I2C 통신 초기화
  SerialUSB.begin(9600);                   // UART 통신 초기화
  while (!SerialUSB);
}

void loop() {
  byte error, address;
  int nDevices = 0;                        // 발견된 I2C 통신 장치 수

  SerialUSB.println("* I2C 장치 스캔을 시작합니다...");
  for (address = 1; address < 127; address++ ) {
    // Write.endTransmisstion 함수는 전송에 대한 오류 여부를 반환함
    Wire.beginTransmission(address);       // 버퍼에 데이터 기록
    error = Wire.endTransmission();        // 실제 데이터 전송

    if (error == 0) {                      // 오류 없음, 즉 장치가 존재함
      SerialUSB.print(" 주소 0x");
      if (address < 16) {                  // 16진 주소를 항상 두 자리로 출력
        SerialUSB.print('0');
      }
      SerialUSB.println(String(address, HEX) + "에서 I2C 장치가 발견되었습니다.");

      nDevices++;
    }
  }
  if (nDevices == 0) {
    SerialUSB.println("* I2C 장치가 발견되지 않았습니다.\n");
  }
  else {
    SerialUSB.println("* 주소 스캔이 끝났습니다.\n");
```

```
  }

  delay(5000);                              // 다음 스캔까지 5초 대기
}
```

그림 10.14는 아두이노 제로에서 스케치 10.4를 실행한 결과로, 텍스트 LCD에 해당하는 I2C 주소는 0x3F임을 알 수 있다. 0x28 주소를 갖는 장치가 하나 더 발견된 이유는 아두이노 제로 보드에서 SAMD21G 마이크로컨트롤러와 EDBG 칩이 I2C 통신으로도 연결되어 있기 때문이다. 즉, EDBG 칩이 갖는 I2C 주소가 0x28이다.

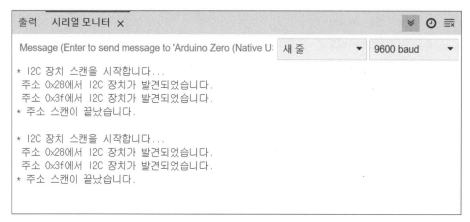

그림 10.14 아두이노 제로에서 주소 스캔 결과

텍스트 LCD는 아스키 코드에 정의된 문자를 표시할 수 있는 표시 장치의 일종으로, 16×2 크기의 텍스트 LCD를 흔히 볼 수 있다. 텍스트 LCD 모듈에는 텍스트 LCD 제어를 위한 전용 드라이버(또는 컨트롤러)가 포함되어 있으며 아두이노에서 제어에 필요한 데이터를 받아 실제로 텍스트 LCD를 제어하는 역할을 담당한다.

텍스트 LCD는 8비트의 데이터를 8개 데이터 선으로 전달하는 병렬 방식을 기본으로 하지만, 아두이노에서는 8비트 데이터를 4비트씩 두 번에 나누어 전달함으로써 필요한 데이터 선을 4개로 줄여서 사용하는 것이 일반적이다. 이보다 더 연결선을 줄이기 위해서는 I2C 통신과 같은 시리얼

통신을 사용할 수 있다. I2C 통신은 통신 속도가 빠르지는 않지만, 연결선이 2개만 필요하고 여러 개의 슬레이브 장치를 연결했을 때도 필요한 연결선의 수가 증가하지 않는다는 장점이 있다. SPI 통신과 마찬가지로 1:n 통신이 가능하지만, SPI와는 목적이 다르므로 필요에 따라 선택하여 사용하는 것이지 두 가지 통신 방법을 비교하는 것은 의미가 없다는 점도 기억해야 한다. I2C 통신과 비슷하게 UART 통신을 사용하여 RX와 TX의 2개 연결선만으로 제어할 수 있는 텍스트 LCD 역시 찾아볼 수 있다.

텍스트 LCD 모듈은 문자를 간단하게 표시할 수 있다는 장점은 있지만, 표시할 수 있는 문자의 수가 적고 글자 단위의 제어만 가능하며 고정된 위치에만 출력할 수 있다는 등의 단점으로 인해 최근에는 픽셀 단위의 제어가 가능하고 그래픽이나 한글 표현이 가능한 TFT LCD, OLED 디스플레이 등의 사용이 증가하고 있다. 하지만 I2C 방식 텍스트 LCD는 연결과 제어가 간단하므로 간단한 정보를 표시하기 위해 흔히 사용된다. 또한 I2C 방식 텍스트 LCD 제어에 사용되는 LiquidCrystal_I2C 라이브러리는 객체 생성 방법을 제외하면 아두이노에서 제공하는 LiquidCrystal 라이브러리와 사용 방법이 같으므로 쉽게 대체할 수 있다는 점도 장점이라 할 수 있다.

USB 장치 만들기

SAMD21G 마이크로컨트롤러는 USB 통신을 지원한다. 아두이노 제로는 2개의 USB 포트를 포함하고 있으며 그중 하나가 네이티브 USB 포트로, SAMD21G 마이크로컨트롤러의 USB 지원 하드웨어에 직접 연결되어 있다. 네이티브 USB 포트를 사용하면 간단하게 USB 장치를 만들 수 있으며, 이는 아두이노 MKR 제로와 아두이노 나노 33 IoT 역시 마찬가지다. 이 장에서는 SAMD21G 기반 아두이노 보드를 키보드나 마우스 같은 컴퓨터 주변 장치로 동작하게 만드는 방법을 살펴본다.

이 장에서
사용할 부품

아두이노 제로	× 1
스위치	× 1
버튼	× 1
1kΩ 저항	× 2 ➡ 풀다운 저항

11.1 USB 장치 만들기

USB를 통해 컴퓨터에 연결하는 많은 주변 장치에는 마이크로컨트롤러가 포함되어 있다. 마이크로컨트롤러를 컴퓨터 주변 장치를 만드는 데 사용할 수 있다면 아두이노 역시 컴퓨터 주변 장치를 만드는 데 사용이 가능할 것으로 생각할 수 있으며 실제로도 가능하다. 하지만 보드에 따라 구현하는 방법에서는 차이가 있다. USB 방식의 컴퓨터 주변 장치를 만들기 위해서는 마이크로컨트롤러가 USB 통신을 지원해야 하는 것은 당연하며, USB 통신을 지원하는 방식은 소프트웨어에 의한 방법과 하드웨어에 의한 방법이 있을 수 있다. 하드웨어에 의한 방법은 USB 통신을 지원하는 전용 하드웨어를 사용하는 방법으로, SAMD21G 마이크로컨트롤러에 포함된 USB 지원 하드웨어를 사용하는 방법이 여기에 속한다. 아두이노 레오나르도에 사용되는 ATmega32u4 마이크로컨트롤러는 AVR 시리즈 마이크로컨트롤러이면서 USB 통신 기능이 포함되어 있다. **아두이노 레오나르도로 USB 장치를 만드는 방법은 SAMD21G 마이크로컨트롤러를 사용하는 아두이노 보드와 거의 같으며, 같은 라이브러리를 사용한다.**

아두이노 우노 역시 USB 장치를 만드는 데 사용할 수 있다. 하지만 아두이노 우노에 포함된 ATmega328 마이크로컨트롤러는 USB 통신 기능을 지원하지 않으므로 다른 방법을 사용해야 한다. 아두이노 우노로 USB 장치를 만드는 방법은 두 가지가 있다. 첫 번째는 아두이노 우노에서 USB-UART 변환 기능을 담당하는 ATmega16u2 마이크로컨트롤러를 사용하는 방법이다. ATmega16u2 마이크로컨트롤러는 아두이노 레오나르도의 ATmega32u4 마이크로컨트롤러와 거의 같은 기능을 제공한다. **ATmega16u2 마이크로컨트롤러는 USB 통신 기능을 포함하고 있으므로 펌웨어를 교체하여 아두이노 우노가 USB 장치로 인식되도록 할 수 있다.** 이때 주의해야 할 점은 아두이노 우노가 USB 장치로 인식된다는 것이지, 아두이노 우노에 사용된 ATmega328 마이크로컨트롤러가 USB 장치로 인식되는 것은 아니라는 점이다.

아두이노 우노에 사용된 ATmega328 마이크로컨트롤러에 USB 통신 기능을 에뮬레이션하는 펌웨어를 설치하여 USB 장치로 인식되도록 하는 것이 두 번째 방법으로 LUFA_{Lightweight USB} Framework for AVRs[1]가 대표적이다.

이처럼 아두이노 우노를 사용하여 USB 장치를 만드는 것이 가능하지만, 마이크로컨트롤러 자체에서 USB 통신을 지원하는 것과 비교하면 번거로운 것이 사실이다. 따라서 컴퓨터에 연결할 USB

---

1   https://github.com/abcminiuser/lufa

장치가 필요하다면 아두이노 레오나르도나 SAMD21G 기반 아두이노 보드를 사용할 것을 추천한다. 아두이노 레오나르도와 SAMD21G 마이크로컨트롤러를 사용하는 아두이노 보드를 위해 아두이노에서 제공하는 Mouse 라이브러리와 Keyboard 라이브러리를 사용하면 간단하게 USB 방식의 마우스와 키보드를 만들 수 있다.

11.2 Mouse 라이브러리

SAMD21G 마이크로컨트롤러는 USB 통신 기능을 포함하고 있으므로 간단하게 USB 마우스나 키보드로 동작하도록 할 수 있다. 먼저 '스케치 ➡ 라이브러리 포함 ➡ 라이브러리 관리...' 메뉴 항목, 'Ctrl + Shift + I' 단축키 또는 세로 툴바의 '라이브러리 매니저' 버튼을 선택하여 라이브러리 매니저를 실행하고 'Mouse'를 검색하여 아두이노의 Mouse 라이브러리를 설치한다.

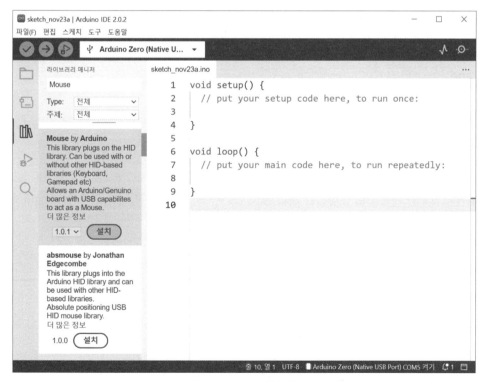

그림 11.1 Mouse 라이브러리 검색 및 설치[2]

---

2   https://www.arduino.cc/reference/en/language/functions/usb/mouse

Mouse 라이브러리는 마우스 동작을 지원하기 위한 **Mouse_** 클래스를 정의하고 있으며 그 유일한 객체로 **Mouse** 역시 선언하고 있으므로 라이브러리를 포함하는 것만으로 별도의 객체를 생성하지 않고 사용할 수 있다. Mouse 라이브러리를 사용하기 위해서는 먼저 헤더 파일을 포함해야 한다. '스케치 ➡ 라이브러리 포함 ➡ Mouse' 메뉴 항목을 선택하거나 #include 문을 직접 입력하면 된다.

```
#include <Mouse.h>
```

Mouse_ 클래스에서는 다양한 마우스 동작을 지원하기 위해 다음과 같은 멤버 함수를 정의하고 있다.

▪ begin

```
void Mouse_::begin()
   - 매개변수: 없음
   - 반환값: 없음
```

아두이노 보드를 컴퓨터에 연결된 마우스로 동작하도록 한다. 마우스로 사용하기 이전에 반드시 begin 함수를 호출해야 하며 마우스 동작을 끝내기 위해서는 end 함수를 사용하면 된다.

▪ end

```
void Mouse_::end()
   - 매개변수: 없음
   - 반환값: 없음
```

아두이노 보드가 마우스로 동작하는 것을 끝낸다. 마우스 동작을 시작하기 위해서는 begin 함수를 사용하면 된다.

▪ click

```
void Mouse_::click(uint8_t button = MOUSE_LEFT)
   - 매개변수
     button: 버튼 종류(MOUSE_LEFT, MOUSE_RIGHT, MOUSE_MIDDLE 중 하나)
   - 반환값: 없음
```

연결된 컴퓨터의 현재 마우스 포인터 위치에 클릭 이벤트를 전송한다. 클릭은 마우스 버튼을 누르고press 떼는release 동작의 조합에 해당한다. 매개변수를 지정하지 않으면 디폴트값으로 왼쪽 버튼 클릭 이벤트를 전송한다. 마우스 버튼을 지정하기 위해서는 MOUSE_LEFT, MOUSE_RIGHT, MOUSE_MIDDLE 등 미리 정의된 상수를 사용하면 된다.

■ **move**

```
void Mouse_::move(signed char x, signed char y, signed char wheel)
    - 매개변수
    x: 마우스 포인터의 $x$축 방향 이동량
    y: 마우스 포인터의 $y$축 방향 이동량
    wheel: 휠이 움직인 양
    - 반환값: 없음
```

마우스 포인터와 휠을 지정한 양만큼 움직인다. 마우스 포인터의 움직임은 현재 마우스 포인터의 위치를 기준으로 상대적인 값을 나타낸다.

■ **press**

```
void Mouse_::press(uint8_t button = MOUSE_LEFT)
    - 매개변수
    button: 버튼 종류(MOUSE_LEFT, MOUSE_RIGHT, MOUSE_MIDDLE 중 하나)
    - 반환값: 없음
```

연결된 컴퓨터의 현재 마우스 포인터 위치에 마우스 누름press 이벤트를 전송한다. 매개변수를 지정하지 않으면 디폴트값으로 왼쪽 버튼 누름 이벤트를 전송한다.

■ **release**

```
void Mouse_::release(uint8_t button = MOUSE_LEFT)
    - 매개변수
    button: 버튼 종류(MOUSE_LEFT, MOUSE_RIGHT, MOUSE_MIDDLE 중 하나)
    - 반환값: 없음
```

연결된 컴퓨터의 현재 마우스 포인터 위치에 마우스 뗌release 이벤트를 전송한다. 매개변수를 지정하지 않으면 디폴트값으로 왼쪽 버튼 뗌 이벤트를 전송한다.

■ **isPressed**

지정한 마우스 버튼의 눌림 여부를 반환한다. 매개변수를 지정하지 않으면 디폴트값으로 왼쪽 버튼 누름 여부를 검사하고 그 결과를 반환한다.

SAMD21G 마이크로컨트롤러를 사용하는 아두이노 보드를 마우스나 키보드로 사용하는 경우 잘못된 스케치로 인해 원치 않는 입력이 계속될 수 있으며 이 경우 컴퓨터를 제어할 수 없거나 새로운 스케치를 업로드할 수 없는 경우가 생길 수 있다. 따라서 **마우스나 키보드로 동작하도록 스케치를 작성할 때는 스위치를 연결하여 스위치가 켜진 경우에만 마우스나 키보드로 동작하도록 하는 등 마우스나 키보드 입력을 금지하는 하드웨어적인 수단을 마련해야 한다.** 그림 11.2와 같이 스위치를 연결하자.

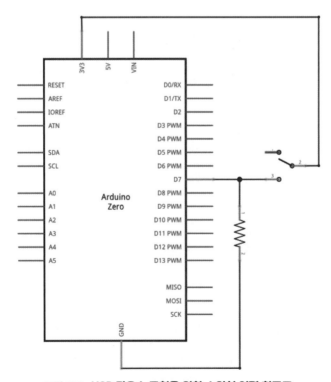

그림 11.2 USB 마우스 구현을 위한 스위치 연결 회로도

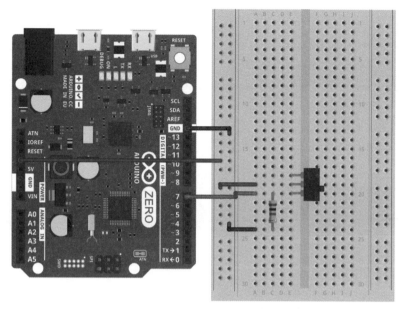

그림 11.3 **USB 마우스 구현을 위한 스위치 연결 회로**

스케치 11.1은 그림판에 직선을 그리는 예다. 7번 핀에 연결된 스위치를 ON 상태에 놓았을 때만 아두이노 보드가 마우스로 동작하여 그림이 그려진다.

스케치 11.1 **USB 마우스**

```
#include <Mouse.h>

int ON_OFF_BTN = 7;                        // 마우스 on/off 스위치
int state = 0;                             // 도형을 그리는 상태
int X = 70;                                // X축 이동 정도
int Y = 10;                                // Y축 이동 정도

void setup() {
  pinMode(ON_OFF_BTN, INPUT);              // 스위치 연결 핀을 입력으로 설정
  pinMode(LED_BUILTIN, OUTPUT);

  Mouse.begin();                           // 키보드 동작 시작

  Mouse.press();
}

void loop() {
// 마우스 기능이 켜진 경우에만 마우스 이벤트 전송
  if (digitalRead(ON_OFF_BTN)) {
    digitalWrite(LED_BUILTIN, HIGH);

    switch (state) {
    case 0:                                // 시작 위치에서 마우스 왼쪽 버튼 누름
      Mouse.move(X, 0, 0);
```

```
      break;
    case 2:
      Mouse.move(-X, 0, 0);
      break;
    case 1:
    case 3:
      Mouse.move(0, Y, 0);
      break;
    }
    state = (state + 1) % 4;
  }
  else {
    digitalWrite(LED_BUILTIN, LOW);
  }
  delay(500);
}
```

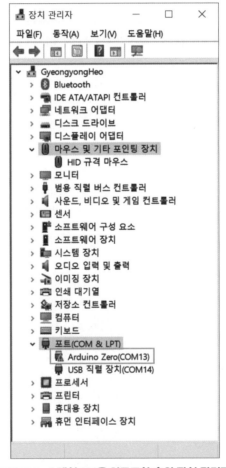

그림 11.4 **스케치 11.1을 업로드한 후의 장치 관리자**

스케치 11.1을 업로드하고 그림판에서 연필을 선택한 후 스위치를 켜면 그림판에 그림이 그려져야 하지만 아무런 반응이 없을 수 있다. 이는 드라이버 호환성 문제로 드라이버를 다시 설치해서 해결할 수 있다. 스케치 11.1이 업로드된 상태에서 장치 관리자에서는 그림 11.4와 같이 2개의 포트가 나타나지만 그중 하나에는 경고 표시가 있다. 즉, 드라이버가 정상적으로 설치되지 않은 것이다. 위쪽의 '마우스 및 기타 포인팅 장치'에는 컴퓨터에서 사용하는 마우스가 하나 나타나 있다. 또 한 가지 주의해야 할 점은 스케치를 업로드하기 전 아두이노 제로에 할당된 포트와는 포트 번호가 달라진다는 점이다.

드라이버가 정상적으로 설치되지 않은 포트를 선택하고 마우스 오른쪽 버튼을 눌러 '드라이브 업데이트' 메뉴 항목을 선택한다.

그림 11.5 **드라이버 업데이트**

드라이버는 수동으로 설치할 것이므로 '내 컴퓨터에서 드라이버 찾아보기'를 선택한다.

그림 11.6 컴퓨터에서 드라이버 찾기

드라이버 검색 위치를 SAMD21 지원 패키지가 설치된 디렉터리 아래의 드라이버 디렉터리[3]로 설정하고, '컴퓨터의 사용 가능한 드라이버 목록에서 직접 선택'을 선택한다.

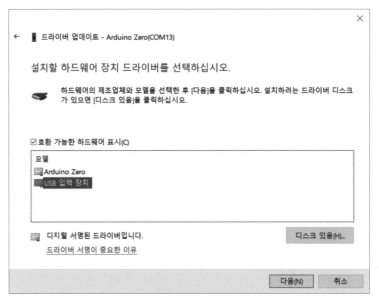

그림 11.7 호환 가능한 하드웨어 목록에서 선택

---

3   드라이버 경로는 'C:\Users\사용자_이름\AppData\Local\Arduino15\packages\arduino\hardware\samd\1.8.13\drivers'로 여기서 '1.8.13'
    은 SAMD 마이크로컨트롤러를 위한 지원 패키지의 버전 번호이므로 지원 패키지가 업데이트되었다면 다른 숫자일 수 있다.

사용할 드라이버는 USB 마우스 드라이버이므로 'USB 입력 장치'를 선택하고 '다음' 버튼을 눌러
드라이버를 설치한다.

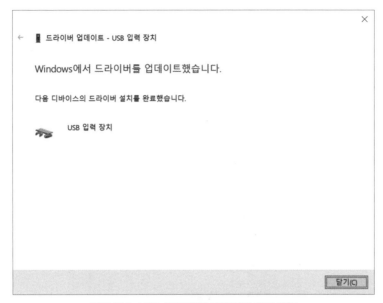

그림 11.8 **USB 입력 장치 드라이버 설치 완료**

드라이버 설치가 완료되면 포트 부분에서 경고 표시가 있던 장치는 사라지고 '마우스 및 기타 포
인팅 장치'에 'HID 규격 마우스'가 추가된 것을 확인할 수 있다. 즉, 아두이노 제로가 USB 방식
마우스로 동작하고 있다는 것이다.

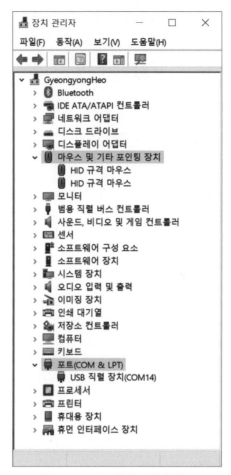

그림 11.9 마우스 드라이버를 설치한 후의 장치 관리자

포트 부분에 있는 'USB 직렬 장치' 역시 드라이버를 다시 설치해 주는 것이 좋다. 'USB 직렬 장치'
에서 마우스 오른쪽 버튼을 눌러 '드라이버 업데이트' 메뉴 항목을 선택한 후 '내 컴퓨터에서 드라
이버 찾아보기'와 '컴퓨터의 사용 가능한 드라이버 목록에서 직접 선택'을 선택하는 것은 앞에서
와 같다.

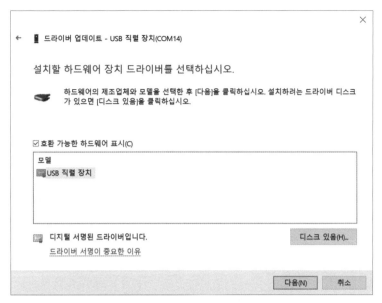

그림 11.10 **호환 가능한 하드웨어 목록 표시**

그림 11.10을 그림 11.7과 비교해 보면 설치할 수 있는 드라이버가 'USB 직렬 장치' 하나만 나타난다. 오른쪽 아래에 있는 '디스크에 있음'을 선택한다.

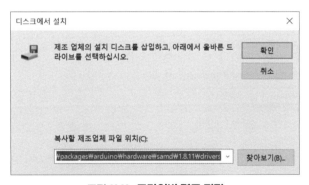

그림 11.11 **드라이버 경로 지정**

다이얼로그의 파일 위치에 드라이버가 위치한 디렉터리를 지정한다. 드라이버가 위치한 디렉터리는 그림 11.6에서와 같은 디렉터리[4]를 지정하면 된다. 디렉터리를 지정한 후 '확인' 버튼을 누르면 SAMD21G 마이크로컨트롤러를 사용한 아두이노 보드의 드라이버 목록이 나타난다.

---

4   드라이버 경로는 'C:\Users\사용자_이름\AppData\Local\Arduino15\packages\arduino\hardware\samd\1.8.13\drivers'이다.

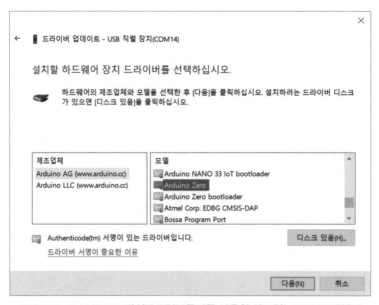

그림 11.12 SAMD21G 마이크로컨트롤러를 사용한 아두이노 보드 드라이버

목록에서 'Arduino Zero'를 찾아 '다음' 버튼을 누르면 드라이버 설치가 완료된다.

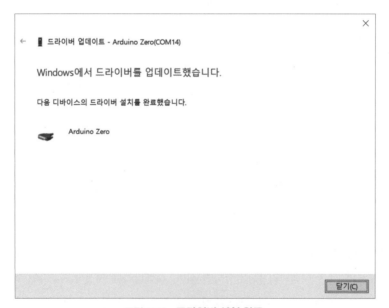

그림 11.13 드라이버 설치 완료

드라이버 설치가 완료되면 장치 관리자에서 'USB 직렬 장치'가 'Arduino Zero'로 바뀐 것을 확인할 수 있다.

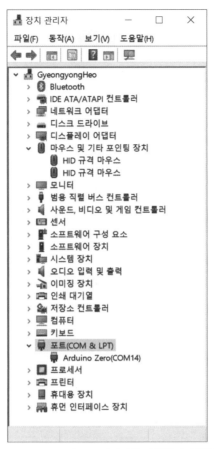

그림 11.14 아두이노 제로 드라이버를 설치한 후 장치 관리자

마우스와 아두이노 제로 드라이버 설치가 완료되었으면 이제 스케치 11.1이 정상적으로 동작할 것이다. 그림판을 실행하고 아두이노 제로에 연결된 스위치를 켜 그림 11.15와 같이 반복해서 그림이 그려지는지 확인해 보자.

그림 11.15 스케치 11.1의 실행 결과

Keyboard 라이브러리

이제 아두이노 제로를 키보드로 동작하도록 해보자. 마우스로 동작하도록 하는 경우와 마찬가지로 USB 키보드로 동작하도록 하는 데도 라이브러리가 필요하다. '스케치 ➡ 라이브러리 포함 ➡ 라이브러리 관리...' 메뉴 항목, 'Ctrl + Shift + I' 단축키 또는 세로 툴바의 '라이브러리 매니저' 버튼을 선택하여 라이브러리 매니저를 실행하고 'Keyboard'를 검색하여 아두이노의 Keyboard 라이브러리를 설치한다.

그림 11.16 **Keyboard 라이브러리 검색 및 설치**[5]

Keyboard 라이브러리는 키보드 동작을 지원하기 위한 **Keyboard_** 클래스를 정의하고 있으며 그 유일한 객체로 **Keyboard**를 선언하고 있으므로 별도로 객체를 생성하지 않고 사용할 수 있다. Keyboard 라이브러리를 사용하기 위해서는 먼저 헤더 파일을 포함해야 한다. '스케치 ➡ 라이브러리 포함 ➡ Keyboard' 메뉴 항목을 선택하거나 #include 문을 직접 입력하면 된다.

```
#include <Keyboard.h>
```

---

5   https://www.arduino.cc/reference/en/language/functions/usb/keyboard

Keyboard 라이브러리를 통해 키보드에 있는 대부분의 키 입력이 가능하지만 모든 아스키 문자를 입력할 수 있는 것은 아니며, 특히 제어문자의 경우에는 일부만 입력할 수 있다. 화면에 표시되는 문자 이외에 SAMD21G 마이크로컨트롤러를 사용한 아두이노 보드에서 입력할 수 있는 키는 표 11.1에 정의된 키들이다.

표 11.1 Keyboard 라이브러리에서 입력할 수 있는 제어키

키	16진숫값	10진숫값	키	16진숫값	10진숫값
KEY_LEFT_CTRL	0x80	128	KEY_F1	0xC2	194
KEY_LEFT_SHIFT	0x81	129	KEY_F2	0xC3	195
KEY_LEFT_ALT	0x82	130	KEY_F3	0xC4	196
KEY_LEFT_GUI	0x83	131	KEY_F4	0xC5	197
KEY_RIGHT_CTRL	0x84	132	KEY_F5	0xC6	198
KEY_RIGHT_SHIFT	0x85	133	KEY_F6	0xC7	199
KEY_RIGHT_ALT	0x86	134	KEY_F7	0xC8	200
KEY_RIGHT_GUI	0x87	135	KEY_F8	0xC9	201
KEY_UP_ARROW	0xDA	218	KEY_F9	0xCA	202
KEY_DOWN_ARROW	0xD9	217	KEY_F10	0xCB	203
KEY_LEFT_ARROW	0xD8	216	KEY_F11	0xCC	204
KEY_RIGHT_ARROW	0xD7	215	KEY_F12	0xCD	205
KEY_BACKSPACE	0xB2	178	KEY_F13	0xF0	240
KEY_TAB	0xB3	179	KEY_F14	0xF1	241
KEY_RETURN	0xB0	176	KEY_F15	0xF2	242
KEY_ESC	0xB1	177	KEY_F16	0xF3	243
KEY_INSERT	0xD1	209	KEY_F17	0xF4	244
KEY_DELETE	0xD4	212	KEY_F18	0xF5	245
KEY_PAGE_UP	0xD3	211	KEY_F19	0xF6	246
KEY_PAGE_DOWN	0xD6	214	KEY_F20	0xF7	247
KEY_HOME	0xD2	210	KEY_F21	0xF8	248
KEY_END	0xD5	213	KEY_F22	0xF9	249
KEY_CAPS_LOCK	0xC1	193	KEY_F23	0xFA	250
			KEY_F24	0xFB	251

Keyboard_ 클래스에서는 다양한 키보드 입력 동작을 지원하기 위해 다음과 같은 멤버 함수를 정의하고 있다.

■ **begin**

```
void Keyboard_::begin()
   - 매개변수: 없음
   - 반환값: 없음
```

아두이노 보드를 컴퓨터에 연결된 키보드로 동작하도록 한다. 키보드로 사용하기 이전에 반드시 begin 함수를 호출해야 하며 동작을 끝내기 위해서는 end 함수를 사용하면 된다.

■ **end**

```
void Keyboard_::end()
   - 매개변수: 없음
   - 반환값: 없음
```

아두이노 보드가 키보드로 동작하는 것을 끝낸다. 키보드 동작을 시작하기 위해서는 begin 함수를 사용하면 된다.

■ **press**

```
void Keyboard_::press(uint8_t key)
   - 매개변수
     key: 키값
   - 반환값: 없음
```

지정한 키값의 키가 눌린 상태에 있도록 한다. 여러 개의 키를 함께 누르는 경우 제어키가 눌린 상태에 있도록 하는 목적으로 흔히 사용한다. 눌린 상태를 해제하기 위해서는 release 또는 releaseAll 함수를 사용하면 된다.

■ **release**

```
void Keyboard_::release(uint8_t key)
   - 매개변수
     key: 키값
   - 반환값: 없음
```

지정한 키값의 키가 눌리지 않은 상태에 있도록 한다.

- **releaseAll**

```
void Keyboard_::releaseAll()
  - 매개변수
  - 반환값: 없음
```

현재 눌린 모든 키가 눌리지 않은 상태에 있도록 한다.

- **print, println**

```
size_t Keyboard_::print(value)
size_t Keyboard_::println(value)
  - 매개변수
    value: 문자 또는 문자열
  - 반환값: 키보드 입력으로 컴퓨터에 전달된 데이터의 바이트 수
```

주어진 문자 또는 문자열을 키보드 입력으로 컴퓨터에 전달한다. print/println은 키보드를 누르고 떼는 동작의 조합에 해당한다. print/println 함수를 통한 키보드 입력은 실제 키보드에 의한 입력에 우선한다.

- **write**

```
size_t Keyboard_::write(uint8_t key)
size_t Keyboard_::write(const uint8_t *buffer, size_t size)
  - 매개변수
    key: 키값
    buffer: 키값 배열
  - 반환값: 키보드 입력으로 컴퓨터에 전달된 데이터의 바이트 수
```

주어진 키값 또는 키값 배열을 키보드 입력으로 컴퓨터에 전달한다. write는 키보드를 누르고 떼는 동작의 조합에 해당한다. write 함수를 통한 키보드 입력은 실제 키보드에 의한 입력에 우선한다.

키보드 입력 테스트를 위해 마우스 입력의 경우와 마찬가지로 키보드 입력을 활성화하는 스위치와 버튼 1개를 그림 11.17과 같이 연결하자.

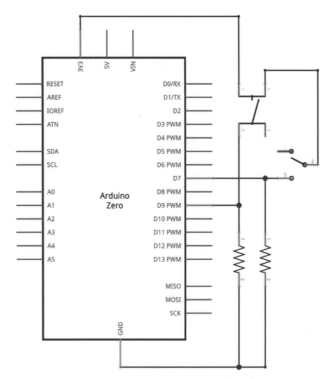

그림 11.17 **USB 키보드 구현을 위한 스위치와 버튼 연결 회로도**

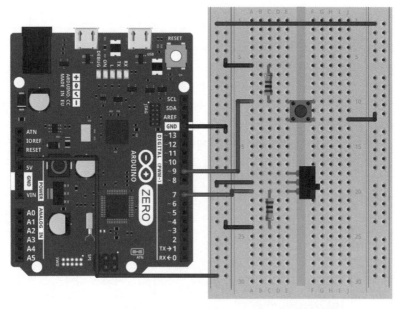

그림 11.18 **USB 키보드 구현을 위한 스위치와 버튼 연결 회로**

스케치 11.2는 스위치가 켜진 상태에서 선택한 내용을 복사해서 붙여넣는 예다. 스케치를 업로드한 후 마우스로 복사할 내용을 선택하고 버튼을 한 번 누르면 선택한 내용이 복사된다. 이후 붙여넣고 싶은 위치에 커서를 두고 다시 버튼을 누르면 복사한 내용이 붙여넣기가 된다. 스케치가 간단해지도록 버튼을 누를 때 에지를 검사하지 않고 delay(50); 명령을 사용하여 디바운싱 효과를 얻도록 했다.

스케치 11.2 USB 키보드

```
#include <Keyboard.h>

int ON_OFF_BTN = 7;                        // 키보드 온/오프 스위치
int key = 9;
boolean state = false;                     // 복사(false) 또는 붙여넣기(true)

void setup() {
  pinMode(ON_OFF_BTN, INPUT);              // 스위치 연결 핀을 입력으로 설정

  Keyboard.begin();                        // 키보드 동작 시작
}

void loop() {
  // 키보드 기능이 켜진 경우에만 키보드 이벤트 전송
  if (digitalRead(ON_OFF_BTN)) {
    if (digitalRead(key)) {                // 키를 누른 경우
      if (state) {                         // true이면 붙여넣기
        Keyboard.press(KEY_LEFT_CTRL);
        Keyboard.press('v');
        Keyboard.releaseAll();
      }
      else {                               // false이면 복사
        Keyboard.press(KEY_LEFT_CTRL);
        Keyboard.press('c');
        Keyboard.releaseAll();
      }
      state = !state;                      // 상태 반전
      delay(50);                           // 디바운싱
    }
  }
}
```

스케치 11.2를 업로드하면 스케치 11.1을 업로드했을 때와 마찬가지로 키보드를 위한 드라이버를 다시 설치해야 할 수 있다. 키보드로 동작하기 위한 드라이버 설치 방법은 마우스로 동작하기 위한 드라이버 설치 방법과 같으므로 앞의 내용을 참고하면 된다.

ATmega32u4 마이크로컨트롤러를 사용한 아두이노 레오나르도와 마찬가지로 SAMD21G 마이크로컨트롤러를 사용하는 아두이노 보드는 마이크로컨트롤러 자체에서 USB 통신 기능을 지원하므로 컴퓨터에 연결하는 USB 장치를 구현하는 데 사용할 수 있다. 아두이노에서는 USB 방식 마우스와 키보드 구현을 위해 Mouse 라이브러리와 Keyboard 라이브러리를 제공하고 있으며, 이 라이브러리는 아두이노 레오나르도와 SAMD21G 마이크로컨트롤러를 사용하는 아두이노 보드에서 모두 사용할 수 있다.

하드웨어로 USB 통신 기능을 제공하지 않는 마이크로컨트롤러 역시 통신 기능을 소프트웨어로 구현하면 USB 장치로 만드는 데 사용할 수 있다. 하지만 이는 번거롭고 복잡한 작업이므로 컴퓨터에 연결할 USB 장치를 만들고 싶다면 아두이노 레오나르도나 SAMD21G 마이크로컨트롤러를 사용하는 아두이노 보드를 추천한다.

이 장에서는 아두이노에서 제공하는 Mouse 라이브러리와 Keyboard 라이브러리만 다루었지만, SAMD21G 마이크로컨트롤러를 사용하는 아두이노 보드를 다른 USB 장치로 동작하도록 하는 라이브러리도 여러 종류가 공개되어 있으므로 관심 있는 독자라면 TinyUSB,[6] MIDIUSB[7] 등을 참고하면 된다.

---

6   https://github.com/hathach/tinyusb

7   https://github.com/arduino-libraries/MIDIUSB

USB 호스트

USB는 컴퓨터와 주변 장치를 쉽고 간단하게 연결할 수 있도록 만들어진 시리얼 통신 방법 중 하나로 최근 판매되는 컴퓨터 주변 장치 대부분이 USB를 사용하고 있다. USB는 마스터-슬레이브 구조를 가지며 컴퓨터가 마스터 역할을 하고 주변 장치가 슬레이브로 컴퓨터에 연결된다. 이때 마스터로 동작하는 장치를 USB 호스트라고 하며 컴퓨터가 대표적인 USB 호스트에 해당한다. SAMD21G 마이크로컨트롤러에 포함된 USB 지원 하드웨어는 USB 슬레이브인 주변 장치뿐만 아니라 USB 마스터인 호스트 기능 역시 제공하고 있으므로 키보드와 같은 주변 장치를 아두이노에 연결하여 입력 장치로 사용할 수 있다. 이 장에서는 SAMD21G 기반 아두이노 보드를 USB 호스트로 사용하는 방법을 알아본다.

이 장에서
사용할 부품

아두이노 제로	× 1
USB 마우스	× 1
USB 키보드	× 1

USB

USBUniversal Serial Bus는 컴퓨터와 주변 장치 사이의 다양한 연결 방식을 하나로 통합하려는 목적으로 1996년 처음 만들어졌다. USB는 출시된 이후 개정을 거듭하여 2019년 버전 4까지 발표되었으며, 최신의 USB 4는 초당 40기가비트의 전송 속도를 낼 수 있어 USB의 적용 범위는 더 넓어질 것으로 기대되고 있다. 버전에 따른 USB 표준 전송 속도는 표 12.1과 같다.

표 12.1 USB 표준 전송 속도

버전	이름	속도(bps)	비고
1.x	Low Speed	1.5M	
	Full Speed	12M	
2.0	High Speed	480M	
3.2 Gen 1	Super Speed USB	5G	3.0 버전과 같음
3.2 Gen 2	Super Speed USB 10Gbps	10G	3.1 버전과 같음
3.2 Gen 2x2	Super Speed USB 20Gbps	20G	
4	–	40G	

USB는 마스터-슬레이브 구조를 가지며 호스트, 허브, USB 장치들이 트리 형식으로 연결된다. 호스트 또는 USB 호스트는 USB 연결의 마스터로 USB를 통한 데이터 전송의 모든 권한과 책임을 지고 연결된 장치들을 관리한다. 허브는 여러 개의 USB 장치가 하나의 연결을 함께 사용할 수 있게 해주며, 호스트에 있는 USB 허브를 특히 루트 허브라 한다. **일반적으로 호스트는 호스트 컨트롤러와 루트 허브의 조합을 말한다.**

USB에서는 각 장치를 식별하기 위해 7비트의 주소를 사용하므로 하나의 호스트에 최대 127개 장치를 연결할 수 있다. 나머지 하나인 0번은 연결된 후 주소 할당이 이루어지지 않은 장치를 위해 사용되는 주소다. 그림 12.1은 USB 버스에 호스트를 중심으로 장치들이 허브를 통해 트리 구조로 연결된 예를 보여준다. USB는 최대 7개 층tier을 지원하므로, 루트 허브를 제외하면 허브는 직렬로 최대 5개까지 연결될 수 있다.

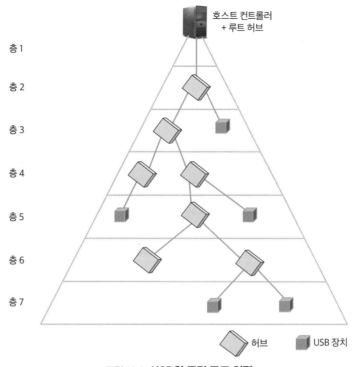

호스트 컨트롤러
+ 루트 허브

허브   USB 장치

그림 12.1 USB의 트리 구조 연결

이론적으로 USB 연결에서는 허브를 포함하여 127개의 장치를 연결할 수 있지만 연결된 장치들이 대역폭을 나누어 사용하므로 여러 장치를 동시에 사용하는 경우 통신 속도가 느려지는 문제가 발생한다. 또한 **USB 4와 USB 3.2 Gen 2×2의 경우 최대 5V 3A의 전력을 공급할 수 있지만, 아직도 많이 사용하고 있는 USB 2.0은 5V 0.5A, USB 3.0(3.2 Gen 1)은 5V 0.9A의 전력만 공급할 수 있기 때문에 USB를 통해 연결된 모든 장치에 전력을 공급할 수는 없으므로 별도의 전원 공급 장치가 필요할 수 있다.**

아두이노 레오나르도에 사용된 ATmega32u4 마이크로컨트롤러가 USB 통신 기능을 제공하지만, USB 슬레이브인 주변 장치를 구현할 수 있는 기능만 제공하고 USB 호스트 기능은 제공하지 않는다. 따라서 아두이노에서는 AVR 기반 아두이노 보드를 위해 USB 호스트 실드를 제공하고 있다. USB 호스트 실드를 사용하면 AVR 기반 아두이노 보드에 마우스나 키보드 같은 USB 장치를 연결하여 사용할 수 있다. 반면 SAMD21G 마이크로컨트롤러는 USB 호스트 기능까지 제공한다. 한 가지 주의해야 할 점은 **USB 호스트 기능을 지원하는 라이브러리에는 여러 종류가 있다**는 점이다. 라이브러리 매니저에서 검색할 수 있는 라이브러리 중 대표적인 라이브러리로 'USB Host Shield Library'와 'USBHost'가 있다. USB Host Shield 라이브러리는 AVR 기반 아두이노 보드를 위한 USB 호스트 실드를 지원하는 라이브러리다. 반면 USBHost 라이브러리는 USB 호스트 기능을 지원하는 다른 마이크로컨트롤러를 사용하는 아두이노 듀에Due를 위한 라이브러리다. 아두이노 듀에는 Cortex M3 아키텍처를 사용하는 AT91SAM3X8E 마이크로컨트롤러를 사용하고 있으며, 아두이노 제로의 Cortex M0+ 아키텍처를 사용하는 SAMD21G 마이크로컨트롤러와는 다르다. 이 장에서 사용할 SAMD21G 마이크로컨트롤러를 위한 라이브러리는 'USB Host Library SAMD'로 라이브러리 매니저에서 검색되지 않는다.

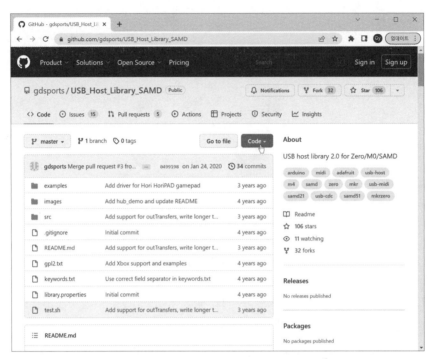

그림 12.2 USB Host Library SAMD 홈페이지[1]

먼저 라이브러리 홈페이지에서 USB Host Library SAMD 압축 파일을 내려받는다. 내려받은 USB_Host_Library_SAMD-master.zip 파일을 스케치북 디렉터리 아래 libraries 디렉터리에 압축을 해제하면 설치는 끝난다. 또는 '스케치 ➡ 라이브러리 포함 ➡ .ZIP 라이브러리 추가...' 메뉴 항목을 통해 설치할 수도 있다.

USB 호스트 라이브러리를 사용하기 위해서는 헤더 파일을 포함해야 한다. '스케치 ➡ 라이브러리 포함 ➡ USB Host Library SAMD' 메뉴 항목을 선택하면 많은 수의 헤더 파일이 포함되지만, 모든 헤더 파일이 꼭 필요한 것은 아니므로 필요한 파일을 직접 입력하는 것이 좋다. 필요한 헤더 파일은 연결할 USB 장치에 따라 다르다.

---

1   https://github.com/gdsports/USB_Host_Library_SAMD

마우스 연결

아두이노 제로의 네이티브 USB 포트에 마우스를 연결하자. 아두이노 제로는 2개의 USB 포트를 제공하고 있으므로 프로그래밍 포트는 컴퓨터와 연결하여 스케치 업로드 및 시리얼 통신을 위해 사용하고, 네이티브 포트는 USB 방식 마우스를 사용하는 데 사용할 수 있다. 아두이노 나노 33 IoT와 같이 네이티브 포트만을 제공하는 아두이노 보드의 경우라면 스케치 업로드 역시 네이티브 포트를 사용해야 하므로 스케치를 업로드할 때와 마우스를 테스트할 때 케이블을 바꾸어야 한다. 또한 마우스를 테스트할 때 별도로 전원을 연결해야 하고, 디버깅 메시지를 컴퓨터로 출력하기 위해서는 별도의 USB-UART 변환 장치를 사용해야 하는 등의 불편함이 있으므로 이 장에서는 아두이노 제로를 사용했다.

그림 12.3 아두이노 제로에 USB 마우스 연결

마우스를 제어하기 위해서는 USB 호스트 기능을 담당하는 USBHost 클래스와 연결된 마우스 제어를 담당하는 MouseController 클래스가 필요하다. 먼저 #include 문으로 헤더 파일을 포함한다. MouseController.h 파일에서 필요한 다른 헤더 파일을 포함하고 있으므로 MouseController.h 파일만 포함하면 된다.

```
#include <MouseController.h>
```

마우스 입력을 받고 처리하기 위해서는 USBHost 클래스의 객체를 생성하고 Init 함수로 객체를 초기화한 후 Task 함수를 사용하여 연결된 USB 장치를 관리하면 된다. Task 함수는 아두이노 프로그램이 동작 중인 동안 USB 장치를 연결하거나 연결을 해제할 수 있도록 해준다.

■ USBHost

```
USBHost::USBHost()
    - 매개변수: 없음
    - 반환값: 없음
```

연결된 USB 장치를 관리하기 위한 USB 호스트 객체를 생성한다.

■ Init

```
uint32_t USBHost::Init()
    - 매개변수: 없음
    - 반환값: 초기화 성공 여부
```

USB 호스트 기능을 초기화한다.

■ Task

```
void USBHost::Task()
    - 매개변수: 없음
    - 반환값: 없음
```

loop 함수에서 호출하여 새로운 장치가 연결되거나 기존 연결이 끊어지는 등의 USB 장치 연결을 관리한다.

실제 마우스를 제어하는 것은 MouseController 클래스다. MouseController 클래스의 객체를 생성할 때는 매개변수로 USBHost 클래스의 객체를 지정하여 마우스를 제어할 객체와 USB 호스트 객체를 연결해야 한다.

■ MouseController

```
MouseController::MouseController(USBHost &usb)
    - 매개변수
      usb: USB 호스트 객체
    - 반환값: 없음
```

USB 호스트에 연결된 마우스 객체를 생성한다.

MouseController 클래스에는 마우스의 움직임이나 버튼 누름, 버튼 뗌 등의 이벤트가 발생했을 때 이를 처리할 멤버 함수를 정의하고 있다. 정의된 멤버 함수는 마우스 움직임, 3개 버튼 각각에 대해 버튼 누름과 버튼 뗌 등 모두 7개다.

```
void MouseController::OnMouseMove(MOUSEINFO *mi)
void MouseController::OnLeftButtonUp(MOUSEINFO *mi)
void MouseController::OnLeftButtonDown(MOUSEINFO *mi)
void MouseController::OnMiddleButtonUp(MOUSEINFO *mi)
void MouseController::OnMiddleButtonDown(MOUSEINFO *mi)
void MouseController::OnRightButtonUp(MOUSEINFO *mi)
void MouseController::OnRightButtonDown(MOUSEINFO *mi)
```

정의된 7개의 멤버 함수는 모두 마우스의 움직임과 버튼 상태에 대한 정보를 갖는 구조체인 MOUSEINFO 타입의 변수를 매개변수로 갖는다.

```
struct MOUSEINFO {
  struct {                // 버튼 상태
    uint8_t bmLeftButton    : 1;
    uint8_t bmRightButton   : 1;
    uint8_t bmMiddleButton  : 1;
    uint8_t bmDummy         : 5;
  };
  int8_t dX;          // x축 이동
  int8_t dY;          // y축 이동
};
```

7개의 함수는 다시 마우스 동작에 따라 5개의 콜백 함수를 호출하도록 정의되어 있다.

```
void mouseClicked()
void mouseDragged()
void mouseMoved()
void mousePressed()
void mouseReleased()
```

콜백 함수는 MouseController 클래스의 멤버 함수가 아니며 특정 이벤트가 발생했을 때 이를 처리하도록 스케치에서 구현해야 하는 함수다. 콜백 함수는 모두 구현할 수도 있지만 필요한 일부 함수만 구현해서 사용할 수도 있다. 콜백 함수에서 마우스가 움직인 정도와 버튼 상태를 알아내기 위해 사용할 수 있는 함수는 MouseController 클래스의 멤버 함수로 정의되어 있다.

■ getButton

```
bool MouseController::getButton(MouseButton button)
 - 매개변수
   button: 상태를 검사할 버튼 종류
 - 반환값: 버튼 상태
```

현재 버튼 상태를 반환한다. 버튼의 종류는 LEFT_BUTTON, MIDDLE_BUTTON, RIGHT_BUTTON 중 하나를 사용하면 된다.

■ getXChange, getYChange

```
int MouseController::getXChange()
int MouseController::getYChange()
 - 매개변수: 없음
 - 반환값: x 또는 y 방향 이동량
```

마우스 커서의 움직임을 이전 위치를 기준으로 한 상대적인 값으로 반환한다.

스케치 12.1은 4개의 마우스 콜백 함수를 정의하여 마우스의 움직임과 버튼 누름을 처리하도록 하는 예다. 구현하지 않은 mouseClicked 콜백 함수는 mouseReleased 함수와 함께 호출되는 함수이므로 필요한 내용은 mouseReleased 함수에서 구현하면 된다. 스케치 12.1을 업로드하고 마우스를 움직이거나 버튼을 누르면서 결과를 확인해 보자.[2]

스케치 12.1 **마우스 연결**

```
#include <MouseController.h>

USBHost usb;                            // USB 제어기 초기화
MouseController mouse(usb);             // USB 호스트에 마우스 연결
```

---

2 스케치 12.1의 컴파일 과정에서 라이브러리의 파일 중 하나인 usbhub.cpp 파일의 #include "delay.h" 문장에서 파일을 찾을 수 없다는 오류가 발생할 수 있다. 오류가 발생하는 해당 문장을 주석으로 처리하고 컴파일하면 된다. usbhub.cpp 파일은 '스케치북_디렉터리\libraries\USB_Host_Library_SAMD-master\src'에서 찾을 수 있다.

```
// 마우스 버튼 상태를 나타내는 변수
bool leftButton = false;
bool middleButton = false;
bool rightButton = false;

// 마우스 움직임이 감지될 때 자동 호출
void mouseMoved() {
  Serial.print("* MOVE : ");
  Serial.print(mouse.getXChange());
  Serial.print(", ");
  Serial.println(mouse.getYChange());
}

// 마우스 끌기가 감지될 때 자동 호출
void mouseDragged() {
  Serial.print("* DRAG : ");
  Serial.print(mouse.getXChange());
  Serial.print(", ");
  Serial.println(mouse.getYChange());
}

// 마우스 버튼을 눌렀을 때(press) 자동 호출
void mousePressed() {
  Serial.print("* PRESS : ");
  if (mouse.getButton(LEFT_BUTTON)) {
    Serial.print("L ");
    leftButton = true;
  }
  if (mouse.getButton(MIDDLE_BUTTON)) {
    Serial.print("M ");
    middleButton = true;
  }
  if (mouse.getButton(RIGHT_BUTTON)) {
    Serial.print("R ");
    rightButton = true;
  }
  Serial.println();
}

// 마우스 버튼을 뗄 때(release) 자동 호출
void mouseReleased() {
  Serial.print("* RELEASE : ");
  if (!mouse.getButton(LEFT_BUTTON) && leftButton == true) {
    Serial.print("L");
    leftButton = false;
  }
  if (!mouse.getButton(MIDDLE_BUTTON) && middleButton == true) {
    Serial.print("M");
    middleButton = false;
  }
  if (!mouse.getButton(RIGHT_BUTTON) && rightButton == true) {
    Serial.print("R");
```

```
      rightButton = false;
  }
  Serial.println();
}

void setup() {
  Serial.begin(9600);

  Serial.println("* USB Host Function Initialization.");
  if (usb.Init()) {                              // USB 호스트 기능 초기화
    Serial.println(" => Fail to initialization...");
    while (1);
  }

  // 시리얼 모니터 출력 속도 조절을 위해 큰 값으로 설정
  delay(500);
}

void loop() {
  usb.Task();                                    // USB 장치 연결 및 해제 관리
}
```

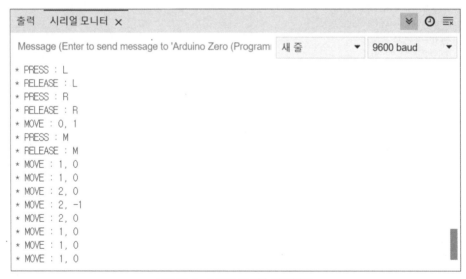

그림 12.4 스케치 12.1의 실행 결과

키보드 연결

아두이노 제로의 네이티브 USB 포트에 키보드를 연결하자.

그림 12.5 **아두이노 제로에 USB 키보드 연결**

USB Host Library SAMD가 간편하게 마우스를 제어할 수 있도록 MouseController 클래스를 제공하는 것처럼 키보드 제어를 위한 KeyboardController 클래스 역시 제공하고 있다. 먼저 #include 문으로 헤더 파일을 포함한다. KeyboardController.h 파일에서 필요한 다른 헤더 파일을 포함하고 있으므로 KeyboardController.h 파일만 포함하면 되는 것은 마우스의 경우와 같다.

```
#include <KeyboardController.h>
```

실제 키보드 제어는 KeyboardController 클래스가 담당한다. KeyboardController 클래스의 객체를 생성할 때는 매개변수로 USBHost 클래스의 객체를 지정하여 키보드를 제어할 객체와 USB 호스트 객체를 연결해야 한다.

■ **KeyboardController**

```
KeyboardController::KeyboardController(USBHost &usb)
```
 - 매개변수
   usb: USB 호스트 객체
 - 반환값: 없음

USB 호스트에 연결된 키보드 객체를 생성한다.

KeyboardController 클래스는 키보드의 누름과 뗌 이벤트가 발생했을 때 처리할 멤버 함수를 정의하고 있다.

```
void KeyboardController::OnKeyDown(uint8_t mod, uint8_t oemKey)
void KeyboardController::OnKeyUp(uint8_t mod, uint8_t oemKey)
```

정의된 함수에서 mod는 모디파이어 키 상태를 나타내고 oemKey는 OEM 키값을 나타낸다. 모디파이어 키는 KeyboardModifiers 열거형 상수의 조합으로 표시된다.

```
enum KeyboardModifiers {
  LeftCtrl = 1,
  LeftShift = 2,
  Alt = 4,
  LeftCmd = 8,
  RightCtrl = 16,
  RightShift = 32,
  AltGr = 64,
  RightCmd = 128
};
```

OEMOriginal Equipment Manufacturer 키값은 아스키 코드와 같이 문자를 나타내는 값이 아니라 키보드에 있는 키를 나타내는 값이다. 키보드의 키를 눌렀을 때 실제 입력되는 문자를 얻기 위해서는, 즉 OEM 키값에서 아스키 코드값을 얻기 위해서는 OemToAscii 함수를 사용하면 된다. KeyboardController 클래스 내에는 OEM 키값이 oemKey, 아스키 문자 코드값이 key, 모디파이어 키 상태가 modifiers 멤버 변수에 저장된다.

- **OemToAscii**

```
uint8_t KeyboardController::OemToAscii(uint8_t mod, uint8_t key)
  - 매개변수
    mod: 모디파이어 키
    key: OEM 키
  - 반환값: 아스키 코드 또는 0
```

OEM 키값을 아스키 코드값으로 변환한다. 아스키 코드값으로 변환할 수 없는 경우에는 0을 반환한다.

OnKeyDown 함수와 OnKeyUp 함수는 콜백 함수인 keyPressed와 keyReleased를 호출한다.

```
void keyPressed()
void keyReleased()
```

콜백 함수는 KeyboardController 클래스의 멤버 함수가 아니며 필요한 함수만 정의해서 사용하면 된다는 점은 마우스 제어에서와 같다. 콜백 함수 내에서 키보드의 상태를 알아내기 위해 KeyboardController 클래스에는 다음과 같은 멤버 함수들이 정의되어 있다.

■ getKey, getModifiers, getOemKey

```
uint8_t KeyboardController::getKey()
uint8_t KeyboardController::getModifiers()
uint8_t KeyboardController::getOemKey()
    - 매개변수: 없음
    - 반환값: 아스키 코드값, 모디파이어 키값, OEM 키값
```

아스키 코드값, 모디파이어 키값, OEM 키값을 반환한다.

스케치 12.2는 아두이노 제로에서 키보드 입력을 받고 키 입력을 시리얼 모니터로 출력하는 예다. 스케치를 업로드하고 키보드 입력을 확인해 보자.

스케치 12.2 키보드 연결

```
#include <KeyboardController.h>

USBHost usb;                             // USB 제어기 초기화
KeyboardController keyboard(usb);         // USB 호스트에 키보드 연결

void printKey() {
  uint8_t key = keyboard.getKey();
  uint8_t oemKey = keyboard.getOemKey();
  uint8_t mod = keyboard.getModifiers();

  // 왼쪽 모디파이어 키
  Serial.print((mod & LeftShift) ? "Shift " : "_____ ");
  Serial.print((mod & LeftCtrl) ? "Ctrl " : "____ ");
  Serial.print((mod & Alt) ? "Alt " : "___ ");
```

```
  Serial.print(" << ");                              // OEM 키값 출력
  if (oemKey < 10) Serial.print(' ');
  Serial.print(oemKey);

  if (key) {                                          // 아스키 문자가 존재하는 경우
    Serial.print(String(", ") + (char)key);
  }
  else {
    Serial.print(", ");
  }
  Serial.print(" >> ");

  // 오른쪽 모디파이어 키
  Serial.print((mod & AltGr) ? "Alt " : "___ ");
  Serial.print((mod & RightCtrl) ? "Ctrl " : "____ ");
  Serial.print((mod & RightShift) ? "Shift " : "_____ ");
  Serial.println();
}

// 키를 눌렀을 때(press) 자동 호출
void keyPressed() {
  Serial.print("* PRESS\t\t: ");
  printKey();
}

// 키를 뗄 때(release) 자동 호출
void keyReleased() {
  Serial.print("* RELEASE\t: ");
  printKey();
}

void setup() {
  Serial.begin(9600);

  Serial.println("* USB Host Function Initialization.");
  if (usb.Init()) {                                   // USB 호스트 기능 초기화
    Serial.println(" => Fail to initialization...");
    while (1);
  }
  delay( 20 );
}

void loop() {
  usb.Task();                                         // USB 장치 연결 및 해제 관리
}
```

```
출력    시리얼 모니터  ×                                              ⌄  ⏲  ☰

Message (Enter to send message to 'Arduino Zero (Program    새 줄    ▼    9600 baud    ▼

* PRESS      : ____ ___ ___  << 4, a >> ___ ____
* RELEASE    : ____ ___ ___  << 4, a >> ___ ____
* PRESS      : Shift ___ ___ << 4, A >> ___ ____
* RELEASE    : Shift ___ ___ << 4, A >> ___ ____
* PRESS      : ____ Ctrl Alt << 7, ⌐ >> ___ ____
* RELEASE    : ____ Ctrl Alt << 7, ⌐ >> ___ ____
* PRESS      : ____ ___ ___  << 6, c >> ___ ____
* RELEASE    : ____ ___ ___  << 6, c >> ___ ____
* PRESS      : ____ ___ ___  << 14, K >> ___ ____ Shift
* RELEASE    : ____ ___ ___  << 14, K >> ___ ____ Shift
* PRESS      : ____ ___ ___  << 21, r >> Alt ____ ____
* RELEASE    : ____ ___ ___  << 21, r >> Alt ____ ____
```

그림 12.6 **스케치 12.2의 실행 결과**

12.4 맺는말

USB는 컴퓨터와 주변 장치 사이의 통신을 위해 만들어진 표준화된 통신 방식이다. 초기 USB는 느린 전송 속도로 사용 분야가 제한되었지만, 최근에는 컴퓨터 주변 장치 대부분이 USB를 사용하는 등 그 사용 범위가 넓어지고 있다.

AVR 기반 아두이노 보드는 USB를 지원하지 않는 경우가 대부분이다. 아두이노 레오나르도에 사용된 ATmega32u4 마이크로컨트롤러는 SAMD21G 마이크로컨트롤러와 같은 네이티브 USB 포트를 지원하므로 USB 클라이언트인 주변 장치를 만들 수 있지만, USB 호스트 기능을 지원하지는 않는다. 따라서 AVR 기반 아두이노 보드에서 USB 호스트 기능을 사용하기 위해서는 별도의 USB 호스트 실드가 필요하다. 반면 SAMD21G 마이크로컨트롤러는 USB 호스트 기능 역시 지원하므로 추가 하드웨어 없이 마우스나 키보드 등을 연결하여 입력 장치로 사용할 수 있다. 마우스와 키보드 이외에도 Wii, 플레이 스테이션, XBox 등의 게임 컨트롤러도 연결할 수 있으므로 다양한 입력 장치를 아두이노 보드에 연결하여 사용하고 싶다면 SAMD21G 기반 아두이노 보드를 고려해 볼 수 있다.

EEPROM 에뮬레이션

SAMD21G 마이크로컨트롤러에는 AVR 시리즈 마이크로컨트롤러와 달리 SRAM과 플래시 메모리만 포함되어 있고 EEPROM이 포함되어 있지 않다. EEPROM이 없다는 것은 스케치가 실행 중인 동안 자유롭게 데이터를 기록할 수 있는 비휘발성 메모리가 없다는 이야기다. 하지만 SAMD21G 마이크로컨트롤러에는 256KB의 플래시 메모리가 포함되어 있고 이 중 최대 16KB를 에뮬레이션을 통해 EEPROM처럼 사용할 수 있다. 이 장에서는 SAMD21G 기반 아두이노 보드에서 에뮬레이션을 통해 EEPROM을 사용하는 방법을 살펴본다.

아두이노 제로 × 1

이 장에서
사용할 부품

메모리

메모리는 크게 ROM~Read Only Memory~과 RAM~Random Access Memory~으로 나뉜다. ROM은 기록한 내용을 읽기 위해서만 사용하는 메모리를, RAM은 읽고 쓰기가 자유로운 메모리를 말한다. 하지만 기술 발전에 따라 읽을 수만 있는 메모리는 더는 생산되지 않으며 일정 횟수까지는 읽고 쓸 수 있는 메모리로 대체되었다. 따라서 **ROM은 전원이 끊어져도 기록된 내용이 보존되는 비휘발성 메모리를, RAM은 전원이 끊어지면 기록된 내용이 사라지는 휘발성 메모리를 가리키게 되었다.**

마이크로컨트롤러에는 여러 종류의 메모리가 사용된다. AVR 시리즈 마이크로컨트롤러에는 ROM인 플래시 메모리와 EEPROM, RAM인 SRAM~Static Random Access Memory~이 포함되어 있다. 반면 SAMD21G 마이크로컨트롤러에는 플래시 메모리와 SRAM만 있고 EEPROM이 없다. 표 13.1은 ATmega328 마이크로컨트롤러를 사용하는 아두이노 우노와 SAMD21G 마이크로컨트롤러를 사용하는 아두이노 제로에 포함된 메모리를 비교한 것이다.

표 13.1 아두이노 우노와 제로의 메모리

		ROM		RAM
		플래시 메모리	EEPROM	SRAM
크기(KB)	아두이노 우노	32	1	2
	아두이노 제로	256	–	32
주 용도		프로그램 저장	데이터 저장	데이터 저장
비휘발성		○	○	×
프로그램 실행 중 변경 가능		×	○	○
속도		중간	가장 느림	가장 빠름
수명		10,000회 쓰기	100,000회 쓰기	반영구적

표 13.1에서 볼 수 있듯이 EEPROM은 프로그램 실행 중에 간단하게 읽고 쓸 수 있다는 장점이 있어 하드디스크와 비슷한 용도로 사용할 수 있다. 하지만 EEPROM은 크기가 작아 프로그램 실행을 위한 옵션과 같은 간단한 정보를 기록하는 용도로만 사용할 수 있다.

AVR 시리즈 마이크로컨트롤러와 달리 SAMD21G 마이크로컨트롤러에는 EEPROM이 포함되어 있지 않다. 하지만 라이브러리를 통해 256KB의 플래시 메모리 중 일부를 EEPROM처럼 사용할 수 있다.

플래시 메모리는 EEPROM의 변형으로 내용을 바이트 단위로 읽을 수 있다는 점은 플래시 메모리와 EEPROM이 같다. 하지만 플래시 메모리는 데이터를 블록 단위로만 쓸 수 있고 블록 데이터를 쓰는 시간이 EEPROM에 1바이트를 쓰는 시간과 비슷하므로 대용량의 데이터를 저장하기에 적합하다. 또한 플래시 메모리는 메모리 구조가 간단해서 대용량 메모리를 쉽게 만들 수 있으므로 프로그램 저장을 위한 프로그램 메모리로 사용되고 있다. 하지만 **블록 단위의 데이터 쓰기는 불필요한 쓰기 동작을 유발할 수 있어 EEPROM보다 1/10 정도의 쓰기만 보장되므로 잦은 쓰기는 피해야 한다.** 이는 AVR 시리즈 마이크로컨트롤러에서도 마찬가지다. ROM은 수명이 있다는 점을 명심해야 한다.

13.2 FlashStorage 라이브러리

SAMD21G 마이크로컨트롤러에서 플래시 메모리를 에뮬레이션하기 위해 사용할 수 있는 라이브러리 중 하나가 FlashStorage 라이브러리다. '스케치 ➡ 라이브러리 포함 ➡ 라이브러리 관리...' 메뉴 항목, 'Ctrl + Shift + I' 단축키 또는 세로 툴바의 '라이브러리 매니저' 버튼을 선택하여 라이브러리 매니저를 실행하고 'FlashStorage'를 검색하여 FlashStorage 라이브러리를 설치한다.

그림 13.1 **FlashStorage 라이브러리 검색 및 설치**[1]

---

1 https://github.com/cmaglie/FlashStorage

FlashStorage 라이브러리를 사용하기 위해서는 먼저 헤더 파일을 포함해야 한다. '스케치 ➡ 라이브러리 포함 ➡ FlashStorage' 메뉴 항목을 선택하면 2개의 헤더 파일이 포함된다. FlashAsEEPROM.h 파일에는 AVR 기반 아두이노 보드에서와 같은 방법으로 에뮬레이션한 EEPROM을 사용할 수 있게 해주는 EEPROMClass 클래스가 정의되어 있고 그 객체로 EEPROM이 정의되어 있다. 정의된 클래스와 객체 이름은 AVR 기반 아두이노 보드에서 사용하는 이름과 같다. 반면 FlashStorage.h 파일에는 실제로 플래시 메모리에 데이터를 읽고 쓰는 방법이 정의되어 있다. FlashAsEEPROM.h 파일은 FlashStorage.h 파일을 포함하고 있으므로 FlashAsEEPROM.h 파일을 포함하면 FlashStorage.h 파일은 포함하지 않아도 된다.

```
#include <FlashAsEEPROM.h>
#include <FlashStorage.h>    // 생략 가능
```

FlashStorage는 변수 단위로 플래시 메모리에 값을 읽고 쓰는 기능을 기본으로 한다. 플래시 메모리를 사용하기 위해서는 먼저 변수를 저장하기 위한 충분한 플래시 메모리를 확보한 후 읽기 또는 쓰기 동작을 수행하면 된다.

■ FlashStorage

```
FlashStorage(name, T)
  - 매개변수
   name: 변수의 이름
   T: 변수의 데이터 타입으로 기본 데이터 타입(int, float 등)이나 구조체 등을 지정
  - 반환값: 없음
```

플래시 메모리에 데이터 타입 T를 저장할 수 있는 공간을 확보하고 확보된 메모리 공간의 이름을 name으로 설정하는 매크로 함수다. FlashStorage 함수로 만들어진 이름(name)은 클래스의 객체처럼 사용할 수 있다.

■ read

```
T FlashStorageClass::read()
  - 매개변수: 없음
  - 반환값: 플래시 메모리에 저장된 타입 T 값
```

플래시 메모리의 내용을 읽어 타입 T 값을 반환한다. FlashStorage 매크로 함수로 정한 이름(name)을 FlashStorageClass 객체처럼 사용하면 된다.

■ **write**

```
void FlashStorageClass::write(T data)
  - 매개변수
    data: 플래시 메모리에 저장할 타입 T 값
  - 반환값: 없음
```

플래시 메모리에 타입 T 값을 저장한다. FlashStorage 매크로 함수로 정한 이름(name)을 FlashStorageClass 객체처럼 사용하면 된다.

스케치 13.1은 플래시 메모리에 정수형 및 실수형 값을 저장하고 읽는 예를 보여준다.

스케치 13.1 플래시 메모리 읽기와 쓰기 - 정수와 실수

```
#include <FlashStorage.h>

FlashStorage(intStorage, int);                      // 정수형 저장을 위한 플래시 메모리 확보
FlashStorage(floatStorage, float);                  // 실수형 저장을 위한 플래시 메모리 확보

void setup() {
  SerialUSB.begin(9600);
  while (!SerialUSB);

  int n;
  float f;

  for(int i = 0; i < 3; i++) {
    n = intStorage.read();                          // 정수형 값 읽기
    f = floatStorage.read();                        // 실수형 값 읽기

    SerialUSB.print("=> 정숫값 읽기 : ");
    SerialUSB.println(n);
    SerialUSB.print("=> 실숫값 읽기 : ");
    SerialUSB.println(f);

    intStorage.write(n + 1);                        // 정수형 값 쓰기
    floatStorage.write(f + 1.1);                    // 실수형 값 쓰기
  }
}

void loop() {
}
```

그림 13.2는 스케치 13.1을 실행한 결과다. 스케치를 업로드한 후 에뮬레이션을 시작하면 에뮬레이션 된 공간이 영(0)으로 초기화되므로 정수와 실수 모두 0의 값을 확인할 수 있다. 이후 쓰고 읽기를 반복하면 정수는 1씩, 실수는 1.1씩 증가하는 값을 확인할 수 있다.

그림 13.2 스케치 13.1의 실행 결과

스케치 13.1이 기본 자료형에 대한 읽기와 쓰기를 보여준다면 스케치 13.2는 학생의 성적 데이터를 나타내는 구조체를 정의하여 사용하는 예다.

스케치 13.2 플래시 메모리 읽기와 쓰기 - 구조체

```
#include <FlashStorage.h>

typedef struct {                         // 구조체 정의
  char name[50];
  int Korean, Math, English;
} Student;                               // Student 타입

// Student 타입의 구조체 저장을 위한 플래시 메모리 확보
FlashStorage(studentStorage, Student);

void setup() {
  SerialUSB.begin(9600);
  while (!SerialUSB);

  Student student;

  for(int i = 0; i < 2; i++) {
    student = studentStorage.read();     // 구조체 데이터 읽기

    SerialUSB.println("* 학생 정보");
    SerialUSB.println(String("\t이름 : ") + student.name);
    SerialUSB.print("\t\t국어 : ");
    SerialUSB.println(student.Korean);
    SerialUSB.print("\t\t수학 : ");
    SerialUSB.println(student.Math);
    SerialUSB.print("\t\t영어 : ");
    SerialUSB.println(student.English);
```

```
        strcpy(student.name, "Arduino");
        student.Korean += 5;
        student.Math -= 5;
        student.English = 10;

        studentStorage.write(student);               // 구조체 데이터 쓰기
    }
}

void loop() {
}
```

그림 13.3은 스케치 13.2의 실행 결과로, 초기화 이후 두 번째 값을 읽을 때는 변경된 값을 읽을 수 있다.

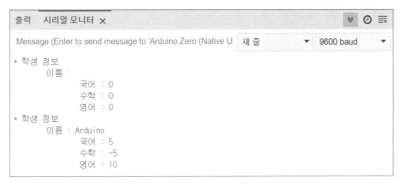

그림 13.3 스케치 13.2의 실행 결과

EEPROMClass 클래스

FlashStorage가 변수 단위로 플래시 메모리를 사용한다면 EEPROMClass 클래스는 AVR 시리즈 마이크로컨트롤러와 같이 주소 단위로 플래시 메모리를 사용할 수 있게 해준다. EEPROMClass 클래스는 FlashStorage를 기반으로 만들어져 있다. 주소 단위의 EEPROM 에뮬레이션을 위한 클래스의 이름이 EEPROMClass이고 그 객체 이름이 EEPROM인 것은 AVR 기반 아두이노 보드에서와 같다.

EEPROMClass 클래스에서는 디폴트값으로 1KB 크기의 플래시 메모리를 EEPROM으로 에뮬레이션한다. EEPROM 에뮬레이션을 위해서는 SRAM에 1KB 크기의 배열을 생성하고 이에 대응

하는 플래시 메모리 1KB 역시 할당하므로 사용할 수 있는 SRAM과 플래시 메모리가 줄어든다. FlashStorage의 경우 플래시 메모리에서 읽기 위해 read 함수를, 플래시 메모리로 쓰기 위해 write 함수를 사용하며 플래시 메모리에서 직접 데이터를 읽거나 쓴다. 반면 **EEPROMClass 클래스에서 읽기와 쓰기는 SRAM에 할당된 메모리를 대상으로 하며 실제 플래시 메모리에 데이터를 기록하기 위해서는 commit 함수를 사용해야 한다.** 플래시 메모리는 수명이 제한적이므로 잦은 commit 함수 호출은 피하는 것이 좋다.

- **read**

```
uint8_t EEPROMClass::read(int address)
 - 매개변수
   address: EEPROM 주소
 - 반환값: 지정한 주소에 저장된 1바이트값
```

에뮬레이션한 플래시 메모리의 지정한 주소에 저장된 1바이트값을 반환한다.

- **write, update**

```
void EEPROMClass::write(int address, uint8_t value)
void EEPROMClass::update(int address, uint8_t value)
 - 매개변수
   address: EEPROM 주소
   value: 지정한 주소에 기록할 값
 - 반환값: 없음
```

에뮬레이션한 플래시 메모리의 지정한 주소에 1바이트값을 기록한다. AVR 기반 아두이노 보드에서는 EEPROM의 수명을 늘리기 위해 기록된 값과 기록할 값이 다른 경우에만 실제로 값을 기록하도록 update 함수 사용을 추천하고 있다. 하지만 FlashStorage 라이브러리에서는 SRAM을 대상으로 하므로 update 함수와 write 함수는 같은 동작을 수행하며 AVR 기반 아두이노와의 호환성을 위해 정의되어 있을 뿐이다.

- **commit**

```
void EEPROMClass::commit()
 - 매개변수: 없음
 - 반환값: 없음
```

SRAM의 내용을 플래시 메모리에 기록한다.

스케치 13.3은 EEPROMClass 클래스를 사용하여 AVR 기반 아두이노와 같은 방식으로 정수와 실수를 기록하고 읽는 방법을 보여주고 있다. EEPROMClass 클래스는 바이트 단위를 기본으로 하므로 정수나 실수를 읽거나 쓰기 위해서는 여러 번의 읽기와 쓰기를 반복해야 한다. 스케치 13.3에서는 주소 연산을 통해 바이트 단위 데이터의 읽기/쓰기를 반복하는 방법(writeIntToEEPROM, readIntToEEPROM 함수)과 공용체(union)를 사용하여 바이트 단위 데이터의 읽기/쓰기를 반복하는 방법(writeFloatToEEPROM, readFloatToEEPROM 함수)을 보여주고 있다.

스케치 13.3 플래시 메모리 읽기와 쓰기 - AVR 스타일 EEPROM 호환

```
#include <FlashAsEEPROM.h>

void setup() {
  SerialUSB.begin(9600);
  while (!SerialUSB);

  writeIntToEEPROM(0, 100);                     // 0번지부터 정숫값 100 쓰기
  writeFloatToEEPROM(10, 3.1415);               // 10번지부터 실숫값 3.1415 쓰기

  SerialUSB.print("=> 정숫값 읽기 : ");
  SerialUSB.println(readIntFromEEPROM(0));       // 0번지부터 정숫값 읽기
  SerialUSB.print("=> 실숫값 읽기 : ");
  SerialUSB.println(readFloatFromEEPROM(10));    // 10번지부터 실숫값 읽기

  EEPROM.commit();                              // 플래시 메모리에 저장
}

void writeIntToEEPROM(int address, int value) {
  const int n = 4;                              // int 타입에 필요한 메모리 바이트 수
  uint8_t *p = (uint8_t *)(&value);

  // address에서 시작해서 n번 반복해서 쓰기
  for (int i = 0; i < n; i++) {
    EEPROM.write(address + i, *(p + i));
  }
}

int readIntFromEEPROM(int address) {
  const int n = 4;                              // int 타입에 필요한 메모리 바이트 수
  int value;
  uint8_t *p = (uint8_t *)(&value);

  // address에서 시작해서 n번 반복해서 읽기
  for (int i = 0; i < n; i++) {
    *(p + i) = EEPROM.read(address + i);
  }
  return value;
}
```

```
void writeFloatToEEPROM(int address, float value) {
    const int n = 4;              // float 타입에 필요한 메모리 바이트 수
    typedef union {               // 실수 입출력을 위한 공용체
        float f;
        uint8_t u[n];
    } EEPROMfloat;

    EEPROMfloat _value;
    _value.f = value;

    // address에서 시작해서 n번 반복해서 쓰기
    for (int i = 0; i < n; i++) {
        EEPROM.write(address + i, _value.u[i]);
    }
}

float readFloatFromEEPROM(int address) {
    const int n = 4;              // float 타입에 필요한 메모리 바이트 수
    typedef union {               // 실수 입출력을 위한 공용체
        float f;
        uint8_t u[n];
    } EEPROMfloat;

    EEPROMfloat _value;

    // address에서 시작해서 n번 반복해서 읽기
    for (int i = 0; i < n; i++) {
        _value.u[i] = EEPROM.read(address + i);
    }
    return _value.f;
}

void loop() {
}
```

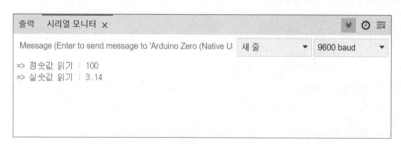

그림 13.4 스케치 13.3의 실행 결과

EEPROM으로 에뮬레이션하는 플래시 메모리 크기는 디폴트로 1,024바이트로 정해져 있다. 현재 EEPROM 대용으로 사용되는 플래시 메모리의 크기는 length 함수를 통해 알 수 있다.

■ **length**

EEPROM으로 에뮬레이션한 플래시 메모리의 크기를 반환한다. 플래시 메모리의 크기는 EEPROM_EMULATION_SIZE 상수로 정의되어 있으며 디폴트값은 1,024다.

1,024바이트보다 많은 플래시 메모리를 EEPROM으로 사용하고 싶다면 스케치의 시작 부분에 EEPROM_EMULATION_SIZE 상수를 정의하면 된다. 이때 상수 정의는 헤더 파일을 포함하기 전에 이루어져야 한다. 스케치 13.4는 EEPROM 에뮬레이션으로 사용할 플래시 메모리의 크기를 2,048바이트로 설정하는 방법을 보여준다.

스케치 13.4 EEPROM 에뮬레이션 크기 설정

```
#define EEPROM_EMULATION_SIZE 2048
#include <FlashAsEEPROM.h>

void setup() {
  SerialUSB.begin(9600);
  while (!SerialUSB);

  SerialUSB.print("=> EEPROM 에뮬레이션 크기는 ");
  SerialUSB.print(EEPROM.length());
  SerialUSB.println(" 바이트입니다.");
}

void loop() {
}
```

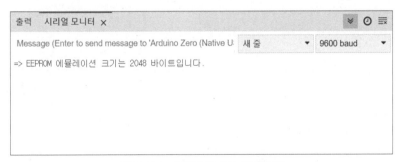

그림 13.5 스케치 13.4의 실행 결과

13.4 맺는말

EEPROM은 바이트 단위의 읽기와 쓰기를 지원하는 비휘발성 메모리로, 간단한 데이터를 기록하고 자주 참조하는 용도로 흔히 사용된다. AVR 시리즈 마이크로컨트롤러에는 EEPROM이 포함되어 있지만, SAMD21G 마이크로컨트롤러에는 EEPROM이 포함되어 있지 않다. 대신 SAMD21G 마이크로컨트롤러는 AVR 시리즈 마이크로컨트롤러보다 큰 크기의 플래시 메모리를 갖고 있으며 그 일부를 에뮬레이션을 통해 EEPROM처럼 자유롭게 읽고 쓸 수 있는 공간으로 사용할 수 있다.

플래시 메모리는 EEPROM을 바탕으로 블록 단위의 쓰기를 지원하므로 많은 데이터를 기록하는 데 적합하고 따라서 프로그램 저장을 위한 메모리로 사용되고 있다. 플래시 메모리를 EEPROM으로 에뮬레이션할 때 주의해야 할 점은 플래시 메모리가 EEPROM보다 수명이 짧다는 점이다. 잦은 쓰기는 플래시 메모리를 더는 쓸 수 없는 상태로 만들 수 있으므로 가능한 한 쓰기 횟수는 줄이는 것이 좋다.

SAMD21G 마이크로컨트롤러에서 EEPROM 에뮬레이션을 위해 사용할 수 있는 라이브러리 중 하나가 FlashStorage 라이브러리다. FlashStorage 라이브러리는 변수 단위로 플래시 메모리를 할당하여 사용하는 FlashStorage와 AVR 기반 아두이노 보드와 호환되는 주소 기반의 EEPROM을 제공하고 있으므로 필요에 따라 선택하여 사용하면 된다.

실시간 카운터와
실시간 시계

아두이노에서 날짜와 시간을 유지하는 방법에는 여러 가지가 있다. SAMD21G 마이크로컨트롤러
는 메인 클록으로 32.768kHz 클록을 사용하며 이 클록은 시간 관리를 위해서도 사용할 수 있다.
이 장에서는 아두이노에서 날짜와 시간을 사용하기 위해 32.768kHz 클록을 사용하는 실시간 카
운터와 전용 실시간 시계를 사용하는 방법을 살펴본다.

이 장에서
사용할 부품

아두이노 제로 × 1

DS3231 RTC 모듈 × 1 ➡ 실시간 시계

14.1 실시간 카운터와 실시간 시계

많은 전자기기에는 배터리에 의해 동작하는 시계가 포함되어 있어 메인 시스템의 전원을 내렸다가 다시 올려도 날짜와 시간 정보가 유지된다. 이처럼 시간을 유지하는 하드웨어 장치를 실시간 시계Real Time Clock라고 한다. AVR 시리즈 마이크로컨트롤러에는 실시간 시계가 포함되어 있지 않으므로 날짜와 시간을 사용하기 위해서는 타이머/카운터를 사용하거나 전용 하드웨어 모듈을 사용한다. SAMD21G 마이크로컨트롤러 역시 마찬가지다. 한 가지 차이점이라면 AVR 시리즈 마이크로컨트롤러의 타이머/카운터가 16MHz 메인 클록을 기준으로 한다면 **SAMD21G 마이크로컨트롤러에는 32.768kHz 클록을 사용하는 실시간 카운터가 별도로 존재한다**는 점이다. 따라서 RTC는 '실시간 시계'를 나타내는 'Real Time Clock'을 의미하는 것이 일반적이지만, SAMD21G 마이크로컨트롤러에서는 전용 하드웨어를 사용하는 '실시간 카운터'인 'Real Time Counter'를 나타내기 위해서도 사용된다. 하지만 실시간 카운터는 실시간 시계로 사용할 수 있으므로 큰 차이는 없다.

SAMD21G 마이크로컨트롤러에서 사용하는 클록은 32.768kHz이며 이는 시계에서 흔히 사용하는 클록이기도 하다. 클록 주파수가 높아지면 주파수에 비례하여 전력 소모가 증가한다. 반면 클록 주파수가 낮아지면 정밀도를 유지하기 위해 크리스털의 크기가 커져야 한다. 따라서 전력 소비와 크기의 타협점으로 선택된 것이 32.768kHz다.

32.768kHz는 시계 클록으로 흔히 사용된다. 32.768kHz는 1초에 32,768(= 2^{15})개의 클록이 발생하므로 16비트 카운터를 사용한다면 MSBMost Significant Bit 값이 바뀌는 때가 1초가 지난 시점이다. 또한 32.768kHz 클록을 128로 분주하면(32,768 ÷ 128 = 256) 256Hz를 얻을 수 있고, 분주된 클록을 8비트 카운터로 세면 오버플로가 발생할 때가 1초가 지난 시점이 된다.

14.2 날짜와 시간 설정 및 읽기

아두이노에서는 SAMD21G 마이크로컨트롤러의 RTC를 사용하기 위해 RTCZero 라이브러리를 제공하고 있다. '스케치 ➡ 라이브러리 포함 ➡ 라이브러리 관리...' 메뉴 항목, 'Ctrl + Shift + I'

단축키 또는 세로 툴바의 '라이브러리 매니저' 버튼을 선택하여 라이브러리 매니저를 실행하고 'RTCZero'를 검색하여 RTCZero 라이브러리를 설치한다.

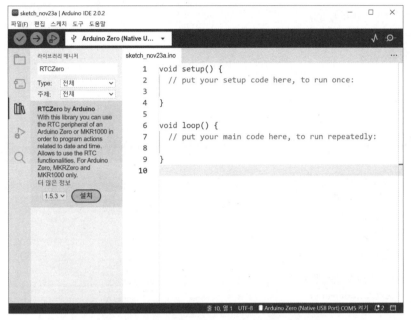

그림 14.1 **RTCZero 라이브러리 검색 및 설치**[1]

RTCZero 라이브러리를 사용하기 위해서는 먼저 헤더 파일을 포함해야 한다. '스케치 ➡ 라이브러리 포함 ➡ RTCZero' 메뉴 항목을 선택하거나 #include 문을 직접 입력하면 된다.

```
#include <RTCZero.h>
```

RTCZero 라이브러리는 날짜와 시간을 관리하기 위해 **RTCZero** 클래스를 정의하고 있다. **RTCZero** 클래스의 사용 방법은 간단하다. 먼저 **RTCZero** 클래스의 객체를 생성하고 초기화한 후 set*, get* 함수를 사용하여 날짜와 시간을 설정하거나 알아내는 데 사용할 수 있다.

■ RTCZero

```
RTCZero::RTCZero()
  – 매개변수: 없음
  – 반환값: 없음
```

---

1   https://www.arduino.cc/en/Reference/RTC

RTCZero 클래스의 객체를 생성한다.

■ begin

```
void RTCZero::begin()
  - 매개변수: 없음
  - 반환값: 없음
```

RTCZero 클래스의 객체를 초기화한다.

■ get*

```
uint8_t RTCZero::getSeconds()
uint8_t RTCZero::getMinutes()
uint8_t RTCZero::getHours()

uint8_t RTCZero::getDay()
uint8_t RTCZero::getMonth()
uint8_t RTCZero::getYear()
  - 매개변수: 없음
  - 반환값: 날짜와 시간
```

현재 날짜와 시간을 얻어온다.

■ set*

```
void RTCZero::setSeconds(uint8_t seconds)
void RTCZero::setMinutes(uint8_t minutes)
void RTCZero::setHours(uint8_t hours)
void RTCZero::setTime(uint8_t hours, uint8_t minutes, uint8_t seconds)

void RTCZero::setDay(uint8_t day)
void RTCZero::setMonth(uint8_t month)
void RTCZero::setYear(uint8_t year)
void RTCZero::setDate(uint8_t day, uint8_t month, uint8_t year)
  - 매개변수: 날짜와 시간
  - 반환값: 없음
```

현재 날짜와 시간을 설정한다.

스케치 14.1은 RTCZero 클래스 객체를 생성하고 초기화한 후 1초에 한 번 날짜와 시간을 읽어 출력하는 예다. RTCZero 클래스는 2000년을 기준으로 하고 있으므로 2022년을 나타내기 위해서는 2022가 아니라 22를 사용해야 한다.

스케치 14.1 RTC 날짜와 시간 설정 및 읽기

```
#include <RTCZero.h>

RTCZero rtc;                      // 객체 생성

const byte seconds = 0, minutes = 0, hours = 16;
const byte day = 25, month = 12, year = 22;

void setup() {
  SerialUSB.begin(9600);
  while (!SerialUSB);

  rtc.begin();                            // RTC 초기화

  rtc.setHours(hours);                    // 시간 설정
  rtc.setMinutes(minutes);
  rtc.setSeconds(seconds);

  rtc.setDay(day);                        // 날짜 설정
  rtc.setMonth(month);
  rtc.setYear(year);
}

void loop() {
  SerialUSB.print("20");                  // 2000년 이후 경과년수
  print2digits(rtc.getYear());            // 날짜 출력
  SerialUSB.print("/");
  print2digits(rtc.getMonth());
  SerialUSB.print("/");
  print2digits(rtc.getDay());
  SerialUSB.print(" ");

  print2digits(rtc.getHours());           // 시간 출력
  SerialUSB.print(":");
  print2digits(rtc.getMinutes());
  SerialUSB.print(":");
  print2digits(rtc.getSeconds());
  SerialUSB.println();

  delay(1000);                            // 1초에 한 번 출력
}

void print2digits(int number) {           // 두 자리 숫자로 날짜와 시간 출력
```

```
if (number < 10) {
    SerialUSB.print("0");
}
SerialUSB.print(number);
}
```

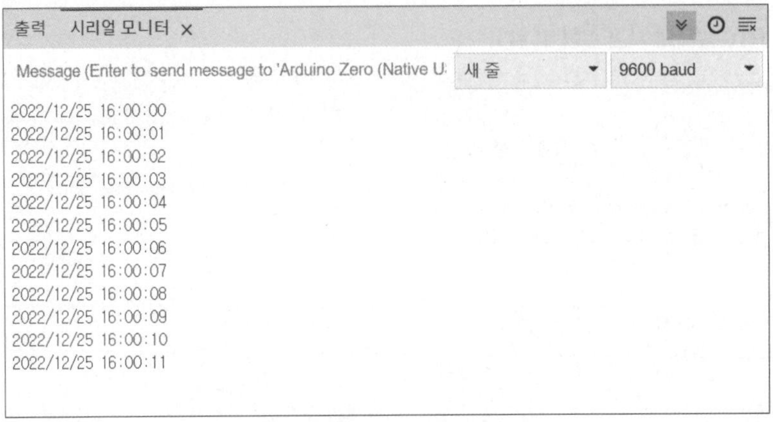

```
출력    시리얼 모니터  ×                                        ⌄ ⏱ ☰

Message (Enter to send message to 'Arduino Zero (Native U:   새 줄    ▾    9600 baud    ▾

2022/12/25 16:00:00
2022/12/25 16:00:01
2022/12/25 16:00:02
2022/12/25 16:00:03
2022/12/25 16:00:04
2022/12/25 16:00:05
2022/12/25 16:00:06
2022/12/25 16:00:07
2022/12/25 16:00:08
2022/12/25 16:00:09
2022/12/25 16:00:10
2022/12/25 16:00:11
```

그림 14.2 스케치 14.1의 실행 결과

14.3 알람 사용

기본적인 날짜와 시간 사용 이외에도 RTCZero 클래스는 1개의 알람을 제공한다. 알람을 켜기 위해서는 enableAlarm 함수를, 끄기 위해서는 disableAlarm 함수를 사용하면 된다.

■ enableAlarm

void RTCZero::enableAlarm(Alarm_Match match)
  - 매개변수
    match: 알람 시간 결정을 위한 비교 방법
  - 반환값: 없음

지정한 비교 방법에 따라 현재 시간과 알람 시간을 비교하여 일치할 때 알람이 발생하게 한다. 비교 방법은 표 14.1의 값 중 하나를 사용할 수 있다.

표 14.1 **알람 시간 비교 방법**

상수	설명
MATCH_OFF	알람이 발생하지 않음
MATCH_SS	초가 일치할 때 1분에 한 번 알람 발생
MATCH_MMSS	분초가 일치할 때 1시간에 한 번 알람 발생
MATCH_HHMMSS	시분초가 일치할 때 1일에 한 번 알람 발생
MATCH_DHHMMSS	일시분초가 일치할 때 1개월에 한 번 알람 발생
MATCH_MMDDHHMMSS	월일시분초가 일치할 때 1년에 한 번 알람 발생
MATCH_YYMMDDHHMMSS	연월일시분초가 일치할 때 한 번만 알람 발생

■ **disableAlarm**

```
void RTCZero::disableAlarm()
```
　　－ 매개변수: 없음
　　－ 반환값: 없음

알람을 끈다. enableAlarm 함수에서 MATCH_OFF 상수를 매개변수로 사용해도 같은 결과를 얻을 수 있다.

알람 날짜와 시간을 읽어오고 설정하기 위해 getAlarm*, setAlarm* 함수를 사용하면 된다.

■ **getAlarm***

```
uint8_t RTCZero::getAlarmSeconds()
uint8_t RTCZero::getAlarmMinutes()
uint8_t RTCZero::getAlarmHours()

uint8_t RTCZero::getAlarmDay()
uint8_t RTCZero::getAlarmMonth()
uint8_t RTCZero::getAlarmYear()
```
　　－ 매개변수: 없음
　　－ 반환값: 날짜와 시간

현재 알람 날짜와 시간을 얻어온다.

■ setAlarm*

```
void RTCZero::setAlarmSeconds(uint8_t seconds)
void RTCZero::setAlarmMinutes(uint8_t minutes)
void RTCZero::setAlarmHours(uint8_t hours)
void RTCZero::setAlarmTime(uint8_t hours, uint8_t minutes, uint8_t seconds)

void RTCZero::setAlarmDay(uint8_t day)
void RTCZero::setAlarmMonth(uint8_t month)
void RTCZero::setAlarmYear(uint8_t year)
void RTCZero::setAlarmDate(uint8_t day, uint8_t month, uint8_t year)
    - 매개변수: 날짜와 시간
    - 반환값: 없음
```

현재 알람 날짜와 시간을 설정한다.

알람이 발생하면 자동으로 실행되는 콜백 함수를 등록하여 사용할 수 있다. 콜백 함수 등록을 위해서는 attachInterrupt 함수를, 등록된 함수를 제거하기 위해서는 detachInterrupt 함수를 사용하면 된다.

■ attachInterrupt

```
void RTCZero::attachInterrupt(voidFuncPtr callback)
    - 매개변수
      callback: 알람이 발생했을 때 호출되는 함수 포인터
    - 반환값: 없음
```

알람이 발생했을 때 호출되는 콜백 함수를 등록한다.

■ detachInterrupt

```
void RTCZero::detachInterrupt()
    - 매개변수: 없음
    - 반환값: 없음
```

알람이 발생했을 때 호출되도록 등록한 콜백 함수를 제거한다.

스케치 14.2는 분당 한 번 20초가 될 때 알람이 발생하도록 설정하고 알람이 발생하면 현재 시간을

출력하는 예다.

스케치 14.2 분당 1회 발생하는 알람

```
#include <RTCZero.h>

RTCZero rtc;                                  // 객체 생성

const byte seconds = 0, minutes = 0, hours = 16;
const byte day = 25, month = 12, year = 22;

void setup() {
  SerialUSB.begin(9600);
  while (!SerialUSB);

  rtc.begin();                                // RTC 초기화

  rtc.setHours(hours);                        // 시간 설정
  rtc.setMinutes(minutes);
  rtc.setSeconds(seconds);

  rtc.setDay(day);                            // 날짜 설정
  rtc.setMonth(month);
  rtc.setYear(year);

  // 알람 시간으로 초만 설정하여 1분에 한 번 20초가 될 때마다 알람 발생
  rtc.setAlarmSeconds(20);
  rtc.enableAlarm(rtc.MATCH_SS);              // 1분에 한 번 알람 발생

  rtc.attachInterrupt(printTimeDAte);         // 알람 발생 시 호출되는 함수 등록
}

void printTimeDAte() {
  SerialUSB.print("20");                      // 2000년 이후 경과년수
  print2digits(rtc.getYear());                // 날짜 출력
  SerialUSB.print("/");
  print2digits(rtc.getMonth());
  SerialUSB.print("/");
  print2digits(rtc.getDay());
  SerialUSB.print(" ");

  print2digits(rtc.getHours());               // 시간 출력
  SerialUSB.print(":");
  print2digits(rtc.getMinutes());
  SerialUSB.print(":");
  print2digits(rtc.getSeconds());
  SerialUSB.println();
}

void print2digits(int number) {               // 두 자리 숫자로 날짜와 시간 출력
  if (number < 10) {
    SerialUSB.print("0");
```

```
  }
  SerialUSB.print(number);
}

void loop() {
  // 자동으로 호출되는 함수가 사용되므로 loop 함수는 비어 있다.
}
```

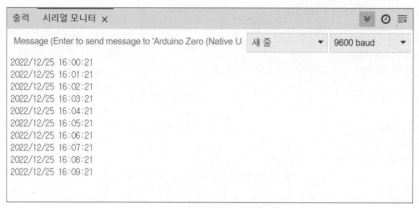

그림 14.3 스케치 14.2의 실행 결과

14.4 DS3231 모듈

SAMD21G 마이크로컨트롤러에 실시간 카운터가 포함되어 있어 날짜와 시간을 사용할 수 있지만, 아두이노 보드에 전원이 주어지는 동안만 날짜와 시간을 유지할 수 있으므로 전원이 주어질 때 매번 초기화가 필요한 것은 단점이 아닐 수 없다. 아두이노 보드의 전원과 무관하게 날짜와 시간을 사용하기 위해서는 전용 전원을 사용하는 실시간 시계 하드웨어를 사용할 수 있다. 아두이노와 함께 흔히 사용하는 실시간 시계 하드웨어에는 DS1307과 DS3231 칩이 있다. 이 중 DS1307 칩은 3.3V를 지원하지 않으므로 SAMD21G 마이크로컨트롤러와 함께 사용하기 어려울 수 있다. DS3231 칩은 DS1307 칩과 비교하여 다음과 같은 장점이 있다.

- DS1307 칩은 5V 전원을 사용하지만, DS3231 칩은 2.3~5.5V 전원에서 동작하므로 다양한 환경에서 DS3231 칩을 사용할 수 있다.

- DS1307 칩을 사용하기 위해서는 외부 크리스털을 사용해야 한다. 따라서 DS1307 칩의 시간 정확도는 연결된 크리스털의 정밀도에 의해 영향을 받는다. 반면 DS3231 칩에는 내부 발진자가 포함되어 있어 별도의 크리스털을 연결할 필요가 없다. 또한 내부 온도 센서를 통해 온도에 따라 발진 주파수를 보상할 수 있는 온도 보상 발진 회로를 사용하므로 DS1307 칩보다 높은 시간 정밀도를 얻을 수 있다.
- 내부 온도 센서는 칩의 내부 온도를 나타내므로 외부 온도와는 차이가 있을 수 있지만, 외부 온도와 큰 차이가 나지는 않으므로 대략적인 실행 환경의 온도를 얻을 수 있다.
- DS3231 칩에는 2개의 알람이 포함되어 있어 주기적인 작업 진행이나 시계 응용 애플리케이션에 사용할 수 있다.

이 장에서는 SAMD21G 마이크로컨트롤러의 동작 전압인 3.3V에 직접 연결하여 사용할 수 있는 DS3231 칩을 사용하여 만들어진 RTC 모듈을 사용한다. 그림 14.4는 DS3231 칩을 사용하여 만든 RTC 모듈로 I2C 통신을 사용한다.

그림 14.4 DS3231 모듈

DS3231 모듈은 I2C 통신을 사용하므로 그림 14.5와 같이 아두이노 제로의 SDA와 SCL 핀에 연결하면 된다. SQW~Square Wave~ 핀은 설정한 알람 시간에 맞춰 인터럽트 신호를 출력하는 핀으로, 뒤에서 알람 기능을 사용하기 위해 연결해 두었다.[2]

---

2 같은 SAMD21G 마이크로컨트롤러를 사용하는 아두이노 보드라도 외부 인터럽트를 사용할 수 있는 데이터 핀 번호는 다를 수 있으므로 사용하는 보드에 따라 다른 핀을 사용해야 할 수 있다.

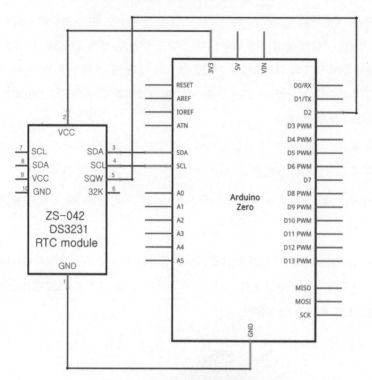

그림 14.5 **DS3231 모듈 연결 회로도**

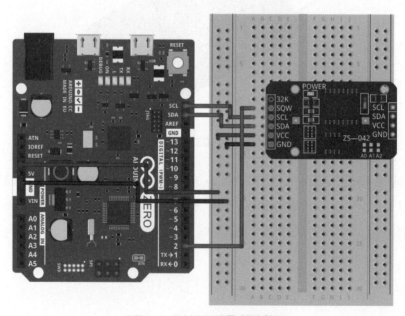

그림 14.6 **DS3231 모듈 연결 회로**

그림 14.7은 10장 'I2C 통신'에서 사용한 주소 스캔 스케치로 그림 14.5의 회로에서 I2C 주소를 검색한 결과다. 0x28은 아두이노 제로의 EDBG 칩에 해당하는 주소이고, 0x57은 DS3231 모듈에 포함된 I2C 방식 EEPROM의 주소다. **DS3231 칩은 0x68을 I2C 주소로 사용하며 DS1307 칩 역시 같은 I2C 주소를 사용한다.**

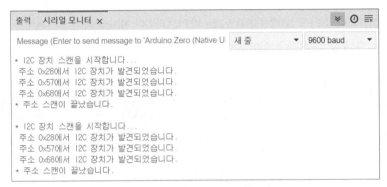

그림 14.7 I2C 주소 스캔 결과

먼저 DS3231 RTC 칩을 위한 라이브러리를 설치해야 한다. '스케치 ➡ 라이브러리 포함 ➡ 라이브러리 관리...' 메뉴 항목, `Ctrl` + `Shift` + `I` 단축키 또는 세로 툴바의 '라이브러리 매니저' 버튼을 선택하여 라이브러리 매니저를 실행하고 'uRTCLib'를 검색한 후 uRTCLib 라이브러리를 설치한다.

그림 14.8 uRTCLib 라이브러리 검색 및 설치[3]

---

[3] https://github.com/Naguissa/uRTCLib

uRTCLib 라이브러리를 사용하기 위해서는 먼저 헤더 파일을 포함해야 한다. '스케치 ➡ 라이브러리 포함 ➡ uRTCLib' 메뉴 항목을 선택하거나 #include 문을 직접 입력하면 된다.

```
#include <uRTCLib.h>
```

uRTCLib 라이브러리의 사용 방법은 RTCZero 라이브러리와 비슷하다. 먼저 객체를 생성하고 시간을 설정한 후 필요할 때 시간을 읽어오면 된다.

■ uRTCLib

```
uRTCLib::uRTCLib(const int rtc_address, const uint8_t model)
  - 매개변수
   rtc_address: RTC 칩의 I2C 주소
   model: RTC 칩 종류(URTCLIB_MODEL_DS1307, URTCLIB_MODEL_DS3231, URTCLIB_MODEL_DS3232 중 하나)
  - 반환값: 없음
```

uRTCLib 클래스의 객체를 생성한다. 객체를 생성할 때는 RTC 칩의 I2C 주소와 칩 종류를 지정해야 한다. uRTCLib 라이브러리는 DS1307, DS3231, DS3232 등 세 종류의 RTC 칩을 지원하며 RTC 칩의 주소는 그림 14.7을 참고하면 된다.

■ set

```
void uRTCLib::set(uint8_t second, uint8_t minute, uint8_t hour, uint8_t dayOfWeek, uint8_t
dayOfMonth, uint8_t month, uint8_t year)
  - 매개변수
   second, minute, hour: 시간
   dayOfWeek: 요일(1: 일요일 ~ 7: 토요일)
   dayOfMonth, month, year: 날짜
  - 반환값: 없음
```

RTC 칩의 날짜와 시간 정보를 설정한다. RTC 모듈에는 전용 배터리가 포함되어 있으므로 배터리를 교체한 경우에만 날짜와 시간을 설정하면 된다.

■ refresh

```
void uRTCLib::refresh()
  - 매개변수: 없음
```

- 반환값: 없음

RTC 칩에서 날짜와 시간 정보를 읽어 객체의 데이터를 갱신한다. uRTCLib 클래스의 객체를 통해 얻을 수 있는 날짜와 시간은 객체 내에 저장된 날짜와 시간이다. 이처럼 객체 내에 날짜와 시간을 저장하는 것은 일정 시간 이상이 지났을 때만 RTC에서 시간을 얻어와 불필요한 데이터 전송을 줄이기 위해서다.

- **year, month, day, hour, minute, second, dayOfWeek**

```
uint8_t uRTCLib::year()
uint8_t uRTCLib::month()
uint8_t uRTCLib::day()
uint8_t uRTCLib::hour()
uint8_t uRTCLib::minute()
uint8_t uRTCLib::second()
uint8_t uRTCLib::dayOfWeek()
    - 매개변수: 없음
    - 반환값: 날짜, 시간, 요일
```

객체 내에 저장된 날짜, 시간, 요일 데이터를 반환한다.

- **temp**

```
int16_t uRTCLib::temp()
    - 매개변수: 없음
    - 반환값: 섭씨온도 * 100
```

섭씨온도에 100을 곱한 값을 반환한다.

스케치 14.3은 DS3231 모듈의 날짜와 시간을 설정하고 1초에 한 번 날짜와 시간을 읽어 출력하는 예다. RTCZero 라이브러리와 마찬가지로 2000년을 기준으로 한다.

스케치 14.3 DS3231 모듈 – 날짜와 시간 설정 및 읽기

```
#include <uRTCLib.h>

uRTCLib rtc(0x68, URTCLIB_MODEL_DS3231);

char *dayOfWeekString[] = {
```

```
    "일요일", "월요일", "화요일", "수요일", "목요일", "금요일", "토요일"
};

void setup() {
  SerialUSB.begin(9600);
  while(!SerialUSB);

  URTCLIB_WIRE.begin();                       // I2C 통신 초기화

  rtc.set(0, 0, 16, 7, 24, 12, 22);           // (초, 분, 시, 요일, 일, 월, 연)
}

void loop() {
  rtc.refresh();                              // RTC 모듈의 날짜와 시간 얻기

  SerialUSB.print("20");                      // 2000년 이후 경과년수
  print2digits(rtc.year());                   // 날짜 출력
  SerialUSB.print("/");
  print2digits(rtc.month());
  SerialUSB.print("/");
  print2digits(rtc.day());
  SerialUSB.print(" ");

  print2digits(rtc.hour());                   // 시간 출력
  SerialUSB.print(":");
  print2digits(rtc.minute());
  SerialUSB.print(":");
  print2digits(rtc.second());

  SerialUSB.print(String(" - ") + dayOfWeekString[rtc.dayOfWeek() - 1]);

  SerialUSB.print(" - 온도: ");
  SerialUSB.println(rtc.temp() / 100);

  delay(1000);
}

void print2digits(int number) {               // 두 자리 숫자로 날짜와 시간 출력
  if (number < 10) {
    SerialUSB.print("0");
  }
  SerialUSB.print(number);
}
```

스케치 14.3에서 URTCLIB_WIRE는 I2C 통신을 담당하는 클래스로, 서로 다른 마이크로컨트롤러를
사용하는 아두이노 보드에서 공통으로 사용할 수 있도록 I2C 통신 담당 클래스를 추상화한 것이
다. SAMD21G 마이크로컨트롤러를 사용하는 아두이노 보드에서 URTCLIB_WIRE는 Wire 클래스를
가리킨다.

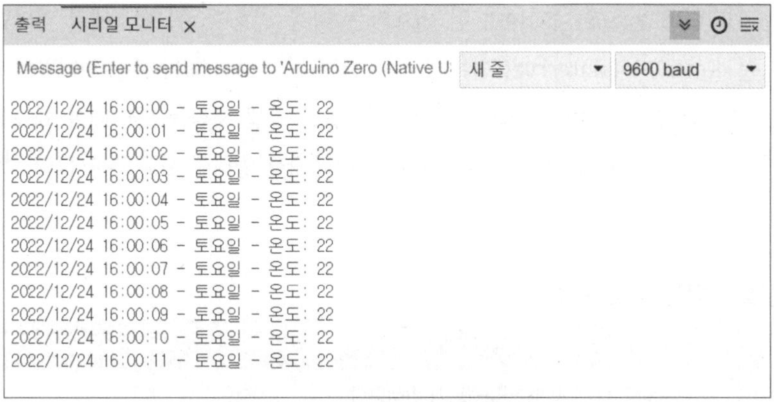

그림 14.9 스케치 14.3의 실행 결과

DS3231 모듈의 알람

SAMD21G 마이크로컨트롤러의 실시간 카운터는 현재 시간이 알람으로 설정한 조건을 만족할 때 등록된 콜백 함수를 호출하는 기능을 제공한다. 마찬가지로, DS3231 칩에서도 2개의 알람을 사용할 수 있다. 그림 14.5에서 DS3231 모듈의 SQW~Square Wave~ 핀을 아두이노 제로의 2번 핀에 연결했다. 알람 발생 조건을 만족시키면 DS3231 모듈의 SQW 핀으로 구형파가 출력되고, 구형파는 SAMD21G 마이크로컨트롤러에 외부 인터럽트를 발생시켜 등록한 인터럽트 처리 루틴을 호출한다. 인터럽트 신호를 감지했을 때 자동으로 호출되는 인터럽트 처리 루틴은 attachInterrupt 함수로 등록한다. RTCZero 라이브러리에서도 같은 이름의 함수를 사용했다.

■ **attachInterrupt**

```
void attachInterrupt(uint8_t interrupt, void (*function)(void), int mode)
   - 매개변수
     interrupt: 인터럽트 번호
     function: 인터럽트 처리 루틴interrupt service routine 이름
     mode: 인터럽트 발생 시점
   - 반환값: 없음
```

데이터 핀을 통해 외부 인터럽트가 발생했을 때 이를 처리하는 인터럽트 처리 루틴을 등록한다.

interrupt는 인터럽트 번호를 나타내며 핀 번호와는 다른 번호다. 핀 번호에서 인터럽트 번호를 얻기 위해서는 digitalPinToInterrupt 함수를 사용하면 된다. function에는 인터럽트가 발생했을 때 호출할 함수 이름을 지정한다. mode는 외부 인터럽트 발생 시점을 나타내며 표 14.2의 값 중 하나를 사용할 수 있다. SQW 핀으로 출력되는 구형파에서 인터럽트를 발생시키기 위해서는 하강 에지를 검사하면 된다.

표 14.2 **인터럽트 발생 시점 정의 상수**

상수	인터럽트 발생 시점
LOW	입력값이 LOW일 때 인터럽트가 발생한다.
CHANGE	입력값의 상태가 변할 때 인터럽트가 발생한다(RISING 또는 FALLING).
RISING	입력값의 상승 에지에서 인터럽트가 발생한다.
FALLING	입력값의 하강 에지에서 인터럽트가 발생한다.
HIGH	입력값이 HIGH일 때 인터럽트가 발생한다.

■ digitalPinToInterrupt

```
digitalPinToInterrupt(pin)
  - 매개변수
    pin: 핀 번호
  - 반환값: 인터럽트 번호
```

데이터 핀 번호와 연결된 인터럽트 번호를 찾아 반환하는 매크로 함수다. 매개변수에 데이터 타입이 없는 것은 매크로 함수이기 때문이다.

DS3231 모듈에서 사용할 수 있는 알람은 2개로 설정 방법에 차이가 있지만 RTCZero 라이브러리와 비슷한 방법으로 정의되어 있다. uRTCLib 라이브러리에서는 알람 시간의 비교를 위해 각 알람에 대해 표 14.3과 표 14.4의 상수를 정의하고 있다. 알람 1은 초 단위 설정이 가능하므로 특정 초를 지정하여 1분에 한 번 알람을 발생시킬 수 있다. 이 외에 1초에 한 번 알람을 발생시키는 상수(URTCLIB_ALARM_TYPE_1_ALL_S) 역시 정의되어 있다. 반면 알람 2는 분 단위 설정이 가능하므로 특정 분을 지정하여 1시간에 한 번 알람을 발생시킬 수 있다. 이 외에 1분에 한 번 알람을 발생시키는 상수(URTCLIB_ALARM_TYPE_2_ALL_M) 역시 정의되어 있다. 알람 2는 초를 지정할 수는 없으므로 00초에서 알람이 발생한다.

표 14.3 알람 1의 시간 비교 방법

상수	설명
URTCLIB_ALARM_TYPE_1_NONE	알람이 발생하지 않음
URTCLIB_ALARM_TYPE_1_ALL_S	1초에 한 번 알람 발생
URTCLIB_ALARM_TYPE_1_FIXED_S	초가 일치할 때 1분에 한 번 알람 발생
URTCLIB_ALARM_TYPE_1_FIXED_MS	분초가 일치할 때 1시간에 한 번 알람 발생
URTCLIB_ALARM_TYPE_1_FIXED_HMS	시분초가 일치할 때 1일에 한 번 알람 발생
URTCLIB_ALARM_TYPE_1_FIXED_DHMS	일시분초가 일치할 때 1개월에 한 번 알람 발생
URTCLIB_ALARM_TYPE_1_FIXED_DOWHMS	시분초와 요일이 일치할 때 1주에 한 번 알람 발생

표 14.4 알람 2의 시간 비교 방법

상수	설명
URTCLIB_ALARM_TYPE_2_NONE	알람이 발생하지 않음
URTCLIB_ALARM_TYPE_2_ALL_M	1분에 한 번 알람 발생
URTCLIB_ALARM_TYPE_2_FIXED_M	분이 일치할 때 1시간에 한 번 알람 발생
URTCLIB_ALARM_TYPE_2_FIXED_HM	시분이 일치할 때 1일에 한 번 알람 발생
URTCLIB_ALARM_TYPE_2_FIXED_DHM	일시분이 일치할 때 1개월에 한 번 알람 발생
URTCLIB_ALARM_TYPE_2_FIXED_DOWHM	시분과 요일이 일치할 때 1주에 한 번 알람 발생

알람 설정을 위해서는 alarmSet 함수를 사용한다. 알람이 발생하지 않도록 하기 위해서는 별도의 alarmDisable 함수를 사용하면 된다.

■ alarmSet

```
bool uRTCLib::alarmSet(uint8_t type, uint8_t second, uint8_t minute, uint8_t hour, uint8_t
day_dow)
    - 매개변수
      type: 알람의 종류로 표 14.3과 표 14.4의 상수 중 하나
      second, minute, hour: 알람 설정에 사용되는 시분초
      day_dow: 알람 설정에 사용되는 일 또는 요일로 type에 따라 다르게 해석됨
    - 반환값: 알람 설정 성공 여부
```

지정한 알람 발생 조건을 설정한다.

■ alarmDisable

알람이 발생하지 않도록 설정한다.

알람이 발생하면 자동으로 알람 발생 플래그가 세트되고 플래그를 클리어시키기 전에는 알람이 발생하지 않는다. 따라서 **알람이 발생하면 필요한 처리를 수행한 후 플래그를 클리어시켜야 다음번 알람이 발생한다.** 알람을 설정하는 alarmSet 함수를 호출해도 알람 플래그가 세트되므로 **알람을 설정하고 난 후에도 알람 발생 플래그를 클리어시켜야 알람이 발생한다.**

■ alarmClearFalg

지정한 알람이 발생하도록 알람 발생 플래그를 클리어한다.

스케치 14.4는 알람 1을 사용하여 1초에 한 번 알람이 발생하도록 설정했다. 알람이 발생하면 외부 인터럽트를 통해 printDateTime 함수가 호출되어 현재 날짜와 시간을 시리얼 모니터로 출력한다.

스케치 14.4 DS3231 모듈 - 초당 1회 발생하는 알람

```
#include <uRTCLib.h>

uRTCLib rtc(0x68, URTCLIB_MODEL_DS3231);

char *dayOfWeekString[] = {
  "일요일", "월요일", "화요일", "수요일", "목요일", "금요일", "토요일"
};

void setup() {
  SerialUSB.begin(9600);
  while (!SerialUSB);

  URTCLIB_WIRE.begin();                        // I2C 통신 초기화
```

```
  rtc.set(0, 0, 16, 7, 24, 12, 22);                    // (초, 분, 시, 요일, 일, 월, 연)

  // (알람의 종류, 초, 분, 시, 요일), 1초에 한 번 발생하는 알람 설정
  rtc.alarmSet(URTCLIB_ALARM_TYPE_1_ALL_S, 20, 0, 0, 0);

  // 하강 에지에서 외부 인터럽트에 의해 printDateTime 함수 자동 호출
  attachInterrupt(digitalPinToInterrupt(2), printDateTime, FALLING);

  rtc.alarmClearFlag(URTCLIB_ALARM_1); // 알람 1의 알람 플래그 클리어
}

void loop() {
}

void printDateTime() {
  rtc.refresh();                                       // RTC 모듈의 날짜와 시간 얻기

  SerialUSB.print("20");                               // 2000년 이후 경과년수
  print2digits(rtc.year());                            // 날짜 출력
  SerialUSB.print("/");
  print2digits(rtc.month());
  SerialUSB.print("/");
  print2digits(rtc.day());
  SerialUSB.print(" ");

  print2digits(rtc.hour());                            // 시간 출력
  SerialUSB.print(":");
  print2digits(rtc.minute());
  SerialUSB.print(":");
  print2digits(rtc.second());

  SerialUSB.println(String(" - ") + dayOfWeekString[rtc.dayOfWeek() - 1]);

  rtc.alarmClearFlag(URTCLIB_ALARM_1);                 // 알람 1의 알람 플래그 클리어
}

void print2digits(int number) {                        // 두 자리 숫자로 날짜와 시간 출력
  if (number < 10) {
    SerialUSB.print("0");
  }
  SerialUSB.print(number);
}
```

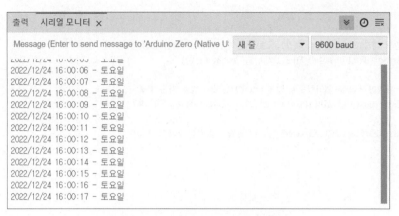

그림 14.10 스케치 14.4의 실행 결과

RTC는 현재 시간을 유지하는 장치로 메인 시스템과 무관하게 동작하는 전용 하드웨어인 실시간 시계Real Time Clock를 가리키는 경우가 대부분이다. 실시간 시계와는 차이가 있지만, SAMD21G 마이크로컨트롤러에는 32.768kHz 클록을 사용하여 시간을 유지할 수 있는 실시간 카운터Real Time Counter를 포함하고 있어 간단하면서도 정확하게 시간을 관리할 수 있으며 실시간 카운터도 RTC라고 불린다. 다만 실시간 카운터는 메인 시스템과 전원을 함께 사용하므로 절대적인 시간보다는 상대적인 시간을 관리하고 알람 기능을 위해 사용하는 것이 일반적이다.

메인 시스템과 무관하게 시간을 유지하고 싶다면 별도의 전원을 사용하는 전용 실시간 시계를 사용해야 하며 DS3231 칩을 사용하는 모듈을 생각해 볼 수 있다. DS3231 칩은 3.3V에서도 동작하고 온도 보상 발진 회로를 포함하고 있어 1년에 몇 분 정도의 오차만 발생한다. DS3231 칩은 2개의 알람을 사용할 수 있으며, 이 장에서는 사용하지 않았지만 일정 주파수(1Hz, 1kHz, 4kHz, 8kHz, 32.7668kHz)의 구형파를 출력하는 기능도 있으므로 다양한 용도로 활용할 수 있다.

SD 카드

SD 카드는 플래시 메모리를 사용하여 만든 저장 장치 표준의 하나로, 휴대용 장치를 위한 외부 저장 장치로 널리 사용되고 있다. SAMD21G 기반 아두이노 보드 중 아두이노 MKR 제로에는 SD 카드 모듈이 포함되어 있으므로 많은 데이터 저장이 필요한 경우 사용할 수 있다. 이 장에서는 아두이노 MKR 제로에 있는 SD 카드 모듈의 사용 방법과 온습도 센서에서 읽은 데이터를 저장하는 방법을 알아본다.

이 장에서
사용할 부품

아두이노 MKR 제로	× 1	
마이크로 SD 카드	× 1 ➡	2GB
DHT11 온습도 센서	× 1	
10kΩ 저항	× 1 ➡	DHT11 풀업 저항

SD 카드

SD 카드는 휴대용 전자기기의 데이터 저장 장치로 흔히 사용되는 메모리 카드를 말한다. AVR 시리즈 마이크로컨트롤러를 사용하는 아두이노 보드에서 스케치 실행 중에 임의로 데이터를 기록할 수 있는 메모리는 EEPROM이 유일하다. 하지만 EEPROM은 크기가 작고 특히 쓰기 속도가 느리다는 단점이 있다. SAMD21G 마이크로컨트롤러에는 EEPROM이 없어 실행 중 임의로 데이터를 기록할 수 있는 메모리는 없지만 플래시 메모리 일부를 EEPROM처럼 사용할 수 있다. 하지만 에뮬레이션을 통해 사용하는 EEPROM 역시 크기가 크지 않으므로 많은 데이터를 기록할 수는 없다. 따라서 긴 시간 동안 데이터를 수집해야 한다면 외부 저장 장치를 고려해야 하고, **아두이노에서 사용할 수 있는 대표적인 외부 저장 장치 중 하나가 SD 카드다.** 아두이노의 실드 중에서도 SD 카드 모듈이 포함된 실드가 몇 가지 있으며, 아두이노에서 SD 카드를 위한 라이브러리를 제공하고 있다는 점에서 아두이노에서 SD 카드의 유용성을 짐작할 수 있다. SAMD21G 기반 아두이노 보드 중에서는 아두이노 MKR 제로에 SD 카드 모듈이 포함되어 있어 추가 하드웨어 없이도 SD 카드를 사용할 수 있다.

(a) 이더넷 실드 2

(b) MKR ETH(이더넷) 실드

(c) MKR MEM(메모리) 실드

그림 15.1 **SD 카드 모듈을 포함하고 있는 실드**

SD 라이브러리

아두이노에서는 SD 카드에 데이터를 읽고 쓸 수 있는 SD 라이브러리를 제공한다. **SD 라이브러리** 는 FAT16과 FAT32 파일 시스템을 지원하고, 사용할 수 있는 카드의 용량은 최대 32기가바이트다. 아두 이노에서 사용할 수 있는 파일 이름은 8.3 형식으로 8글자까지의 파일 이름과 3글자까지의 확장자를 사용할 수 있다.

SD 카드를 사용하기 위해서는 먼저 SD 라이브러리를 설치해야 한다. '스케치 ➡ 라이브러리 포함 ➡ 라이브러리 관리...' 메뉴 항목, 'Ctrl + Shift + I' 단축키 또는 세로 툴바의 '라이브러리 매니저' 버튼을 선택하여 라이브러리 매니저를 실행하고 'Arduino SD card'를 검색한 후 SD 라이브러리를 설치한다.

그림 15.2 SD 라이브러리 검색 및 설치[1]

---

1 https://www.arduino.cc/en/Reference/SD

이 장에서는 SD 카드 모듈을 포함하고 있는 아두이노 MKR 제로를 사용한다. 아두이노 MKR 제로에서 SD 카드 모듈은 SPI 통신으로 연결되어 있고 SPI 통신에서 CS/SS 핀만 지정하면 다른 SPI 방식 SD 카드 모듈을 제어하는 것과 차이가 없으므로 다른 아두이노 보드에서도 같은 방법으로 SD 카드 모듈을 사용할 수 있다. 아두이노 MKR 제로에서 CS/SS 핀은 SDCARD_SS_PIN으로 정의되어 있다.

SD 라이브러리를 사용하기 위해서는 먼저 헤더 파일을 포함해야 한다. '스케치 ➡ 라이브러리 포함 ➡ SD' 메뉴 항목을 선택하거나 #include 문을 직접 입력하면 된다.

```
#include <SD.h>
```

SD 라이브러리는 SD 카드 제어와 SD 카드 내의 파일 및 디렉터리 관리를 위한 SDClass 클래스와 함께, SD 카드 내의 파일을 읽고 쓰기 위한 File 클래스가 주로 사용된다. SDClass 클래스에서 흔히 사용되는 멤버 함수는 다음과 같은 것들이 있다.

■ **begin**

```
boolean SDClass::begin(uint8_t csPin)
 - 매개변수
   csPin: CS_Chip Select 핀 번호
 - 반환값: SD 카드 초기화에 성공하면 true, 실패하면 false를 반환
```

SD 라이브러리와 SD 카드를 초기화한다. 매개변수는 SD 카드 모듈을 위한 CS/SS 핀을 지정하며 초기화 성공 여부를 반환한다.

■ **exists**

```
boolean SDClass::exists(const char *filepath)
boolean SDClass::exists(const String &filepath)
 - 매개변수
   filepath: 파일 또는 디렉터리 이름
 - 반환값: 파일 또는 디렉터리가 존재하면 true, 존재하지 않으면 false를 반환
```

SD 카드에 지정한 파일 또는 디렉터리가 존재하는지 검사하여 존재 여부를 반환한다.

■ remove

```
boolean SDClass::remove(const char *filepath)
boolean SDClass::remove(const String &filepath)
 - 매개변수
   filename: 삭제할 파일 이름
 - 반환값: 파일 삭제 성공 여부를 true 또는 false로 반환
```

SD 카드에서 지정한 파일을 삭제하고 삭제 성공 여부를 반환한다.

■ open

```
File SDClass::open(const char *filename, uint8_t mode = FILE_READ)
File SDClass::open(const String &filename, uint8_t mode = FILE_READ)
 - 매개변수
   filename: 파일 이름
   mode: 파일의 접근 모드로 읽기(FILE_READ) 또는 쓰기(FILE_WRITE) 중 하나
 - 반환값: 파일 객체 또는 false
```

SD 카드에 있는 파일을 연다. mode는 파일의 접근 모드를 나타내며 읽기(FILE_READ) 또는 쓰기(FILE_WRITE) 중 하나를 지정할 수 있다. 디폴트값은 읽기다. 쓰기 모드로 여는 경우 해당 파일이 존재하지 않으면 새로 만들어진다. 반환되는 값은 열린 파일을 가리키는 File 클래스 객체이며 파일 열기에 실패하면 false를 반환한다. 반환되는 객체를 통해 파일을 읽거나 쓸 수 있으며, 파일을 닫을 때 사용하는 close 함수는 File 클래스의 멤버 함수라는 점에 주의해야 한다.

File 클래스에서는 파일 내에 데이터를 읽거나 쓰기 위해 다음과 같은 멤버 함수를 사용할 수 있다.

■ name

```
char *File::name()
 - 매개변수: 없음
 - 반환값: 파일 이름
```

File 객체와 연결된 파일의 이름을 반환한다.

■ size

```
uint32_t File::size()
```

```
   - 매개변수: 없음
   - 반환값: 바이트 단위 파일 크기
```

파일의 크기를 바이트 단위로 반환한다.

■ close

```
void File::close()
   - 매개변수: 없음
   - 반환값: 없음
```

읽거나 쓰기 위해 열려 있는 파일을 닫는다. 파일을 닫을 때는 파일로 쓴 데이터가 실제로 SD 카드에 기록되었음을 보장한다. 파일을 열 때는 File 클래스가 아닌 SDclass 클래스의 open 함수를 사용해야 한다.

■ flush

```
void File::flush()
   - 매개변수: 없음
   - 반환값: 없음
```

파일로 쓴 데이터가 실제로 SD 카드에 기록되도록 한다. 파일을 닫는 close 함수를 호출하면 자동으로 flush 함수가 실행되어 SD 카드에 데이터가 기록된다.

■ available

```
int File::available()
   - 매개변수: 없음
   - 반환값: 파일에서 읽을 수 있는 데이터 바이트 수
```

파일에서 읽을 수 있는 데이터의 바이트 수를 반환한다. 파일에서 읽을 수 있는 데이터는 파일 내 현재 읽기 위치에 따라 달라지므로 available 함수가 반환하는 값은 파일의 크기보다 작거나 같다.

■ read

```
int File::read()
int File::read(uint8_t *buf, size_t size)
```

- 매개변수
  buf: 읽어 들인 데이터를 저장할 버퍼
  size: 버퍼의 바이트 단위 크기
- 반환값: 읽어 들인 1바이트 데이터, 읽어 들인 데이터의 바이트 수 또는 −1

매개변수가 없는 read 함수는 파일의 현재 위치에서 첫 번째 바이트 데이터를 읽어 반환한다. 매개변수가 있는 read 함수는 최대 size바이트의 데이터를 읽어 buf에 저장하고 읽어 들인 데이터의 바이트 수를 반환한다. 읽어 들일 데이터가 존재하지 않을 때는 −1을 반환한다.

■ **write**

```
size_t File::write(uint8_t data)
size_t File::write(const uint8_t *buf, size_t size)
  - 매개변수
    data: 1바이트 크기의 데이터
    buf: 바이트 배열 데이터
    size: buf 내 데이터 크기
  - 반환값: 기록한 바이트 수
```

SD 카드의 파일에 데이터를 기록하고 기록한 데이터의 바이트 수를 반환한다. 기록할 데이터는 1바이트 크기의 값이나 바이트 배열로 주어질 수 있다. 바이트 배열로 주어지는 경우 기록할 데이터의 크기도 함께 매개변수로 지정해야 한다.

■ **print, println**

SD 카드의 파일로 데이터를 출력한다. println 함수는 데이터 출력 이후에 추가로 개행문자를 출력하는 것을 제외하면 print 함수와 같다. print 함수는 문자열뿐만이 아니라 정수나 실수를 문자열로 변환하여 출력할 수 있다. print와 println 함수의 동작은 Serial 클래스에서와 같다.

스케치 15.1은 SD 카드에 텍스트 파일을 만들고 데이터를 기록한 후 다시 읽어 시리얼 모니터로 출력하는 예다. 파일을 쓰기 모드(FILE_WRITE)로 열면 파일 끝에 내용이 추가되므로 파일이 계속 커지지 않도록 스케치 15.1에서는 기존 파일을 먼저 삭제했다.

스케치 15.1 **SD 카드 파일의 쓰기와 읽기**

```
#include <SD.h>

#define SD_CS SDCARD_SS_PIN                    // SD 카드 Chip/Slave Select
const char fileName[] = "test.txt";
```

```
void setup() {
  SerialUSB.begin(9600);
  while(!SerialUSB);

  SerialUSB.println("* SD 카드를 초기화합니다.");
  if (!SD.begin(SD_CS)) {                           // SD 카드 초기화
    SerialUSB.println("** 초기화 과정에서 오류가 발생했습니다.");
    while (1);
  }
  SerialUSB.println("* 초기화를 완료했습니다.");

  if (SD.exists(fileName)) {
    SerialUSB.println("* 기존 파일을 삭제합니다.");
    SD.remove(fileName);
  }

  // 텍스트 파일을 쓰기 모드로 열어 새 파일 생성
  File myFile = SD.open(fileName, FILE_WRITE);

  if (myFile) {
    SerialUSB.println("* 텍스트 파일로 쓰기를 시작합니다.");

    int count = 0;
    for (int i = 1; i <= 5; i++) {                  // 5번 쓰기
      myFile.print("Count : ");
      myFile.println(i);
    }
    myFile.close();                                 // 파일 닫기
    SerialUSB.println("* 텍스트 파일로 쓰기를 끝냈습니다.");
  }

  myFile = SD.open(fileName);                        // 디폴트 모드인 읽기 모드로 열기
  if (myFile) {
    SerialUSB.println("* 텍스트 파일 내용을 읽기 시작합니다.");
    SerialUSB.println();

    while (myFile.available()) {                     // 텍스트 파일에서 읽기
      SerialUSB.write(myFile.read());                // 시리얼 모니터로 출력
    }
    myFile.close();                                  // 텍스트 파일 닫기

    SerialUSB.println();
    SerialUSB.println("* 텍스트 파일 내용 읽기를 끝냈습니다.");
  }
  else {                                             // 텍스트 파일 열기 실패
    SerialUSB.println("* 텍스트 파일을 여는 과정에서 오류가 발생했습니다.");
  }
}

void loop() {
}
```

그림 15.3 **스케치 15.1의 실행 결과**

데이터 로깅

아두이노에서 SD 카드를 사용하는 대표적인 예는 데이터 로깅으로 날씨 정보, 대기 정보, 출입 기록, 소비 전력 등 다양한 데이터를 아두이노로 수집하여 SD 카드에 기록하는 예는 쉽게 찾아 볼 수 있다. 이 장에서는 온습도 센서를 사용하여 온도와 습도 데이터를 수집하고 이를 콤마로 값이 분리되는 CSVComma Separated Value 형식으로 저장한다. 저장된 파일은 엑셀 등의 애플리케이션에서 읽어 사용할 수 있다.

온도와 습도를 알아내기 위해서는 DHT11 온습도 센서를 사용한다. 온도와 습도를 측정할 수 있는 센서에는 여러 종류가 있지만, **DHT 시리즈 센서는 디지털 데이터를 출력하고, 하나의 데이터 핀만을 사용하여 온도와 습도를 함께 얻을 수 있다는 장점이 있다.** 그림 15.4는 DHT11 온습도 센서를 나타낸다.

1. VCC
2. DATA
3. NC
4. GND

그림 15.4 **DHT11 온습도 센서**

DHT11 센서는 3.0~5.5V의 전원을 연결하여 사용할 수 있으므로 아두이노 MKR 제로 보드에 연결하여 사용하는 데 문제가 없다. DHT11 온습도 센서를 그림 15.5와 같이 연결하자. 데이터 핀에는 5kΩ에서 10kΩ 사이의 풀업 저항을 사용해야 하며 그림 15.5에서는 10kΩ 저항을 사용했다.

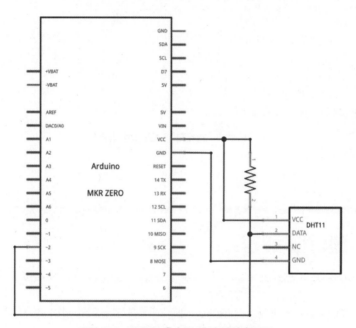

그림 15.5   DHT11 온습도 센서 연결 회로도

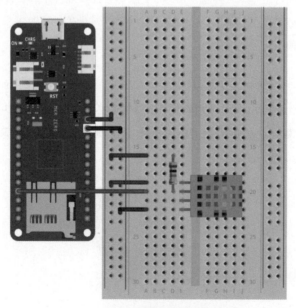

그림 15.6   DHT11 온습도 센서 연결 회로

DHT 센서를 사용하기 위해서는 먼저 라이브러리를 설치해야 한다. 라이브러리 매니저에서 'DHT sensor'를 검색해서 Adafruit의 DHT sensor library를 설치한다.

그림 15.7 **DHT sensor library 검색 및 설치**[2]

DHT sensor library를 사용하기 위해서는 Adafruit Unified Sensor 라이브러리 역시 필요하다. 만약 Adafruit Unified Sensor 라이브러리가 설치되어 있지 않다면 Adafruit Unified Sensor 라이브러리를 설치하라는 창이 나타날 것이다. DHT sensor library와 함께 설치하려면 '모두 설치'를 선택하면 된다. 물론 'Unified Sensor'를 검색하여 별도로 설치할 수도 있다.

---

2   https://github.com/adafruit/DHT-sensor-library

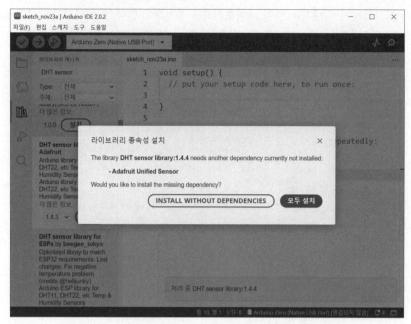

그림 15.8 **Adafruit Unified Sensor 라이브러리 추가 설치**[3]

DHT sensor library를 사용하기 위해서는 먼저 헤더 파일을 포함해야 한다. '스케치 ➡ 라이브러리 포함 ➡ DHT sensor library' 메뉴 항목을 선택하면 2개의 헤더 파일이 포함되지만, 꼭 포함해야 하는 헤더는 DHT.h뿐이므로 #include 문을 직접 입력해도 된다.

```
#include <DHT.h>
```

DHT sensor library에서 제공하는 DHT 클래스는 온도와 습도를 읽어오기 위해 다음과 같은 멤버 함수들을 제공하고 있다.

■ **DHT**

```
DHT::DHT(uint8_t pin, uint8_t type)
 - 매개변수
   pin: 센서 연결 핀
   type: 센서 종류(DHT11, DHT12, DHT21, DHT22 등)
 - 반환값: 없음
```

---

3   https://github.com/adafruit/Adafruit_Sensor

DHT 센서를 위한 객체를 생성한다. 이때 센서가 연결된 핀과 센서의 종류를 지정한다. 센서 종류는 미리 정의된 상수를 사용하면 된다.

- **begin**

```
void DHT::begin(uint8_t usec = 55)
  - 매개변수
    usec: 데이터 읽기 시작할 때 데이터 라인을 LOW로 설정할 시간
  - 반환값: 없음
```

객체를 초기화한다. 초기화 과정에서는 센서를 읽는 타이밍을 설정할 수 있지만, 안정적인 데이터 읽기를 위해 디폴트값 사용을 추천한다.

- **readTemperature**

```
float DHT::readTemperature(bool S = false, bool force = false)
  - 매개변수
    S: 온도 단위로 섭씨(false) 또는 화씨(true)를 지정
    force: 센서로부터 데이터를 강제로 읽을지 여부
  - 반환값: 온도 또는 NAN
```

센서로부터 데이터를 읽어 온도를 반환한다. 온도 단위는 섭씨가 디폴트다. 매개변수 force는 센서로부터 데이터를 강제로 읽기 위해 사용한다. 하지만 DHT 센서를 2초 이내에 다시 읽으면 이전 값을 반환하므로, DHT 클래스 역시 마지막으로 센서값을 읽은 후 2초가 지나지 않으면 마지막으로 읽어 객체에 저장된 값을 반환한다. 센서로부터 데이터를 읽기에 실패하면 NAN을 반환한다.

- **readHumidity**

```
float DHT::readHumidity(bool force = false)
  - 매개변수
    force: 센서로부터 데이터를 강제로 읽을지 여부
  - 반환값: 습도 또는 NAN
```

센서로부터 데이터를 읽어 습도를 반환한다. 매개변수 force는 readTemperature 함수에서와 마찬가지로 센서로부터 데이터를 강제로 읽기 위해 사용한다. 센서로부터 데이터를 읽기에 실패하면 NAN을 반환한다.

스케치 15.2는 2초 간격으로 DHT11 온습도 센서에서 온도와 습도 정보를 읽어 시리얼 모니터로 출력하는 예다.

스케치 15.2 **DHT11 센서 온습도 데이터 읽기**

```
#include <DHT.h>.

const byte DHTPIN = 2;                           // DHT11 센서가 연결된 핀
DHT dht(DHTPIN, DHT11);                          // 객체 생성

void setup() {
  SerialUSB.begin(9600);
  while(!SerialUSB);

  dht.begin();                                   // 온습도 센서 초기화
}

void loop() {
  delay(2000);                                   // 2초 이상의 시간 간격을 둔 읽기 추천

  float h = dht.readHumidity();
  float c = dht.readTemperature();               // 섭씨온도, 디폴트값
  float f = dht.readTemperature(true);           // 화씨온도

  if (isnan(h) || isnan(c) || isnan(f)) {
    SerialUSB.println("* 온도 및 습도 데이터 읽기에 실패했습니다.");
    return;
  }

  SerialUSB.println(String("* 습도 \t\t: ") + h + " %");
  SerialUSB.println(String("* 섭씨온도 \t: ") + c + " C");
  SerialUSB.println(String("* 화씨온도 \t: ") + f + " F");

  SerialUSB.println();
}
```

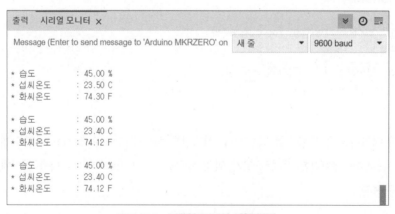

그림 15.9 스케치 15.2의 실행 결과

스케치 15.1은 SD 카드의 파일에 데이터를 기록하는 예이고, 스케치 15.2는 DHT11 센서에서 온도와 습도를 읽어오는 예다. 이들 스케치를 결합하면 온습도 데이터를 SD 카드에 로깅하는 스케치를 작성할 수 있으며 스케치 15.3이 스케치 15.1과 스케치 15.2를 합한 것이다. 스케치 15.3은 DHT11 센서에서 온도와 습도를 2초 간격으로 읽고 이를 SD 카드에 CSV 형식으로 저장하는 예다.

스케치 15.3 온습도 데이터 로깅

```
#include <DHT.h>
#include <SD.h>

#define SD_CS SDCARD_SS_PIN                  // SD 카드 Chip/Slave Select
const char fileName[] = "logging.csv";

const int INTERVAL = 2000;                   // 로깅 간격
unsigned long time_previous, time_current;

const byte DHTPIN = 2;                       // DHT11 센서가 연결된 핀
DHT dht(DHTPIN, DHT11);                       // 객체 생성

void setup() {
  SerialUSB.begin(9600);
  while (!SerialUSB);

  SerialUSB.println("* SD 카드를 초기화합니다.");
  if (!SD.begin(SD_CS)) {                     // SD 카드 초기화
    SerialUSB.println("** 초기화 과정에서 오류가 발생했습니다.");
    while (1);
  }

  dht.begin();                               // 온습도 센서 초기화

  time_previous = millis();

  SerialUSB.println("* 로깅을 시작합니다.");

  File myFile = SD.open(fileName, FILE_WRITE);
  if (myFile) {
    myFile.print(h);                         // SD 카드에 저장
    myFile.println("Humidity,Temperature");
    myFile.close();                          // 파일 닫기
  }
}

void loop() {
  time_current = millis();

  // 지정한 시간 간격(INTERVAL)으로 온습도 데이터 로깅
  if (time_current - time_previous >= INTERVAL) {
    time_previous = time_current;
    float h = dht.readHumidity();
```

```
        float c = dht.readTemperature();              // 섭씨온도

        if (isnan(h) || isnan(c)) {
            SerialUSB.println("* 온도 및 습도 데이터 읽기 실패...");
            return;
        }

        SerialUSB.print(',');                         // 시리얼 모니터로 출력
        SerialUSB.println(c);

        // 텍스트 파일을 쓰기 모드로 열어 새 파일 생성
        File myFile = SD.open(fileName, FILE_WRITE);

        if (myFile) {
            myFile.print(h);                          // SD 카드에 저장
            myFile.print(',');
            myFile.println(c);

            myFile.close();                           // 파일 닫기
        }
    }
}
```

그림 15.10은 스케치 15.3의 실행 결과로, CSV 형식의 데이터가 시리얼 모니터로 출력되고 있다.

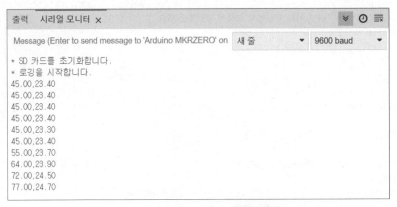

그림 15.10 스케치 15.3의 실행 결과

그림 15.11은 시리얼 플로터에서 온도와 습도의 변화를 확인한 것이다. CSV 형식으로 출력하고 있어 범례는 표시되지 않는다.

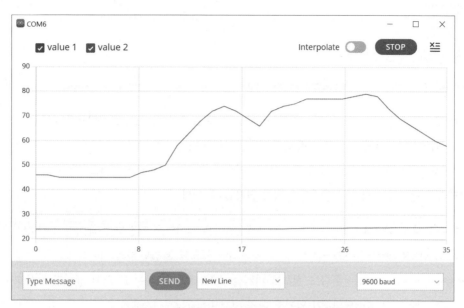

그림 15.11 스케치 15.3의 실행 결과 - 시리얼 플로터

로깅이 끝나면 SD 카드의 logging.csv 파일을 컴퓨터에서 확인할 수 있으며, 그림 15.12는 엑셀에서 logging.csv 파일 내용을 읽어 그래프로 나타낸 것이다.

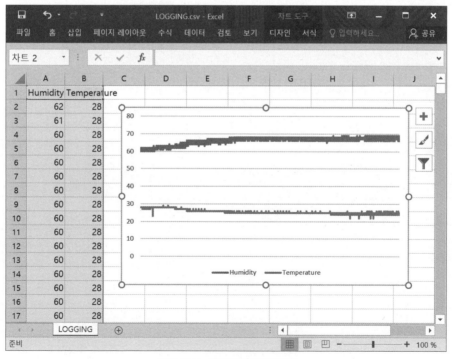

그림 15.12 로깅 데이터 그래프

SD 카드는 플래시 메모리로 만든 비휘발성 저장 장치 표준의 하나로, 스마트폰을 비롯한 휴대용 장치의 외부 저장 장치로 널리 사용되고 있다. 아두이노에서도 많은 데이터를 저장하기 위해서 SD 카드를 사용하는 경우를 쉽게 찾아볼 수 있으며, 아두이노에서 SD 카드 제어를 위한 SD 라이브러리를 제공하고 있다는 점에서도 이를 짐작할 수 있다.

SD 카드를 사용하는 대표적인 예가 긴 시간 동안 많은 데이터를 저장하는 데이터 로깅이다. 특히 아두이노 MKR 제로에는 SD 카드 모듈이 포함되어 있으므로 간단하게 데이터 로깅 시스템을 구현할 수 있다. 이 장에서는 온습도 정보를 디지털 데이터로 전송하는 DHT11 센서를 사용하여 데이터 로깅 장치를 만들어봤다. 이 외에도 다양한 데이터 로깅 시스템을 찾아볼 수 있으므로 검색해 보기를 추천한다.

관성 측정 장치

관성 측정 장치는 가속도, 각속도, 자기장 등을 측정하여 3차원 공간에서의 움직임을 알아낼 수 있도록 해주는 장치를 말한다. 센서 기술의 발달에 따라 작고 저렴한 장치로 이러한 값을 측정하는 것이 가능해졌고, 스마트폰에서 사용된 이후 관성 측정 장치는 다양한 분야에서 사용되고 있다. 이 장에서는 아두이노 나노 33 IoT에 포함된 관성 측정 장치에서 가속도와 각속도의 값을 얻는 방법과 이를 이용하여 아두이노 보드가 기울어진 정도를 알아내는 방법을 살펴본다.

이 장에서
사용할 부품

아두이노 나노 33 IoT × 1

관성 측정 장치

관성 측정 장치Inertial Measurement Unit, IMU는 가속도와 각속도 그리고 때로는 자기장을 함께 측정하는 장치를 말한다. 가속도나 각속도만을 측정하는 별도의 가속도 센서와 각속도 센서 역시 찾아볼 수 있지만, 센서 기술의 발달에 따라 이들을 함께 측정할 수 있는 MEMSMicro Electro Mechanical System 방식의 센서가 널리 보급되어 있다. MEMS는 반도체 기술의 발전에 따라 반도체 칩을 만드는 것과 비슷하게 실리콘 기반으로 센서를 만드는 기술이다. MEMS 방식의 가속도, 각속도, 자기장 센서는 모두 x, y, z의 3개 축 방향으로 그 값을 측정하는 것이 일반적이며 가속도와 각속도를 측정하는 장치를 6축 IMU, 여기에 자기장을 함께 측정하는 장치를 9축 IMU라고 이야기한다.

IMU로 측정하는 값은 속도, 위치, 방향 등을 알아내는 데 사용할 수 있다. IMU를 사용하는 대표적인 예는 비행기의 항법 장치다. 항법 장치에서는 기체의 자세 제어에 요구되는 3축 방향의 기울어진 각도를 알아내는 데 IMU를 사용한다. IMU는 스마트폰에도 포함되어 있으며 스마트폰의 방향에 따라 화면을 자동으로 회전시키기 위해 IMU를 사용하고, 자동차 경주 게임에서 스마트폰을 기울여 자동차를 조종하는 것 역시 IMU를 사용한 예다.

아두이노에서 흔히 사용하는 IMU 중 하나에 InvenSense[1]의 MPU 시리즈 칩이 있다. MPU 시리즈 칩 중에서 가장 간단한 것으로는 가속도와 각속도를 측정할 수 있는 6축 IMU인 MPU-6050이 있고, 이를 개선한 MPU-6500, 자기장 측정까지 가능한 9축의 MPU-9250 등이 있다. MPU-6050은 I2C 통신을 사용하지만, MPU-6500과 MPU-9250은 SPI 통신 역시 지원하므로 모듈에서 제공하는 연결 핀 수로 구별할 수 있다.

---

1 https://invensense.tdk.com

(a) MPU-6050   (b) MPU-6500, MPU-9250

그림 16.1 MPU 시리즈 칩을 사용한 IMU 모듈[2]

16.2 가속도와 각속도

아두이노 나노 33 IoT에는 IMU로 STMicroelectronics의 LSM6DS3 칩이 포함되어 있다. LSM6DS3는 3축 가속도와 3축 각속도를 측정할 수 있는 6축 IMU 칩으로 SPI와 I2C 통신을 지원한다. 아두이노 나노 33 IoT에서는 I2C 통신으로 SAMD21G 마이크로컨트롤러와 LSM6DS3를 연결하고 있다.

LSM6DS3 IMU 칩

그림 16.2 아두이노 나노 33 IoT의 IMU

LSM6DS3는 I2C 통신을 사용하므로 10장 'I2C 통신'의 주소 스캔 스케치를 사용하여 아두이노 나노 33 IoT에서 사용되고 있는 I2C 주소를 검색해 보자. 그림 16.3에서 알 수 있듯이 아두이노 나노 33 IoT에서 사용되는 I2C 주소는 0x60과 0x6A다. **IMU인 LSM6DS3이 사용하는 I2C 주소는 0x6A이고, 0x60은 와이파이와 블루투스 통신 지원 모듈인 NINI-W102 모듈에서 사용하는 I2C 주소다.**

---

2   각 모듈에서 가운데 있는 칩이 MPU 시리즈 칩이다. MPU-6500과 MPU-9250 모듈은 사용한 칩을 제외하면 모듈 형태가 같으므로 사용하고자 하는 칩의 종류를 확인해야 한다.

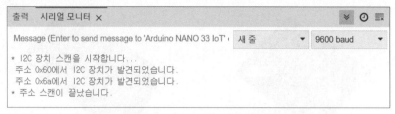

그림 16.3 **아두이노 나노 33 IoT에서 사용되는 I2C 주소**

IMU 센서를 사용하기 위해서는 먼저 라이브러리를 설치해야 한다. 아두이노에서는 LSM6DS3 칩을 위한 라이브러리를 제공하고 있다. '스케치 ➡ 라이브러리 포함 ➡ 라이브러리 관리...' 메뉴 항목, 'Ctrl + Shift + I' 단축키 또는 세로 툴바의 '라이브러리 매니저' 버튼을 선택하여 라이브러리 매니저를 실행하고 'Arduino LSM6DS3'를 검색하여 Arduino LSM6DS3 라이브러리를 설치한다.

그림 16.4 **Arduino LSM6DS3 라이브러리 검색 및 설치[3]**

Arduino LSM6DS3 라이브러리를 사용하기 위해서는 먼저 헤더 파일을 포함해야 한다. '스케치 ➡ 라이브러리 포함 ➡ Arduino LSM6DS3' 메뉴 항목을 선택하거나 #include 문을 직접 입력하면 된다.

---

3   https://www.arduino.cc/reference/en/libraries/arduino_lsm6ds3/

```
#include <Arduino_LSM6DS3.h>
```

Arduino LSM6DS3 라이브러리에서는 LSM6DS3 칩을 위한 LSM6DS3Class 클래스를 정의하고 있고, 그 객체로 IMU를 선언하고 있으므로 별도로 객체를 선언하지 않고 사용할 수 있다. LSM6DS3Class 클래스에는 가속도와 각속도의 값을 읽어오기 위한 멤버 함수들이 정의되어 있다.

■ begin

```
int LSM6DS3Class::begin()
 - 매개변수: 없음
 - 반환값: 초기화 성공 여부(0 또는 1)
```

IMU를 초기화하고 초기화 성공 여부를 반환한다.

■ end

```
void LSM6DS3Class::end()
 - 매개변수: 없음
 - 반환값: 없음
```

IMU 동작을 중지시킨다.

■ readAcceleration

```
int LSM6DS3Class::readAcceleration(float& x, float& y, float& z)
 - 매개변수
   x, y, z: 3축의 가속도
 - 반환값: 가속도값 읽기 성공 여부(0 또는 1)
```

3축 방향의 가속도를 읽어 매개변수에 저장한다. 가속도 단위는 중력가속도 단위($g = 9.8m/s^2$)이며, 가속도값 읽기의 성공 여부를 0 또는 1로 반환한다.

■ readGyroscope

```
int LSM6DS3Class::readGyroscope(float& x, float& y, float& z)
 - 매개변수
   x, y, z: 3축의 각속도
 - 반환값: 각속도값 읽기 성공 여부(0 또는 1)
```

3축 방향의 각속도를 읽어 매개변수에 저장한다. 각속도 단위는 초당 회전 각도Degree Per Second, DPS(°/sec)다. 각속도값 읽기의 성공 여부를 0 또는 1로 반환한다.

■ accelerationAvailable

```
int LSM6DS3Class::accelerationAvailable()
  - 매개변수: 없음
  - 반환값: 가속도 데이터 존재 여부(0 또는 1)
```

IMU에서 읽을 수 있는 새로운 가속도 데이터 존재 여부를 반환한다.

■ gyroscopeAvailable

```
int LSM6DS3Class::gyroscopeAvailable()
  - 매개변수: 없음
  - 반환값: 각속도 데이터 존재 여부(0 또는 1)
```

IMU에서 읽을 수 있는 새로운 각속도 데이터 존재 여부를 반환한다.

Arduino LSM6DS3 라이브러리에서 가속도 및 각속도의 측정 범위와 샘플링 속도는 다음과 같다.

- 가속도는 ±4g 범위의 값을 측정할 수 있도록 설정되어 있다. g는 중력가속도 단위로 $9.8m/s^2$ 을 나타내며, readAcceleration 함수에서 반환하는 값의 단위 역시 g다.

- 각속도는 ±2,000DPS 범위의 값을 측정할 수 있도록 설정되어 있다. DPS는 'Degree Per Second'의 약어로 초당 회전 각도를 나타내며, readGyroscope 함수에서 반환하는 값의 단위 역시 DPS다.

- 샘플링 속도는 104Hz로 설정되어 있다.

스케치 16.1은 가속도와 각속도의 값을 얻어 시리얼 모니터로 출력하는 예다.

스케치 16.1 **가속도와 각속도**

```
#include <Arduino_LSM6DS3.h>

void setup() {
SerialUSB.begin(115200);
while (!SerialUSB);

if (!IMU.begin()) {                          // IMU 초기화
    SerialUSB.println("* IMU 초기화에 실패했습니다.");
```

```
    while (1);
  }
}

void loop() {
  float x, y, z, ax, ay, az;

  // 새로운 가속도와 각속도 데이터를 읽을 수 있는 경우
  if (IMU.accelerationAvailable() && IMU.gyroscopeAvailable()) {
    IMU.readAcceleration(x, y, z);                // 가속도 얻기
    IMU.readGyroscope(ax, ay, az);                // 각속도 얻기

    SerialUSB.print(x);
    SerialUSB.print('\t');
    SerialUSB.print(y);
    SerialUSB.print('\t');
    SerialUSB.print(z);
    SerialUSB.print('\t');
    SerialUSB.print(ax);
    SerialUSB.print('\t');
    SerialUSB.print(ay);
    SerialUSB.print('\t');
    SerialUSB.println(az);
  }
}
```

그림 16.5는 스케치 16.1을 업로드한 후 아두이노 나노 33 IoT를 수평으로 놓았을 때 출력되는 값이다. 앞의 3개는 x, y, z축 방향의 가속도값이고 뒤의 3개는 x, y, z축을 중심으로 하는 각속도값이다.

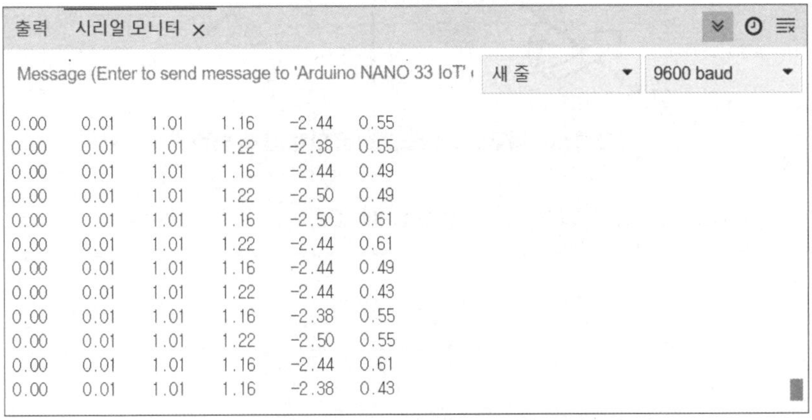

그림 16.5 스케치 16.1의 실행 결과 - 움직임이 없는 경우[4]

---

4   그림 16.5에서 출력되는 각속도값은 각도와 관련이 있으므로 가속도와는 단위가 달라 큰 값은 아니다.

아두이노 보드를 정확하게 수평으로 놓고 움직이지 않을 때 출력되는 이상적인 값은 [0 0 1 0 0 0]이다. 그림 16.5에서 0이 아닌 값이 나오는 것은 아두이노 보드가 정확하게 수평을 이루지 못한 것이 이유 중 하나다. 특히 가속도의 경우 x와 y축 방향값은 0에 가까운 값이 나오지만, z축 방향은 1에 가까운 값이 나온다는 점에 주의해야 한다. 이는 움직임이 없는 경우에도 중력가속도의 영향으로 지면 방향으로 1g만큼의 중력가속도가 작용하고 있고 이를 상쇄하기 위한 가속도가 지면과 반대 방향으로 작용하고 있기 때문이다. 각속도값은 기울어진 정도에도 영향을 받으므로 0이 아닌 값이 출력된다. 따라서 정밀한 가속도와 각속도 측정이 필요한 경우라면 IMU에서 얻어오는 값을 보정해서 사용해야 한다.

그림 16.6은 아두이노 나노 33 IoT의 축 방향을 보여준다. 특정 축 방향으로 수평 이동을 하는 경우 가속도값이 변하고, 특정 축을 중심으로 회전할 때 각속도값이 변한다. 축 방향으로 움직이거나 축을 중심으로 회전하면서 값이 바뀌는 것을 확인해 보자.

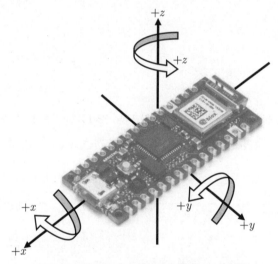

그림 16.6 아두이노 나노 33 IoT의 IMU 축 방향

그림 16.7은 아두이노 보드를 움직이거나 회전했을 때 출력되는 값을 보여준다.

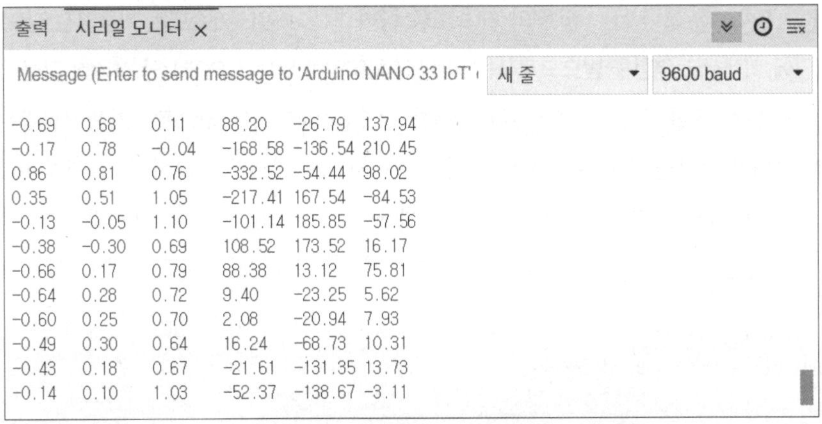

그림 16.7 스케치 16.1의 실행 결과 - 움직임이 있는 경우

16.3 기울어짐 감지

가속도와 각속도는 운동하는 물체의 중요한 특징이지만 이 값을 직접 사용하는 것보다는 이러한 값을 사용하여 기울어진 정도를 구해 사용하는 경우가 더 많다. 물체가 기울어진 정도는 롤roll, 피치pitch, 요yaw의 세 가지 값으로 나타낸다.

- **롤(φ):** 진행 방향인 x축을 중심으로 회전한 각도
- **피치(θ):** y축을 중심으로 회전한 각도
- **요(ψ):** z축을 중심으로 회전한 각도

세 가지의 기울어진 값 중 롤과 피치는 3차원 공간에서 물체의 방향을 나타내기 위해 흔히 사용된다. 롤과 피치는 다음의 식으로 구할 수 있다.

$$롤: \phi = \mathrm{atan}\left(\frac{A_Y}{\sqrt{A_X^2 + A_Z^2}}\right)$$

$$피치: \theta = \mathrm{atan}\left(\frac{A_X}{\sqrt{A_Y^2 + A_Z^2}}\right)$$

식에서 A_X, A_Y, A_Z는 x, y, z축 방향의 가속도를 나타낸다. 다만, **가속도는 기울어진 정도뿐만이 아니라 움직임에 의해서도 영향을 받으므로 직선 방향의 움직임이 없는 상태에서만 정확한 값을 얻을 수 있다는 한계가 있다.** 또한 요는 평면상에서 회전한 정도를 나타내는 값으로, 기울어짐과는 무관한 값일 뿐만 아니라 요값을 정확하게 구하기 위해서는 자기장 센서가 필요하다. 스케치 16.2는 가속도값을 이용하여 롤과 피치를 구해서 출력하는 예다.

스케치 16.2 롤과 피치

```
#include <Arduino_LSM6DS3.h>
float roll, pitch, rollF = 0, pitchF = 0;

void setup() {
  SerialUSB.begin(9600);
  while (!SerialUSB);

  if (!IMU.begin()) {
    SerialUSB.println("* IMU 초기화에 실패했습니다.");
    while (1);
  }
}

void loop() {
  float x, y, z;

  if (IMU.accelerationAvailable()) {
    IMU.readAcceleration(x, y, z);                    // 가속도 얻기

    // 롤과 피치 계산
    roll = atan(y / sqrt(pow(x, 2) + pow(z, 2))) * 180 / PI;
    pitch = atan(-1 * x / sqrt(pow(x, 2) + pow(z, 2))) * 180 / PI;

    // 잡음 민감성을 개선하기 위해 저주파 통과 필터 적용
    rollF = 0.94 * rollF + 0.06 * roll;
    pitchF = 0.94 * pitchF + 0.06 * pitch;

    SerialUSB.print(rollF);
    SerialUSB.print("/");
    SerialUSB.println(pitchF);
  }
}
```

스케치 16.2로 출력된 롤과 피치의 값은 컴퓨터로 전달된다. 컴퓨터에서는 롤과 피치의 값을 받아 3차원 공간에서 물체를 회전시켜 보여줌으로써 현재 아두이노 보드의 기울어진 정도를 직관적으로 알아낼 수 있다. 이 장에서는 롤과 피치의 값에 따라 3차원 물체를 회전하여 보여주기 위해 프로세싱Processing을 사용한다.

프로세싱은 오픈소스 프로그래밍 언어로 2001년 MIT 미디어 그룹의 케이시 리아스와 벤 프라이에 의해 시작되었다. 프로세싱은 시각적 요소를 갖는 프로그램 개발에 특화된 프로그래밍 언어로, 생각한 바를 '스케치'한다는 쉬운 프로그래밍 언어를 목표로 개발되었다. 프로세싱은 디자이너와 예술가들을 위한 프로젝트에서 출발했지만 단순하면서도 강력한 프로세싱 통합개발환경 Integrated Development Environment, IDE, 쉬운 문법, 다양한 확장 라이브러리 등의 장점으로 다양한 영역에서 프로토타이핑을 위해 사용되고 있다. 프로세싱 IDE는 아두이노 IDE와 비슷한 인터페이스를 갖고 있으며 스케치 역시 아두이노의 setup-loop 구조와 비슷한 setup-draw 구조로 되어 있다. 사실 **아두이노의 IDE와 스케치 구조는 프로세싱에서 가져다 사용한 것이며, 스케치라는 이름 또한 프로세싱에서 먼저 사용한 것이다.**

먼저 프로세싱을 컴퓨터에 설치한다. 프로세싱은 아두이노와 마찬가지로 무료로 내려받아 사용할 수 있다. 프로세싱 홈페이지[5]에서 운영체제에 맞는 파일을 내려받는다. 내려받은 파일은 압축 파일 형태이므로 압축을 해제하는 것만으로 설치 과정 없이 사용할 수 있다.

그림 16.8 **프로세싱 IDE**

5 https://processing.org

프로세싱 IDE에 스케치 16.3을 입력하고 툴바의 실행 버튼(▶)을 누르면 프로세싱 스케치가 실행된다. 실행을 끝내기 위해서는 실행 창을 닫거나 툴바의 정지 버튼(■)을 누르면 된다. 스케치 16.2에서는 롤과 피치의 값은 쉽게 분리할 수 있도록 구분 기호로 '/'를 사용하고, 개행문자로 문자열의 끝을 표시했다. 따라서 스케치 16.3에서는 개행문자를 만나면 구분 기호로 분리되는 롤과 피치의 값을 찾아내고 이 값으로 물체를 회전시켜 보여준다.

스케치 16.3 **롤과 피치에 따라 물체 기울이기 - Processing**

```
import processing.serial.*;
import java.io.IOException;

Serial myPort;
String data = "";                          // 아두이노에서 수신한 문자열 데이터 버퍼
float roll, pitch;                         // 롤과 피치

void setup() {
  size (960, 640, P3D);                    // 실행 창 크기
  // 시리얼 통신 초기화, 사용하는 컴퓨터에 따라 포트 번호를 바꾸어야 한다.
  myPort = new Serial(this, "COM8", 9600);
  myPort.bufferUntil('\n');                // 개행문자를 만날 때까지 수신
}

void draw() {
  translate(width / 2, height / 2, 0);     // 창의 중심으로 원점 설정
  background(33);
  textAlign(CENTER);

  textSize(30);                            // 롤과 피치 값을 문자열로 출력
  text("Roll: " + int(roll) + "    Pitch: " + int(pitch), 0, 265);

  // 육면체의 회전 설정
  // 아두이노 보드의 축 방향과 화면에서의 축 방향에 차이가 있어 x, z축에 회전 적용
  rotateX(radians(roll));
  rotateZ(radians(-pitch));

  fill(0, 76, 153);
  box (386, 40, 200);                      // 육면체 그리기

  fill(255, 255, 255);
  textSize(25);
  text("Arduino Nano 33 IoT", 0, 10, 101); // 육면체에 문자열 출력
}

// 개행문자를 만나면 자동으로 호출
void serialEvent (Serial myPort) {         // 시리얼 포트에서 문자열 읽기
  data = myPort.readStringUntil('\n');     // 개행문자까지 읽기

  if (data != null) {
    data = trim(data);
```

```
    String items[] = split(data, '/');          // 구분 기호로 값 분리
    if (items.length > 1) {
      roll = float(items[0]);
      pitch = float(items[1]);
    }
  }
}
```

그림 16.9는 스케치 16.3의 실행 결과다. 아두이노 보드를 기울이면 그에 따라 실행 창에서 육면 체가 기울어지는 것을 확인할 수 있다.

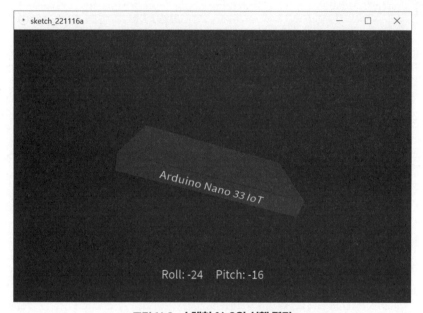

그림 16.9 스케치 16.3의 실행 결과

16.4 맺는말

아두이노 나노 33 IoT에 포함된 IMU는 3축의 가속도값과 3축의 각속도값을 제공한다. 가속도와 각속도는 운동하는 물체의 특성을 나타낼 뿐만 아니라 물체가 기울어진 정도를 계산하는 데 사용 할 수 있어 스마트폰을 포함하여 다양한 장치에서 사용하고 있다. 이 장에서는 가속도만을 사용 하여 롤과 피치를 구하는 방법을 사용했고 그 결과를 프로세싱 스케치로 확인해 봤다. 크게 문제

가 될 것은 없어 보이지만 가속도는 기울어진 정도 이외에도 움직임에 영향을 받으며 잡음에 민감한 문제가 있어 정확한 기울어짐을 얻기 위해서는 각속도값을 함께 사용하는 것을 추천한다. 가속도와 각속도를 사용하여 기울어진 정도를 알아내는 데는 상보 필터, 칼만 필터Kalman filter 등을 사용할 수 있으므로 정밀한 제어가 필요한 경우라면 고려해 볼 수 있다.

모터

모터는 전자기 유도 현상을 통해 전기 에너지를 운동 에너지로 변환하는 장치로, 움직이는 장치를 구현하는 데 필수적인 부품이다. 아두이노와 함께 사용되는 모터에는 여러 종류가 있고 그 특성이 각기 다르므로 사용하고자 하는 목적에 맞게 선택해서 사용해야 한다. 이 장에서는 아두이노와 함께 흔히 사용되는 DC 모터, 서보 모터, 스테핑 모터의 동작 원리와 이러한 모터들의 제어 방법을 살펴본다.

이 장에서
사용할 부품

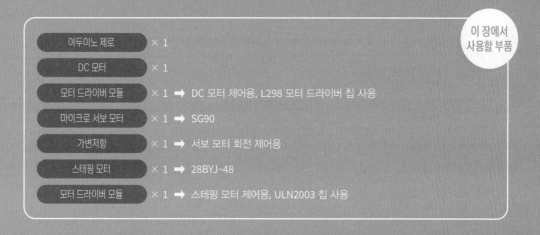

아두이노 제로	× 1
모터 드라이버 모듈	× 1
모터 드라이버 모듈	× 1 ➡ DC 모터 제어용, L298 모터 드라이버 칩 사용
마이크로 서보 모터	× 1 ➡ SG90
가변저항	× 1 ➡ 서보 모터 회전 제어용
스테핑 모터	× 1 ➡ 28BYJ-48
모터 드라이버 모듈	× 1 ➡ 스테핑 모터 제어용, ULN2003 칩 사용

17.1 모터

모터는 전기장의 변화에 따라 자기장의 변화가 발생하고 자기장의 인력과 척력에 의해 움직임을 만들어내는 장치로, 주변에서도 다양한 종류의 모터가 사용된 예를 쉽게 찾아볼 수 있다. 아두이노를 포함한 마이크로컨트롤러에서는 DC 모터, 서보 모터, 스테핑 모터 등이 흔히 사용된다. 이러한 모터는 모두 같은 원리를 바탕으로 하지만, 모터에 따라 다음과 같은 특징이 있다.

- **DC 모터**direct current motor: 축이 연속적으로 회전하고 전원이 끊어질 때 정지하는 모터다. 정지할 때는 관성으로 인해 정확한 정지 위치를 지정할 수는 없다. 가격이 저렴하고 제어가 간단해서 흔히 사용된다.

- **서보 모터**servo motor: DC 모터의 한 종류로, DC 모터에 귀환 제어 회로를 추가하여 정확한 회전 위치를 제어할 수 있도록 만든 모터다. 귀환 제어 회로가 포함되어 있어 가격이 비싸다는 단점은 있지만, 회전 위치를 정밀하게 제어할 수 있다는 점이 장점이다.

- **스테핑 모터**stepping motor: 모터를 회전시키기 위해 펄스를 사용하는 모터로, 펄스가 가해지면 축이 일정 각도를 회전하고 멈춘다. 따라서 모터를 연속해서 회전시키기 위해서는 모터에 펄스열을 가해야 한다. 이때 하나의 펄스에 반응하여 회전하는 양을 분할 각도step angle라고 한다. 스테핑 모터는 회전 정도를 제어하기 쉽다는 장점은 있지만 분할 각도 단위로 이산적으로만 제어할 수 있다는 한계가 있다. 스텝 모터step motor, 스테퍼 모터stepper motor 등으로도 불린다.

이처럼 각 모터는 특징이 서로 다르므로 사용하고자 하는 목적에 맞는 모터를 선택하는 것이 중요하다. 먼저 DC 모터부터 살펴보자.

17.2 DC 모터

DC 모터는 모터 중에서 가장 먼저 만들어진 모터로, 제어가 간단하고 가격이 싸서 정밀한 제어가 필요하지 않다면 선택할 수 있는 모터다. 하지만 다른 모터들도 DC 모터의 변형으로 볼 수 있으므로 DC 모터의 동작 원리는 다른 모터에도 그대로 적용된다.

DC 모터를 포함하여 모든 모터는 고정자와 회전자로 이루어져 있고 고정자와 회전자 모두 자석으로 만들어져 있어 자석 사이의 인력과 척력에 의해 회전이 발생한다. 자석은 영구자석과 전자석의 두 종류를 사용할 수 있으므로 모터를 구성하기 위해서는 표 17.1과 같이 네 가지 조합이 가능하다.

표 17.1 고정자와 회전자 조합에 따른 모터의 종류

-	브러시드 모터	브러시리스 모터	션트 모터
고정자	영구자석	영구자석	전자석	전자석
회전자	영구자석	전자석	영구자석	전자석
비고	회전이 발생하지 않음	브러시 마모로 수명이 짧음		큰 회전력을 얻을 수 있음

모터가 회전하기 위해서는 고정자나 회전자 중 하나 이상은 자기장을 변화시킬 수 있어야 하므로 고정자와 회전자가 모두 영구자석인 경우는 모터로 사용할 수 없다. 고정자와 회전자가 모두 전자석인 경우는 네 가지 조합 중 가장 큰 힘을 얻을 수 있어 기차, 자동차 등에서 사용한다. 아두이노와 함께 사용되는 모터는 고정자와 회전자 중 하나는 영구자석, 다른 하나는 전자석으로 만들어진 모터로 회전자가 전자석인 모터를 브러시드 모터brushed motor라고 하고, 고정자가 전자석인 모터를 브러시리스 모터brushless motor라고 한다. 두 모터의 차이는 단어 의미 그대로 브러시 유무에 있다.

아두이노와 함께 사용되는 모터 중 DC 모터는 브러시드 모터와 브러시리스 모터 모두가 사용되고 있고, 서보 모터는 DC 모터의 일종이므로 역시 브러시드 모터와 브러시리스 모터 모두가 사용된다. 반면 스테핑 모터는 브러시리스 모터가 주로 사용된다. 브러시드 DC 모터의 구성은 그림 17.1과 같다.

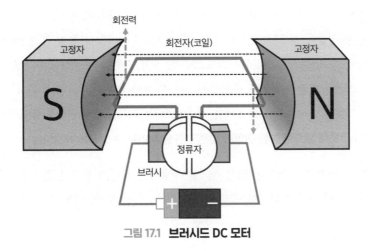

그림 17.1 브러시드 DC 모터

그림 17.1의 브러시드 DC 모터는 회전자가 전자석으로 만들어진다. 전자석에 가하는 전압의 방향에 따라 회전자에 N극과 S극이 번갈아 만들어지고 바깥쪽 고정자의 영구자석과 척력이 발생하여 회전자는 계속 회전할 수 있다. 이때 생각해야 할 점이 코일에 가해지는 전압 방향을 바꿀 수 있어야 한다는 것으로 이를 위해 필요한 것이 브러시와 정류자다. **정류자**commutator**는 회전축의 양쪽에 금속을 붙여서 만들고 회전축이 반 바퀴 회전할 때마다 코일에 흐르는 전류의 방향을 바꾸어준다.** 정류자에 전력을 공급하는 역할을 하는 것이 브러시로, 정류자가 회전하고 있으므로 고정된 브러시로부터 접촉을 통해 전력을 공급받는다. 따라서 정류자의 회전에 따라 접촉하고 있는 브러시의 마모가 발생하고 열로 모터가 뜨거워지는 등의 문제가 발생한다. 브러시리스 모터는 회전자를 영구자석으로 만들고 고정자를 전자석으로 만들어 이러한 단점을 없앴다. 브러시리스 모터는 수명이 길고 발열이 적으며, 효율이 높아 작은 크기로도 큰 힘을 얻을 수 있다는 등의 장점이 있지만, 가격이 비싸고 제어가 어렵다는 점은 단점이다. 이 장에서는 브러시드 DC 모터를 사용한다.

DC 모터는 2개의 연결선만 갖고 있어 연결선에 전원을 연결하는 순서에 따라 모터의 회전 방향이 결정되고, PWM~Pulse Width Modulation~ 신호로 전원을 연결하고 끊는 시간을 조절함으로써 듀티 사이클에 비례하는 속도를 얻을 수 있다. 하지만 DC 모터를 사용하는 경우 기억해야 할 사항이 있다. 첫 번째는 **모터에 충분한 전력을 공급하기 위해 모터 전용 전원이 필요하다**는 점이고, 두 번째는 **속도와 방향 제어를 위해 H 브리지 회로가 필요하다**는 점이다.

DC 모터의 연결선을 하나를 마이크로컨트롤러의 데이터 핀에 연결하고 다른 하나를 GND에 연결한 후 데이터 핀으로 HIGH를 출력하면 모터가 회전할 것이고, PWM 신호를 출력하면 회전 속도 역시 조절할 수 있을 것으로 생각하기 쉽다. 하지만 모터 구동을 위해서는 많은 전류가 필요하며 데이터 핀으로 공급할 수 있는 전류는 아주 적다는 점을 생각해야 한다. SAMD21G 마이크로컨트롤러의 디지털 출력 핀으로 공급할 수 있는 최대 전류는 7mA에 불과하다. DC 모터를 포함하여 모터 대부분은 구동을 위해 이보다 훨씬 많은 전류가 필요하며, 데이터 핀에서의 출력 전압인 3.3V보다 높은 전압이 필요한 경우도 많다. 따라서 DC 모터를 사용할 때는 아두이노의 데이터 핀으로 공급할 수 있는 전원이 아닌 별도로 모터 전용 전원을 사용하고 디지털 출력 핀은 전원을 제어하는 스위치 역할을 하도록 구성하는 것이 일반적이다. 디지털 출력 핀으로 전원을 제어하기 위해서는 트랜지스터가 흔히 사용된다. **트랜지스터는 디지털 출력 핀으로 출력되는 낮은 전압과 적은 전류로 모터 구동에 필요한 높은 전압과 많은 전류를 제어할 수 있도록 해준다.**

전용 전원과 트랜지스터를 사용하면 많은 전력을 사용하는 모터에 충분한 전력을 공급할 수 있지만, 이것만으로는 충분하지 않다. DC 모터 사용에서 또 다른 문제는 DC 모터의 회전 방향이 전원을 연결하는 방향에 따라 결정된다는 점으로, 모터를 연결한 후에는 회전 방향을 변경하기가 쉽지 않다. 따라서 **DC 모터의 연결 핀에 (+) 또는 (-) 전원을 선택해서 연결하는 방법이 필요하며 이를 위해 사용하는 회로가 H 브리지**bridge **회로다.** H 브리지 회로는 그림 17.2와 같이 4개의 스위치로 표현할 수 있다. H 브리지 회로는 스위치 1(S1)과 4(S4)가 눌린 경우와 스위치 2(S2)와 3(S3)이 눌린 경우 모터에 가해지는 전압이 서로 반대가 되는 원리를 사용하여 모터에 가해지는 전원 방향을 바꾸어 모터의 회전 방향을 제어할 수 있다. H 브리지 회로에서 사용되는 스위치 역시 트랜지스터로 만들어진다.

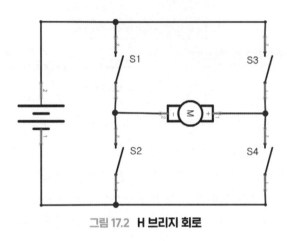

그림 17.2 H 브리지 회로

모터의 속도 제어를 위해서는 PWM 신호를 사용한다. 예를 들어, PWM 신호를 H 브리지 회로의 스위치 개폐에 사용함으로써 평균적으로 모터에 공급되는 전력을 조절하고 이를 통해 모터의 속도를 제어할 수 있다. 이처럼 전용 전원과 트랜지스터 그리고 H 브리지 회로를 사용하면 모터에 필요한 전력 공급 문제와 모터의 속도 및 방향 제어 문제를 해결할 수 있다.

전용 전원 연결과 회전 방향 및 속도 제어를 위한 H 브리지 회로를 포함하여 만든 모터 제어 전용 칩을 모터 드라이버motor driver 칩 또는 간단히 모터 드라이버라고 하고, 모터 드라이버에 모터와 전용 전원 연결 커넥터 등을 추가하여 만든 모듈을 모터 드라이버 모듈이라고 한다. DC 모터 제어를 위한 모터 드라이버로는 L293, L298 등이 흔히 사용되며 이 장에서는 L298을 사용한다. 그림 17.3은 L298 모터 드라이버를 사용하여 만든 모터 드라이버 모듈의 예로, 이 장에서 사용하는 모듈이다.

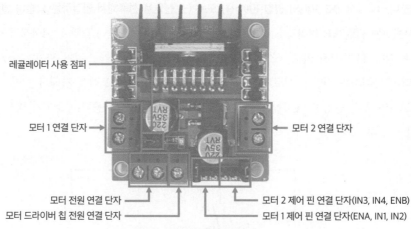

레귤레이터 사용 점퍼

모터 1 연결 단자

모터 2 연결 단자

모터 전원 연결 단자

모터 드라이버 칩 전원 연결 단자

모터 2 제어 핀 연결 단자(IN3, IN4, ENB)

모터 1 제어 핀 연결 단자(ENA, IN1, IN2)

그림 17.3 모터 드라이버 모듈

그림 17.3의 모터 드라이버 모듈에서 L298 모터 드라이버 칩은 5V 전원을 사용하며 모터 드라이 버를 위한 전원은 두 가지 방법으로 공급할 수 있다. 첫 번째는 '모터 드라이버 칩 전원 연결 단자' 에 L298 모터 드라이버 칩을 위한 5V 전원을 연결하는 것이다. 두 번째는 모터 구동을 위한 전원 에서 L298 모터 드라이버 칩을 위한 전원을 만들어 사용하는 것이다. 두 번째 방법을 사용하기 위해서는 '레귤레이터 사용 점퍼'를 연결해야 한다. 그림 17.3의 모터 드라이버 모듈은 모터 구동 을 위한 전용 전원을 '모터 전원 연결 단자'에 연결하며 최대 46V의 전원을 사용할 수 있다.

그림 17.3의 모터 드라이버 모듈에는 2개의 모터를 연결할 수 있으며 하나의 모터를 제어하기 위 해 (Enable A(ENA), Input 1(IN1), Input 2(IN2)) 또는 (Enable B(ENB), Input 3(IN3), Input 4(IN4)) 의 3개 제어선을 사용한다. 제어선 중 **Enable 입력이 HIGH인 상태에서만 모터를 제어할 수 있으며,** LOW인 상태에서 모터는 정지한다. **나머지 2개 제어선인 입력**Input**은 모터의 회전 방향을 결정하기 위 해 사용된다.** 표 17.2는 모터 드라이버 칩의 제어선에 가하는 신호에 따른 모터의 동작을 나타낸다. 기본적으로 모터에 주어지는 입력Input 신호가 LOW-LOW 또는 HIGH-HIGH로 서로 같은 경우 모터는 정지하고, 서로 다른 입력이 주어질 때만 회전한다. 물론 Enable 핀에 HIGH를 가해 모터 가 제어 가능한 상태에 있을 때만 모터가 회전한다.

표 17.2 모터 제어 신호

Enable	Input *n*	Input *n* + 1	설명
LOW	–	–	정지
HIGH	LOW	LOW	정지
HIGH	LOW	HIGH	정회전
HIGH	HIGH	LOW	역회전
HIGH	HIGH	HIGH	정지

Input 핀은 그림 17.2의 H 브리지 회로에서 스위치 개폐를 통해 모터에 가하는 전압의 방향을 결정하는 역할을 하며 이를 통해 정회전과 역회전을 선택할 수 있다. 반면 **모터의 속도는 Enable 핀에 PWM 신호를 가하여 조절할 수 있다.** 따라서 모터의 속도를 제어하고자 한다면 Enable 핀은 PWM 신호 출력이 가능한 핀에 연결해야 하지만, 속도 제어 없이 회전 방향만을 제어하고자 한다면 Enable 핀을 VCC에 연결하거나 디지털 출력 핀에 연결하여 HIGH를 출력하면 된다.

그림 17.3의 모터 드라이버 모듈에서 모터 드라이버 칩의 동작 전압이 5V이므로 제어 핀의 논리 레벨 역시 5V를 기준으로 한다. 하지만 제어 핀에 3.3V 전압이 가해지면 논리 1로 인식되므로 3.3V 논리 레벨을 사용하는 SAMD21G 기반 아두이노 보드의 데이터 핀을 사용하여 모터 드라이버를 제어할 수 있다.

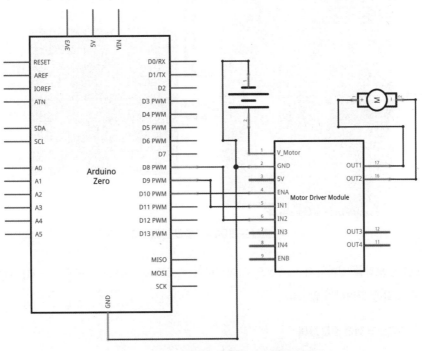

그림 17.4 모터 드라이버 모듈과 모터 연결 회로도

모터 드라이버 모듈과 모터를 그림 17.4와 같이 아두이노 제로에 연결하자. 모터 구동을 위해서 별도의 전용 전원을 사용했다는 점도 주의해야 한다. 모터 전원에서 모터 드라이버 전원을 만들어 사용하는 것도 가능하다. 하지만 모터 드라이버 전원을 만들 때 7805 레귤레이터가 사용되고 7805 레귤레이터에서는 약 2V의 전압 강하가 발생하므로 모터 전용 전원이 최소 7V가 되어야 한다. 7V 이하의 모터 전원을 사용한다면 변환된 전압이 5V 이하가 되어 모터 드라이버 칩이 정상적으로 동작하지 않아 모터 제어에 실패할 수 있다. 모터를 위한 전용 전원을 연결할 때 모터 전원과 아두이노 제로의 그라운드를 서로 연결해야 한다는 점 역시 주의해야 한다. 그림 17.3의 모터 드라이버 모듈에는 2개의 모터를 연결할 수 있지만, 두 모터의 제어 방법이 같으므로 이 장에서는 1개의 모터만 연결하여 사용한다.

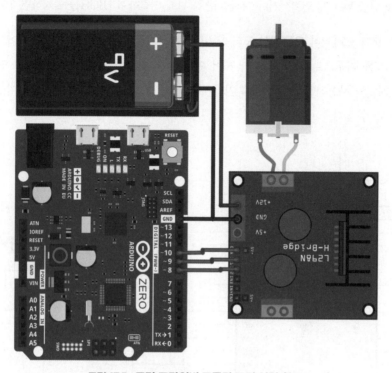

그림 17.5 **모터 드라이버 모듈과 모터 연결 회로**

스케치 17.1은 모터를 정방향과 역방향으로 회전시키는 코드로 Enable A 핀으로는 HIGH를 출력하여 속도 조절은 고려하지 않았다.

스케치 17.1 **DC 모터 회전 방향 제어**

```
int ENABLE_A = 10;                          // Enable A 핀
int INPUT_1 = 9;                            // 모터 제어 핀 1
int INPUT_2 = 8;                            // 모터 제어 핀 2

void setup() {
  pinMode(ENABLE_A, OUTPUT);
  pinMode(INPUT_1, OUTPUT);
  pinMode(INPUT_2, OUTPUT);

  digitalWrite(ENABLE_A, HIGH);            // 제어 가능한 상태로 둠
}
```

```
void loop() {
  forward();                                      // 정회전
  delay(2000);

  backward();                                     // 역회전
  delay(2000);
}

void forward() {
  digitalWrite(INPUT_1, LOW);                     // 표 17.2 참고
  digitalWrite(INPUT_2, HIGH);
}

void backward() {
  digitalWrite(INPUT_1, HIGH);                    // 표 17.2 참고
  digitalWrite(INPUT_2, LOW);
}
```

모터 제어를 위한 입력 핀은 모터의 회전 방향만을 조절하며, 모터의 회전 속도는 Enable 핀에 PWM 신호를 출력하여 조절할 수 있다. 스케치 17.1에서는 모터의 회전 방향만 조절했다면 스케치 17.2는 PWM 신호를 사용하여 모터의 회전 속도까지 조절하는 예다. **모터의 속도를 조절할 때 모터에서 소리가 나지만 움직이지 않는 경우는 모터에 충분한 전력이 공급되지 못한 경우가 대부분이다.** 특히 저속 회전에서는 모터에 공급되는 평균 전력이 적어 모터가 움직이지 않을 수 있다.

스케치 17.2 DC 모터 회전 속도 제어

```
int ENABLE_A = 10;                                // Enable A 핀
int INPUT_1 = 9;                                  // 모터 제어 핀 1
int INPUT_2 = 8;                                  // 모터 제어 핀 2

void setup() {
  pinMode(ENABLE_A, OUTPUT);
  pinMode(INPUT_1, OUTPUT);
  pinMode(INPUT_2, OUTPUT);

  digitalWrite(ENABLE_A, LOW);                    // 제어 불가능한 상태로 둠
}

void loop() {
  forward();                                      // 정회전
  for (int i = 0; i < 256; i++) {                 // Enable 핀으로 속도 증가
    analogWrite(ENABLE_A, i);
    delay(30);
  }

  motor_stop();                                   // 표 17.2 참고

  backward();                                     // 역회전
  for (int i = 0; i < 256; i++) {                 // 속도 증가
```

```
      analogWrite(ENABLE_A, i);
      delay(30);
  }
}

void motor_stop() {
  digitalWrite(INPUT_1, LOW);
  digitalWrite(INPUT_2, LOW);
}

void forward() {
  digitalWrite(INPUT_1, LOW);                          // 표 17.2 참고
  digitalWrite(INPUT_2, HIGH);
}

void backward() {
  digitalWrite(INPUT_1, HIGH);                         // 표 17.2 참고
  digitalWrite(INPUT_2, LOW);
}
```

17.3 서보 모터

서보란 '서보 메커니즘servomechanism'을 줄여서 부르는 말로, **오류를 검출하고 이를 보정하기 위한 피드백이 가능한 자동 장치**를 가리킨다. DC 모터에 서보 메커니즘이 적용된 서보 모터는 회전 위치를 알아내고 피드백을 통해 정확한 위치로 회전시킬 수 있다. 서보 모터는 표준 서보 모터와 연속 회전 서보 모터로 나눌 수 있다. 표준 서보 모터는 0~180도 범위에서만 회전할 수 있지만, 연속 회전 서보 모터는 DC 모터와 마찬가지로 360도 회전할 수 있다. 서보 모터라고 하면 일반적으로 표준 서보 모터를 가리키며, 이 장에서도 표준 서보 모터를 사용한다.

서보 모터는 3개의 연결선을 가지며 전원을 제외한 나머지 하나의 연결선으로 0~180도 사이의 회전 위치를 제어한다. 3개의 연결선은 색상에 의해 기능이 구별되며 표 17.3의 색상이 흔히 사용된다.

표 17.3 서보 모터의 연결선 색상

연결선	색상
VCC	붉은색
GND	검은색, 갈색
제어선	노란색, 주황색, 흰색

DC 모터는 2개의 연결선을 사용하고 VCC와 GND를 연결하는 데 극성이 없어 반대로 연결하면 모터가 반대 방향으로 회전한다. 반면 서보 모터는 극성이 있어 전원을 반대로 연결하면 모터가 파손될 수 있다.

서보 모터의 위치 제어에는 PWM 신호가 사용된다. 서보 모터가 PWM 신호를 받으면 입력된 PWM 신호에 의한 위치와 현재 위치를 비교하고, 모터를 PWM 신호에 의한 위치로 회전한다. 이때 PWM 신호에 의한 모터의 위치는 듀티 사이클에 의해 결정된다. **서보 모터는 주파수 50Hz, 주기 20ms(= 1/50Hz)의 PWM 신호를 사용한다.** 20ms의 주기 중 서보 모터의 위치를 결정하는 구간은 1~2ms로 1ms에서 반시계 방향으로 최대로 회전한 상태(0도)를, 2ms에서 시계 방향으로 최대로 회전한 상태(180도)를 나타낸다.

그림 17.6의 마이크로 서보 모터 동작 전압은 5V로, 아두이노 제로의 5V 전원을 연결하여 사용할 수 있다. 하지만 많은 전력이 필요한 서보 모터의 경우 전용 전원이 필요한 것은 DC 모터와 마찬가지다. 위치 제어를 위한 PWM 신호의 레벨 역시 5V를 기준으로 하지만 DC 모터를 위한 모터 드라이버 칩과 마찬가지로 제어 핀에 3.3V 전압이

그림 17.6 표준 마이크로 서보 모터

가해지면 논리 1로 인식되므로 3.3V 논리 레벨을 사용하는 아두이노 제로의 데이터 핀을 사용하여 제어할 수 있다. 마이크로 서보 모터를 그림 17.8과 같이 아두이노 제로에 연결하자.

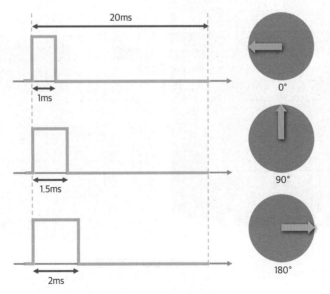

그림 17.7 서보 모터의 위치 제어

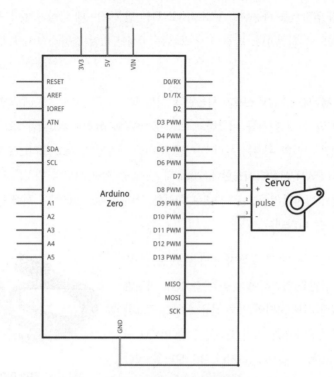

그림 17.8 서보 모터 연결 회로도

그림 17.9 서보 모터 연결 회로

서보 모터를 제어하기 위해서는 라이브러리를 설치해야 한다. '스케치 ➡ 라이브러리 포함 ➡ 라이브러리 관리...' 메뉴 항목, 'Ctrl + Shift + I' 단축키 또는 세로 툴바의 '라이브러리 매니저' 버튼을 선택하여 라이브러리 매니저를 실행하고 'Servo'를 검색한 후 Servo 라이브러리를 설치한다.

그림 17.10 **Servo 라이브러리 검색 및 설치**[1]

Servo 라이브러리를 사용하기 위해서는 먼저 헤더 파일을 포함해야 한다. '스케치 ➡ 라이브러리 포함 ➡ Servo' 메뉴 항목을 선택하거나 #include 문을 직접 입력하면 된다.

```
#include <Servo.h>
```

Servo 클래스에서는 다음과 같은 멤버 함수를 서보 모터 제어를 위해 제공하고 있다. Servo 클래스의 객체는 사용하고자 하는 모터의 수만큼 생성하고 모터가 연결된 핀을 attach 함수로 지정하여 사용한다.

■ **attach**

```
uint8_t Servo::attach(int pin)
uint8_t Servo::attach(int pin, int min, int max)
  - 매개변수
    pin: 서보 모터의 제어선이 연결된 핀 번호
```

---

1 https://www.arduino.cc/reference/en/libraries/servo/

> min: 0도에 해당하는 마이크로초 단위의 펄스 폭
> max: 180도에 해당하는 마이크로초 단위의 펄스 폭
> - 반환값: 서보 모터가 연결된 채널

서보 모터를 지정한 핀에 연결하고 현재 서보 모터가 연결된 채널을 반환한다. 연결에 실패하면 255를 반환한다. min과 max는 PWM 제어 신호의 최소 및 최대 폭을 지정하기 위해 사용한다. 모터에 따라서는 회전 위치가 0~180도 범위와 약간의 차이가 있을 수 있고 해당 PWM 신호의 폭 역시 다를 수 있으므로, 모터에 따라 설정이 필요한 경우 사용하면 된다.

▪ write

> void Servo::write(int value)
> - 매개변수
> value: 서보 모터의 제엇값
> - 반환값: 없음

서보 모터로 0~180 사이의 값을 출력한다. 표준 서보 모터의 경우 value 값은 축의 회전 위치를 나타낸다. 연속 회전 서보 모터의 경우 value 값은 속도 조절을 위해 사용되며 0은 정방향 최고 속도, 180은 역방향 최고 속도, 90은 정지 상태를 나타낸다. 0 이하의 값은 0으로, 180 이상의 값은 180으로 변환된다.

▪ read

> int Servo::read()
> - 매개변수: 없음
> - 반환값: 서보 모터의 현재 축 위치

서보 모터에 마지막으로 write 함수를 사용하여 쓴 값을 [0 180] 범위의 값으로 반환한다.

▪ attached

> bool Servo::attached()
> - 매개변수: 없음
> - 반환값: 서보 모터의 연결 여부

Servo 클래스의 객체가 특정 핀에 연결되어 있는지를 반환한다. 객체를 생성한 후 attach 함수로

서보 모터가 연결된 핀을 지정하지 않았다면 Servo 클래스 객체는 특정 핀에 연결되지 않은 상태에 있다. 연결되어 있으면 true를, 연결되어 있지 않으면 false를 반환한다.

■ detach

```
void Servo::detach()
  – 매개변수: 없음
  – 반환값: 없음
```

서보 모터 연결을 해제한다.

스케치 17.3은 서보 모터를 0~180도 사이 구간에서 반복해서 회전시키는 예다.

스케치 17.3 서보 모터 회전

```
#include <Servo.h>
#define INTERVAL    5

Servo microServo;                        // 서보 모터 제어 객체
int servoPin = 9;                        // 서보 모터 연결 핀
int angle = 0, angleStep = 1;            // 현재 회전 위치 및 위치 변화량

void setup() {
  microServo.attach(servoPin);           // 서보 모터 연결
  microServo.write(angle);
}

void loop() {
  angle += angleStep;                    // 위치 증감

  if (angle == 180) {                    // 180도에 도달하면
    angleStep = -1;                      // 각도 감소로 설정
  }
  else if (angle == 0) {                 // 0도에 도달하면
    angleStep = 1;                       // 각도 증가로 설정
  }

  microServo.write(angle);               // 서보 모터 위치 조정
  delay(INTERVAL);
}
```

서보 모터와 가변저항을 연결하고 가변저항값으로 서보 모터의 위치를 제어하는 스케치를 작성해 보자. 서보 모터와 가변저항은 그림 17.11과 같이 연결한다. 가변저항은 A0 핀에 연결하고 서보 모터의 제어 핀은 9번 핀에 연결한다.

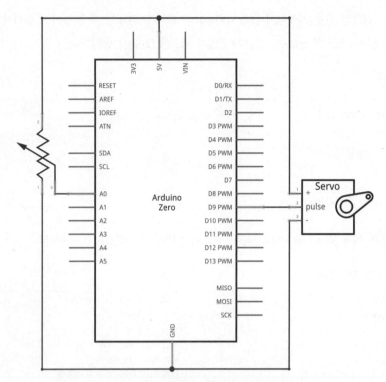

그림 17.11　서보 모터와 가변저항 연결 회로도

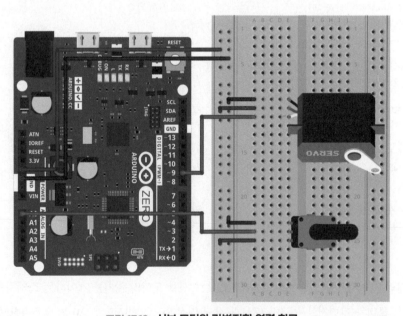

그림 17.12　서보 모터와 가변저항 연결 회로

스케치 17.4는 가변저항으로 서보 모터의 위치를 제어하는 예다. 가변저항값에서 서보 모터의 위치를 얻기 위해 선형 사상 함수인 map 함수를 사용했다.

■ **map**

```
long map(long value, long fromLow, long fromHigh, long toLow, long toHigh)
  - 매개변수
    value: 데이터
    fromLow: 현재 데이터가 가질 수 있는 최솟값
    fromHigh: 현재 데이터가 가질 수 있는 최댓값
    toLow: 변환하고자 하는 범위의 최솟값
    toHigh: 변환하고자 하는 범위의 최댓값
  - 반환값: 지정한 범위로 사상된 값
```

주어진 데이터값을 지정된 범위의 값으로 선형 사상linear mapping하여 반환한다. 이때 주어지는 값은 [fromLow fromHigh] 범위 밖의 값일 수 있으며, 변환하고자 하는 범위를 나타낼 때 toLow 값이 toHigh 값보다 작은 값이 아닐 수도 있다.

스케치 17.4 **가변저항으로 서보 모터 위치 제어**

```
#include <Servo.h>
#define INTERVAL    5

Servo microServo;                     // 서보 모터 제어 객체
int servoPin = 9;                     // 서보 모터 연결 핀

void setup() {
  microServo.attach(servoPin);        // 서보 모터 연결
}

void loop() {
  int vr = analogRead(A0);            // 가변저항 읽기
  int angle = map(vr, 0, 1023, 0, 180);  // 각도로 변환

  microServo.write(angle);            // 서보 모터 위치 조정
  delay(INTERVAL);
}
```

스케치 17.4를 업로드하고 가변저항을 돌리면서 서보 모터의 회전을 확인해 보자.

스테핑 모터

스테핑 모터stepping motor는 스텝 모터step motor, 스테퍼 모터stepper motor, 펄스 모터pulse motor 등으로도 불리며 펄스로 회전을 제어할 수 있는 모터를 말한다. 앞에서 살펴본 DC 모터나 서보 모터와달리 **스테핑 모터는 영구자석이 회전하는 브러시리스 모터로, 브러시가 없어 내구성이 높다는 장점이 있다.** 이 외에도 스테핑 모터는 회전을 제어하기가 쉽고, 정확한 위치 지정이 가능하며, 반응 속도가빠르다는 등의 장점이 있다. 하지만 펄스에 의해 일정 각도 단위로 회전하는 모터라는 특징은 제어가 쉽다는 장점이 되기도 하지만 이산적인 회전만 가능하다는 단점이 되기도 한다. **스텝 모터에서 펄스 하나가 주어질 때 모터가 회전하는 각도는 미리 정해져 있으며 이를 분할각**step angle**이라고 한다.** 스텝 모터는 분할각 단위의 이산적인 회전만 가능하고 분할각보다 작은 각도의 회전은 불가능하므로 필요한 정밀도에 따라 모터와 모터 제어 방식을 선택해야 한다.

스테핑 모터는 브러시리스 모터로, 코일이 감겨 있고 회전하지 않는 바깥쪽의 고정자와 축에 연결되어 회전하는 회전자로 구성된다. 스테핑 모터는 회전자를 만드는 방법에 따라 회전이 발생하는원리가 달라지며 회전이 발생하는 원리에 따라 가변 리럭턴스 모터variable reluctance motor, 영구자석모터permanent magnet motor 그리고 두 가지를 결합한 하이브리드 모터 등 크게 세 종류로 나눌 수 있다. 이 중 이 장에서 사용하는 모터는 영구자석 모터로 코일(고정자)에 전류를 흘려 전자석을 만들고, 영구자석(회전자)과의 인력 및 척력으로 회전이 발생하는 원리를 사용한다.

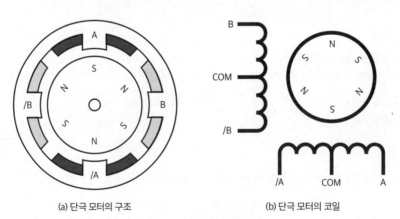

(a) 단극 모터의 구조   (b) 단극 모터의 코일

그림 17.13 단극 모터의 구조

영구자석 모터는 단극unipolar과 양극bipolar으로 나눌 수 있으며 이들의 차이는 코일에 전원을 가하는 방식에 있다. **단극 모터는 2개의 코일로 구성되며 각 코일의 중앙에 공통 연결선이 존재**한다.[2] 코일 중앙에서 나오는 공통 연결선은 2개가 모두 모터 밖으로 나오는 것이 일반적이지만, 공통 연결선에 가해지는 전원의 극성이 같으므로 이 장에서 사용하는 28BYJ-48처럼 하나만 모터 밖으로 나올 수도 있다. 따라서 2개 코일의 양쪽 끝에 해당하는 연결선 4개에 1개 또는 2개의 공통 연결선까지 **단극 모터는 5개 또는 6개 연결선을 갖는다.** 그림 17.13의 단극 모터는 6개의 연결선을 갖는 경우다. 영구자석 모터에서 코일의 양쪽 끝은 흔히 'A'와 '/A', 'B'와 '/B'로 표시한다.

단극 모터의 회전자에는 영구자석이 배치되어 있다. 코일에 전원을 가하면 고정자가 전자석이 되고 회전자와의 인력과 척력에 의해 회전이 발생한다. 그림 17.13의 단극 모터에 한 번에 한 코일 절반에만 전원을 가하면, 즉 A, /A, B, /B 중 하나와 공통 단자에만 전원을 가하면(표 17.4) 그림 17.14와 같이 한 번에 30도씩 회전하여 12스텝에 한 번 회전한다. 실제 스테핑 모터에서는 같은 코일을 여러 번 배치하고 회전자에 더 많은 자석을 톱니바퀴 형태로 번갈아 배치하여 분할각을 줄일 수 있다. 흔히 사용되는 모터는 1.8도 분할각을 갖는 모터로 200스텝에 한 번 회전한다.

표 17.4 단극 모터의 1상 여자 방식 구동 - 시계 방향 1회전

스텝	1	2	3	4	5	6	7	8	9	10	11	12
A	1	0	0	0	1	0	0	0	1	0	0	0
B	0	1	0	0	0	1	0	0	0	1	0	0
/A	0	0	1	0	0	0	1	0	0	0	1	0
/B	0	0	0	1	0	0	0	1	0	0	0	1

---

2   단극 모터는 각 코일에서 공통 연결선을 기준으로 절반씩 사용하므로 4개의 코일로 구성되어 있다고 설명하기도 한다.

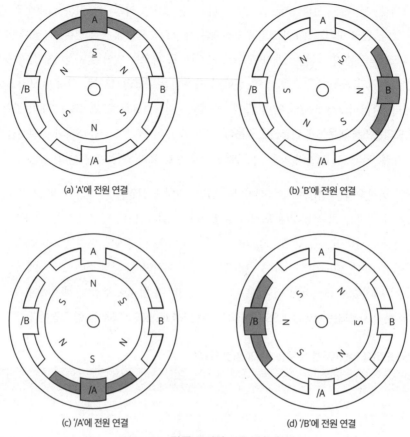

(a) 'A'에 전원 연결   (b) 'B'에 전원 연결

(c) '/A'에 전원 연결   (d) '/B'에 전원 연결

그림 17.14 단극 모터의 시계 방향 회전

코일 하나의 절반에만 전원을 가하는 방식(표 17.4)을 1상 여자 방식이라고 한다. 반면 인접한 두 코일의 절반에 동시에 전원을 가하는 방식을 2상 여자 방식이라고 한다. 2상 여자 방식은 1상 여자 방식과 비교했을 때 회전력은 크지만 그만큼 전력 소비도 많다.

표 17.5 단극 모터의 2상 여자 방식 구동 - 시계 방향 1회전

스텝	1	2	3	4	5	6	7	8	9	10	11	12
A	1	0	0	1	1	0	0	1	1	0	0	1
B	1	1	0	0	1	1	0	0	1	1	0	0
/A	0	1	1	0	0	1	1	0	0	1	1	0
/B	0	0	1	1	0	0	1	1	0	0	1	1

두 가지 방식을 함께 사용하는 1-2상 여자 방식은 전력 소비가 1상 여자 방식의 1.5배가 되며, 1상 여자 방식이나 2상 여자 방식과 비교했을 때 1/2 크기의 분할각을 가지므로 정밀한 움직임이 가능하다는 장점이 있다. 하지만 스텝에 따라 사용하는 코일의 수가 다르므로 회전력이 일정하지 않

다는 점은 단점이라 할 수 있다. 1-2상 여자 방식에서 분할각은 1상 여자 방식과 2상 여자 방식의 절반으로 이를 하프 스텝 모드half step mode라고 한다. 반면 1상 여자 방식이나 2상 여자 방식은 풀 스텝 모드full step mode라고 한다.

표 17.6 단극 모터의 1-2상 여자 방식 구동 - 시계 방향 1/2회전

스텝	1	2	3	4	5	6	7	8	9	10	11	12
A	1	1	0	0	0	0	0	1	1	1	0	0
B	0	1	1	1	0	0	0	0	0	1	1	1
/A	0	0	0	1	1	1	0	0	0	0	0	1
/B	0	0	0	0	0	1	1	1	0	0	0	0

양극 모터 역시 2개의 코일을 사용한다. 하지만 **양극 모터는 코일 중앙에 공통 연결선이 없으므로 4개의 연결선을 갖고 있다.** 단극 모터는 공통 연결선을 중심으로 코일의 절반만 사용하지만, 양극 모터는 코일 전체를 사용하므로 같은 크기의 모터라면 양극 모터의 회전력이 단극 모터의 회전력 보다 크다. 하지만 연결선에 가하는 전압이 고정된 단극 모터에 비해 양극 모터의 연결선에는 (+) 와 (-) 전압을 번갈아 가해야 하므로 제어가 복잡한 것은 단점이라 할 수 있다.

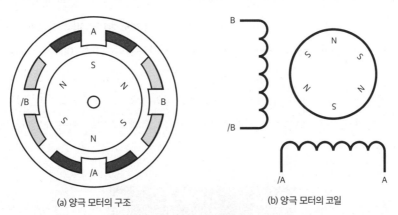

(a) 양극 모터의 구조   (b) 양극 모터의 코일

그림 17.15 양극 모터

그림 17.15는 30도의 분할각을 갖는 양극 모터로, 그림 17.14의 **단극 모터와 비교하면 공통 연결선이 없다는 점 외에는 구조가 같다.** 따라서 일부 단극 모터는 공통 연결선을 제외하고 4개의 연결선만 사용하여 양극 모터처럼 사용할 수도 있다.

양극 모터를 구동하는 방법은 기본적으로 단극 모터를 구동하는 방법과 같다. 다만 양극 모터에 는 공통 연결선이 없으므로 2개 이상의 연결선에 전원을 가해야 하고, 연결선에 가해지는 전압의 극성을 바꾸어야 하므로 H 브리지 회로가 필요하다.

그림 17.16은 이 장에서 사용하는 스텝 모터로, 하나의 공통 연결선만 모터 밖으로 나와 있어 5개의 연결선을 갖는 단극 모터다. 28BYJ-48 모터는 풀 스텝 모드에서 32스텝에 한 번 회전하고 1/64 감속 기어를 사용하므로 2,048(= 32스텝 × 64)스텝으로 한 번 회전하는 방식이 흔히 사용된다.

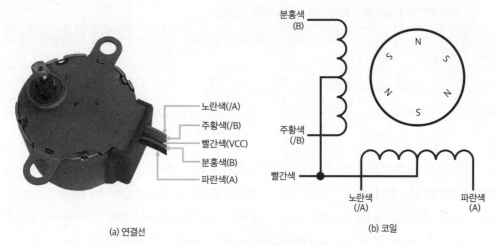

그림 17.16 28BYJ-48 스텝 모터

단극 모터의 제어를 위해서는 코일에 전원을 연결하거나 연결하지 않는 것만 제어하고 전원의 극성을 바꿀 필요가 없으므로 H 브리지 회로를 사용하지 않아도 된다. 따라서 28BYJ-48 모터는 ULN2003 칩으로 만들어진 전용 모터 드라이버 모듈이 사용된다. ULN2003은 7개의 달링턴 트랜지스터Darlington transistor로 구성된 칩으로 아두이노 핀의 적은 전류로 모터 구동에 필요한 많은 전류를 스위칭하기 위해 사용한다. 일반적인 트랜지스터의 동작과 차이가 없지만, 달링턴 트랜지스터는 2개의 트랜지스터를 연결하여 사용하므로 하나의 트랜지스터를 사용하는 경우보다 많은 전류를 제어할 수 있다.

그림 17.17 28BYJ-48 스텝 모터를 위한 모터 드라이버 모듈

그림 17.17은 28BYJ-48 스텝 모터 제어를 위해 ULN2003 칩을 사용하여 만든 모터 드라이버 모듈이다. 모터 전원 연결 단자에는 5~12V의 전원을 연결할 수 있지만, 28BYJ-48 모터는 5V를 사용하므로 5V 전원을 연결하면 된다. 모터 제어 핀(IN1~IN4)은 모터 제어 신호를 연결하는 핀으로, 5V와 3.3V 레벨 신호를 모두 사용할 수 있다.

모터 드라이버 모듈과 28BYJ-48 모터를 그림 17.18과 같이 연결하자. 모터 제어를 위해서는 2개 코일의 4개 연결선에 대한 전원 연결만을 제어하면 되므로 ULN2003의 7개 달링턴 트랜지스터 중 4개만 사용하고 나머지 3개는 사용하지 않는다. 아두이노 제로의 4개 디지털 출력은 모터 제어 핀 연결 단자를 통해 모터에 가해지는 전원을 제어한다.

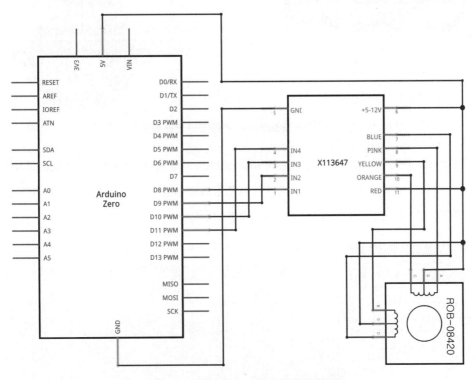

그림 17.18 28BYJ-48 스텝 모터 연결 회로도

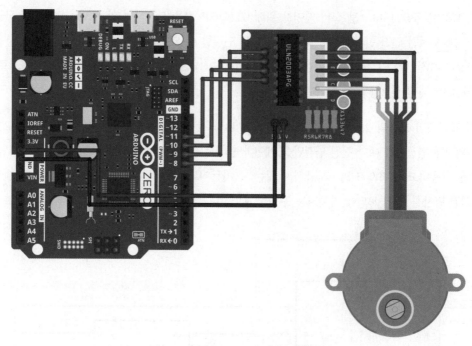

그림 17.19 28BYJ-48 스텝 모터 연결 회로

스케치 17.4는 1상 여자 방식(풀 스텝 모드)에 따라 모터를 시계 방향과 반시계 방향으로 회전시키는 예다. 표 4의 순서에 따라 펄스를 가하면 시계 방향으로 회전하고, 역순으로 펄스를 가하면 반시계 방향으로 회전한다. 풀 스텝 모드이므로 2,048스텝으로 한 번 회전한다.

스케치 17.5 스테핑 모터의 회전

```
int pins[] = { 8, 9, 10, 11 };              // A, B, /A, /B

void setup() {
  for (byte i = 0; i < 4; i++) {
    pinMode(pins[i], OUTPUT);               // 모터 연결 핀을 출력으로 설정
  }
}

void loop() {
  forward();
  delay(500);

  backward();
  delay(500);
}

void forward() {
  for (int i = 0; i < 2048; i++) {          // 2048스텝으로 1회전(증가 방향)
    int index = i % 4;
```

```
    for (byte j = 0; j < 4; j++) {
        if (j == index) {                    // A, B, /A, /B 순서로 하나만 HIGH
            digitalWrite(pins[j], HIGH);
        }
        else {                               // 나머지 3개는 LOW
            digitalWrite(pins[j], LOW);
        }
    }
    delay(2);                                // 충분한 전력 전달을 위한 대기
  }
}

void backward() {
  for (int i = 2048; i > 0; i--) {          // 2048스텝으로 1회전(감소 방향)
    int index = i % 4;
    for (byte j = 0; j < 4; j++) {
        if (j == index) {
            digitalWrite(pins[j], HIGH);
        }
        else {
            digitalWrite(pins[j], LOW);
        }
    }
    delay(2);
  }
}
```

17.5 맺는말

모터는 움직이는 장치를 만들기 위해 필수적인 부품 중 하나로 이 장에서는 아두이노와 함께 흔히 사용되는 모터들을 살펴봤다. 그중 DC 모터는 가장 역사가 오래된 모터로, 정밀한 제어는 어렵지만 간단한 장치를 쉽게 만들 수 있어 흔히 사용된다. 서보 모터는 180도만 회전하는 모터로 지정된 범위 내에서 위치 제어가 필요한 경우 사용되며, 스테핑 모터는 회전 정도를 제어하기가 쉽고 내구성이 높아 회전 각도 제어가 필요한 경우 사용된다. 이처럼 모터는 종류에 따라 특성이 다르므로 필요에 따라 선택하여 사용하면 된다.

모터를 사용할 때 주의할 점 중 하나는 모터를 구동하기 위해 많은 전력이 필요하다는 점이다. 따라서 모터를 위한 별도 전원을 연결하는 것이 안전하다. 이 장에서는 모터 전원으로 아두이노 제로의 5V 출력을 사용하기도 했지만, 이는 모터가 많은 전력을 필요로 하지 않을 때만 가능하다.

아두이노 제로의 5V 출력으로 모터 구동에 문제가 없다 하더라도 동작의 안정성을 위해서는 별도의 전원을 구성하는 것을 추천한다. 아두이노 보드의 배럴 잭에 연결하는 전원을 모터 전원으로 함께 사용하는 것도 한 가지 방법이다. 이 장에서는 모터의 기본적인 제어 방법만 살펴봤으며 실제 모터를 제어하는 방법은 사용하고자 하는 환경에 따라 달라질 수 있다.

블루투스

블루투스는 유선 통신인 RS-232C를 대체하기 위해 만들어진 무선 통신 표준의 하나로, 블루투스 클래식Bluetooth classic이라고 하는 3.x 버전까지의 블루투스와 4.0 버전에서 추가된 저전력 블루투스Bluetooth Low Energy, BLE의 두 가지로 이루어져 있다. 특히 BLE는 적은 전력을 사용하는 것이 특징으로 적은 전력 소모가 중요한 휴대 장치에서 다양한 응용에 사용되고 있다. 이 장에서는 아두이노 나노 33 IoT에 포함된 NINA-W10 모듈에서 지원하는 블루투스 4.2 BLE를 사용하는 방법을 알아본다.

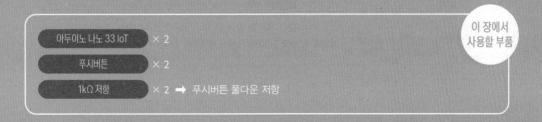

이 장에서
사용할 부품

아두이노 나노 33 IoT × 2

푸시버튼 × 2

1kΩ 저항 × 2 ➡ 푸시버튼 풀다운 저항

블루투스

블루투스는 1990년대 초 에릭슨Ericsson이 개발한 개인 근거리 무선 통신Personal Area Network, PAN을 위한 표준으로, RS-232C 유선 통신을 대체하는 저가격, 저전력 무선 기술로 개발되었다. 블루투스는 기본적으로 10m 이내 짧은 거리에서의 통신을 목표로 하지만 이 범위는 100m까지 확장할 수 있다. 블루투스는 2.4GHz 대역인 ISMIndustrial, Scientific, Medical 대역을 사용한다. **ISM 대역은 산업, 과학 및 의료 목적으로 할당된 대역**으로 전파 사용에 대한 허가를 받을 필요가 없어 저전력의 개인용 무선기기에 많이 사용되고 있으며 블루투스 이외에도 와이파이WiFi, 지그비 등이 ISM 대역을 사용하고 있다.

블루투스는 1999년 1.0 버전이 발표된 이후 여러 번 버전이 바뀌면서 현재 5.3 버전까지 발표되었다. 블루투스는 4.0 버전에서 저전력 블루투스인 BLE가 소개되면서 블루투스 4.0 이후로는 전송 속도를 중시하는 3.0 버전까지의 DR/EDREnhanced Data Rate과 전력 소모를 줄이기 위한 저전력 블루투스Bluetooth Low Energy 두 가지가 포함되어 있다. 표 18.1은 블루투스의 버전별 특징을 나타낸 것으로, 최대 속도는 이론적인 최대 속도로 실제 제품에 적용된 속도는 이와 다를 수 있다.

표 18.1 블루투스 버전별 특징

버전	연도	최대 속도(bps)	특징
1.0	1999	721k	
1.1	2001		• 7개 장치까지 동시 연결 지원 • RSSI(Received Signal Strength Indicator) 지원
1.2	2002		
2.0	2004	3M	• EDR(Enhanced Data Rate) 도입
2.1	2007		• NFC를 통한 페어링 지원
3.0	2009	24M	• 와이파이 채널을 통한 HS(High Speed) 전송 지원
4.0	2010	24M 1M(BLE)	• BLE(Bluetooth Low Energy) 소개
4.1	2013		• 자동 재연결 지원
4.2	2014		• IoT(Internet of Things)를 위한 기능 추가
5	2016	48M 2M(BLE)	• 전송 속도를 줄여 원거리 전송 가능 • 메시(mesh) 네트워크 지원
5.1	2019		• 수신 신호의 방향 탐지 기능
5.2	2020		
5.3	2021		

아두이노 나노 33 IoT에서는 블루투스 4.2를 지원하며 이를 위해 NINA-W102 모듈이 포함되어 있다. 아두이노에서는 NINA-W102 모듈의 블루투스 사용을 위해 ArduinoBLE 라이브러리를 제공하고 있지만, 이름에서 알 수 있듯이 BLE만 지원한다. NINA-W102 모듈은 Espressif의 ESP32 칩을 사용하여 만들어진 모듈로, 블루투스와 와이파이를 모두 지원하며 와이파이는 별도의 장에서 다룬다.

아두이노 나노 33 시리즈 보드에는 아두이노 나노 33 IoT 이외에도 몇 가지 보드가 더 있지만, 아두이노 나노 33 시리즈 보드 중에서 SAMD21G 마이크로컨트롤러를 사용한 보드는 아두이노 나노 33 IoT가 유일하다. 표 18.2는 아두이노 나노라는 이름을 사용하는 보드의 사양을 비교한 것이다. 이 책에서도 SAMD21G 마이크로컨트롤러를 사용한 아두이노 나노 33 IoT만 다룬다.

표 18.2 아두이노 나노 시리즈 보드 비교

	아두이노 나노	아두이노 나노 에브리	아두이노 나노 33 IoT	아두이노 나노 33 BLE	아두이노 나노 33 BLE Sense
MCU	ATmega328	ATmega4809	SAMD21G	nRF52840	nRF52840
MCU 아키텍처	AVR	AVR	Cortex-M0+	Cortex-M4	Cortex-M4
동작 전압(V)	5	5	3.3	3.3	3.3
최대 클록(MHz)	16	20	48	64	64
CPU 비트	8	8	32	32	32
플래시 메모리	32KB	48KB	256KB	1MB	1MB
SRAM(KB)	2	6	32	256	256
블루투스 지원	-	-	ESP32 (메인 MCU와 별도의 칩)	nRF52840 (메인 MCU에서 지원)	nRF52840 (메인 MCU에서 지원)
와이파이 지원	-	-	ESP32	-	-
IMU[1]	-	-	6축	9축	9축
기타		아두이노에서는 16MHz로 동작			온습도 센서, 기압 센서, 적외선 센서 등 포함

---

1   관성 측정 장치(Inertial Measurement Unit)

저전력 블루투스

BLEBluetooth Low Energy는 단어 의미 그대로 저전력 통신을 위해 만들어진 것으로, **BLE에는 게시 (broadcast 또는 advertise) 모드와 연결**connection **모드가 있다. 게시 모드는 특정 기기를 지정하지 않고 주변의 모든 기기가 신호를 받을 수 있도록 게시하는 방식이다.** 게시 모드에서 신호를 보내는 기기는 신호를 받는 기기와 무관하게 신호를 보내며, 일정한 시간 간격으로 보내는 것이 일반적이다. 게시 모드에서 신호를 보내는 기기를 게시 장치(broadcaster 또는 advertiser)라고 하고, 신호를 받는 기기를 관찰 장치observer라고 한다. 게시 모드는 기기가 자신의 존재를 알리거나 적은 양의 데이터를 보낼 때 사용한다.

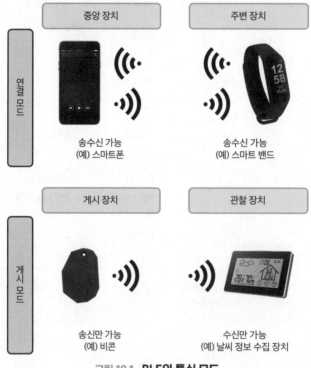

그림 18.1 **BLE의 통신 모드**

게시 모드가 단방향으로 적은 양의 데이터를 전달하기 위해 사용된다면 **연결 모드는 양방향으로 특정 기기와 데이터를 교환하기 위해 사용한다.** 연결 모드는 블루투스 클래식과 마찬가지로 연결 후 데이터를 보내므로 1:1 통신만 가능하다. 연결 모드에서 주변 장치peripheral는 데이터를 제공하는 역할을 하며, 중앙 장치central는 제공되는 데이터를 읽어 사용하는 역할을 하는 것이 일반적이다.

BLE에서 연결 모드는 유선 통신을 무선으로 대체하기 위한 블루투스 클래식과 비슷하지만, 동작 방식은 전혀 다르므로 블루투스 클래식과 BLE는 호환되지 않는다. 아두이노에서는 간단한 무선 연결을 위해 지금도 2.x 버전의 블루투스 클래식을 흔히 사용하고 있으며 이를 BLE와 연결하려는 시도는 흔한 실수 중 하나다.

BLE에서 데이터 교환은 서비스service 및 서비스와 관련된 1개 이상의 특성characteristic을 통해 이루어진다. 서비스는 정보의 집합을 가리킨다. 예를 들어 센서값과 이와 관련된 센서의 종류, 설치 장소 등의 정보를 모아놓은 것을 서비스라고 한다. **서비스는 하나 이상의 특성으로 구성되며 특성에는 실젯값이 저장**된다. 센서 서비스에서 센서 종류, 설치 장소, 센서의 값 등이 특성에 해당한다.

블루투스 SIGSpecial Interest Group는 흔히 사용되는 서비스에 대한 ID를 정의하고 있다. 심장 박동 측정 서비스를 생각해 보자. 심장 박동 측정 서비스에는 심장 박동 수를 나타내는 특성이 반드시 포함되어야 하고, 심장 박동을 측정한 위치(가슴, 손목, 손가락, 손, 귓불, 발 등)를 나타내는 특성이 옵션으로 포함될 수 있다. 이처럼 미리 정의된 서비스와 특성에는 고유의 ID를 부여하고 있으므로 심장 박동 측정 서비스를 사용하고자 하는 장치는 ID 검색을 통해 관련 서비스를 찾고 서비스에 포함된 특성으로부터 원하는 데이터를 얻어올 수 있다. 이때 **서비스와 서비스에 포함된 특성은 다른 서비스나 특성과 구별될 수 있는 유일한 ID를 가져야 하며 BLE에서는 유일한 ID로 UUID를 사용한다.**

UUID는 범용 고유 식별자Universally Unique IDentifier의 약어로, 네트워크상에서 개체를 유일하게 나타내기 위해 사용하는 이름이다. UUID는 16바이트(128비트)의 숫자를 32자리의 16진수로 나타내며 8-4-4-4-12자리의 5개 16진수 그룹으로 구분하여 나타내는 것이 일반적이다. 블루투스 표준에서는 미리 정의된 서비스와 특성에 UUID를 부여하고 있으며 **미리 정의된 UUID는 128비트의 UUID 중 상위에 있는 2바이트 또는 4바이트만을 사용하는 축약된 16비트 또는 32비트 형식을 사용할** 수 있다. 이 중 상위에 있는 2바이트(16비트)를 사용하는 방식(UUID16)이 표준 BLE 서비스를 위해 사용된다. UUID16 형식의 축약된 ID를 사용하는 서비스 목록은 블루투스 서비스 목록[2]에서 확인할 수 있다. UUID16을 사용할 때 나머지 112비트는 미리 정의된 베이스 UUID를 사용하며 다음과 같이 정의되어 있다.

베이스 UUID: 0000xxxx-0000-1000-8000-00805F9B34FB

---

[2] https://www.bluetooth.com/ko-kr/specifications/assigned-numbers/service-discovery

베이스 UUID에서 'xxxx'로 표현된 부분이 미리 정의된 서비스 ID에 해당한다. 사용자가 정의하는 서비스의 경우 128비트를 모두 사용하며 이 장에서 사용하는 UUID는 온라인 UUID 생성 페이지[3]에서 생성한 값이다.

BLE에서 단순히 데이터를 전달하지 않고 서비스와 특성을 정의하는 이유는 데이터 전달 방식을 표준화하여 애플리케이션을 쉽게 구현하기 위해서다. 심장 박동 측정 서비스를 제공하는 기기는 정해진 UUID와 심장 박동 데이터를 패킷 형태로 만들어 전송하고, 심장 박동 데이터를 사용하는 기기는 심장 박동 서비스에 해당하는 UUID를 포함한 패킷을 스캔하고, 패킷 내에서 심장 박동 데이터에 해당하는 UUID를 찾아 심장 박동 데이터를 확인할 수 있다.

18.3 LED 제어 — 주변 장치

ArduinoBLE 라이브러리는 아두이노 나노 33 IoT에서 BLE를 지원하는 라이브러리다. ArduinoBLE 라이브러리는 아두이노 나노 33 IoT 이외에도 아두이노 나노 33 BLE, 아두이노 우노 와이파이 Rev. 2, 아두이노 MKR 와이파이 1010 등에서도 사용할 수 있다. '스케치 ➡ 라이브러리 포함 ➡ 라이브러리 관리...' 메뉴 항목, 'Ctrl + Shift + I' 단축키 또는 세로 툴바의 '라이브러리 매니저' 버튼을 선택하여 라이브러리 매니저를 실행하고 'ArduinoBLE'를 검색한 후 ArduinoBLE 라이브러리를 설치한다(그림 18.2 참고).

ArduinoBLE 라이브러리는 BLE의 기능 중 연결 모드만 지원한다. 우선 아두이노 나노 33 IoT를 주변 장치로 동작하도록 해보자. ArduinoBLE 라이브러리를 사용하기 위해서는 먼저 헤더 파일을 포함해야 한다. '스케치 ➡ 라이브러리 포함하기 ➡ ArduinoBLE' 메뉴 항목을 선택하거나 #include 문을 직접 입력하면 된다.

```
#include <ArduinoBLE.h>
```

ArduinoBLE 라이브러리에서 BLELocalDevice 클래스는 BLE 기능을 지원하는 장치를 나타내는 클래스로 BLE 모듈을 제어하는 데 사용된다. 라이브러리에서는 BLELocalDevice 클래스의 객체로

---

3 https://www.uuidgenerator.net

BLE를 선언하고 있으므로 별도로 객체를 선언하지 않고 사용할 수 있다. 반면 **BLEDevice** 클래스는 원격 장치를 나타내기 위해 사용한다.

그림 18.2 ArduinoBLE 라이브러리 검색 및 설치[4]

■ **begin**

int BLELocalDevice::begin()
   – 매개변수: 없음
   – 반환값: 초기화 성공 여부(0 또는 1)

BLE 모듈을 초기화하고 성공 여부를 반환한다.

■ **setLocalName**

void BLELocalDevice::setLocalName(char *localName)
   – 매개변수
     localName: BLE 모듈의 이름
   – 반환값: 없음

---

4   https://www.arduino.cc/en/Reference/ArduinoBLE

BLE 모듈의 이름을 설정한다. 설정한 이름은 장치 스캔을 통해 얻을 수 있다.

■ setAdvertisedServiceUuid

```
void BLELocalDevice::setAdvertisedServiceUuid(const char* advertisedServiceUuid)
 - 매개변수
   advertisedServiceUuid: 제공할 서비스의 UUID
 - 반환값: 없음
```

BLE 모듈을 통해 제공할 서비스의 UUID를 설정한다. UUID는 16비트 형식 또는 128비트 형식의 문자열로 지정할 수 있다.

```
BLE.setAdvertisedServiceUuid("19B10000-E8F2-537E-4F6C-D104768A1214");
BLE.setAdvertisedServiceUuid("2901");
```

■ central

```
BLEDevice BLELocalDevice::central()
 - 매개변수: 없음
 - 반환값: 주변 장치에 연결된 중앙 장치central 객체
```

주변 장치로 설정된 모듈에 연결된 중앙 장치를 나타내는 객체를 반환한다. 반환하는 중앙 장치 객체는 BLEDevice 클래스의 객체로 BLELocalDevice 클래스는 BLEDevice 클래스를 상속하여 만들어진 하위 클래스다.

central 함수를 통해 얻은 BLEDevice 객체를 통해 주변 장치에 연결된 중앙 장치의 연결 상태와 정보를 확인할 수 있다.

■ connected

```
bool BLEDevice::connected()
 - 매개변수: 없음
 - 반환값: 장치의 연결 여부
```

BLE 장치가 다른 장치에 연결되어 있는지를 반환한다.

■ address

```
String BLEDevice::address()
  - 매개변수: 없음
  - 반환값: 장치의 MAC 주소
```

장치의 MAC 주소를 문자열 형식으로 반환한다.

스케치 18.1은 ArduioBLE 라이브러리를 사용하여 아두이노 나노 33 IoT를 주변 장치로 설정하고 중앙 장치의 연결을 기다리도록 BLE 모듈을 시작하는 예다. BLE 모듈을 시작하기 위해서는 advertise 함수를 사용하지만, 연결 모드에서 사용하고 있으므로 게시 모드에서의 게시를 의미하는 것은 아니라는 점에 주의해야 한다.

스케치 18.1 **주변 장치 설정**

```
#include <ArduinoBLE.h>

void setup() {
  SerialUSB.begin(115200);
  while (!SerialUSB);

  pinMode(LED_BUILTIN, OUTPUT);

  if (!BLE.begin()) {                          // BLE 모듈 초기화
    SerialUSB.println("* BLE 모듈 초기화에 실패했습니다.");
    while (1);
  }

  // 주변 장치 정보 설정
  BLE.setLocalName("BLETest");
  BLE.setAdvertisedServiceUuid("8CD4AF2D-5AD8-4ECF-A7F2-D3E462BCB262");

  BLE.advertise();                             // BLE 모듈 시작
  SerialUSB.println("* BLE 모듈을 시작했습니다. 중앙 장치 연결을 기다리고 있습니다.");
}

void loop() {
  BLEDevice central = BLE.central();           // 연결된 중앙 장치 검사

  if (central) {                               // 중앙 장치가 연결된 경우
    SerialUSB.print(" => 연결된 중앙 장치 : ");
    SerialUSB.println(central.address());
    digitalWrite(LED_BUILTIN, HIGH);

    while (central.connected()) {
      // 중앙 장치가 연결된 상태에서의 동작
    }
```

```
      digitalWrite(LED_BUILTIN, LOW);               // 중앙 장치가 연결을 해제한 경우
      SerialUSB.println(" => 중앙 장치 연결 종료");
   }
}
```

스케치 18.1을 아두이노 나노 33 IoT에 업로드하면 아두이노 나노 33 IoT는 주변 장치로 동작한
다. 주변 장치로부터 데이터를 받아 사용하는 대표적인 중앙 장치가 스마트폰으로 스마트폰에서
주변 장치를 검색하고 연결할 수 있다. 스마트폰에서 주변 장치를 검색하고 연결하기 위해서는 전
용 애플리케이션이 필요하며 이 장에서는 'nRF Connect for Mobile[5]을 사용한다. 스마트폰에 애
플리케이션을 내려받아 설치한 후 실행해 보자.

그림 18.3 nRF Connect for Mobile 애플리케이션

---

5   https://play.google.com/store/apps/details?id=no.nordicsemi.android.mcp&hl=ko&gl=US

오른쪽 위에 있는 'SCAN' 버튼을 누르면 주변에 있는 BLE 장치를 검색해서 보여준다.

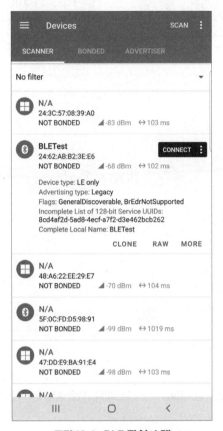

그림 18.4 BLE 장치 스캔

검색된 장치 목록에서 스케치 18.1에서 설정한 이름인 'BLETest'를 발견할 수 있다면 스케치 18.1이 정상적으로 동작하는 것이다. 발견된 장치를 클릭하면 스케치 18.1에서 설정한 서비스 UUID를 확인할 수 있다. 'BLETest'의 'CONNECT' 버튼을 누르면 중앙 장치인 스마트폰과 주변 장치인 아두이노 나노 33 IoT가 연결된다.

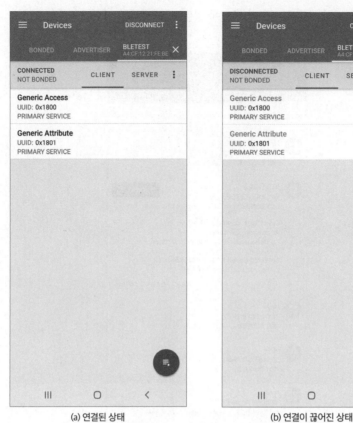

| (a) 연결된 상태 | (b) 연결이 끊어진 상태 |

그림 18.5 주변 장치(아두이노 나노 33 IoT)와 중앙 장치(스마트폰) 연결

연결이 완료되면 아두이노 나노 33 IoT의 내장 LED(LED_BUILTIN)가 켜진다. 오른쪽 위에 있는 'DISCONNECT' 버튼을 누르면 연결이 종료되고 내장 LED는 꺼진다. 연결이 끊어지면 오른쪽 위의 버튼은 'CONNECT'로 바뀌고 버튼을 눌러 다시 연결할 수 있다.

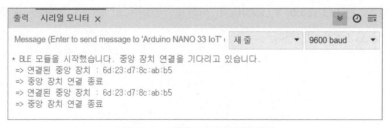

그림 18.6 스케치 18.1의 실행 결과

스케치 18.1은 연결 과정을 테스트하기 위한 것으로, 별도의 서비스를 제공하지 않는다. 하지만 그림 18.5에서 'Generic Access'와 'Generic Attribute'라는 2개의 서비스를 확인할 수 있다. 이들 서비스는 UUID16 형식의 미리 정해진 UUID를 갖고 있으며, 단어 의미 그대로 BLE의 기본적인 정보를 제공하는 서비스로 스캔 과정에서 BLE 장치를 찾아내고 연결하는 데 사용된다.

연결 방법을 알았으므로 사용자 정의 서비스를 제공하는 방법을 살펴보자. BLE에서 정보는 서비스service와 특성characteristic을 통해 제공되며 서비스와 특성을 위해 ArduinoBLE 라이브러리에서는 BLEService 클래스와 BLECharacteristic 클래스를 제공하고 있다.

■ BLEService

```
BLEService::BLEService(const char* uuid)
  - 매개변수
    uuid: 서비스의 UUID
  - 반환값: 없음
```

지정한 UUID를 갖는 BLE 서비스 객체를 생성한다. 문자열 형식의 UUID를 사용하는 생성자 이외에도 여러 생성자가 중복으로 정의되어 있다.

■ addCharacteristic

```
void BLEService::addCharacteristic(BLECharacteristic& characteristic)
  - 매개변수
    characteristic: 서비스에 추가할 특성
  - 반환값: 없음
```

서비스에 지정한 특성을 추가한다. 특성은 BLECharacteristic 클래스의 객체를 사용한다.

BLECharacteristic 클래스는 서비스에 포함되는 특성을 나타내기 위해 사용된다. 특성값으로는 다양한 형식의 데이터를 사용할 수 있으며 데이터 형식에 따라 BLECharacteristic 클래스를 상속하여 만들어진 클래스가 사용된다. 1바이트 크기의 데이터를 포함하는 클래스인 BLEByteCharacteristic 클래스가 BLECharacteristic 클래스를 상속하여 만든 예다. BLEByteCharacteristic 클래스에는 특성의 값을 읽거나 쓰기 위한 멤버 함수들이 정의되어 있다.

■ BLEByteCharacteristic

```
BLEByteCharacteristic::BLEByteCharacteristic(const char* uuid, unsigned char properties)
  - 매개변수
    uuid: 특성의 UUID
    properties: 특성의 속성
  - 반환값: 없음
```

특성의 UUID와 속성으로 특성을 나타내는 객체를 생성한다. 이때 properties는 특성값의 속성으로 읽기(BLERead), 쓰기(BLEWrite) 등의 열거형 상수로 정의되어 있다.

- **written**

```
bool BLEByteCharacteristic::written()
    - 매개변수: 없음
    - 반환값: 특성값의 변경 여부
```

다른 BLE 장치에 의한 특성값의 변경 여부를 반환한다.

- **value**

```
byte BLEByteCharacteristic::value()
    - 매개변수: 없음
    - 반환값: 현재 특성값
```

현재 특성값을 반환한다. BLEByteCharacteristic 클래스에는 1바이트 크기의 데이터가 포함되어 있으므로 byte 형식의 값을 반환하지만, 특성의 종류에 따라 반환되는 값의 형식은 달라질 수 있다.

- **writeValue**

```
byte BLEByteCharacteristic::writeValue(byte value)
    - 매개변수
    value: 특성값
    - 반환값: 쓰기 성공 여부
```

특성에 지정한 값(value)을 쓴다.

특성을 추가한 서비스가 만들어지면 이를 BLE 모듈이 제공하는 서비스에 추가하고 연결하는 중앙 장치에서 사용할 수 있도록 설정해야 한다.

- **addService**

```
void BLELocalDevice::addService(BLEService& service)
    - 매개변수
    service: BLE 모듈을 통해 제공할 서비스
    - 반환값: 없음
```

BLE 객체에 서비스를 추가한다.

■ setAdvertisedService

```
void BLELocalDevice::setAdvertisedService(const BLEService& service)
   - 매개변수
     service: BLE 모듈을 통해 제공할 서비스
   - 반환값: 없음
```

BLE 객체를 통해 서비스를 제공하도록 설정한다. BLE 모듈에 여러 개의 서비스를 addService로
추가할 수 있지만, 실제 원격 장치에 제공할 서비스는 setAdvertisedService로 지정해야 한다.

스케치 18.2는 LED 서비스에 LED의 상태를 나타내는 특성을 추가하고 중앙 장치에서 주변 장치
의 LED를 원격으로 제어할 수 있도록 해주는 예다. 아두이노 나노 33 IoT에 스케치 18.2를 업로
드하자.

스케치 18.2 주변 장치에 서비스 추가 - LED 원격 제어

```
#include <ArduinoBLE.h>

// 사용자 정의 서비스
BLEService ledService("19B10000-E8F2-537E-4F6C-D104768A1214");
// 사용자 정의 특성
BLEByteCharacteristic switchCharacteristic(
      "19B10001-E8F2-537E-4F6C-D104768A1214", BLERead | BLEWrite);

void setup() {
  SerialUSB.begin(9600);
  while (!SerialUSB);

  pinMode(LED_BUILTIN, OUTPUT);

  if (!BLE.begin()) {                        // BLE 모듈 초기화
    SerialUSB.println("* BLE 모듈 초기화에 실패했습니다.");
    while (1);
  }

  BLE.setLocalName("LED");                    // 주변 장치 이름 설정

  // 서비스에 특성 추가
  ledService.addCharacteristic(switchCharacteristic);

  BLE.addService(ledService);                 // BLE 객체에 서비스 추가
  BLE.setAdvertisedService(ledService);       // 제공할 서비스 설정
  switchCharacteristic.writeValue(0);         // 특성의 초깃값 설정
```

```
    BLE.advertise();                              // BLE 모듈 시작

    SerialUSB.println("* BLE 모듈을 시작했습니다. 중앙 장치 연결을 기다리고 있습니다.");
}

void loop() {
  BLEDevice central = BLE.central();              // 연결된 중앙 장치 검사

  if (central) {                                  // 중앙 장치가 연결된 경우
    SerialUSB.print(" => 연결된 중앙 장치 : ");
    SerialUSB.println(central.address());

    while (central.connected()) {                 // 중앙 장치가 연결된 상태에서의 동작
      if (switchCharacteristic.written()) {
        if (switchCharacteristic.value()) {       // 중앙 장치가 0 이외의 값을 쓴 경우
          SerialUSB.println(" => LED 켬(ON)");
          digitalWrite(LED_BUILTIN, HIGH);
        } else {                                  // 중앙 장치가 0의 값을 쓴 경우
          SerialUSB.println(" => LED 끔(OFF)");
          digitalWrite(LED_BUILTIN, LOW);
        }
      }
    }

    // 중앙 장치가 연결을 해제한 경우
    SerialUSB.println(" => 중앙 장치 연결 종료");
  }
}
```

주변 장치에서 제공하는 서비스의 특성값은 읽기(BLERead)와 쓰기(BLEWrite)가 가능하도록 설정했으므로 스마트폰에서 접속하여 LED의 상태를 나타내는 특성값을 변경하여 LED의 상태를 제어할 수 있다. 'nRF Connect for Mobile' 애플리케이션을 실행하고 BLE 장치를 스캔한 후 이름이 'LED'인 장치에 연결하자. BLE 모듈의 이름은 스케치 18.1에서와는 다른 이름을 사용했다. 그림 18.5와 달리 서비스가 추가된 것을 확인할 수 있으며 서비스를 클릭하여 특성 목록 역시 확인할 수 있다.

새로운 특성의 오른쪽에는 2개의 화살표가 있다. 아래쪽 화살표는 읽기를, 위쪽 화살표는 쓰기를 나타낸다. 읽기를 누르면 현재 LED의 상태를 나타내는 값을 읽어와 표시해 준다.

그림 18.7 **서비스와 특성 목록**

위쪽 화살표를 누르면 현재 LED의 상태를 나타내는 값을 변경할 수 있다. 위쪽 화살표를 누른 후 다이얼로그에 '01'을 입력하고 'SEND' 버튼을 누르면 아두이노 나노 33 IoT의 내장 LED가 켜지는 것을 확인할 수 있다. 또한 '00'을 입력하고 'SEND' 버튼을 누르면 LED가 꺼진다. 데이터 타입이 byte이므로 반드시 두 자리로 '00'이나 '01'을 입력해야 한다는 점에 주의해야 한다.

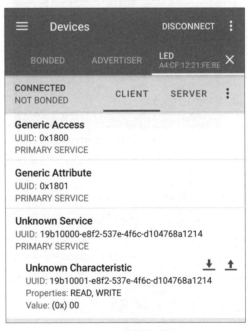

그림 18.8 **특성값 읽기**

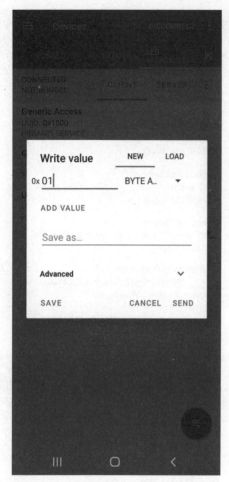

(a) '01' 쓰기 - LED 켜기   (b) '00' 쓰기 - LED 끄기

그림 18.9 특성값 쓰기

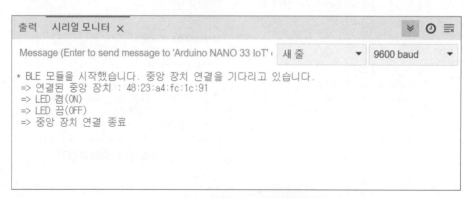

출력   시리얼 모니터 ×

Message (Enter to send message to 'Arduino NANO 33 IoT' ‹   새 줄   ▼   9600 baud   ▼

```
* BLE 모듈을 시작했습니다. 중앙 장치 연결을 기다리고 있습니다.
 => 연결된 중앙 장치 : 48:23:a4:fc:1c:91
 => LED 켬(ON)
 => LED 끔(OFF)
 => 중앙 장치 연결 종료
```

그림 18.10 스케치 18.2의 실행 결과

LED 제어 — 중앙 장치

스케치 18.2는 아두이노 나노 33 IoT를 주변 장치로 설정하고 연결된 중앙 장치에 현재 LED 상태를 읽거나 쓸 수 있도록 해준다. 중앙 장치인 스마트폰에서는 'nRF Connect for Mobile' 애플리케이션을 사용했다.

아두이노 나노 33 IoT를 중앙 장치로 설정하여 스마트폰을 대신하도록 하는 것도 가능하다. 아두이노 나노 33 IoT를 하나 더 준비하고 중앙 장치로 설정하여 주변 장치로 설정된 아두이노 나노 33 IoT의 LED를 제어하도록 해보자. 중앙 장치로 설정할 아두이노 나노 33 IoT에 2개의 버튼을 그림 18.11과 같이 연결하자. 아두이노 2번 핀에 연결된 버튼은 LED 제어를 위해 사용할 것이며, 아두이노 3번 핀에 연결된 버튼은 현재 연결을 종료하기 위해 사용할 것이다.

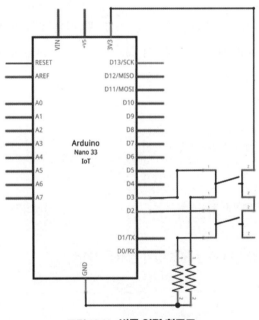

그림 18.11 버튼 연결 회로도

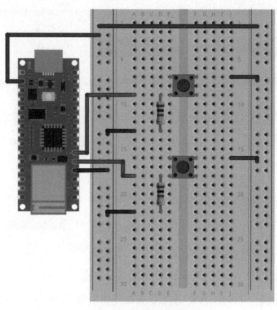

그림 18.12 **버튼 연결 회로**

중앙 장치에서는 먼저 지정한 UUID를 갖는 서비스를 제공하는 주변 장치를 검색해야 한다. 검색을 시작하기 위해서는 scanForUuid 함수를, 검색을 중단하기 위해서는 stopScan 함수를 사용하면 된다. 검색된 장치는 available 함수를 통해 알아낼 수 있다.

■ **scanForUuid**

```
int BLELocalDevice::scanForUuid(String uuid)
 – 매개변수
   name: 서비스의 UUID
 – 반환값: 스캔 성공 여부(0 또는 1)
```

지정한 UUID의 서비스를 제공하는 BLE 장치 검색을 시작한다.

■ **stopScan**

```
void BLELocalDevice::stopScan()
  – 매개변수: 없음
  – 반환값: 없음
```

BLE 장치 검색을 중지한다.

■ available

```
BLEDevice BLELocalDevice::available()
```
  - 매개변수: 없음
  - 반환값: 스캔을 통해 발견된 BLE 장치

스캔 과정에서 발견된 BLE 장치를 반환한다. 반환되는 값은 **BLEDevice** 형식으로 원격 장치를 나타낸다.

검색을 통해 지정한 UUID를 갖는 서비스를 제공하는 장치를 발견한 후에는 발견한 장치에 연결해야 한다. 연결은 available 함수가 반환한 **BLEDevice** 객체의 connect 함수를 통해 이루어진다. 연결이 이루어지면 서비스를 통해 제공하는 특성을 characteristic 함수를 사용하여 얻어올 수 있다. 특성을 얻어오기 전에는 먼저 discoverAttributes 함수로 특성 목록을 검사해야 하며, 특성 목록을 검사하는 함수 이름이 'characteristic'이 아니라 'attribute'라는 점을 주의해야 한다.

■ connect

```
bool BLEDevice::connect()
```
  - 매개변수: 없음
  - 반환값: BLE 장치와의 연결 성공 여부

발견된 BLE 장치와의 연결을 시도하며 연결 성공 여부를 반환한다.

■ disconnect

```
bool BLEDevice::disconnect()
```
  - 매개변수: 없음
  - 반환값: BLE 장치와의 연결 끊기 성공 여부

연결된 BLE 장치와의 연결을 종료한다.

■ discoverAttributes

```
bool BLEDevice::discoverAttributes()
```
  - 매개변수: 없음
  - 반환값: 속성 발견 여부

연결된 장치에서 특성을 검색하여 나열한다.

■ characteristic

```
BLECharacteristic BLEDevice::characteristic(char *uuid)
  - 매개변수
    uuid: 특성의 UUID
  - 반환값: 지정한 UUID에 해당하는 특성 객체
```

지정한 UUID를 갖는 특성을 반환한다. discoverAttributes 함수로 특성 목록을 검사한 이후 사용할 수 있으며 반환되는 값은 BLECharacteristic 형식이다.

characteristic 함수로 특정 UUID를 갖는 특성을 얻은 후에는 특성값을 읽거나 쓸 수 있다.

■ writeValue

```
int BLECharacteristic::writeValue(uint8_t value)
int BLECharacteristic::writeValue(int8_t value)
  - 매개변수
    value: 특성의 값
  - 반환값: 지정한 UUID에 해당하는 특성 객체
```

특성에 지정한 값(value)을 쓴다. LED 제어를 위해 1바이트의 값을 사용하므로 1바이트 크기의 값을 쓰는 함수만 나타내었으며, 이 외에도 다양한 형식의 값을 쓸 수 있는 함수들이 중복 정의되어 있다.

스케치 18.3은 그림 18.11과 같이 2개의 버튼이 연결된 아두이노 나노 33 IoT를 중앙 장치로 동작하도록 하는 예다. 주변 장치로 사용할 아두이노 나노 33 IoT에는 스케치 18.2가 업로드되어 있어야 한다. 스케치 업로드가 완료되면 중앙 장치는 주변 장치와 자동으로 연결된다. 아두이노 2번핀에 연결된 버튼을 누르고 있는 동안 내장 LED가 켜지고 버튼을 떼면 내장 LED가 꺼지는지 확인해 보자. 아두이노 3번 핀에 연결된 버튼을 누르면 현재 연결이 종료된다. 연결이 종료되면 자동으로 주변 장치를 다시 검색하고 연결이 이루어진다.

스케치 18.3 LED 원격 제어 - 중앙 장치

```
#include <ArduinoBLE.h>

int buttonPin = 2;                          // LED 제어를 위한 버튼 연결 핀
int disconnectPin = 3;                      // BLE 연결 종료를 위한 버튼 연결 핀
```

```
int oldButtonState = LOW;

// 스케치 18.2에서와 같은 값을 사용
String serviceUUID = "19b10000-e8f2-537e-4f6c-d104768a1214";        // 서비스 UUID
char * charUUID = "19b10001-e8f2-537e-4f6c-d104768a1214";          // 특성 UUID

void setup() {
  SerialUSB.begin(9600);
  while (!SerialUSB);

  pinMode(buttonPin, INPUT);                        // 버튼 연결 핀을 입력으로 설정
  pinMode(disconnectPin, INPUT);

  if (!BLE.begin()) {                               // BLE 모듈 초기화
    SerialUSB.println("* BLE 모듈 초기화에 실패했습니다.");
    while (1);
  }

  SerialUSB.println("* BLE 중앙 장치 - 주변 장치의 LED 제어");
  // 지정한 UUID를 갖고 있는 주변 장치 검색 시작
  BLE.scanForUuid(serviceUUID);
}

void loop() {
  BLEDevice peripheral = BLE.available();

  if (peripheral) {
    SerialUSB.println(" => 주변 장치를 찾았습니다.");
    SerialUSB.println(String("\t주소\t: ") + peripheral.address());
    SerialUSB.println(String("\t이름\t: ") + peripheral.localName());
    SerialUSB.println(String("\tUUID\t: ") + peripheral.advertisedServiceUuid());

    BLE.stopScan();                                 // 주변 장치 검색 중지

    controlLed(peripheral);                         // 연결 및 LED 제어

    BLE.scanForUuid(serviceUUID);                   // 주변 장치 검색 다시 시작
  }
}

void controlLed(BLEDevice peripheral) {
  SerialUSB.print(" => 주변 장치에 연결합니다...");

  if (peripheral.connect()) {
    SerialUSB.println(" 연결에 성공하였습니다.");
  } else {
    SerialUSB.println(" 연결할 수 없습니다.\n");
    return;
  }

  SerialUSB.print(" => 속성(특성 목록)을 검사합니다...");
  if (peripheral.discoverAttributes()) {
```

```
      SerialUSB.println(" 속성이 발견되었습니다.");
  } else {
      SerialUSB.println(" 속성을 발견할 수 없습니다.\n");
      peripheral.disconnect();
      return;
  }

  BLECharacteristic ledCharacteristic = peripheral.characteristic(charUUID);
  if (!ledCharacteristic) {
      SerialUSB.println(" => LED 특성이 존재하지 않습니다.\n");
      peripheral.disconnect();
      return;
  } else if (!ledCharacteristic.canWrite()) {
      SerialUSB.println(" => LED 특성에 쓰기가 불가능합니다.\n");
      peripheral.disconnect();
      return;
  }
  SerialUSB.println(" => LED 서비스의 LED 특성을 통해 LED를 제어합니다.");

  while (peripheral.connected()) {
      int buttonState = digitalRead(buttonPin);        // 버튼 상태 읽기

      if (oldButtonState != buttonState) {             // 버튼 상태가 바뀐 경우
          oldButtonState = buttonState;
          delay(20);                                   // 디바운싱

          if (buttonState) {
              SerialUSB.println(" => 버튼 누름(LED ON) 데이터를 전송합니다.");
              ledCharacteristic.writeValue((byte)0x01);
          } else {
              SerialUSB.println(" => 버튼 뗌(LED OFF) 데이터를 전송합니다.");
              ledCharacteristic.writeValue((byte)0x00);
          }
      }

      if (digitalRead(disconnectPin)) {
          SerialUSB.println(" => 주변 장치와의 연결을 종료합니다...");
          peripheral.disconnect();
          delay(3000);
          break;
      }
  }

  SerialUSB.println(" => 주변 장치와의 연결이 종료되었습니다.\n");
}
```

그림 18.13은 중앙 장치의 출력을, 그림 18.14는 주변 장치의 출력을 보여준다. 그림 18.14는 스마트폰을 중앙 장치로 사용한 경우의 출력인 그림 18.10과 다르지 않다.

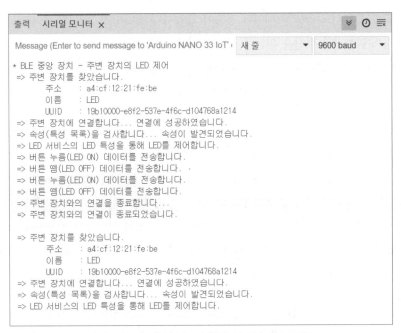

그림 18.13 **스케치 18.3의 실행 결과 - 중앙 장치**

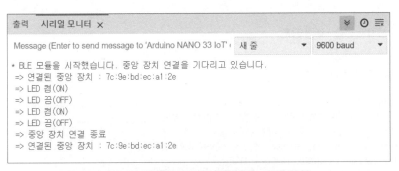

그림 18.14 **스케치 18.3의 실행 결과 - 주변 장치**

18.5
문자열 전송

앞의 예는 LED 제어를 위해 1바이트의 데이터를 전송하는 경우로, 중앙 장치에서 주변 장치로 1바이트의 데이터를 한 방향으로만 전송했다. 하지만 연결된 두 장치 사이에서 데이터를 주고받는 것은 흔한 일이며, 블루투스 클래식의 SPP~Serial Port Profile~가 이러한 목적으로 사용된다. 물론 BLE

의 연결 모드를 통해서도 양방향 데이터 전송이 가능하다. BLE에서 양방향 데이터 전송을 위해서는 주변 장치에 송신과 수신을 위한 특성을 정의하고 하나는 송신용으로, 다른 하나는 수신용으로 사용하면 된다. 2개의 특성은 모두 1바이트 이상의 데이터를 전송할 수 있도록 할 것이며 여기서는 최대 50바이트의 데이터를 한 번에 보낼 수 있도록 할 것이다.

주변 장치에서 중앙 장치로 데이터를 보내기 위해서는 해당 특성에 데이터를 쓰고 데이터가 변경되었음을 중앙 장치에게 알려주어야 한다. 이를 위해 해당 특성은 BLERead와 BLENotify 속성을 가져야 한다. 반면 중앙 장치에서 주변 장치로 데이터를 보내기 위해서는 BLEWrite 속성만 가지면 된다. **특성이 갖는 속성은 주변 장치를 위한 것이 아니라 중앙 장치를 위한 것**이라는 점에 주의해야 한다. 즉, 주변 장치가 중앙 장치로 문자열을 보내면 중앙 장치가 이를 알아채고(BLENotify) 수신한 문자열을 읽을(BLERead) 수 있도록 속성을 설정해야 한다. 또한 중앙 장치가 주변 장치로 문자열을 보내기 위해서는 중앙 장치가 주변 장치의 특성에 값을 쓸(BLEWrite) 수 있어야 한다.

스케치 18.4는 주변 장치를 위한 스케치로, 시리얼 모니터의 입력창에 문자열을 입력하고 엔터 키를 누르면 입력한 문자열이 중앙 장치로 보내진다. 중앙 장치가 보낸 문자열은 시리얼 모니터로도 출력한다.

스케치 18.4 문자열 전송 - 주변 장치

```
#include <ArduinoBLE.h>
#define STRING_LENGTH 50

// 사용자 정의 서비스
BLEService stringService("19B10000-E8F2-537E-4F6C-D104768A1214");
// 사용자 정의 특성 - 최대 STRING_LENGTH 길이의 문자열 교환
BLECharacteristic stringSend("19B10001-E8F2-537E-4F6C-D104768A1214",
    BLERead | BLENotify, STRING_LENGTH + 1);
BLECharacteristic stringReceive("19B10002-E8F2-537E-4F6C-D104768A1214",
    BLERead | BLEWrite, STRING_LENGTH + 1);

void setup() {
  SerialUSB.begin(115200);
  while (!SerialUSB);

  if (!BLE.begin()) {                       // BLE 모듈 초기화
    SerialUSB.println("* BLE 모듈 초기화에 실패했습니다.");
    while (1);
  }

  BLE.setLocalName("UART-Like");            // 주변 장치 이름 설정

  // 서비스에 특성 추가
  stringService.addCharacteristic(stringSend);
  stringService.addCharacteristic(stringReceive);
```

```
  BLE.addService(stringService);                    // BLE 객체에 서비스 추가
  BLE.setAdvertisedService(stringService);          // 제공할 서비스 설정
  stringSend.writeValue("");                        // 특성의 초깃값 설정
  stringReceive.writeValue("");

  BLE.advertise();                                  // BLE 모듈 시작

  SerialUSB.println("* BLE 모듈을 시작했습니다. 중앙 장치 연결을 기다리고 있습니다.");
}

void loop() {
  BLEDevice central = BLE.central();                // 연결된 중앙 장치 검사

  if (central) {                                    // 중앙 장치가 연결된 경우
    SerialUSB.print(" => 연결된 중앙 장치 : ");
    SerialUSB.println(central.address());

    char bufferSend[STRING_LENGTH + 1], bufferReceive[STRING_LENGTH + 1];
    boolean sendString = false;
    int index = 0;

    while (central.connected()) {                   // 중앙 장치가 연결된 상태에서의 동작
      if (SerialUSB.available()) {                  // 중앙 장치로 전달할 문자열 입력
        char ch = SerialUSB.read();
        if (ch == '\n') {                           // 문자열 끝 발견
          sendString = true;
          bufferSend[index] = 0;
        }
        else {
          bufferSend[index] = ch;
          index++;
        }
      }

      if (sendString) {                             // 중앙 장치로 문자열 전송
        stringSend.writeValue((void*)bufferSend, index + 1);
        SerialUSB.println(String("PERIPHERAL Send => ") + bufferSend);

        index = 0;
        sendString = false;
      }

      if (stringReceive.written()) {                // 중앙 장치에서 보낸 문자열 발견
        stringReceive.readValue(bufferReceive, STRING_LENGTH);
        SerialUSB.println(String("PERIPHERAL Receive => ") + bufferReceive);
      }
    }

    // 중앙 장치가 연결을 해제한 경우
    SerialUSB.println(" => 중앙 장치 연결 종료");
  }
}
```

스케치 18.5는 중앙 장치를 위한 예다. 앞의 예에서와 다른 점은 BLENotify 속성을 갖는 특성의 값이 변경되었을 때 알림을 받기 위해 subscribe 함수를 사용했다는 점이다.

■ subscribe

bool BLECharacteristic::subscribe()
 – 매개변수: 없음
 – 반환값: 알림 등록 성공 여부

특성값이 변경되었을 때 알림 수신을 등록한다.

스케치 18.5 **문자열 전송 - 중앙 장치**

```
#include <ArduinoBLE.h>
#define STRING_LENGTH 50

// 서비스와 특성의 UUID로 송신과 수신을 위해 다른 특성을 사용
String serviceUUID = "19b10000-e8f2-537e-4f6c-d104768a1214";
char *stringReceiveUUID = "19b10001-e8f2-537e-4f6c-d104768a1214";
char *stringSendUUID = "19b10002-e8f2-537e-4f6c-d104768a1214";

void setup() {
  SerialUSB.begin(115200);
  while (!SerialUSB);

  if (!BLE.begin()) {                              // BLE 모듈 초기화
    SerialUSB.println("* BLE 모듈 초기화에 실패했습니다.");
    while (1);
  }

  SerialUSB.println("* BLE 모듈을 시작했습니다. 주변 장치 검색을 시작합니다.");
  // 지정한 UUID를 갖고 있는 주변 장치 검색 시작
  BLE.scanForUuid(serviceUUID);
}

void loop() {
  BLEDevice peripheral = BLE.available();

  if (peripheral) {
    SerialUSB.println(" => 주변 장치를 찾았습니다.");
    SerialUSB.println(String("\t주소\t: ") + peripheral.address());
    SerialUSB.println(String("\t이름\t: ") + peripheral.localName());
    SerialUSB.println(String("\tUUID\t: ") + peripheral.advertisedServiceUuid());

    BLE.stopScan();                                // 주변 장치 검색 중지

    stringExchange(peripheral);                    // 문자열 교환

    BLE.scanForUuid(serviceUUID);                  // 주변 장치 검색 다시 시작
```

```
  }
}

void stringExchange(BLEDevice peripheral) {
  SerialUSB.print(" => 주변 장치에 연결합니다...");

  if (peripheral.connect()) {
    SerialUSB.println(" 연결에 성공하였습니다.");
  } else {
    SerialUSB.println(" 연결할 수 없습니다.\n");
    return;
  }

  SerialUSB.print(" => 속성(특성 목록)을 검사합니다...");
  if (peripheral.discoverAttributes()) {
    SerialUSB.println(" 속성이 발견되었습니다.");
  } else {
    SerialUSB.println(" 속성을 발견할 수 없습니다.\n");
    peripheral.disconnect();
    return;
  }

  BLECharacteristic stringSend = peripheral.characteristic(stringSendUUID);
  BLECharacteristic stringReceive = peripheral.characteristic(stringReceiveUUID);

  if (!stringSend || !stringReceive) {
    SerialUSB.println(" => 문자열 교환을 위한 특성이 존재하지 않습니다.\n");
    peripheral.disconnect();
    return;
  }
  if (!stringReceive.subscribe()) {
    SerialUSB.println(" => 속성값 변경에 대한 알림을 받을 수 없습니다.\n");
    peripheral.disconnect();
    return;
  }

  SerialUSB.println(" => UART-Like 서비스를 통해 문자열을 교환합니다.");

  char bufferSend[STRING_LENGTH + 1], bufferReceive[STRING_LENGTH + 1];
  boolean sendString = false;
  int index = 0;

  while (peripheral.connected()) {
    if (SerialUSB.available()) {                     // 주변 장치로 전달할 문자열 입력
      char ch = SerialUSB.read();
      if (ch == '\n') {                              // 문자열 끝 발견
        sendString = true;
        bufferSend[index] = 0;
      }
      else {
        bufferSend[index] = ch;
        index++;
      }
```

```
        }

        if (sendString) {                               // 주변 장치로 문자열 전송
            stringSend.writeValue((void *)bufferSend, index + 1);
            SerialUSB.println(String("CENTRAL Send => ") + bufferSend);

            index = 0;
            sendString = false;
        }

        if (stringReceive.valueUpdated()) {             // 주변 장치에서 보낸 문자열 발견
            stringReceive.readValue(bufferReceive, STRING_LENGTH);
            SerialUSB.println(String("CENTRAL Receive => ") + bufferReceive);
        }
    }

    SerialUSB.println(" => 주변 장치와의 연결이 종료되었습니다.\n");
}
```

그림 18.15와 그림 18.16은 각각 주변 장치와 중앙 장치에서 문자열을 전송한 결과를 보여준다. 실행 결과는 블루투스 클래식에서 SPP를 사용한 것과 차이가 없어 보이지만, 실행 과정은 많은 차이가 있으므로 블루투스 클래식과는 연결할 수 없다는 점도 기억해야 한다.

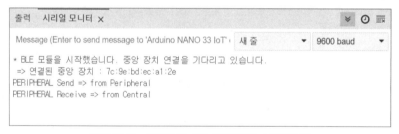

그림 18.15 스케치 18.4의 실행 결과 - 주변 장치

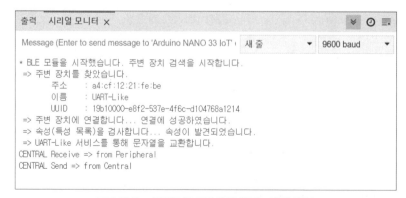

그림 18.16 스케치 18.5의 실행 결과 - 중앙 장치

맺는말

BLE라는 이름으로 널리 알려진 저전력 블루투스는 소비 전력 문제를 해결하기 위해 블루투스 4.0에서 새로 도입된 통신 방법이다. BLE는 블루투스 클래식과 비슷한 연결 모드와 연결 없이 데이터를 전송하는 게시 모드의 두 가지를 사용할 수 있다. 특히 연결 모드는 블루투스 클래식과 비슷해 보이지만 동작 방식에 차이가 있어 블루투스 클래식과 호환되지 않으므로 주의해야 한다.

아두이노에서는 아두이노 나노 33 IoT에서 사용할 수 있는 ArduinoBLE 라이브러리를 제공하고 있으며 이를 통해 BLE의 연결 모드를 사용할 수 있다. 블루투스 클래식은 두 장치 사이에 UART 시리얼 통신과 비슷한 방법으로 간단하게 무선 통신을 수행할 수 있도록 해준다는 점이 장점이다. 하지만 BLE의 연결 모드 역시 UART 시리얼 통신과 비슷한 용도로 사용할 수 있다. 연결 과정이 블루투스 클래식과 비교해 복잡한 것은 단점이지만, 적은 전력을 사용한다는 점에서 장점을 찾을 수 있다.

게시 모드는 흔히 비콘이라고 불리는 장치를 만드는 데 사용되지만, ArduinoBLE 라이브러리에서는 게시 모드를 지원하지 않는다. 게시 모드에서 게시 장치는 여러 개의 관찰 장치로 데이터를 전달할 수 있지만, 게시 장치에서 관찰 장치로의 단방향 데이터 전달만을 지원한다는 한계가 있다. 대표적인 게시 장치에 애플에서 제안한 iBeacon이 있다. iBeacon은 작은 크기의 데이터를 게시하고, 변하지 않는 데이터만 전달하도록 설계되어 있다. 하지만 간단한 알림 기능을 위해 iBeacon을 사용된 예를 쉽게 찾아볼 수 있으며, 성능 개선을 위한 논의가 이루어지고 있으므로 앞으로 비콘의 응용 범위를 기대해 볼 만하다.

와이파이

와이파이는 인터넷 연결에 사용되는 대표적인 무선 통신 기술로, 인터넷 및 사물인터넷의 확산에 따라 블루투스와 함께 사용이 증가하고 있는 기술이다. 아두이노 나노 33 IoT는 NINA-W102 모듈을 통해 블루투스와 와이파이를 동시에 지원하고 있다. 이 장에서는 아두이노 나노 33 IoT를 인터넷에 연결하고, 아두이노 나노 33 IoT를 클라이언트와 서버로 동작시키는 방법을 알아본다.

아두이노 나노 33 IoT   × 1

이 장에서
사용할 부품

와이파이

와이파이는 유선 연결인 이더넷과 함께 인터넷을 구성하기 위한 대표적인 무선 연결 방법으로 무선 공유기 등의 액세스 포인트Access Point, AP를 통해 네트워크에 연결하는 기술을 가리킨다. 와이파이는 블루투스, 지그비 등과 마찬가지로 ISMIndustrial, Scientific, Medical 대역으로 불리는 2.4GHz 대역을 기본으로 하며 최근에는 5GHz 대역 사용도 증가하고 있다. 와이파이는 IEEE 802.11 표준을 기반으로 하고 있지만, 정확하게 이야기하자면 와이파이와 IEEE 802.11은 서로 다른 것이다. IEEE 802.11은 전기전자공학자협회IEEE에서 근거리 무선 통신 기술을 다루는 802 위원회의 11번째 워킹그룹 또는 그 그룹에서 만들어진 표준을 가리키는 말이고, **와이파이는 802.11의 표준을 따르는 기술 또는 그 기술로 만들어진 장치를 가리키는 상표를 말한다.** 하지만 와이파이가 널리 보급되면서 와이파이는 무선 통신 기술 또는 802.11을 나타내는 말로도 사용되고 있다.

802.11 기술의 버전은 알파벳의 조합으로 구별한다. 이와 함께 와이파이 연합WiFi Alliance에서 제안한 숫자 표시 방법 역시 흔히 사용된다. 표 19.1은 와이파이의 주요 버전을 나타낸 것으로 이 외에도 다양한 하위 버전이 존재하고 있다. 현재 2024년 확정을 목표로 WiFi 7에 대한 표준화 작업이 진행 중이다.

표 19.1 **802.11 버전**

버전(IEEE 표준)	최대 속도	발표 연도	주파수
WiFi 7(802.11be)	30Gb/s	2024	2.4/5/6GHz
WiFi 6E(802.11ax)	9.6Gb/s	2021	6GHz
WiFi 6(802.11ax)	9.6Gb/s	2019	2.4/5GHz
WiFi 5(802.11ac)	3.5Gb/s	2013	5GHz
WiFi 4(802.11n)	600Mb/s	2007	2.4/5GHz
802.11g	54Mb/s	2003	2.4GHz
802.11a	54Mb/s	1999	5GHz
802.11b	11Mb/s	1999	2.4GHz
802.11	2Mb/s	1997	2.4GHz

아두이노 나노 33 IoT에는 NINA-W10 시리즈 중 하나인 NINA-W102 모듈이 포함되어 있으며 2.5GHz 주파수를 사용하는 와이파이와 블루투스를 지원한다. 와이파이의 경우 802.11b/g/n을 지원한다.

와이파이 라이브러리

아두이노에서는 NINA 모듈을 포함하고 있는 아두이노 보드에서 와이파이를 지원하기 위해 WiFiNINA 라이브러리를 제공하고 있다. WiFiNINA 라이브러리는 아두이노 나노 33 IoT 이외에도 아두이노 와이파이 Rev. 2, 아두이노 MKR 와이파이 1010 등 와이파이 기능을 포함하고 있는 보드에서 사용할 수 있다. WiFiNINA 라이브러리의 사용 방법은 아두이노의 공식 실드에서 사용되었던 WiFi 라이브러리, Ethernet 라이브러리 등과 비슷하며 사용하는 함수의 이름 역시 비슷하다.

와이파이를 사용하기 위해서는 WiFiNINA 라이브러리를 설치해야 한다. '스케치 ➡ 라이브러리 포함 ➡ 라이브러리 관리...' 메뉴 항목, 'Ctrl + Shift + I' 단축키 또는 세로 툴바의 '라이브러리 매니저' 버튼을 선택하여 라이브러리 매니저를 실행하고 'WiFiNINA'를 검색한 후 WiFiNINA 라이브러리를 설치한다.

그림 19.1 **WiFiNINA 라이브러리 검색 및 설치**[1]

---

1   https://www.arduino.cc/en/Reference/WiFiNINA

WiFiNINA 라이브러리를 사용하기 위해서는 먼저 헤더 파일을 포함해야 한다. '스케치 ➡ 라이브러리 포함 ➡ WiFiNINA' 메뉴 항목을 선택하거나 #include 문을 직접 입력하면 된다.

```
#include <WiFiNINA.h>
```

WiFiNINA 라이브러리에는 와이파이 설정 및 연결을 위한 **WiFiClass** 클래스, 클라이언트에 해당하는 **WiFiClient** 클래스, 서버에 해당하는 **WiFiServer** 클래스, UDP 통신을 위한 **WiFiUdp** 클래스 등을 제공하고 있다. IP 주소 지정을 위한 **IPAddress** 클래스는 WiFiNINA 라이브러리에 포함된 것이 아니라 아두이노의 기본 클래스 중 하나로 포함되어 있다.

WiFiNINA 라이브러리를 구성하는 클래스 중 **WiFiClass 클래스는 아두이노가 와이파이를 통해 데이터를 주고받을 수 있도록 하드웨어를 설정하는 데 사용되는 클래스**로, 객체인 **WiFi**를 미리 정의하고 있으므로 별도로 객체를 생성하지 않고 사용할 수 있다. 먼저 주변에 연결할 수 있는 AP를 검색하는 방법을 살펴보자. 아두이노 나노 33 IoT에서 NINA-W102 모듈은 SAMD21G 마이크로컨트롤러와 SPI 통신으로 연결되어 있으며 별도의 초기화가 필요하지 않다. 와이파이 모듈의 상태는 status 함수로 알아낼 수 있으며, AP를 검색하기 위해서는 scanNetworks 함수를 사용하면 된다.

■ status

```
uint8_t WiFiClass::status()
  - 매개변수: 없음
  - 반환값: 와이파이 상태
```

현재 와이파이 모듈의 연결 상태를 반환한다.

■ scanNetworks

```
int8_t WiFiClass::scanNetworks()
  - 매개변수: 없음
  - 반환값: 발견된 네트워크 수
```

와이파이 네트워크를 검색하여 발견된 네트워크의 수를 반환한다.

scanNetworks 함수를 통해 발견된 네트워크 정보는 **WiFi** 객체 내부에 저장된다. 검색을 통해 발견된 네트워크 이름을 알아내기 위해서는 SSID 함수, 신호 세기를 알아내기 위해서는 RSSI 함수를 사용하면 된다.

- **SSID**

```
char* WiFiClass::SSID()
char* WiFiClass::SSID(uint8_t networkItem)
  - 매개변수
    networkItem: 스캔 과정에서 발견된 무선 네트워크 번호
  - 반환값: 네트워크의 SSID
```

매개변수를 지정하지 않으면 현재 연결된 무선 네트워크의 SSID를 반환한다. 스캔 과정에서 발견된 네트워크의 번호를 매개변수로 지정하면 지정한 네트워크의 SSID를 반환한다.

- **RSSI**

```
int32_t WiFiClass::RSSI()
int32_t WiFiClass::RSSI(uint8_t networkItem)
  - 매개변수
    networkItem: 스캔 과정에서 발견된 무선 네트워크 번호
  - 반환값: 신호 세기
```

매개변수를 지정하지 않으면 현재 연결된 무선 네트워크의 신호 세기를 반환한다. 스캔 과정에서 발견된 네트워크의 번호를 매개변수로 지정하면 지정한 네트워크의 RSSI를 반환한다. 반환되는 값의 단위는 dBm$_{decibel-milliwatts}$으로, 1mW를 0dB로 표현한 것이다. AP의 신호 세기는 1mW보다 약한 경우가 대부분이므로 음숫값으로 표시된다.

스케치 19.1은 주변의 와이파이 네트워크를 검색하여 네트워크 정보를 출력하는 예다.

스케치 19.1 **와이파이 네트워크 검색**

```
#include <WiFiNINA.h>

void setup() {
  SerialUSB.begin(9600);
  while (!SerialUSB);

  if (WiFi.status() == WL_NO_MODULE) {          // 와이파이 모듈 검사
    SerialUSB.println("* 와이파이 모듈과의 통신에 실패했습니다.");
    while (true);
  }
}

void loop() {
  SerialUSB.println("* 주변의 와이파이 네트워크 검색을 시작합니다.");
  listNetworks();
```

```
    delay(10000);                           // 10초 후 다시 시작
}

void listNetworks() {
  int numSsid = WiFi.scanNetworks();
  if (numSsid == -1) {
      SerialUSB.println("* 와이파이 네트워크가 검색되지 않았습니다.");
      return;
  }

  SerialUSB.print(" => 발견된 와이파이 네트워크 수 : ");
  SerialUSB.println(numSsid);

  for (int thisNet = 0; thisNet < numSsid; thisNet++) {
      SerialUSB.print('\t');
      SerialUSB.print(thisNet);
      SerialUSB.print('\t');
      SerialUSB.print(WiFi.SSID(thisNet));
      SerialUSB.print(" (");
      SerialUSB.print(WiFi.RSSI(thisNet));
      SerialUSB.println(" dBm)");
  }
}
```

그림 19.2 스케치 19.1의 실행 결과

검색된 네트워크 중 하나에 연결해 보자. 네트워크에 연결하기 위해서는 SSID와 비밀번호만 지정하면 된다. 달리 옵션을 지정하지 않으면 가장 안전한 보안 모드를 사용하여 연결한다.

■ **begin**

```
int WiFiClass::begin(const char* ssid, const char* passphrase)
  – 매개변수
```

지정한 와이파이 네트워크에 연결을 시도하고 연결 상태를 연결 성공(`WL_CONNECTED`) 또는 연결 실패(`WL_CONNECTED_FAILED`)로 반환한다.

scanNetworks 함수의 실행 결과와 마찬가지로 연결된 무선 네트워크의 정보 역시 **WiFi** 객체에 저장된다. 연결된 네트워크의 SSID는 SSID 함수로, 신호 세기는 RSSI 함수로, AP 쪽 무선 인터페이스의 MAC 주소는 BSSID 함수로 얻어올 수 있다. 반면 아두이노 보드의 무선 인터페이스에 할당된 IP 주소는 localIP 함수로, 무선 인터페이스의 MAC 주소는 macAddress 함수로 얻어올 수 있다.

■ BSSID

```
uint8_t* WiFiClass::BSSID(uint8_t* bssid)
    - 매개변수
    bssid: BSSID 값 저장을 위한 버퍼
    - 반환값: BSSID 값 저장 버퍼의 포인터
```

현재 연결된 무선 네트워크의 BSSID 값, 즉 AP의 MAC 주소를 반환한다. BSSID 값은 매개변수로 지정된 버퍼에 저장되며, 반환되는 값은 버퍼의 포인터다. 따라서 반환되는 값과 매개변수는 같은 값을 가리킨다.

■ localIP

```
IPAddress WiFiClass::localIP()
    - 매개변수: 없음
    - 반환값: 네트워크 인터페이스에 할당된 IP 주소
```

아두이노 보드의 네트워크 인터페이스에 할당된 IP 주소를 반환한다.

■ macAddress

```
uint8_t* WiFiClass::macAddress(uint8_t* mac)
    - 매개변수
    mac: MAC 주소 저장을 위한 버퍼
    - 반환값: MAC 주소 저장 버퍼의 포인터
```

아두이노 보드의 네트워크 인터페이스에 대한 MAC 주소를 반환한다. MAC 주소는 매개변수로 지정된 버퍼에 저장되며, 반환되는 값은 버퍼의 포인터다. 따라서 반환되는 값과 매개변수는 같은 값을 가리킨다.

스케치 19.2는 와이파이 네트워크에 연결한 후 네트워크 정보를 출력하는 예다. 와이파이 네트워크에서는 DHCP_Dynamic Host Configuration Protocol를 통해 IP 주소를 포함한 관련 정보가 자동으로 설정되는 것으로 가정했다. 현재 사용되고 있는 AP 대부분은 DHCP를 지원한다.

스케치 19.2 와이파이 네트워크 연결

```
#include "MySecret.h"
#include <WiFiNINA.h>

char AP[] = MY_SSID;
char PW[] = MY_PASSCODE;

void setup() {
  SerialUSB.begin(9600);
  while (!SerialUSB);

  if (WiFi.status() == WL_NO_MODULE) {              // 와이파이 모듈 검사
    SerialUSB.println("* 와이파이 모듈과의 통신에 실패했습니다.");
    while (true);
  }

  SerialUSB.println(String("* \'") + AP + "\'에 연결을 시도합니다.");
  if (WiFi.begin(AP, PW) != WL_CONNECTED) {
    SerialUSB.println("** AP에 연결할 수 없습니다.");
    while (1);
  }
  else {
    SerialUSB.println("* AP에 연결되었습니다.");
    SerialUSB.println();

    printCurrentNet();                              // 연결된 무선 네트워크 정보
    SerialUSB.println();
    printWifiData();                                // 무선 인터페이스 정보
  }
}

void printCurrentNet() {
  SerialUSB.print(" >> SSID (AP 이름)\t\t: ");
  SerialUSB.println(WiFi.SSID());

  byte bssid[6];
  WiFi.BSSID(bssid);
  SerialUSB.print(" >> BSSID (네트워크 MAC 주소)\t: ");
  printMAC(bssid);
```

```
  long rssi = WiFi.RSSI();
  SerialUSB.print(" >> RSSI (신호 세기)\t\t: ");
  SerialUSB.print(rssi);
  SerialUSB.println(" dBm");
}

void printWifiData() {
  IPAddress ip = WiFi.localIP();
  SerialUSB.print(" >> IP 주소\t\t\t: ");
  SerialUSB.println(ip);

  byte mac[6];
  WiFi.macAddress(mac);
  SerialUSB.print(" >> 인터페이스 MAC 주소\t\t: ");
  printMAC(mac);
}

void printMAC(byte *mac) {                     // 6바이트 MAC 주소 출력
  for (int i = 5; i >= 0; i--) {
    if(mac[i] < 16) {
      SerialUSB.print("0");
    }
    SerialUSB.print(mac[i], HEX);
    if (i != 0) SerialUSB.print(":");
  }
  SerialUSB.println();
}

void loop() {
}
```

스케치 19.2에서 MySecret.h 파일은 연결하고자 하는 네트워크(AP)의 이름과 비밀번호를 정의하고 있는 파일이다. 스케치 19.3과 같이 별도의 헤더 파일로 만들어 스케치 19.2가 저장된 디렉터리와 같은 디렉터리에 저장하여 사용하면 된다.

스케치 19.3 **MySecret.h**

```
// #define MY_SSID      "AP_name_here"
// #define MY_PASSCODE  "AP_passcode_here"


#define MY_SSID          "hgycap"
#define MY_PASSCODE      "anonymous"
```

아두이노 IDE에서 MySecret.h 파일을 작성하려면 편집기의 탭 기능을 사용하면 된다. 스케치 19.2를 connectNetwork라는 이름의 스케치로 저장한 후 편집기의 오른쪽에 있는 메뉴 확장 버튼을 눌러 '새 탭' 메뉴 항목 또는 'Ctrl + Shift + N' 단축키를 선택한다.

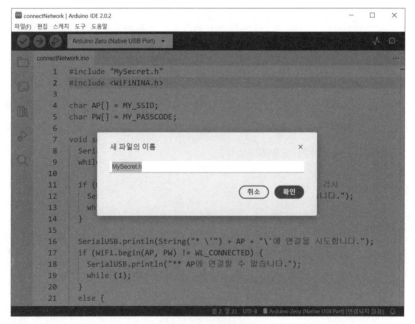

```
1  #include "MySecret.h"
2  #include <WiFiNINA.h>
3
4  char AP[] = MY_SSID;
5  char PW[] = MY_PASSCODE;
6
7  void setup() {
8    SerialUSB.begin(9600);
9    while (!SerialUSB);
10
11   if (WiFi.status() == WL_NO_MODULE) {  // 와이파이 모듈 검사
12     SerialUSB.println("* 와이파이 모듈과의 통신에 실패했습니다.");
13     while (true);
14   }
15
16   SerialUSB.println(String("* \'") + AP + "\'에 연결을 시도합니다.");
17   if (WiFi.begin(AP, PW) != WL_CONNECTED) {
18     SerialUSB.println("** AP에 연결할 수 없습니다.");
19     while (1);
20   }
21   else {
```

그림 19.3 **새 탭 만들기**

새 파일 이름으로 'MySecret.h' 파일을 입력한다.

```
1  #include "MySecret.h"
2  #include <WiFiNINA.h>
3
4  char AP[] = MY_SSID;
5  char PW[] = MY_PASSCODE;
6
7  void s
8    Seri
9    whil
10
11   if (
12     Se
13     wh
14   }
15
16   SerialUSB.println(String("* \'") + AP + "\'에 연결을 시도합니다.");
17   if (WiFi.begin(AP, PW) != WL_CONNECTED) {
18     SerialUSB.println("** AP에 연결할 수 없습니다.");
19     while (1);
20   }
21   else {
```

새 파일의 이름

MySecret.h

취소 확인

그림 19.4 **새 파일 이름**

편집기에 새 탭이 열리면 스케치 19.3을 입력하고 저장한다. MySecret.h 파일은 스케치북 디렉터리 아래 connectNetwork 디렉터리에 저장된다.

그림 19.5 **MySecret.h 파일 작성**

그림 19.6은 'hgycap'이라는 이름의 AP에 연결하는 예를 보여준다.

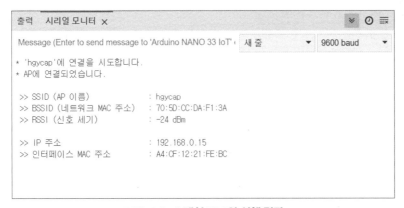

그림 19.6 **스케치 19.2의 실행 결과**

웹 클라이언트

웹 클라이언트 구현을 위해서는 WiFiNINA 라이브러리에 정의된 **WiFiClient** 클래스를 사용할 수 있다. **WiFiClient** 클래스에는 다음과 같은 멤버 함수들이 정의되어 있다.

■ WiFiClient

```
WiFiClient::WiFiClient()
    - 매개변수: 없음
    - 반환값: 없음
```

와이파이 클라이언트 객체를 생성한다. 생성된 클라이언트는 connect 함수를 사용하여 서버에 연결할 수 있다.

■ connect

```
int WiFiClient::connect(IPAddress ip, uint16_t port)
int WiFiClient::connect(const char *host, uint16_t port)
    - 매개변수
      ip: IPAddress 형식의 서버 주소
      host: 문자열 형식의 서버 주소
      port: 클라이언트가 연결할 서버의 포트 번호
    - 반환값: 연결에 성공하면 true, 실패하면 false를 반환
```

지정된 주소와 포트를 사용하여 서버에 연결을 시도한다.

■ write

```
size_t WiFiClient::write(uint8_t data)
size_t WiFiClient::write(const uint8_t *buf, size_t size)
    - 매개변수
      data: 1바이트 크기의 데이터
      buf: 바이트 배열 데이터
      size: buf 내 데이터 바이트 수
    - 반환값: 서버로 전송한 바이트 수
```

연결된 서버로 데이터를 전송하고 전송된 바이트 수를 반환한다.

■ print, println

연결된 서버로 데이터를 전송한다. print와 println 함수의 사용법은 Serial 클래스의 print 및 println 함수와 같다.

■ available

```
int WiFiClient::available()
  - 매개변수: 없음
  - 반환값: 수신 버퍼에 있는 데이터의 바이트 수
```

서버에서 보내진 데이터는 클라이언트의 수신 버퍼에 저장된다. available 함수는 클라이언트가 데이터를 수신한 후 읽지 않아 수신 버퍼에 남아 있는 데이터의 바이트 수를 반환한다. 버퍼에 저장된 데이터는 read 함수를 사용하여 읽을 수 있으며, 읽은 데이터는 버퍼에서 삭제된다.

■ read

```
int WiFiClient::read()
int WiFiClient::read(uint8_t *buf, size_t size)
  - 매개변수
    buf: 읽어 들인 데이터를 저장할 버퍼
    size: 버퍼의 바이트 단위 크기
  - 반환값: 읽어 들인 1바이트 데이터, 읽어 들인 데이터 바이트 수 또는 −1
```

매개변수가 없는 read 함수는 수신 버퍼에 있는 첫 번째 바이트 데이터를 읽어 반환한다. 매개변수가 있는 read 함수는 최대 size바이트의 데이터를 읽어 buf에 저장하고 읽은 데이터의 바이트 수를 반환한다. 수신 버퍼에 데이터가 없을 때는 −1을 반환한다.

■ flush

```
void WiFiClient::flush()
  - 매개변수: 없음
  - 반환값: 없음
```

서버로부터 수신했지만 읽지 않고 수신 버퍼에 남아 있는 데이터를 수신 버퍼에서 제거한다.

■ **stop**

> void WiFiClient::stop()
>   – 매개변수: 없음
>   – 반환값: 없음

서버와의 연결을 종료한다.

WiFiClient 클래스를 사용하여 웹 클라이언트를 만들어보자. **웹 클라이언트는 웹 서버에 접속하여 웹 페이지를 내려받아 보여주는 역할을 하며 웹 브라우저가 대표적인 웹 클라이언트다.** 웹 페이지는 HTML_{Hyper Text Markup Language}을 사용하며 내용 이외에 내용을 나타내기 위한 많은 형식 지정 정보도 포함되어 있어 HTML 문서를 해석해서 보여줄 수 있는 기능이 없다면 그 내용을 알아보기 어렵다. 아두이노에서 웹 브라우저와 같이 HTML 문서를 해석하고 표시하는 기능을 구현하기는 어려우므로 여기서는 웹 서버에서 수신된 내용을 시리얼 모니터로 출력한다. 스케치 19.4는 웹 서버에서 웹 페이지를 읽어오는 예다. 스케치 19.3의 MySecret.h 파일을 스케치 19.4가 저장된 디렉터리에 함께 저장해야 한다는 점을 기억하자.

스케치 19.4 웹 클라이언트

```
#include "MySecret.h"
#include <WiFiNINA.h>

char AP[] = MY_SSID;
char PW[] = MY_PASSCODE;

WiFiClient client;
char server[] = "google.com";

void setup() {
  SerialUSB.begin(115200);
  while (!SerialUSB);

  if (WiFi.status() == WL_NO_MODULE) {              // 와이파이 모듈 검사
    SerialUSB.println("* 와이파이 모듈과의 통신에 실패했습니다.");
    while (true);
  }

  SerialUSB.println(String("* \'") + AP + "\'에 연결을 시도합니다.");
  if (WiFi.begin(AP, PW) != WL_CONNECTED) {
    SerialUSB.println("** AP에 연결할 수 없습니다.");
    while (1);
  }
  else {
    SerialUSB.println("* AP에 연결되었습니다.");
```

```
      SerialUSB.println();
  }

  SerialUSB.println("* 서버에 연결합니다.");
  if (client.connect(server, 80)) {
    SerialUSB.println("* 서버에 연결되었습니다.");

    // HTTP 요청 전송
    client.println("GET / HTTP/1.1");
    client.print("Host: ");
    client.println(server);
    client.println("Connection: close");
    client.println();
  }

  SerialUSB.println();
  while (client.connected()) {
    if (client.available()) {                    // 서버에서 수신한 내용 출력
      char c = client.read();
      SerialUSB.write(c);
    }
  }

  // 클라이언트 연결 중지
  if (!client.connected()) {
    SerialUSB.println("\n* 서버와의 연결을 종료합니다.");
    client.stop();
  }
}

void loop() {
}
```

그림 19.7은 스케치 19.4의 실행 결과를 보여준다. 그림 19.7에서 알 수 있듯이 웹 페이지에는 웹 브라우저에 나타나는 정보 외에도 웹 페이지의 표시 형식을 지정하기 위한 다양한 HTML 태그가 포함되어 있음을 알 수 있다. HTML 태그는 '〈 〉' 기호를 사용하여 나타낸다. 그림 19.7에서는 주소가 바뀌었다는 메시지만 출력되고 있다.

그림 19.7 스케치 19.4의 실행 결과

웹 서버에서 웹 페이지를 읽을 때 **클라이언트에서 서버로 특정 페이지를 요청하는 것을 'HTTP 요청'**이라고 하고, **서버에서 클라이언트로 요청한 페이지를 보내는 것을 'HTTP 응답'**이라고 한다. 스케치 19.4에서는 그림 19.8과 같은 형식으로 서버에 메인 페이지를 요청하고 있으며, 서버의 HTTP 응답은 그림 19.7에서 확인할 수 있다.

GET / HTTP/1.1 Host: google.com Connection: close	루트 페이지(/)를 HTTP 프로토콜로 요청(GET) 서버 주소 서버의 응답 수신 후 연결 종료 개행문자로만 이루어진 빈 문자열로 요청 끝 표시

그림 19.8 HTTP 요청

19.4 웹 서버

웹 서버 구현을 위해서는 WiFiNINA 라이브러리에 정의된 **WiFiServer** 클래스를 사용할 수 있다. **WiFiServer** 클래스에는 다음과 같은 멤버 함수들이 정의되어 있다.

■ WiFiServer

```
WiFiServer::WiFiServer(uint16_t port)
  - 매개변수
    port: 포트 번호
  - 반환값: 없음
```

지정한 번호의 포트를 사용하는 서버 객체를 생성한다.

■ begin

```
void WiFiServer::begin()
  - 매개변수: 없음
  - 반환값: 없음
```

서버를 시작한다. 서버가 시작되면 서버 객체 생성 시에 지정한 포트로 들어오는 클라이언트의 요청을 감시하고 클라이언트의 요청이 들어오면 클라이언트와 통신하기 위한 소켓을 생성하여 클라이언트와 연결한다.

■ available

```
WiFiClient WiFiServer::available()
  - 매개변수: 없음
  - 반환값: WiFiEspClient 클래스 객체
```

서버에 연결된 클라이언트 중 서버에서 읽을 수 있는 데이터를 보낸 클라이언트와 통신할 클라이언트 객체를 반환한다. 클라이언트의 연결 요청이 있을 때 서버는 클라이언트의 연결을 허용하고 소켓을 생성하여 클라이언트와 연결한다. 반환되는 값은 서버에 연결된 클라이언트를 나타내는 **WiFiClient** 클래스의 객체다. 연결된 클라이언트는 **WiFiClient** 클래스의 **stop** 함수를 통해 연결을 해제할 때까지 연결이 유지된다.

■ write

```
size_t WiFiServer::write(uint8_t data)
size_t WiFiServer::write(const uint8_t *buf, size_t size)
 - 매개변수
   data: 1바이트 크기의 데이터
   buf: 바이트 배열 데이터
   size: buf 내 데이터 크기
 - 반환값: 클라이언트로 전송한 바이트 수
```

서버에 접속된 모든 클라이언트로 데이터를 전송한다. 반환되는 값은 개별 클라이언트에게 전송
된 바이트 수를 모두 합한 값이다. 개별 클라이언트로만 값을 전송하기 위해서는 **available** 함수
가 반환하는 **WiFiClient** 클래스 객체의 **write** 함수를 사용하면 된다.

스케치 19.5는 클라이언트의 요청을 받아 요청한 클라이언트로 메시지를 전송하는 예다. 이전 예
에서와 마찬가지로 MySecret.h 파일을 스케치 19.5가 저장된 디렉터리에 함께 저장해야 한다.

스케치 19.5 웹 서버

```
#include "MySecret.h"
#include <WiFiNINA.h>

char AP[] = MY_SSID;
char PW[] = MY_PASSCODE;

WiFiServer server(80);                        // 80번 포트를 사용하는 서버

void setup() {
  SerialUSB.begin(9600);
  while (!SerialUSB);

  if (WiFi.status() == WL_NO_MODULE) {          // 와이파이 모듈 검사
    SerialUSB.println("* 와이파이 모듈과의 통신에 실패했습니다.");
    while (true);
  }

  SerialUSB.println(String("* \'") + AP + "\'에 연결을 시도합니다.");
  if (WiFi.begin(AP, PW) != WL_CONNECTED) {
    SerialUSB.println("** AP에 연결할 수 없습니다.");
    while (1);
  }
  else {
    SerialUSB.println("* AP에 연결되었습니다.");
    SerialUSB.println();
  }
}
```

```
    server.begin();                          // 서버 시작
    printWifiStatus();                        // 와이파이 연결 상태 출력
    SerialUSB.println();
}

void loop() {
  WiFiClient client = server.available();     // HTTP 요청을 보낸 클라이언트 검사

  if (client) {
    String buffer = "";
    while (client.connected()) {              // 클라이언트가 연결된 경우
      if (client.available() > 0) {           // 클라이언트에서 수신한 데이터 처리
        char ch = client.read();
        buffer = buffer + ch;

        if (ch == '\n') {                     // 문장의 끝
          SerialUSB.print(" : ");
          SerialUSB.print(buffer);

          if (buffer.length() == 2) {         // 빈 문장, 즉 요청 페이지의 끝인 경우
            SerialUSB.println();
            sendResponse(client);             // 서버에서 클라이언트로 응답 전송

            SerialUSB.println("* 클라이언트와의 연결을 종료합니다.");
            client.flush();                   // 수신 버퍼 비우기
            client.stop();                    // 클라이언트 연결 종료
            SerialUSB.println();
          }
          buffer = "";
        }
      }
    }
  }
}

void sendResponse(WiFiClient client) {
  SerialUSB.println("* 클라이언트로 응답을 전송합니다.");

  // 헤더
  client.println("HTTP/1.1 200 OK");
  client.println("Content-Type: text/html; charset=utf-8");
  client.println("Connection:close");
  client.println("");

  // 데이터
  client.println("<!DOCTYPE HTML>");
  client.println("<html>");
  client.println("Hello Client~<br>");
  client.println("서버에서 클라이언트로 보내는 응답 메시지입니다.");
  client.println("</html>");
  client.println("");
}
```

```
void printWifiStatus() {
  SerialUSB.print(" => SSID : ");
  SerialUSB.println(WiFi.SSID());

  long rssi = WiFi.RSSI();
  SerialUSB.print(" => RSSI : ");
  SerialUSB.print(rssi);
  SerialUSB.println(" dBm");

  IPAddress ip = WiFi.localIP();
  SerialUSB.print(" => IP Address : ");
  SerialUSB.println(ip);
}
```

웹 서버로 동작하고 있을 때 웹 클라이언트, 즉 브라우저에 서버의 주소를 입력하면 응답을 얻을 수 있다. 스케치 19.5로 구현한 웹 서버에서는 HTTP 요청에 대해 그림 19.9와 같은 형식으로 HTTP 응답을 전송한다. 그림 19.7에서 나타난 HTTP 응답 역시 세부적인 내용의 차이는 있지만 전체적인 구조는 같다.

HTTP/1.1 200 OK	요청 성공
Content-Type: text/html; charset=utf-8	HTML 형식, 한글 사용
Connection:close	서버의 응답 수신 후 연결 종료
	헤더의 끝, 빈 문자열
<!DOCTYPE HTML>	데이터 시작
<html>	HTML 페이지 시작
Hello Client~ 	HTML 페이지 내용
서버에서 클라이언트로 보내는 응답 메시지입니다.	
</html>	HTML 페이지 끝
	응답 끝, 빈 문자열

그림 19.9 **HTTP 응답**

그림 19.10은 스케치 19.5를 업로드하여 웹 서버로 동작 중인 아두이노 보드에 클라이언트(웹 브라우저)가 접속했을 때 출력되는 메시지다.

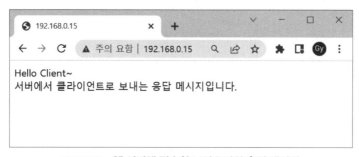

그림 19.10 **웹 서버에 접속한 브라우저의 출력 메시지**

그림 19.10에서 주소창에 입력한 주소는 웹 서버로 동작하는 아두이노 나노 33 IoT에 할당된 주소로, 그림 19.11에서 확인할 수 있다. 이때 **아두이노와 웹 브라우저를 실행하는 컴퓨터는 같은 무선 네트워크에 연결된 상태에 있어야 한다.**

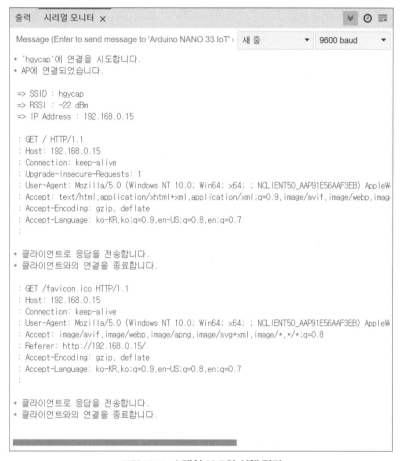

그림 19.11 스케치 19.5의 실행 결과

그림 19.11에서 살펴볼 점 중 한 가지는 웹 브라우저가 아두이노 웹 서버에 접속했을 때 HTTP 요청이 두 번 발생한다는 점이다. 그림 19.11에서 HTTP 요청의 첫 번째 줄은 다음과 같다.

```
GET / HTTP/1.1
GET /favicon.ico HTTP/1.1
```

HTTP 요청의 첫 번째 줄은 3개의 요소로 구성된다. 첫 번째는 데이터를 요청하는 명령(GET)이고, 두 번째는 요청하는 데이터의 경로를 나타내며, 마지막은 사용하는 프로토콜이다. 그림 19.11에 나타난 두 번의 요청에서 다른 점은 데이터 경로다. 첫 번째 요청에서는 실제로 수신하고자 하는 루트 페이지(/)를 요청하고 있다. 반면 두 번째 요청에서는 파비콘favorite icon, favicon을 요청하고 있다. 파비콘은 웹 브라우저의 주소창에 표시되는 웹사이트나 웹 페이지를 대표하는 아이콘을 말한다.

스케치 19.5에서는 클라이언트에서 요청하는 데이터와 무관하게 그림 19.10과 같은 메시지를 HTTP 응답으로 보내고 있다. 하지만 HTTP 요청에서 두 번째 요소인 경로를 해석하여 요청한 내용에 따라 다른 응답을 보내는 것이 일반적이다.

19.5 NTP

아두이노에서 시간을 사용하는 방법 중 인터넷에 연결되어 있을 때 사용할 수 있는 방법이 인터넷 시간을 사용하는 것이며, **인터넷 시간을 얻기 위해 사용하는 프로토콜이 NTP**Network Time Protocol**다.** 인터넷에는 인터넷 시간을 제공하기 위한 NTP 서버가 계층적으로 구성되어 있으며 NTP를 통해 간단하게 인터넷 시간을 얻을 수 있다.

앞에서 살펴본 웹 응용에서 사용하는 **HTTP는 TCP**Transmission Control Protocol**를 기반으로 한다.** 반면 **인터넷 시간을 얻기 위한 NTP는 UDP**User Datagram Protocol**를 사용한다.** TCP와 UDP는 모두 IPInternet Protocol와 함께 사용되어 데이터 전송을 담당하지만, TCP가 연결형 서비스를 제공한다면 UDP는 비연결형 서비스를 제공한다는 차이가 있다. **연결형 서비스란 송신자와 수신자 사이의 데이터 전송에 앞서 연결을 설정하고, 데이터 전송 과정에서 전송된 데이터의 이상 여부를 확인하는 방식**이다. 반면 **비연결형 서비스는 연결을 설정하는 과정이 없고 전송된 데이터의 이상 여부 역시 확인하지 않는다.** 비연결형 서비스의 신뢰성이 연결형 서비스의 신뢰성보다 낮은 것은 사실이다. 하지만 연결형 서비스보다 빠른 속도로 데이터 전송이 가능하여 실시간 처리에 적합하므로 NTP와 같이 빠른 응답이 필요한 경우 사용할 수 있다.

WiFiNINA 라이브러리에 NTP를 위한 클래스는 없으므로 **WiFiUDP** 클래스를 사용해야 한다. NTP 서버에 시간을 요청하기 위해서는 **beginPacket** 함수로 데이터 전송을 시작하고 **write** 함수로 실제 데이터를 전송한 후 **endPacket** 함수로 전송을 끝내면 된다. NTP 서버에서 보내온 시간을 확인하기 위해서는 **parsePacket** 함수로 데이터 수신 여부를 확인하고, **read** 함수로 데이터를 읽으면 된다. UDP를 사용하기 전에는 **begin** 함수로 객체를 초기화해야 한다는 것도 잊지 말아야 한다.

■ begin

```
int WiFiUDP::begin(uint16_t port)
    - 매개변수
      port: 포트 번호
    - 반환값: 성공하면 true를, 실패하면 false를 반환
```

UDP에 사용할 포트를 지정하여 객체를 초기화한다.

■ beginPacket

```
int WiFiUDP::beginPacket(IPAddress ip, uint16_t port)
int WiFiUDP::beginPacket(const char *host, uint16_t port)
    - 매개변수
      ip: IPAddress 형식의 서버 IP 주소
      host: 문자열 형식의 서버 주소
      port: 클라이언트가 연결할 서버의 포트 번호
    - 반환값: 성공하면 true를, 실패하면 false를 반환
```

지정된 주소와 포트를 사용하여 서버로 데이터를 전송할 준비를 한다.

■ endPacket

```
int WiFiUDP::endPacket()
    - 매개변수: 없음
    - 반환값: 성공하면 true를, 실패하면 false를 반환
```

beginPacket에서 시작한 데이터 전송을 끝낸다.

■ parsePacket

```
int WiFiUDP::parsePacket()
    - 매개변수: 없음
    - 반환값: 수신한 패킷 데이터 크기
```

수신된 UDP 패킷 데이터를 검사하고 그 크기를 반환한다. read 함수로 데이터를 읽기 전에 반드시 호출해야 한다.

NTP에서 클라이언트와 서버는 모두 48바이트 크기의 패킷으로 데이터를 교환한다. **클라이언트에서 NTP 서버로 시간을 요청할 때는 48바이트 중 첫 번째 바이트에 0x1B 값을 지정하여 전송하면 된다. 서버에서 클라이언트로 보낸 패킷에서는 41~44번 바이트에 저장된 데이터를 사용하여 시간을 알아낼 수 있다.** 정보를 요청하여 받아올 NTP 서버는 'kr.pool.ntp.org'를 사용할 수 있다.

NTP 서버에서 얻어온 시간은 1900년 1월 1일 이후 경과한 초 수를 나타낸다. 이를 흔히 사용하는 연월일시분초로 바꾸기 위해 이 장에서는 Time 라이브러리를 사용한다. Time 라이브러리는 라이브러리 매니저에서 검색되지 않으므로 직접 설치해야 한다.

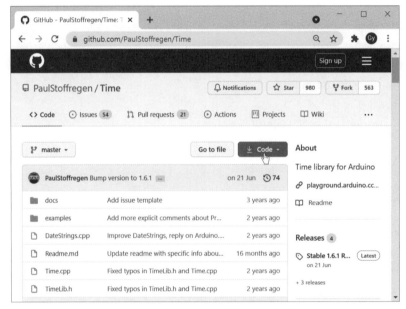

그림 19.12 **Time 라이브러리 홈페이지**[2]

먼저 라이브러리 홈페이지에서 Time 라이브러리 압축 파일을 내려받는다. 내려받은 Time-master.zip 파일을 스케치북 디렉터리 아래 libraries 디렉터리에 압축을 해제하면 설치는 끝난다. 또는 '스케치 ➡ 라이브러리 포함 ➡ .ZIP 라이브러리 추가...' 메뉴 항목을 선택한 후 내려받은 Time-master.zip 파일을 선택하여 설치할 수도 있다.

시간 라이브러리를 사용하기 위해서는 먼저 헤더 파일을 포함해야 한다. '스케치 ➡ 라이브러리 포함 ➡ Time' 메뉴 항목을 선택하거나 #include 문을 직접 입력하면 된다.

```
#include <TimeLib.h>
```

---

2   https://github.com/PaulStoffregen/Time

Time 라이브러리에 클래스는 정의되어 있지 않고 연월일시분초를 얻기 위한 함수들이 정의되어 있다.

```
int year(time_t t);
int month(time_t t);
int day(time_t t);
int hour(time_t t);
int minute(time_t t);
int second(time_t t);
```

매개변수의 데이터 타입인 time_t는 부호 없는 long 형의 다른 이름이다.

```
typedef unsigned long time_t;
```

한 가지 주의할 점은 NTP 시간은 1900년 1월 1일 이후 경과한 초 수를 나타내지만, Time 라이브러리에서는 1970년 1월 1일 이후 경과한 초 수인 유닉스 타임UNIX time을 기준으로 한다는 점이다. 따라서 NTP 시간에서 70년에 해당하는 초 수인 2,208,988,800[3]을 뺀 후 Time 라이브러리에서 사용해야 한다.

스케치 19.6은 UDP를 사용하여 NTP 시간을 얻고, 얻어온 시간을 Time 라이브러리를 사용하여 연월일시분초로 변환하여 출력하는 예다.

스케치 19.6 **NTP 시간 얻기**

```
#include "MySecret.h"
#include <WiFiNINA.h>
#include <Time.h>
#include <TimeLib.h>

char AP[] = MY_SSID;
char PW[] = MY_PASSCODE;

unsigned int localPort = 2390;                    // 클라이언트에서 사용하는 포트
char *NTPServer = "kr.pool.ntp.org";              // 한국에서 사용할 수 있는 NTP 서버 주소
const int NTP_PACKET_SIZE = 48;                   // NTP 패킷 크기
byte packetBuffer[NTP_PACKET_SIZE];               // NTP 패킷 송수신 버퍼

WiFiUDP timeServer;                               // NTP 시간 서버와의 UDP 연결
```

---

3   이 값이 '60 × 60 × 24 × 365 × 70 = 2,207,520,000'보다 큰 이유는 윤년이 포함되었기 때문이다.

```
void setup() {
  SerialUSB.begin(9600);
  while (!SerialUSB);

  if (WiFi.status() == WL_NO_MODULE) {              // 와이파이 모듈 검사
    SerialUSB.println("* 와이파이 모듈과의 통신에 실패했습니다.");
    while (true);
  }

  SerialUSB.println(String("* \'") + AP + "\'에 연결을 시도합니다.");
  if (WiFi.begin(AP, PW) != WL_CONNECTED) {
    SerialUSB.println("** AP에 연결할 수 없습니다.");
    while (1);
  }
  else {
    SerialUSB.println("* AP에 연결되었습니다.");
    SerialUSB.println();
  }

  printWifiStatus();                                // 와이파이 연결 상태 출력
  timeServer.begin(localPort);
  SerialUSB.println("\n* NTP 서버로 시간 요청을 보냅니다.");
  SerialUSB.println();
}

void loop() {
  sendNTPpacket(NTPServer);                         // NTP 서버로 요청 패킷 전송

  if (timeServer.parsePacket()) {
    SerialUSB.println("* 시간 정보 패킷을 수신하였습니다.");
    timeServer.read(packetBuffer, NTP_PACKET_SIZE);

    // 41번째 바이트부터 4바이트에 서버에서 보낸 서버 시간이 포함되어 있음
    unsigned long highWord = word(packetBuffer[40], packetBuffer[41]);
    unsigned long lowWord = word(packetBuffer[42], packetBuffer[43]);

    // 1900년 1월 1일 이후 경과한 초 수
    unsigned long after19000101 = highWord << 16 | lowWord;
    SerialUSB.print(" => 1900년 1월 1일 이후 경과한 초 : ");
    SerialUSB.println(after19000101);

    // 유닉스 시간은 1970년 1월 1일 이후 경과한 초 수로 나타낸다.
    const unsigned long seventyYears = 2208988800UL;
    time_t timestamp = after19000101 - seventyYears;
    char timeString[] = "YYYY:MM:DD, HH:MM:SS";
    // Time 라이브러리를 사용하여 연월일시분초로 변환
    sprintf(timeString, "%04d:%02d:%02d, %02d:%02d:%02d",
    year(timestamp), month(timestamp), day(timestamp),
    hour(timestamp), minute(timestamp), second(timestamp));
    SerialUSB.println(String(" => ") + timeString);
    SerialUSB.println();
```

```
    delay(10000);                               // 10초 후 다시 시간 요청
  }
}

unsigned long sendNTPpacket(char *server) {
  memset(packetBuffer, 0, NTP_PACKET_SIZE);

  packetBuffer[0] = 0x1B;

  timeServer.beginPacket(server, 123);          // NTP 서버 123번 포트로 요청 시작
  timeServer.write(packetBuffer, NTP_PACKET_SIZE);  // 데이터 전송
  timeServer.endPacket();                       // 요청 끝
}

void printWifiStatus() {
  SerialUSB.print(" => SSID : ");
  SerialUSB.println(WiFi.SSID());

  long rssi = WiFi.RSSI();
  SerialUSB.print(" => RSSI : ");
  SerialUSB.print(rssi);
  SerialUSB.println(" dBm");

  IPAddress ip = WiFi.localIP();
  SerialUSB.print(" => IP Address : ");
  SerialUSB.println(ip);
}
```

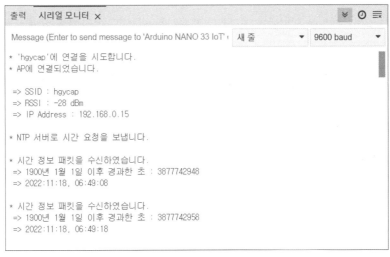

그림 19.13 스케치 19.6의 실행 결과

그림 19.13은 스케치 19.6의 실행 결과를 나타낸 것으로, 10초에 한 번 시간을 요청하여 얻은 결과다. **NTP 시간은 세계 표준시를 나타내고 있으므로, 한국 시간을 얻기 위해서는 9시간을 더하면 된다.**

와이파이는 인터넷에 연결하기 위해 사용하는 무선 표준으로 널리 사용되고 있다. 사물인터넷의 보급에 따라 근거리 네트워크 구성을 위해 사용되는 블루투스와 인터넷 연결을 담당하는 와이파이가 함께 사용되는 경우가 많으며, 아두이노 나노 33 IoT에 포함된 NINA-W102 모듈이 블루투스와 와이파이를 함께 지원하는 대표적인 모듈 중 하나다.

이 장에서는 인터넷에서 데이터 전송을 위해 사용되는 TCP와 UDP 기반의 통신 방법을 살펴봤다. TCP는 웹 서비스를 위해 사용되는 HTTP의 기본이 되는 프로토콜로 웹 클라이언트와 웹 서버를 구현하는 데 사용할 수 있다. 또한 클라이언트와 서버 사이에 기본적인 데이터 전송 방법을 살펴봤으며, 이는 원격 제어를 비롯하여 데이터 서비스 등 다양한 분야에서 사용되고 있다. TCP와 함께 인터넷의 대표적인 데이터 전송 프로토콜인 UDP는 데이터 신뢰성은 낮지만, 고속 데이터 전송이 필요한 분야에서 사용되고 있다. 그 예로 이 장에서는 인터넷 표준 시간을 얻을 수 있는 NTP를 살펴봤으며, 이 외에도 UDP는 실시간 스트리밍이나 네트워크 제어를 위해 사용되고 있다.

TCP와 UDP는 인터넷의 근간이 되는 방법으로, 이를 바탕으로 인터넷이 동작하고 있다고 해도 과언이 아니다. 아두이노를 인터넷에 연결하고 사용하는 방법은 이 장에서 살펴본 예들 외에도 무수히 많지만, 인터넷과 웹 서비스에 대한 지식이 필요하므로 이 장에서는 다루지 않았다. 관심이 있는 독자라면 인터넷에서 아두이노를 활용하는 다양한 방법을 쉽게 찾아볼 수 있을 것이다.

찾아보기